Journal

1936-1942

Harold Nicolson

Journal

1936-1942

traduit de l'anglais par
Pierre Javet

Bernard Grasset
Paris

*L'édition originale de cet ouvrage a été publiée
sous le titre :*

JOURNAL DES ANNÉES TRAGIQUES

ISBN 978-2-246-15162-3
ISSN 0756-7170

*Les ayants droit du traducteur n'ayant pu être retrouvés,
leurs droits sont réservés chez l'éditeur.*

Harold Nicolson / Journal

Harold Nicolson est né le 21 novembre 1886 à Téhéran, d'un père diplomate, Sir Arthur Nicolson, qu'il admira assez pour lui consacrer un portrait biographique en 1930. Au gré des ambassades paternelles, il passe son enfance en Perse, en Turquie, en Espagne, en Russie, mais c'est en Angleterre qu'il poursuit ses études, d'abord à Wellington College, dans le Berkshire, puis à Balliol College, à Oxford. La carrière diplomatique de cet aristocrate mondain et cultivé débute en 1909 et durera vingt ans. Il officiera à Madrid, Constantinople, Londres, Téhéran, Berlin. En 1914, il annonce aux Allemands que son pays leur déclare la guerre. En 1919, il assiste à la Conférence de la Paix à Paris, dont il publiera une analyse, Peacemaking, en 1933.

Un détour par la vie privée de Nicolson s'impose pour mieux cerner la qualité et l'excentricité du personnage. En 1913, il se marie avec la grande romancière anglaise Vita Sackville-West (1892-1962), qui lui donnera deux fils, Benedict Nicolson, historien de l'art, et Nigel Nicolson, écrivain. Au début des années trente, Harold et Vita acquièrent et retapent

le *château de Sissinghurst dans le Kent, l'agrémentant d'un*
des plus beaux jardins d'Angleterre, « parfait équilibre entre
le classique et le romantique »*. *Nigel, leur fils cadet, a écrit*
un livre, Portrait of a Marriage, *à la hauteur de ce couple*
exceptionnel. Harold et Vita, qui aimaient « les choses belles
et aimables »* *et ne souhaitaient que* « le bien sur la Terre »*,
entretenaient en effet chacun de leur côté des liaisons homo-
sexuelles, en toute liberté, comme en témoigne un entretien
qu'ils accordèrent à la BBC, ainsi que leur correspondance,
Vita and Harold.

C'est *pour sa femme, allergique aux mondanités diploma-*
tiques, que Nicolson passe à la politique intérieure. En 1931, il
rejoint le New Party d'Oswald Mosley mais s'en éloigne dès
l'année suivante, lorsque Mosley dérive vers le fascisme.
Nicolson sera parmi les premiers politiciens et intellectuels
anglais à mesurer et prévoir la montée des extrémismes euro-
péens. Il rejoint le Parti travailliste et devient membre du
Parlement britannique comme député de Leicester West en
1935. En 1936, il débute un journal qu'il tiendra jusqu'en
1968. C'est donc la première partie, traduite ici sous le titre
Journal (1936-1942), *qu'on va lire ici. Au début de la Seconde*
Guerre mondiale, en 1940, Winston Churchill le nomme sous-
secrétaire d'État à l'Information et le charge d'être son messa-
ger auprès du général de Gaulle.

Il est anobli en 1953 pour sa biographie du roi George V. Si
Nicolson a vécu une double vie privée, il s'est aussi partagé
entre la politique et l'écriture. Il a rédigé quantité d'articles
*pour la presse anglaise (notamment l'*Evening Standard *et*
The Spectator*) et européenne, et publié quelque trente-cinq*
*ouvrages regroupant des essais biographiques (*Paul Verlaine,
Byron, Swinburne, Benjamin Constant, Sainte-Beuve*), des*

---

* Citations tirées du présent *Journal.*

romans (Sweet Waters, Public Faces), *des essais d'histoire*
(sur le congrès de Vienne et la politique internationale), des
recueils de souvenirs (Some People), *et même un essai sur*
l'humour anglais, au lendemain de la Seconde Guerre.
    Sir Harold Nicolson est mort le 1ᵉʳ mai 1968 à Londres.

    Ce Journal *s'ouvre sur la mort du roi George V en 1936 et*
s'achève par un commentaire sur les Français libres et l'amiral
Darlan datant de 1942. Dans l'intervalle, défilent six années
de l'histoire de l'Angleterre et du monde : la montée d'Hitler
en Allemagne, la déclaration de guerre par Chamberlain, la
nomination de Churchill comme Premier ministre, la réélec-
tion de Roosevelt, les Allemands devant Stalingrad,
l'extermination des Juifs polonais... Nicolson semble avoir tout
vu, tout entendu ; il est même un peu partout, à Londres bien
sûr, mais aussi en France, dans les Balkans et l'Est africain,
dans les coulisses et la rumeur de l'Histoire.
    Le héros de ce livre se nomme Churchill. Nicolson lui donne
du « Winston » *mais il l'admire avec des mots choisis. Il le*
décrit « d'humeur paisible, sensée et sage », *il loue son* « style
élisabéthain », *le présente comme une* « forteresse de résolution », *avec, certes, des* « humeurs différentes » *qui* « glissent
lentement, obscurément comme des tritons dans un aquarium mal éclairé ». *En comparaison, le général de Gaulle, que*
Nicolson n' « aime pas », *même s'il partage son combat, appa-*
raît comme un homme « au regard fatigué, pas toujours bienveillant », « farouche », « autoritaire », *parfois* « humain ».
    Ecrivain, Nicolson fréquentait beaucoup ses pairs. Au re-
gard de l'actualité dramatique, la vie littéraire n'est pas la
matière première de ce journal, mais l'on y croise fugacement
Somerset Maugham en vacances au Cap Ferrat ou H.G. Wells
discutant de la faillite spirituelle de « l'homo sapiens ». *Nicol-*
son, qui se veut tourné vers la pensée et l'esprit, a aussi quel-

ques mots *très touchants à propos du suicide de Virginia Woolf* « cette intelligence merveilleuse, cet esprit adorable », *en mars 1941.*

L'ouvrage est émaillé de lettres du cher Harold à sa femme « Viti » *(Vita Sackville-West), avec quelques réponses de cette dernière. Entre séances aux Communes et dîners politico-mondains, le mari aimant trouve le temps de commenter l'ouvrage sur Jeanne d'Arc commis par une épouse* « intellectuellement parfaite », *qui refuse de mettre trente livres dans une robe du soir* « quand des gens meurent de faim ».

NOTE DE L'ÉDITEUR

Diplomate de 1909 à 1929, membre du Parlement de 1935 à 1945 et, pendant une partie de la guerre, sous-secrétaire d'Etat à l'Information, Harold Nicolson n'est pourtant pas un « animal » politique. Conservateur très indépendant, il se contentera, en général, de tenir un rôle d'observateur – frivole, disait-il – habile à rapporter les bruits et l'attitude changeante des couloirs, aux Communes. Aristocrate, il était reçu chez tout ce qui portait un titre ou un nom, à Londres et dans les capitales européennes. Ecrivain, au cours de son active carrière il écrivit trente-cinq volumes (romans, biographies, histoire) ; journaliste, il collabora toute sa vie à la presse anglaise, européenne et américaine. Pendant la guerre, c'est par ses émissions de radio à la B.B.C. qu'il fut connu et apprécié des Anglais, et la rubrique « En marge », qu'il tint pour le Spectator, *de 1938 à 1952, est restée célèbre.*

Hommes politiques, ducs, écrivains, il les aura tous connus, admirés ou critiqués. Or, chaque matin, devant sa machine à écrire, il revivait, par le biais de quelques lignes ou quelques pages, ce qui, la veille, avait retenu son intérêt. « Menant une vie si pleine d'événements intéressants, il pensait que ce serait une perte s'il laissait s'évanouir, sans espoir de les retrouver, tant de conversations, d'impressions, d'idées », écrit son fils, Nigel Nicolson, dans la préface de l'édition anglaise des Mémoires, *qui fut un best-seller en Grande-Bretagne et aux Etats-Unis. « Il possédait un sens aigu de l'histoire. Le conflit entre les principes et l'ambition au sein d'une même personne, le rôle que le hasard joue dans les grands événements, les subtilités de distinctions de race et de classe (...) constituent les thèmes essentiels de ce journal, comme de ses nombreux livres et articles. Il fait du récit de sa vie quotidienne comme un exercice d'histoire contemporaine. (...) Le journal était une anthologie de son expérience journalière, mais il traçait aussi les courbes d'un esprit extraordinairement actif et sensible. »*

« Ce n'est pas une œuvre littéraire », disait Harold Nicolson. *Voilà qui est vrai, en ce sens qu'il écrivit rapidement ce journal et jamais ne le corrigea. Alors, un simple livre de rendez-vous saupoudré d'annotations ? « Il écrivait, comme il parlait, avec une cadence, un rythme qui lui venaient tout naturellement. Il rendait vivants ses récits, rapportant non seulement ce que disaient ses interlocuteurs, mais encore nous montrant leur costume, leurs gestes, nous faisant connaître le son de leur voix, les lieux, mélangeant ses couleurs comme sur une palette.*

« ... Homme d'esprit, homme du monde, c'était foncièrement un homme sérieux. En littérature, en politique étrangère, ses connaissances étaient d'un professionnel. Auteur, c'était un artisan expérimenté, comme journaliste, il se montrait méticuleux et précis [1]. *»*

C'est en politique cependant qu'il se considérait comme un amateur. Parfois brillant, bien que trop rarement à son goût. « Il n'avait jamais vu Leicester, ni aucune autre ville semblable, quand, en 1935, il en

---

1. Nigel Nicolson, *op. cit.*

devint le député. Il était mal à l'aise dans ses fonctions
publiques, dans les clubs de travailleurs, et ne com-
mença vraiment à connaître ses électeurs que lorsqu'il
discuta avec eux à propos de la politique défaitiste de
Neville Chamberlain. Il ne fut jamais un homme de
parti. Il était tout à fait d'accord pour accepter un chef,
mais n'accordait son allégeance que pour de courtes
périodes [1]. »

Il avait épousé Victoria Sackville West, qui apparte-
nait à une très riche et très aristocratique famille et qui
devait devenir une grande romancière. Ombrageuse et
timide, d'une grande rigueur morale, elle ne supportait
pas la vie dans le monde, et pour elle il renonça à la
diplomatie, acheta un glorieux manoir en ruine, Sis-
singhurst. Leurs efforts pour en faire une des plus
belles propriétés d'Angleterre, entourée d'un jardin
devenu célèbre, enrichissent la trame des jours qui
composent le récit d'Harold Nicolson.

« Relisant ce Journal, qui couvre toute une période
dont je me souviens fort bien, car j'avais déjà treize ans
lorsque la première page en fut écrite, je mesurai alors
quels risques nos parents avaient pris : la démission de
mon père du Foreign Office, l'abandon de leur confor-
table maison pour le manoir en ruine de Sissinghurst,
la renonciation à la rente que Lady Sackville [2] *leur*
devait légalement. En bien des circonstances, ils furent
des réalisateurs hardis. Ce qui illustre le mieux mon
propos est peut-être le jardin de Sissinghurst où, en
1930, quand ils achetèrent la propriété, on ne trouvait
que quelques vieux pommiers ; au moment où la guerre
éclata, ils en avaient fait un des plus grands, des plus

---

1. Nigel Nicolson.
2. La mère de Victoria Sackville West.

*originaux jardins d'Angleterre, qui s'embellit encore en
vieillissant. Tout cela fut réalisé au milieu de perpétuels
ennuis financiers et d'un travail désespérément achar-
né. Il ne leur vint jamais à l'esprit de faire des écono-
mies. Cet investissement n'était alors qu'extravagant et
destiné à un bonheur futur. Ils vécurent dans l'incertitude jusqu'à ce que la mort de Lady Sackville, en
1936, leur donnât la sécurité, et bien qu'ils se soient
fait beaucoup de soucis, pas un moment ils ne désespé-
rèrent [1]. »*

Si ce journal, en effet, est l'histoire d'un homme de la
« bonne société », il est aussi celle d'un couple. Ce
ménage, si dissemblable par bien des points, ne se
sépara que dans la mort. Le journal et les lettres qui y
sont jointes nous apportent, au long des ans, le reflet de
leur bonheur et de leur amour, chacun admirant l'autre
et puisant réconfort auprès de lui.

Ces mémoires sont enfin l'histoire d'une certaine
Angleterre d'avant-guerre, celle de la « gentry », des
ducs et des célébrités ; puis l'épopée de l'Angleterre,
raidie dans son orgueil et son courage derrière Churchill, et prenant les coups, sans beaucoup d'espoir,
avec la détermination la plus têtue. Harold Nicolson se
jugeait un gentleman anglais blasé et futile. Les subtilités de la vie conjugale, les hasards de la politique, les
risques de la guerre lui firent comprendre à quel point
il était fondamentalement attaché à des valeurs qu'il
croyait oubliées.

Chez les lecteurs français, ces mémoires éveilleront
la sympathie et l'estime. Ils savent que les Anglais se
sont battus et ont souffert, et voilà qu'on les voit, ici,
angoissés devant la montée des fascismes, écœurés,

---

1. Nigel Nicolson.

hésitants puis déterminés à accepter une guerre san-
glante et inhumaine, qu'ils ne sont pas certains du tout
de gagner. L'amour que Harold Nicolson porte à la
France, sa parfaite connaissance de notre langue, son
poste de gouverneur de la B.B.C. feront que Churchill
le choisira pour être son messager auprès des Français
libres et du général de Gaulle, qu'il verra souvent, et
qu'il décrira avec son humour et son esprit critique
habituels, hésitant entre la sympathie et la méfiance.

Il y a suffisamment de liens historiques entre la
France et l'Angleterre, de 1936 à 1942, pour que nous
portions un vif intérêt aux mémoires d'un témoin privi-
légié. Mais quand ce témoin est, comme Harold Nicol-
son, particulièrement occupé et préoccupé des affaires
françaises, le lecteur français devient, lui aussi, un
lecteur privilégié.

1936

Mort du roi George V – MacDonald demande à H. N. de devenir son secrétaire parlementaire privé – J. H. Thomas et le roi George – Hitler réoccupe la Rhénanie – Flandin en faveur d'une action énergique – Anthony Eden et Winston Churchill – Rencontre avec Mrs Simpson et le roi Edouard VIII – Inquiétudes au sujet des intentions d'Hitler et de la politique d'apaisement de Chamberlain – *Jeanne d'Arc* et *Pepita* de V. Sackville West – Alfred Douglas – Réceptions de Lady Colefax – La guerre civile éclate en Espagne – Vacances en Autriche, à Venise et au cap d'Antibes – La crise et l'abdication du roi – Le roi et Mrs Simpson – Discours de Baldwin sur l'abdication – H. N. atteint la cinquantaine.

Au début de l'année Lady Sackville mourut, laissant une petite fortune à V. Sackville West, ainsi que des legs à ses deux petits-fils qui leur permirent de se suffire à Oxford.

Harold Nicolson était maintenant complètement lancé dans sa carrière politique. Il conserva quelques-unes de ses activités secondaires, une chronique littéraire hebdomadaire pour le Daily Telegraph et la Commission municipale de Londres pour les bibliothèques dont il allait devenir président, mais la plus grande partie de son temps était consacrée aux Communes et aux salons parlementaires, ainsi qu'à de rapides allers et retours à Leicester. Le National Labour, comme le Nouveau Parti en 1931, en était encore à rechercher une identité et le fait d'y appartenir ne donna guère plus lieu qu'à des réunions amicales et à certaines occasions de prendre quelque distance avec le Gouvernement. Ramsay Mac-Donald, le chef, et Malcolm, son fils, avaient tous deux perdu leur siège aux Elections générales ; cependant Baldwin leur conserva leurs postes au Gouvernement et tous deux se présentèrent à des élections partielles en janvier qui les ramenèrent au Parlement. Immédiatement après son retour, Ramsay MacDonald proposa à Harold Nicolson de devenir son secrétaire parlemen-

taire privé, poste qu'il refusa avec tout le tact possible,
parce que la perte d'influence de MacDonald sur son
parti et le Parlement aurait rendu cette position quel-
que peu embarrassante.

Alors qu'il menait campagne dans le nord de
l'Ecosse en faveur de Malcolm, Harold Nicolson apprit
la mort du roi George V, le 20 janvier. L'accession au
trône d'Edouard VIII lui ouvrit les portes d'un milieu
différent, car il rencontra souvent le roi et Mrs Simp-
son, et vit leurs relations devenues plus intimes aboutir
à une crise qui éclata en décembre.

JOURNAL   *13 janvier 1936.*

Je m'habille pour dîner. Comme un idiot, je mets un
col rabattu et une lavallière, me flattant par ce procédé
d'être plus à l'aise et de ressembler à A. J. Balfour. Je
rencontre Sibyl Colefax à l'apéritif et je prends du
saumon fumé et un cocktail. Puis au Phoenix Theatre,
pour la première de la pièce [1] de Noel Coward. Sibyl me
dévoile que les deux autres membres de notre réunion
sont le prince de Galles et Mrs Simpson.

Mrs Simpson est couverte de bijoux, les sourcils
épilés, vertueuse et sage. Je suis impressionné par le fait
qu'elle interdit au prince de fumer durant l'entracte. De
toute évidence, elle est décidée à lui venir en aide.
Ensuite notre souper au Savoy se déroule assez bien,
mais je découvre que le prince considère mon col et ma
cravate d'un œil à la fois détaché et critique – l'œil des
Windsor, bleu enchâssé de jaunisse. Personne ne fait
attention à lui et ce qui est bizarre, c'est que les garçons

---

1. *Tonight at Eight-Thirty.*

ne s'agitent pas trop. Le prince est très bavard et charmant. J'ai l'impression qu'il préfère notre société à celle des aristocrates ou des gens prétendument distingués ou des hommes politiques. Sibyl s'imagine qu'elle le met en rapport avec la Jeune Angleterre. J'ai le sentiment un peu gênant que Mrs Simpson, en dépit de ses bonnes intentions, l'exclut des relations qu'il devrait avoir.

Je rentre à la maison méditant tout cela et un peu triste. Pourquoi suis-je triste ? Parce que je pense que Sibyl est un cher vieux haricot intelligent qui devrait s'occuper des intellectuels, mais non des gens du monde. Parce que je pense que Mrs Simpson est une charmante femme qui s'est fourrée dans un guêpier absurde. Parce que je pense que le prince de Galles ne s'en sortira pas. Et parce que je ne me sens pas à l'aise dans une semblable compagnie.

JOURNAL   *15 janvier 1936.*

Albert Bernstorff [1] ne se gêne pas pour parler du régime en Allemagne. Il dit qu'Hitler a un cancer de la gorge et va mourir. Il dit que l'armée espère la succession. Il semble craindre que si l'armée use de Goering comme d'un paravent, Goebbels (qui est sincèrement à gauche) ne se retourne contre eux. Pour prévenir cette éventualité, ils pourraient bien machiner une guerre contre la Tchécoslovaquie. Il dit que Goering durant le putsch de 1923 a été blessé aux testicules et que c'est là

---

1. Diplomate allemand. Il fut obligé de quitter le ministère des Affaires étrangères d'Allemagne en 1933 et fut assassiné par les nazis en 1945.

la cause de sa mégalomanie de psychopathe. Il me demande d'user de toute mon influence pour nous empêcher de prendre trop à cœur les problèmes actuels de l'Allemagne. Sans nous, ils ne se risqueront pas à faire la guerre ; le plus petit geste de notre part sera interprété comme une proposition ferme d'alliance. Tenons-nous à l'écart. Je suis d'accord.

JOURNAL   *20 janvier 1936.*
                                               Dingwall – Ecosse.

Nous arrivons à Tain [1] et entrons dans une petite auberge où un homme portant un kilt nous accueille et où nous prenons un verre. Nous nous dirigeons vers l'hôtel de ville où nous trouvons le prévôt, deux ex-prévôts et le maître d'école du pays. Une bonne estrade. La salle est curieusement pleine pour une pareille nuit. La galerie est comble. Le prévôt fait un discours, ensuite je parle quarante-cinq minutes. Vraiment cela marche très bien. Puis nous emmenons à l'auberge tous les copains et nous buvons un coup. Nous repartons dans la nuit. Quarante kilomètres dérapants, glissants, jusqu'à Dingwall. Le bruit de l'eau dans la brume. Puis l'hôtel éclairé et les journalistes dans le hall, la chaleur, les sandwiches. Notre première question : « Comment va le roi [2] ? – Le bulletin de santé de 11 h 45 était mauvais. Il disait que Sa Majesté allait doucement vers la fin. » Que c'est étrange ! Ce petit hôtel de Dingwall, les journalistes, la pièce chauffée, la bière, le whisky, la fumée du tabac et

---

1. Une des circonscriptions électorales de Ross et Cromarty, où Malcolm MacDonald se présentait comme candidat du National Labour.

2. Le roi George V était à Sandringham, ses forces allaient déclinant depuis le 15 janvier. Il mourut cinq minutes avant minuit, le 20 janvier.

la neige tourbillonnant au-dehors sur les Highlands. Et la fin d'une époque. Je repense à cette soirée d'il y a vingt-six ans où, tandis que je soupais au Carlton avec Archie Kerr, le garçon arriva, éteignit les lumières et dit : « Le roi est mort. »

JOURNAL   *23 janvier 1936.*

Réunion au Parlement à 2 heures de l'après-midi. Prières. Ensuite Baldwin s'avance depuis la barre avec un message du roi, signé de la propre main de Sa Majesté. Ce message est lu par le président, puis Baldwin se lève pour proposer un vote de condoléances. Il parle très bien, avec une grande simplicité et un style parfait. Il rappelle que Kipling a été enterré ce matin même à Westminster Abbey [1]. La fin d'une autre époque. Après lui vient Attlee assez nul, et Archie Sinclair (pas très convaincant). On pense que Lloyd George est arrivé de Tanger dans la matinée, mais il ne se montre pas.

A 3 h 20, nous nous rendons à Westminster Hall en cortège. Nous entrons par notre porte latérale. Le centre du hall est dégagé pour faire place à un catafalque pourpre. Quatre cierges et quatre gardes de la Tour vêtus de noir. Derrière une mince barrière qui court sur les côtés sont groupés, au nord la Chambre des Lords, les évêques au sud et nous-mêmes avec le président. Les deux masses d'armes étincellent dans la lumière. Sur les marches sont réunis les membres de la Cour et derrière eux le chœur de la Chapelle royale. Nous attendons en silence. A 3 h 50 le duc de Norfolk, Lord

---

1. Rudyard Kipling était mort le 18 janvier, à l'âge de soixante-dix ans. C'était un cousin de Baldwin.

Cholmondeley [1] et Billy Ormsby-Gore en sa qualité de
Premier commissaire aux Œuvres descendent les marches. Une grande croix est apportée dans l'entrée. Arrivent ensuite les princesses, ensevelies sous leurs voiles,
qui se groupent près de l'escalier. Venus du dehors on
entend les mots : « Présentez armes ! » et derrière le
catafalque, je peux voir s'ouvrir une minute les portes
battantes de la cour du palais. Je comprends que la reine
est arrivée avec ses fils. Nouveau silence. Puis Big Ben
commence à sonner 4 heures et entre les vibrations des
cloches on entend le tintement et le grincement de
l'affût du canon que l'on traîne au-dehors.

Les portes battantes se rouvrent. Je vois quelque
chose s'élever au-dessus du catafalque. C'est l'extrémité du cercueil surmonté de la couronne. Six gardes
musclés, tête nue, portent le cercueil qui glisse très
facilement sur le catafalque, bien que le drapeau royal
s'accroche à un moment. L'officier qui commande le
détachement le remet d'aplomb, claque les talons et
gravit les marches au sommet desquelles se dresse le
catafalque. Le cercueil repose là, avec seulement une
gerbe de fleurs et la couronne, ses diamants jetant des
feux à la lumière des cierges. C'est à ce moment que je
notai qu'il était arrivé quelque chose à la couronne. La
croix de Malte manquait au sommet [2]. Quelques très
courtes prières. Un hymne. Et enfin une pause pendant
que se retire la famille royale. En passant devant le
cercueil, tous s'inclinent et font une révérence. Alors de
la direction opposée, les hérauts passent et montent les

----

1. Le Grand Chambellan.
2. Durant le cortège entre King's Cross Station et Westminster Hall,
la croix qui surmonte la Couronne impériale était tombée sur la chaus-
sée, elle avait été aussitôt ramassée et conservée par un sergent-major
des grenadiers de l'escorte.

marches – un éclair soudain d'or et d'écarlate contre toutes ces noires et pâles figures. Enfin, deux par deux, nous défilons, quelques-uns d'entre nous s'inclinent comme nous passons devant le cercueil, d'autres non. Tout est ensuite fermé – je pense que c'est pour fixer la croix sur la couronne. Un bien terrible présage.

JOURNAL   *13 février 1936.*

Je vais voir Anthony Eden à son bureau. Il dit que son but est de prévenir une autre guerre avec l'Allemagne. Pour y parvenir, il est prêt à faire de grandes concessions aux appétits des Allemands, à condition qu'ils signent un traité de désarmement et se joignent à la Société des Nations. Son idée est de travailler à ce projet durant les trois années à venir, puis, tout à coup, de le proposer à la Société des Nations. Je suis tout acquis à ce plan qui voit loin.

H. N. à V. S. W. [1]   *18 février 1936.*
                                                Communes.

J'ai vu Ramsay MacDonald. Je lui ai dit que je ne serai pas son P.P.S. [2], mais que je serai heureux de l'aider officieusement autant qu'il me sera possible. Il me demande de le voir chaque matin. Si c'est seulement en passant, je veux bien, mais je redoute une orgie d'effusions inutiles. Il ne désire pas vraiment faire du parti une « force vive », étant donné, pauvre petite chose, qu'il est presque mort. Je désire que cela se

---

1. Victoria Sackville West.
2. Secrétaire parlementaire privé.

transforme en un vrai parti national et c'est ce qu'il sera
en fin de compte, quoi qu'il arrive. Mais comment puis-
je servir à la fois le roi Lear et Bolingbroke ? On ne
peut faire pareille chose. J'ai peur que Ramsay ne soit
un vieil homme vain et plutôt vindicatif. Pourquoi,
chérie, moi qui suis l'être le moins combatif de la terre
semblé-je toujours être attiré par les foudres de guerre –
Curzon, Tom Mosley, B. M. ? mais peut-être est-ce bon
pour moi. Puis je retourne à la Chambre des Communes, juste à temps pour un vote tardif ; au moment où je
pars, le cher vieux Big Ben sonne minuit.

H. N. à V. S. W.   *20 février 1936.*
                          4, King's Bench Walk – EC4.

Maureen Stanley [1], ma nouvelle copine, m'a demandé d'aller la voir pour rencontrer son père qui revient
juste de faire ami avec Hitler. Certes, j'admire Londonderry [2] d'une certaine manière, car il est remarquable
en 1936 d'être un homme de 1760 ; d'autre part, c'est
un vrai gentleman. Mais je désapprouve entièrement
que des anciens ministres aillent se promener en Allemagne en ce moment. Cela donne une impression de
négociations secrètes et bouleverse les Français. Mais
nous sommes incroyablement légers en de pareilles
matières.
    Quoi qu'il en soit, lorsque j'arrivai là, il y avait une
charmante petite femme vêtue de noir assise sur le sofa

---

1. Lady Maureen Stanley, fille de Lord Londonderry et épouse
d'Oliver Stanley, membre du Parlement.
2. Secrétaire d'Etat à l'Air (1931-1935) et chef de la Délégation
britannique à la Conférence du désarmement de Genève (1932-1933). Il
rencontra à nouveau les dirigeants nazis en 1937.

qui me dit : « Nous ne nous sommes pas rencontrés depuis Berlin. » Je m'assis à ses côtés et bavardai amicalement avec elle, tout en réfléchissant : « Berlin ? Berlin ? C'est curieux. De toute évidence c'est une Anglaise et pourtant je ne la reconnais pas du tout. Cependant elle a quelque chose de vaguement familier. » Tandis que je réfléchissais, une autre dame entra, lui fit une grande révérence, et je compris que c'était la duchesse d'York [1]. Ai-je montré par un froncement de paupières que je ne l'avais pas reconnue tout d'abord ? Non. Je maintins la conversation sur le même cap, mais sous une voilure différente ; le cher vieux foc de la camaraderie fut amené et très doucement le spinnaker de : *Yes, Ma'dam* fut hissé à sa place. Je ne pense pas qu'elle ait pris garde à la transition. Elle est le charme personnifié.

H. N. à V. S. W.   *5 mars 1936.*
                              4, King's Bench Walk – EC4.

J'ai déjeuné avec Grandi à l'ambassade d'Italie [2]. Parfait. Parfait. Il fait très bien son travail et ça ne doit pas être facile pour lui de manœuvrer entre Mussolini d'un côté et le grand public britannique de l'autre. Ce que je crains c'est que les Ethiopiens ne s'effondrent maintenant et fassent une paix séparée avec l'Italie, abandonnant tout à fait la Société des Nations. Nous aurions l'air de parfaits imbéciles.

---

1. A la fin de cette même année, elle allait être la reine Elizabeth, épouse du roi George VI.
2. Le comte Dino Grandi fut ambassadeur d'Italie à Londres de 1932 à 1939. Auparavant, de 1929 à 1932, il avait été le ministre des Affaires étrangères d'Italie.

JOURNAL   *7 mars 1936.*

Matinée à Leicester. Puis retour à Sissinghurst. Hitler
dénonce le pacte de Locarno et entre en Rhénanie.

*Il y avait presque un an qu'Hitler avait donné l'ordre
secret à ses généraux de préparer la réoccupation
militaire de la Rhénanie. Il n'avait pas tenu compte de
leur opinion que la France et la Grande-Bretagne
seraient obligées de réagir vigoureusement et que
l'Allemagne n'était pas pour l'instant assez forte pour
supporter une contre-attaque résolue. Il tint bon. Il
déclara que l'impuissance de la Société des Nations à
arrêter Mussolini en Abyssinie prouvait que les démocraties manquaient de la force de caractère nécessaire
pour soutenir le pacte jusqu'à la guerre s'il le fallait;
si elles ne voulaient ou ne pouvaient protéger un pays
innocent contre l'agression italienne, il était improbable qu'elles voulussent engager une guerre pour empêcher l'Allemagne d'exercer ses droits souverains sur
son propre territoire. Aussi envoya-t-il ses quatre bri-
gades sur les ponts du Rhin, avec l'ordre secret de se
retirer si la France tentait une action militaire pour les
arrêter.*

*Hitler violait ainsi non seulement le traité de Ver-
sailles et l'accord avec la Société des Nations, mais
aussi le pacte de Locarno que l'Allemagne avait signé
de son plein gré. Tous les signataires du pacte, la
Grande-Bretagne y compris, étaient tenus d'accorder à
la France leur aide si la Rhénanie était fortifiée à nou-*

veau par l'Allemagne puisque cela constituerait « un acte d'agression non provoqué ». L'obligation était sans équivoque, mais la France et l'Angleterre reculèrent toutes deux devant les conséquences. Elles furent impressionnées par l'offre d'Hitler qui proposait simultanément un pacte de vingt-cinq ans entre l'Allemagne, la France et la Belgique, qui serait appuyé par la garantie de la Grande-Bretagne et de l'Italie, par sa proposition d'une zone démilitarisée des deux côtés de la frontière franco-allemande (bien que cela signifiât, bien entendu, la disparition de la ligne Maginot), mais surtout par son offre de réadhérer à la Société des Nations si ces conditions étaient acceptées.

Les lettres et le journal d'Harold Nicolson révèlent les réactions confuses du Gouvernement et du Parlement devant ces événements. Lui-même allait de plus en plus être influencé par Winston Churchill qui n'avait à cette époque aucun poste officiel, mais qui employait sa grande autorité à persuader le Parlement que si l'Allemagne n'était pas arrêtée maintenant, il serait beaucoup plus difficile de l'arrêter plus tard. Le prestige d'Hitler en serait très renforcé et avec un mur de l'Ouest faisant face à la ligne Maginot, il pourrait, avec une sécurité relative, s'en prendre aux pays de l'Europe de l'Est l'un après l'autre. Pierre-Etienne Flandin, le ministre français des Affaires étrangères, vint en avion à Londres pour supplier la Grande-Bretagne d'honorer sa parole et de soutenir l'opinion française en se déclarant prête à agir selon les traités. Il reçut de Mr Baldwin la réponse que « s'il y avait une chance sur cent que la guerre pût en résulter, il lui était impossible de s'engager au nom de la Grande-Bretagne ». En définitive, on ne fit rien, sinon envisager des conférences d'états-majors au sommet entre les puissances intéressées à la défense des

frontières ouest de l'Allemagne, et toutes les prophéties
de Churchill s'accomplirent.

JOURNAL   *9 mars 1936.*

Anniversaire de Vita. Grande agitation au sujet du
coup de force d'Hitler. Le Parlement est bondé. Eden a
fait sa déclaration à 3 h 40. Il lit, ses mains posées sur la
boîte. Très calme. Il promet d'intervenir si la France est
attaquée, autrement il faut négocier. Le sentiment général aux Communes est la crainte. N'importe quoi pour
éviter la guerre.

JOURNAL   *10 mars 1936.*

Eden est à Paris. Dans la matinée j'ai un long entretien avec Ramsay MacDonald. L'opinion ne supportera
aucune mesure qui puisse conduire à la guerre. Partout
on entend des mots de sympathie pour l'Allemagne.
C'est tragique.

H. N. à V. S. W.   *10 mars 1936.*
(carte postale)

Je suis trop occupé pour écrire une lettre. La guerre
n'aura pas lieu. Seulement l'humiliation, l'écœurement.

JOURNAL   *11 mars 1936.*

La France a appris que l'occupation de la zone démilitarisée fut décidée en dépit des avis de l'état-major

allemand et du Foreign Office et elle pense que si nous faisons preuve de fermeté, nous pouvons discréditer Hitler aux yeux de son peuple. D'un autre côté, si nous ne faisons rien, en fin de compte la Société des Nations et la Sécurité collective n'auront plus aucune signification. Tout cela est indiscutable, mais ce qui est aussi indiscutable, c'est que le pays ne nous permettra de prendre aucune action énergique en ce qui concerne des intérêts purement français.

J'ai un entretien avec Eustace Percy [1]. Il me demande si j'entrevois un moyen d'en sortir. La France insiste pour qu'on ne commence pas à négocier tant qu'Hitler n'a pas retiré ses troupes du Rhin. Et pourquoi le ferait-il? Dans l'état présent des choses, les Allemands ont pratiquement une alliance avec nous et peuvent faire échec à toute action ultérieure. Je suggère qu'il serait peut-être possible de faire de la Rhénanie une zone internationale en y envoyant des troupes britanniques et italiennes, tout comme dans la Sarre.

H. N. à V. S. W.   *12 mars 1936.*
                                              Communes.

Les Français ne nous font grâce ni d'un iota ni d'une virgule de nos obligations : « La Convention de la Société des Nations a été violée. Locarno a été violé. Nous vous demandons simplement de remplir vos obligations vis-à-vis de ces deux traités. » Ainsi nous sommes mis en demeure, soit de manquer à la parole donnée, soit de courir le risque d'une guerre. Le pire,

---

1. Il était alors ministre sans portefeuille, mais avec un siège au sein du Cabinet.

c'est que les Français, en tout cela, ont raison. Nous savons qu'Hitler a joué son va-tout. Nous savons que Schacht lui a dit que cela conduirait à un désastre financier, que Neurath lui a dit que cela créerait une situation diplomatique menaçante, que l'état-major lui a dit que si la France et la Grande-Bretagne agissaient de concert, il n'y aurait aucune chance de résister. Par conséquent, si nous envoyons un ultimatum à l'Allemagne, elle a toutes chances de baisser pavillon. Mais elle ne baissera pas pavillon et nous aurons la guerre. Bien entendu nous vaincrons et entrerons à Berlin. Mais à quoi bon tout cela ? Cela signifie seulement le communisme en Allemagne et en France, et c'est pourquoi les Russes se frottent les mains. D'un autre côté, les gens d'ici se refusent absolument à une guerre. Nous serions confrontés avec une grève générale si nous osions seulement en parler. Par conséquent nous allons baisser honteusement pavillon et Hitler marquera un point. Nous devons avaler cette humiliation de notre mieux et nous préparer à devenir la risée de l'Europe. Je ne me soucie pas trop de cela. Nous pouvons refaire notre réputation. Mais cela signifie la fin de la Société des Nations et c'est ce que je redoute mortellement.

H. N. à V. S. W.   *17 mars 1936.*
                                      4, King's Bench Walk – EC4.

Les membres du December Club s'étaient réunis pour accueillir Flandin aux Communes. Il arriva un rien en retard, nous tendant une main interparlementaire, et s'assit à la table du dîner. Quelques narcisses égayaient la table et j'étais assis en face de Flandin, un homme solide, l'air d'un Anglais avec de petits yeux bleus rusés. Nous étions une vingtaine et tout d'abord la conversation fut calme, mais générale. Vers la fin du repas, nous nous arrangeâmes pour amener Flandin à exposer son affaire, ce qu'il fit sur le ton de la conversation, fixant ses yeux bleus tantôt sur moi, tantôt sur Louis Spears, tantôt sur Bob Boothby. Il avait médité son exposé et il développa la suite de son argumentation tout à fait poliment mais fermement, comme une bonne sœur escortant ses orphelins en procession à l'église. Le résultat fut accablant.

Son argumentation se présente à peu près ainsi : « J'ai entendu dire ici que la France était "entêtée" ou "difficile". Je reconnais que dans nos anciennes relations avec l'Allemagne, nous avons commis quelques erreurs et nous-mêmes en avons souffert. Mais depuis Locarno, nous avons fait tout ce que nous pouvions pour établir avec nos voisins des relations d'égalité et de confiance. Eh bien, l'autre jour, lorsque j'ai lu dans un journal qu'Hitler avait annoncé son désir d'établir de meilleures relations entre l'Allemagne et la France, j'ai télégraphié immédiatement à François-Poncet [1], lui demandant de s'assurer auprès du Führer de la teneur exacte de ses désirs. Le 29 février, Hitler informa mon ambassadeur qu'il lui enverrait un mémorandum détaillé et lui demanda de ne pas faire mention de cette interview. Lorsqu'une semaine plus tard arriva le mémorandum, il annonçait l'occupation de la Rhénanie et la destruction du système de Locarno. La France aurait été parfaitement dans son droit en occupant immédiatement par la force la zone démilitarisée, comme vous l'étiez dans l'affaire d'Abyssinie en envoyant votre flotte à l'est de la Méditerranée. Nous renonçâmes à toute

---

1. Ambassadeur de France à Berlin (1931 à 1938).

action aussi provocatrice. Nous décidâmes de laisser la
machine des traités faire automatiquement son travail.
Tout ce qui paraissait nécessaire, c'était de réunir le
Conseil, de déclarer que le traité avait été violé et de
laisser les puissances qui étaient parties garantes de ce
traité obtenir un arrangement. Mais en arrivant à Londres, j'ai découvert que le Gouvernement britannique
souhaitait renier sa parole. Nous ne vous demandons
pas de faire plus que ce que nous avons fait pour vous
dans l'affaire italienne. Nous savons qu'Hitler bluffe et
que si vous demeurez fidèles à vos engagements, nous
serons en mesure d'obtenir satisfaction. Mais si vous
méconnaissez votre parole, en vérité, le monde saura
que la violence est le seul facteur politique qui compte,
et l'Allemagne deviendra la nation la plus puissante sur
le continent, maîtresse de l'Europe. Dans ce cas, la
France quittera la Société des Nations. »

Ce discours jeta sur l'assistance un léger froid. Je
demandai alors à Flandin s'il accepterait que des troupes britanniques fussent envoyées en sentinelles en
Rhénanie, comme elles avaient été envoyées en Sarre. Il
dit qu'elles seraient les bienvenues. Je lui demandai
alors, si une nouvelle zone étant créée par un nouveau
traité, il permettrait aux Allemands la construction de
forteresses. Il répondit qu'il ne le voudrait pas, parce
que cela priverait la France de toute chance d'intervenir
pour sauver l'Autriche, etc. Répondant à une autre
question, il dit que jamais il ne critiquerait le Gouvernement britannique alors qu'il était à Londres, mais que
cependant il avait été blessé par l'échange de conversations téléphoniques tenues derrière son dos avec
Hitler.

Après quoi, il se leva, nous serra chaudement la main
et partit, nous laissant comme des écoliers à qui on a

rabattu le caquet. J'allai voir Ramsay MacDonald dans son bureau et lui racontai tout. Il poussa un profond soupir. Lorsque je sortis de chez lui, je trouvai tous les halls, tous les couloirs bourdonnant de gens rassemblant des signatures pour soutenir diverses résolutions, la première que rien ne nous ferait partir en guerre, la seconde que rien ne nous ferait renier notre parole. Puis Winston rassembla dans le fumoir un groupe et mit en balance notre lâcheté et notre honneur national et notre devoir envers les générations à venir. Je pensais à mes fils, aux fils de mes fils et je formulais le vœu que tout s'arrange et j'aurais bien voulu que l'Allemagne n'eût jamais existé.

JOURNAL   *17 mars 1936.*

J'ai été au Savoy voir Massigli [1]. Il est très amer et nous considère comme des traîtres. Dans l'après-midi réunion de la Commission des Affaires étrangères aux Communes. Salle comble. Le débat est ouvert par Raikes [2] qui argue que sous quelque forme qu'elle soit toute sanction contre l'Allemagne signifierait la guerre et que le pays n'est pas décidé à combattre pour la France. Je réponds que nous sommes moralement liés par le pacte de Locarno et que, bien que nous devions empêcher la France de formuler des exigences inconsidérées, nous n'avons pas le droit de la trahir. Leo Amery [3] qualifie mes paroles de « discours puissant » et en vérité je crois avoir fait une certaine impression. Austen

---

1. René Massigli, sous-directeur de la Section politique au Quai d'Orsay, qui avait accompagné Flandin à Londres.
2. Victor Raikes, député conservateur d'Essex Sud-Est.
3. Leo Amery, précédemment secrétaire d'Etat aux Dominions, n'occupait pas de poste à cette époque.

Chamberlain prend aussi la parole et finalement le
sentiment général peut être résumé ainsi : « Refréner,
mais ne pas trahir. »

JOURNAL   *23 mars 1936.*

Aux Communes les sentiments sont terriblement
« pro-allemands », ce qui veut dire qu'on redoute la
guerre.

JOURNAL   *26 mars 1936.*

Débat sur la politique extérieure. Eden fait un beau
discours, disant qu'il ne sera pas le premier secrétaire
au Foreign Office à renier sa parole. Dalton lui répond
longuement et sur le ton d'un magister. Archie Sinclair
est le troisième à parler. C'est alors que le président
m'envoie un message me disant que mon tour est venu.
Je suis terrifié. Mes genoux s'entrechoquent. Je contemple avec désespoir les Communes bondées, les galeries
pleines de monde. Le thème de mon discours est que la
vague pro-allemande n'est qu'une vague et non une
marée, un simple incident, car l'Angleterre était-elle
pro-allemande alors que l'Allemagne était faible ?
N'avons-nous pas le dos au mur ? Appuyons-nous sur
des certitudes, à savoir la France. Le discours est souvent interrompu et plus d'un visage est convulsé de
colère. Lloyd George vient ensuite et me fait un charmant
compliment sur mon « habileté innée » (ce que *Hansard*
a transformé par « habileté aînée »). Plus tard, dans les
couloirs, j'ai le sentiment que mon discours a été un
fiasco. Je me cogne à Eden qui ne dit mot. Je dîne avec

Lady Astor, Massigli, Philip Lothian. Retour aux Communes. Même sentiment d'avoir fait une gaffe.

H. N. à V. S. W.   *8 avril 1936.*
                                          4, King's Bench Walk – EC4.

Frederick Voigt[1] est venu me voir. Il est aussi pessimiste que moi. Il pense qu'une seconde guerre avec l'Allemagne est inévitable et que tout ce que nous pouvons espérer est de préserver l'Europe occidentale. Si seulement nous, la France et les Pays-Bas nous nous épaulions fermement, nous pourrions sauver ce petit coin d'Europe. Mais les Français ont des théories absolues sur « la paix qui doit être indivisible » et si nous refusons d'accepter ces théories, ils diront que nous les trahissons. Mon argument est que la paix peut seulement être sauvegardée par une attitude absolument limpide en ce qui concerne nos intentions. Si la Grande-Bretagne a la volonté bien déterminée de soutenir la Société des Nations, alors la paix mondiale pourra être préservée. Mais les récents événements ont montré que le peuple anglais ne fera pas la guerre pour la Société des Nations. Qu'est-ce qui pourrait l'y pousser ? Peut-être la protection de la France et de la Belgique contre l'Allemagne. Nous devons donc partir de là pour établir géographiquement notre politique. Il ne s'agit pas de savoir si nous aimons ou si nous n'aimons pas les Français. Il s'agit de savoir si nous voulons défendre Londres. La Manche, qui autrefois était un rempart, est maintenant une menace. Vous ne pouvez organiser une défense aérienne au-dessus de la mer ; il vous faut une grande surface de terre. Ainsi Londres n'a de protec-

---

1. Journaliste politique.

tion qu'à partir des aérodromes français, c'est pourquoi nous devons nous appuyer sur la France.

Mais comme il est triste de voir que la violence, incarnée en Goering et en Mussolini, puisse triompher si entièrement des plans de civilisation élaborés par la Société des Nations et les deux puissances occidentales.

Une fois la crise rhénane dénouée en faveur d'Hitler, il y eut une pause de deux ans avant qu'il franchît un nouvel échelon important, l'occupation de l'Autriche. En Angleterre, la recherche d'une nouvelle politique extérieure se poursuivait. Le problème ne consistait-il pas à renoncer aux sanctions contre l'Italie, alors que la cause de l'Abyssinie était irrémédiablement perdue (les troupes de Mussolini avaient fait leur entrée à Addis-Abeba le 2 mai)? Une question importante était le réarmement nécessaire pour faire face à la nouvelle situation en Europe, à l'étendue de nos engagements à l'égard de la France et de l'Europe centrale. Déjà il paraissait presque trop tard pour recharger les batteries de la Société des Nations, et lorsque la guerre civile éclata en Espagne au mois de juillet, les dictateurs saisirent cette chance de plonger les gouvernements français et anglais dans le plus grand désarroi.

Ce que l'on vit ne fut pas très joli. Le Parlement était troublé par la conduite peu assurée de Baldwin, par de plus grandes divisions tant à l'intérieur des partis qu'entre eux et par des incidents éprouvants tels que les fuites avant la publication du Budget, qui conduisirent à la chute de J. H. Thomas, le second personnage du National Labour.

Harold Nicolson joua durant cette session du Parle-

ment un rôle important. *Il parla beaucoup plus souvent qu'il n'en avait eu l'intention, la préoccupation essentielle des Communes venant des Affaires étrangères, son domaine particulier. Il devint vice-président de la Commission des Affaires étrangères où il faisait partie de la majorité. Très vite il acquit la réputation d'un jouteur expérimenté, qui avait l'art de traduire sa propre expérience en termes clairs et vigoureux. Il était vraiment très apprécié. Il continuait sa chronique littéraire et prenait la parole un peu partout dans le pays. Il écrivit la déclaration politique la plus importante du National Labour, publiée sous le titre* Politics in the Train. *Il collabora largement au bulletin d'information du parti. Il trouva le temps de tenir un journal complet dont les extraits cités plus loin forment à peine le dixième. Il y avait sa circonscription. Il y avait sa brillante vie mondaine. Et puis il y avait Sissinghurst.*

V. Sackville West portait un intérêt bienveillant à ce qui se passait à Londres et à Leicester, mais elle allait rarement à Londres et ne fut qu'une fois à Leicester. Sa Jeanne d'Arc *parut le 5 juin et déjà elle avait commencé* Pepita, *cette biographie remarquable de sa grand-mère et de sa mère. La restauration des bâtiments de Sissinghurst était alors terminée, mais le jardin continuait à s'étendre.*

H. N. à V. S. W.   *28 avril 1936.*
4, King's Bench Walk – EC4.

J'ai beaucoup réfléchi à votre livre sur Jeanne [1]. Vraiment, je crois qu'il a une grande valeur et qu'il connaî-

---

1. Jeanne d'Arc.

tra un grand succès. Bien sûr, vous serez assommée par tous les fanatiques de Jeanne qui, comprenant que ce livre va devenir un ouvrage de fond, ne l'épargneront guère. Mais n'y prêtez pas attention. C'est vraiment une œuvre très brillante, une reconstitution des faits plus qu'une œuvre d'imagination. Je crois qu'elle peut être assurée d'un véritable triomphe.

J'ai déjeuné chez Robert Vansittart, seul avec lui. Van était tout à fait charmant et amical. Son point de vue est qu'une hégémonie allemande en Europe signifie la fin de l'Empire britannique et que nous n'avons pas le droit d'acheter l'Allemagne pour une génération en lui laissant les mains libres pour agir contre les pays slaves. Une fois installée dans une position inexpugnable, elle se retournera contre nous et nous serons trop faibles pour lui résister. En théorie, je pense qu'il a raison, mais en pratique, il nous est tout à fait impossible de mener le peuple britannique combattre l'Allemagne pour le salut des Tchèques.

Chérie, c'est un monde affreux, empli de lunatiques et par moments je suis si désemparé ! Mais il est mauvais de donner tête baissée dans le désespoir. Je ne peux pas rester inactif, et à vrai dire j'en fais pas mal avec mes articles et mes discours. La rumeur court que je dois être nommé vice-président de la Commission des Affaires étrangères. Si cela se réalise, je jouirai d'une influence non négligeable. Mais gardez le secret, mon ange.

Dites à Gwen que je n'ai pas besoin de Sanatogène pour l'instant. Tout ce qu'il me faut, c'est l'idée que nous éviterons la guerre. Et cette idée me fait cruellement défaut.

H. N. à V. S. W.   *5 mai 1936.*
                                    4, King's Bench Walk – EC4.

Hier Eden a fait une déclaration vraiment dramatique. Personne ne savait très bien ce qu'il était advenu
de l'empereur d'Abyssinie et Attlee a posé la question à
titre confidentiel. Eden a répondu longuement et terminé en déclarant que le navire de Sa Majesté *Enterprise*
avait été envoyé le prendre en Palestine : « Il embarque,
ajouta-t-il regardant la pendule, à quatre heures moins
le quart. » Il était quatre heures moins vingt et soudain
nous eûmes la vision de la chaleur humide de Djibouti,
des personnalités officielles françaises débraillées, et de
l'étrange famille noire saluée par les midshipmen dans
leur uniforme de coutil blanc et s'éloignant d'Afrique
cinq minutes plus tard.

JOURNAL   *12 mai 1936.*

H. G. Wells est ravi de la faillite de la Société des
Nations, parce que pour lui c'est la plus parfaite illus-
tration de la stupidité humaine. Chaque jour, il devient
un peu plus républicain et c'est en réalité le seul pen-
seur politique que je connaisse en Angleterre qui croit
sérieusement qu'il serait désirable ou possible d'abolir
chez nous la monarchie.

J'ai eu un long entretien avec Masaryk [1] sur la situation de la Tchécoslovaquie et plus spécialement au sujet

---

1. Jan Masaryk, ambassadeur de Tchécoslovaquie à Londres (1921-
1938).

de Henlein [1]. Il sait parfaitement qu'Henlein a entretenu une correspondance avec des gens d'ici, mais il le considère comme un personnage aimable et peut-être utile. Mais Masaryk fait toujours un tel effort pour montrer sa connaissance du slang américain qu'il est impossible vraiment de comprendre ce qu'il dit.

JOURNAL   26 mai 1936.

Alfred Douglas [2] vient déjeuner. Il y a peu de trace de sa beauté passée. Son nez a pris une curieuse forme de bec, sa bouche est pincée avec un air de nerveuse irritation, et ses yeux toujours bleus sont jaunes, injectés de sang. Ses mains tachées de roux et semblables à des griffes ont des mouvements nerveux, saccadés. Il est légèrement courbé et traîne la jambe. Et pourtant derrière cet aspect d'un vieux petit gentleman maussade, voltige le fantôme d'un jeune homme des années 90, avec un petit et pathétique éclair ensoleillé de la jeunesse et de la gaieté de 1893. Je pensais bien retrouver ce mélange de complaisance soupçonneuse et d'irritabilité refrénée, mais je n'avais pas prévu qu'il resterait un peu de sa gaminerie. De toute évidence, la grande tragédie de sa vie l'a profondément marqué. Il parle très librement de son mariage et de son fils qui est dans une institution à Northampton.

---

1. Konrad Henlein, chef du parti sudète allemand en Tchécoslovaquie, qui était financé en secret par Hitler.
2. Fils du marquis de Queensbury et figure centrale du scandale qui, en 1895, entraîna l'arrestation d'Oscar Wilde pour homosexualité. Douglas était né en 1870 et mourut en 1943. En 1902, il avait épousé Olive Custance.

JOURNAL   *28 mai 1936.*

Nancy Astor [1] est au comble de l'indignation parce que le roi a invité à son premier dîner officiel Lady Cunard et Mr et Mrs Simpson. L'effet au Canada et en Amérique en sera déplorable, prétend-elle. Elle attribue à Lady Cunard et à Chips Channon « des influences désintégratrices » et elle déplore qu'aucune des meilleures familles de Virginie n'ait jamais été reçue à la Cour. Je prends la défense à la fois d'Emerald Cunard et de Mrs Simpson, mais je me garde bien de dire qu'après tout un Américain n'est pas plus vulgaire qu'un autre Américain. Nancy Astor elle-même, avec son attitude futile et gauche aux Communes, ne peut se targuer d'être un modèle du genre. De toute façon, elle est décidée à dire au roi que bien que Mrs Simpson puisse être admise à la Cour, son nom ne doit pas figurer dans le Bulletin royal. Je lui fais remarquer qu'une semblable déclaration sera considérée par le roi comme une grossière impertinence. Elle répond que lorsqu'il s'agit de la dignité des Etats-Unis et de l'Empire britannique, il est de son devoir d'accomplir un pareil sacrifice.

H. N. à V. S. W.   *11 juin 1936.*
                                4, King's Bench Walk – EC4.

Le grand événement du jour a été le dîner chez Sibyl. Pauvre Sibyl – j'ai eu l'impression que c'était son chant

---

1. Lady Astor fut la première femme qui siégea aux Communes. Elle était née à Greenwood, Virginie, et fut le député de Plymouth de 1919 à 1945.

du cygne, mais du moins il fut triomphal [1]. J'arrivai et trouvai tout merveilleusement illuminé et les invités réunis. Les Tanley, les Brownlow, les Lamont, les Rubinstein, Bruce Lockhart, les Vansittart, Buck De La Warr. J'étais assis entre Lady Stanley et Lady Brownlow. Il y avait deux tables. Notre jeune roi et Mrs Simpson étaient assis à l'une et les Lamont à l'autre. Lorsque les dames se retirèrent, nous allâmes nous asseoir à la table du roi et je parlai de la marine à Stanley. Après quoi j'escortai le roi jusqu'au pied de l'escalier. Il me dit que le dîner avec Lindbergh avait été une réussite.

Puis nous rejoignîmes les invités. Rubinstein [2] commença à jouer du Chopin. Beaucoup d'invités entrèrent – les Winston Churchill, Mme de Polignac, Daisy Fellowes, Noel Coward, les Kenneth Clark [3]. Mme de Polignac s'assit près du piano pour entendre Rubinstein. J'ai rarement vu une femme s'asseoir aussi fermement : il y avait de la détermination dans chaque courbe de son séant. Il était alors minuit et demi et Rubinstein (qui malheureusement perd de sa beauté) avait joué son troisième morceau. Il fut évident qu'il allait s'embarquer dans un quatrième et d'ailleurs Mme de Polignac tapait impatiemment du pied pour qu'il reprît. Alors le roi traversa la pièce : « Nous avons été charmés, Mr Rubinstein. » Il n'y avait plus rien à ajouter et il dit bonsoir à tout le monde. Mais entre-temps d'autres invités étaient arrivés, Gerald Berners et les autres, et le

---

1. Sir Arthur Colefax, son mari, un éminent haut fonctionnaire, était mort le 19 février, et elle avait mis en vente Argyll House, où elle recevait ce soir-là.

2. Le grand pianiste Arthur Rubinstein, qui avait alors quarante-huit ans.

3. Kenneth Clark fut conservateur de la National Gallery de 1934 à 1945.

temps que Sa Majesté eût fait la moitié du trajet, nous autres au piano avions oublié sa présence. Noel Coward commença à tapoter un air de jazz et à fredonner à mi-voix. A ce moment, le roi regagna immédiatement son royal siège. Et j'ai très peur que Rubinstein et Mme de Polignac ne nous aient pris pour une horde de Barbares.

H. N. à V. S. W. *12 juin 1936.*
4, King's Bench Walk – EC4.

J'ai déjeuné dans Charles Street avec la chère et minuscule Maggie (Greville) : « Cher Harold, comme vous laissez tomber vos vieux amis. » Sur quoi, je serrai chaleureusement la main à Lady Willingdon [1] qui ne me reconnut pas et qui d'ailleurs n'a jamais su qui j'étais. J'étais assis près d'une Allemande qui y alla de son petit couplet de propagande nazie. Pauvre folle, elle ne savait pas qu'elle avait un tigre tapi près d'elle : « Connaissez-vous notre pays, monsieur ? demanda-t-elle. – Oui, j'ai souvent été en Allemagne. – Y êtes-vous venu récemment, depuis notre mouvement ? – Non, excepté une heure passée à Munich, je n'ai pas été en Allemagne depuis 1930. – Mais il faut que vous y veniez à présent. Vous trouverez un tel changement ! – Oui, je trouverai tous mes vieux amis, soit en prison, soit exilés, soit assassinés. » Ce qui la fit suffoquer comme un poisson hors de l'eau. Maggie se rendit compte que quelque chose de terrible s'était produit et élevant la voix demanda par-dessus la table ce qu'il y avait. A haute voix, lentement, je répétai ma phrase. Et

---

1. La femme du premier marquis de Willingdon, vice-roi des Indes (1931-1936).

comme le n° 2 de Ribbentrop était à la droite de
Maggie, c'était tout à fait réussi. La vieille Willingdon,
béni soit son cœur, vint à mon aide.

JOURNAL   *23 juin 1936.*

Je fais un saut pour dîner au Grill du Savoy avec
Duff Cooper et Winston, Bob Boothby et Albert
Bernstorff. Ce dernier est extrêmement courageux et
franc dans sa haine pour les nazis et je crains qu'il n'ait
plus longtemps à vivre. Winston lui demande de quelle
manière nous pouvons empêcher une seconde guerre
avec l'Allemagne et il répond : « L'encerclement,
l'étouffement. »

H. N. à V. S. W.   *1ᵉʳ juillet 1936.*
                                              Communes.

Lorsque la Chambre des Communes me connaîtra
mieux, elle saura que je ne suis pas mauvais bougre. Il
m'est indifférent pour l'instant qu'on me prenne pour
de la dynamite déguisée en vitriol. Je ne pourrai conserver longtemps la position que j'ai acquise. Je vais
inévitablement m'effondrer. Mais c'est du fond de mon
trou que je bâtirai mon influence. Ma réputation actuelle est fausse et éphémère. C'est une fleur de mars.
Mais je refleurirai en juin. Et mes racines plongent au
plus profond de l'énergie et de la confiance. Vous le
savez – et c'est par là que vous m'aidez. La politique, je
m'en charge. Mais ma confiance (dans la vie, dans
l'honnêteté et la nature humaine) est une chose que
vous seule comprenez vraiment et pour en refaire le

plein, je cours vers vous comme vers une station-service. Nous ne parlons jamais de ces choses puisque nous ne parlons jamais des liens vitaux qui nous unissent. Mais c'est ainsi que vous m'aidez.

JOURNAL   *4 juillet 1936.*
                                               Paris.

J'ai été au Quai d'Orsay voir le sous-secrétaire d'Etat, Pierre Viénot. Il me questionne de façon très serrée sur l'opinion des Communes. Je l'informe que cette opinion est très flottante, mais que peu à peu elle s'éloigne de la pensée d'une amitié avec l'Allemagne parce qu'elle réalise que l'Allemagne va devenir un danger. Je l'avertis qu'il est impossible de prédire de quelle façon l'événement prendra une forme politique. Je lui dis que les Français sont en train de commettre une lourde erreur s'ils croient qu'ils vont nous entraîner à prendre des engagements formels en ce qui concerne l'encerclement de l'Allemagne. Le plus qu'ils puissent jamais espérer est que nous défendions nos propres intérêts sur la ligne Maginot et nos communications en Méditerranée. Viénot dit qu'il est entièrement d'accord, qu'il considère que la politique de Laval a été un désastre, et qu'un de leurs désirs est d'obtenir une *certitude de défense*. Il me dit aussi qu'il s'attend à ce que sous peu l'Allemagne fasse quelque déclaration concernant l'indépendance de l'Autriche. Il prévoit qu'une telle déclaration sera prise par la France et par l'Angleterre comme le signe des intentions pacifiques d'Hitler, alors qu'en fait cela ne signifiera que le souhait d'Hitler de faire disparaître le seul obstacle à un accord avec l'Italie. Il apparaît de toute évidence que les Français

prévoient et redoutent une alliance italo-allemande avec
la possibilité du Japon comme troisième partenaire. Si
cela se produit, nous n'aurons aucune autre alternative
que de reprendre la politique d'encerclement, par un
accord avec la Russie. Il reconnaît, comme je le fais
moi-même, que la situation, ainsi que Duff Cooper l'a
déclaré, est beaucoup plus dangereuse qu'en 1914.

JOURNAL   *13 juillet 1936.*

Ramsay est occupé par le cérémonial du couronnement. Il parle du problème que crée l'effroyable obstination du roi et les malheureux Bulletins de la Cour
dans lesquels le nom de Mrs Simpson figure parmi les
invités. Il déclare que cela produit un effet déplorable
dans le pays. Il affirme que personne ne s'inquiéterait,
si elle était veuve. La seule personne qui puisse rétablir
la situation est Mrs Simpson elle-même, mais il demeure toujours à craindre qu'elle n'ait perdu la tête,
surtout si l'on considère que ce n'est pas une intelligence de première grandeur.

JOURNAL   *16 juillet 1936.*

Commission des Affaires étrangères. Dès l'abord
Winston déclare, et tout le monde est d'accord, que
notre devoir essentiel est de défendre l'Empire britannique et la frontière du Rhin. Ceci en soi, et dans les
conditions présentes, est une « tâche gigantesque ». Ce
que nous devons nous demander est si cette tâche serait

facilitée par un accord avec l'Allemagne, lui laissant les mains libres à l'est. Si nous agissions ainsi, l'Allemagne en une seule année deviendrait toute-puissante de Hambourg à la mer Noire et nous nous trouverions en présence d'une coalition telle que nous n'en avons pas connue depuis Napoléon.

Impression générale : la majorité du National Parti est du fond du cœur anti-Société des Nations et anti-soviétique ; ce qu'elle désire en réalité, c'est un bon accord avec l'Allemagne et peut-être avec l'Italie aux termes duquel nous achèterions la paix aux dépens des petites puissances. Dans ma pensée, cette politique purement égoïste conduira sans doute à une guerre anglo-allemande avant vingt ans. Je ne crois pas que cet état d'esprit durera et je suis convaincu que peu à peu Winston réussira à former un bloc solide pour sa politique d'engagements limités et de responsabilités illimitées.

Fin juillet, juste avant que les Communes se séparent pour les vacances d'été, la guerre civile éclata en Espagne. Les Italiens, bientôt suivis par les Allemands, envoyèrent à Franco des armes et des hommes, tandis que les Français se sentaient moralement obligés d'accorder leur aide au gouvernement républicain. En Angleterre, on regarda le conflit comme le symbole des divisions idéologiques européennes, chrétienté contre athéisme, fascisme contre communisme. Dans l'ensemble, le parti conservateur avait tendance à sympathiser avec Franco ; dans l'ensemble l'opposition se tenait aux côtés de ses adversaires. Mais il y avait beaucoup de dissidents et beaucoup de véritables neutres parmi lesquels se situait

lui-même Harold Nicolson, à qui la brutalité et les ar-
rière-pensées politiques de chaque parti étaient égale-
ment odieuses. Officiellement, la politique de l'Angle-
terre, de la France, de l'Allemagne, de l'Italie, de la
Russie était une politique de non-intervention. Mais en
réalité, seule l'Angleterre tint son engagement.
Au cours de ces vacances d'été, Harold Nicolson
commença à écrire la Tour d'Hélène, *une vie de son*
oncle, le premier marquis de Dufferin et vice-roi des
Indes, qu'il mit en forme d'une « autobiographie indi-
recte » ou « approche proustienne », biographie qu'il
avait conçue en février 1934, mais qui fut bien trans-
formée lorsqu'il l'écrivit. Pour réunir les matériaux de
son livre il se rendit en Irlande du Nord et en Ecosse.
En septembre, il alla passer des vacances en Autriche,
à Venise et dans le midi de la France. En octobre la
perspective de l'ouverture du Parlement l'obsédait.

JOURNAL   *8 août 1936.*

En Espagne la situation est infernale. Philipe Noel-
Baker écrit au *Times* prétendant que le gouvernement
de Madrid est de ceux qui doivent être aidés par toutes
les démocraties libérales. En réalité, bien sûr, c'est un
simple gouvernement Kerensky à la merci d'un prolétariat armé. D'un autre côté, Franco et ses Maures ne
valent pas mieux. Les Allemands s'agitent autour de
Barcelone avec leurs cuirassés de poche « afin de marquer leur présence ». Ce qu'il y a de grave dans cette
situation c'est qu'elle souligne la division de l'Europe.
De quel côté nous tourner ? Les inclinations pro-
allemandes et antisoviétiques des Tories en sortiront
renforcées.

JOURNAL   *8 septembre 1936.*
                                      Sissinghurst.

Lindbergh vient de rentrer de Berlin où il a vu beaucoup d'avions allemands. Visiblement, il a été impres-
sioné par les nazis. Il admire leur énergie, leur virilité,
leur tempérament, leur organisation, leur architecture,
leur sang-froid, leur physique. Il estime qu'ils possè-
dent la plus puissante flotte aérienne mondiale avec
laquelle ils pourront faire subir à n'importe quel pays
des ravages affreux et nous priver de ravitaillement en
coulant nos bateaux, même escortés. Il admet qu'ils
représentent une terrible menace, mais pas pour nous.
Selon lui l'avenir nous apportera une rupture totale
entre le fascisme et le communisme et il croit que si la
Grande-Bretagne apporte son aide aux Français en
pleine décadence et aux communistes soviétiques contre l'Allemagne, ce sera la fin de la civilisation européenne. Il ne voit aucune vraie possibilité pour nous de
demeurer au centre, entre la droite et la gauche.

Je lui fais remarquer que nous sommes, de ce point
de vue, une nation désunie et que s'il fallait choisir
entre la croix gammée et le drapeau rouge, le pays se
trouverait coupé en deux. Il affirme que nous ne pouvons continuer à demeurer à cheval sur le mur, que les
anciennes querelles politiques ont cessé de compter,
qu'aujourd'hui le clivage entre le fascisme et le communisme est total et qu'il n'y a aucune possibilité de
trouver un moyen terme entre ces deux forces irréduc-
tibles. Je crains fort que son diagnostic ne soit juste et
que notre amour des compromis ne nous laisse dans une
situation d'isolement, de division intérieure et d'effondrement possible. Pourtant, je ne peux envisager aucune

adhésion soit à droite, soit à gauche. L'isolationnisme paraît être notre seule politique. Mais elle n'est pas réellement praticable. Jamais nous n'avons été confrontés avec un problème aussi épouvantable.

JOURNAL   *20 septembre 1936.*
                        Schloss St Martin – Haute Autriche.

La réception comprend Henry et Honor Channon [1], Lalli Horstmann [2] et Colin Davidson [3]. Lorsque j'arrive, ils prennent un bain de soleil. Il fait très chaud. Je bois de la bière. Durant le déjeuner nous parlons des nazis. Les Channon sont tombés sous l'influence du champagne de Ribbentrop et de la pétulance des Brünswick, des Wittelsbach et de la Maison de Hesse-Cassel. Ils sont allés aux Jeux Olympiques [4] et n'ont pas été troublés le moins du monde par Goering ou Goebbels. Ils pensent que Ribbentrop est un homme très bien et que nous devrions laisser la vaillante petite Allemagne croquer jusqu'au dernier les rouges de l'Est et veiller à ce que les Français en pleine décadence se tiennent tranquilles pendant ce temps-là. Sinon nous n'aurons pas seulement les rouges sur le dos, mais aussi des bombes sur Londres, Kelvedon [5] et Southend. Je dis que

---

1. Henry (plus tard Sir Henry) Channon, conservateur, député du Southend depuis 1935. En 1933, il avait épousé Lady Honor Guiness, fille du comte d'Iveagh.

2. Epouse de Frédéric Horstmann, diplomate allemande ; elle était le chef de la société intellectuelle de Berlin et solidement antinazie.

3. Lieutenant-colonel C. K. Davidson, mort au champ d'honneur en 1943.

4. Qui avaient eu lieu à Berlin en août 1936.

5. Kelvedon Hall, la maison de campagne des Channon dans l'Essex.

tout ça c'est très joli, mais que ça ne tient pas debout. Nous représentons une certaine forme d'esprit civilisé et si nous trahissons notre mission, nous pécherons contre l'esprit. Nous sommes pour la tolérance, la vérité, la liberté et le bonheur. Ils sont pour la violence, l'oppression, le mensonge et le fiel. Chips (Channon) dit que nous n'avons pas le droit de critiquer une forme de gouvernement ou de penser dans un autre pays. Je réplique : *Homo sum : humani nihil* [1]... Cela dit, j'aime l'Allemagne et je frémis de voir que ce qu'il y a de pire dans le caractère allemand est exploité aux dépens de ce qu'il a de meilleur. Lalli est d'accord.

JOURNAL   *6 octobre 1936.*

Il y a un joli tapage parce que Mrs Simpson s'est rendue à Balmoral avec ses amis, les Rogers [2], et est nommée dans le Bulletin officiel de la Cour. Le pire, c'est que le roi est allé la chercher à la gare d'Aberdeen et l'a ramenée lui-même. Ce qui choqua la bourgeoisie [3] écossaise et britannique. Les journaux à scandale, comme *Cavalcade*, ont fait une grande publicité à cet incident. Sibyl dit qu'en tout cas, jusqu'en juillet, il n'y avait pas eu d'indiscrétions et que Wallis avait semblé comprendre parfaitement la difficulté de sa situation. Mais que depuis l'affaire du *Nahlin* [4] les choses n'ont

---

1. *Homo sum ; humani nihil a me alienum puto,* « Je suis un homme ; rien de ce qui est humain ne m'est étranger ». Térence.

2. Katherine et Hermann Rogers, dans la villa desquels se réfugia Mrs Simpson quand elle quitta l'Angleterre peu avant l'abdication du roi.

3. Parce que le roi, prétextant un « engagement antérieur », avait refusé l'invitation du lord-maire d'Aberdeen de se rendre à une quelconque inauguration.

4. Le yacht sur lequel le roi, accompagné de Mrs Simpson et pour un

cessé d'empirer. Il y a la nouvelle demeure de Regent's Park. Il y a l'épisode de Balmoral. Rob pense que la chose est vraiment sérieuse et pourrait ébranler les bases de la monarchie. Je suis triste, parce que j'aime Wallis Simpson. Le roi est blessé à l'idée que Wallis n'en vaut pas une autre ou qu'il doit limiter le choix de ses amis et de ses hôtes à ceux dont le nom peut paraître en bonne place dans les Bulletins officiels de la Cour. Il ne sera jamais assez déloyal pour faire sauter le nom de Mrs Simpson du Bulletin de la Cour, alors qu'elle est son hôte. Mais la critique qui va croissant pourrait engendrer une vague de mécontentement profond.

Comme tous les autres participants à la vie publique, Harold Nicolson depuis longtemps savait qu'une bombe à retardement tictaquait au pied du trône. A la différence de beaucoup d'autres, ses relations avec le roi et Mrs Simpson lui permirent de suivre le développement du drame.

Il faut en rappeler les dates essentielles. Le 20 octobre, le Premier ministre, Stanley Baldwin, parla d'abord au roi de l'anxiété du Cabinet touchant à ses relations avec Mrs Simpson et il insinua que le divorce imminent de Mrs Simpson pourrait provoquer une crise, à moins que le roi ne pût rassurer ses ministres. Le divorce fut prononcé le 27 octobre. Le 16 novembre, Baldwin vit le roi une seconde fois et fut encore plus net ; il lui déclara que le pays ne pourrait pas tolérer le mariage du souverain avec une divorcée. Le roi répli-

---

temps des Duff Cooper, avait fait une croisière en Méditerranée durant août et septembre.

qua que, dans ce cas, il était « prêt à s'en aller », car il avait la ferme intention d'épouser Mrs Simpson aussitôt que son divorce serait enregistré. Plusieurs solutions furent envisagées, entre autres un mariage morganatique, mais ces délicates négociations furent dépassées par l'indiscrétion de la presse. Le 1ᵉʳ décembre, l'évêque de Bradford accusa publiquement le roi de négliger son devoir de chrétien. Bien que le nom de Mrs Simpson n'eût pas été prononcé, ce discours eut un retentissement général et, le 3, les grands quotidiens firent état en première page de la crise qui sévissait entre le roi et ses ministres. Ce même soir, Mrs Simpson partit pour le midi de la France et le 8, à Cannes, elle publia un communiqué déclarant qu'elle était prête « à en finir immédiatement avec une situation que l'on pouvait considérer à présent comme insupportable et désastreuse ». Le roi lui fit répondre discrètement qu'il la suivrait au bout du monde, quoi qu'elle fît, et informa Baldwin qu'il ne voyait d'autre issue qu'une abdication. Le 9 décembre le Cabinet accepta cette solution, puisqu'un mariage morganatique était hors de question. Le matin suivant, le 10 décembre, le roi signa l'acte d'abdication, et Baldwin, en le présentant aux Communes, fit un exposé magistral de l'enchaînement des circonstances qui avait conduit à ce dénouement. La loi entérinant l'abdication fut expédiée à toute allure par les deux Chambres le jour suivant, et cette nuit-là l'ex-roi s'adressa à la nation par la radio et proclama son frère et successeur, le duc d'York, roi, sous le nom de George VI. A 2 heures du matin, le 12 décembre, le nouveau duc de Windsor embarquait à Portsmouth sur le navire de guerre le Fury *pour rejoindre Mrs Simpson et plus tard l'épouser.*

JOURNAL   *15 novembre 1936.*

Dans l'après-midi nous allons chez Swift où se trouve
Anthony Eden. Le prince et la princesse de Bismarck
sont là. Bismarck m'amuse en disant que notre peur des
attaques aériennes allemandes est quelque peu exagérée.
« Voyez donc le peu de mal qu'ils font à Madrid. » C'est
un doux imbécile. J'ai un long entretien avec Anthony
Eden. Il trouve que la situation internationale s'est beaucoup améliorée ces temps derniers et il n'est pas le moins
du monde troublé par la répudiation allemande des clauses du traité de Versailles internationalisant les fleuves [1].
Il dit que sa grande peur est la tendance actuelle de
l'Europe à former deux blocs opposés, fasciste et communiste, pour la Société des Nations contre la Société des
Nations. Il considère que c'est absurde et il prend quelques notes pour le discours qu'il doit prononcer cette
semaine à Warwick. Nous voyons combien il est difficile
de trouver une expression qualifiant les Etats
« agressifs », « militaristes », « mécontents ». Nous ne
trouvons rien de mieux que « nantis contre insatisfaits ».

JOURNAL   *18 novembre 1936.*

J'ai un long entretien avec Sibyl (Colefax). Elle a
passé le dernier dimanche à Fort Belvédère. Il n'y avait
là qu'un nouvel aide de camp, officier de marine, et
Mrs Simpson. Elles ont eu un entretien à cœur ouvert.
Cette dernière souffrait beaucoup. Toutes sortes de gens

---

1. Le 15 novembre, Hitler avait annoncé qu'il reprenait le contrôle
national des zones allemandes du Rhin, du Danube, de l'Elbe, de l'Oder
et du canal de Kiel, que le traité de Versailles avait internationalisées.

viennent lui rappeler son devoir et la prier de quitter le pays. « Ils ne voient pas, dit-elle, que si j'accepte, le roi me suivra, sans se soucier de quoi que ce soit. C'est alors qu'ils auront leur scandale et ce qui se passe à présent n'est rien à côté. » Sibyl lui demanda alors si le roi lui avait jamais parlé mariage. Elle parut surprise et dit : « Bien sûr que non. » Sibyl suggéra qu'il serait peut-être bon que certains ministres fussent informés afin de pouvoir démentir toute rumeur concernant un mariage imminent. Tout de suite Mrs Simpson acquiesça et autorisa Sibyl à voir Neville Chamberlain. Malheureusement, Neville était au lit avec la goutte, mais Sibyl put lui faire passer un message par Mrs Chamberlain et en retira l'impression que Baldwin avait été averti par le roi qu'il était décidé à épouser Mrs Simpson après le couronnement. Sibyl est d'accord avec moi pour penser que Mrs Simpson est tout à fait loyale et pleine de bonne volonté et qu'il est tout à fait possible que le roi en ait parlé à Baldwin avant de poser la question à Wallis elle-même. Sibyl me demande de faire quelque chose à ce propos ; mais je refuse, d'abord parce que je déteste les ragots et aussi parce que je me rappelle combien se sont cruellement brûlé les doigts tous ceux qui se sont occupés de Mrs Fitzherbert [1].

JOURNAL   *30 novembre 1936.*

J'ai été voir Ramsay MacDonald [2]. Il me parle du roi avec une profonde tristesse : « Il a fait plus de mal à son

---

1. En 1785, le prince de Galles, plus tard prince régent et George IV, avait épousé secrètement Mrs Fitzherbert qui était déjà deux fois veuve.

2. Il était alors lord président du Conseil et siégeait au Conseil des ministres.

pays qu'aucun homme dans toute notre histoire. » Il semble que le Cabinet soit décidé à obtenir son abdication. Et le Conseil privé aussi. Mais il pense que le pays, le grand cœur chaud du peuple, est avec lui. Je ne le crois pas. Les classes supérieures en veulent plus à Mrs Simpson d'être américaine que d'être divorcée. Les classes inférieures ne lui tiennent pas rigueur d'être américaine, mais sont horrifiées à l'idée qu'elle a déjà eu deux maris. Ramsay est désespéré. L'effet en Amérique, l'effet au Canada, l'effet pour notre prestige ! Et plus particulièrement, il est furieux parce que Malcolm (MacDonald) avait presque réussi à persuader De Valera à reconnaître Edouard VIII comme souverain, et maintenant tout est à refaire.

H. N. à V. S. W.   *7 décembre 1936.*
                                   Communes.

Vous devez attendre les nouvelles, c'est pourquoi je vous écris ce soir, sans attendre à demain. Tout est prêt pour l'abdication du roi, mais Baldwin lui a donné « quelques jours » pour réfléchir. Au Parlement aujourd'hui, Winston (dont le mot est « que le roi choisisse celle qu'il aime ») a souffert une amère défaite. Il a presque perdu la tête et il a certainement perdu la maîtrise qu'il exerçait sur les Communes. Ce fut affreusement dramatique.

Tout d'abord vint Baldwin – calme, mesuré. Puis Winston se leva pour poser une question supplémentaire. Il ne le fit pas dans la forme réglementaire et par deux fois fut rappelé à l'ordre par le président. Il hésita et agita vaguement en l'air ses lunettes ; « Assis », criait-on. Il agita à nouveau ses lunettes et reprit sa place.

C'était assez pénible. A ce moment, le vieux George Lambert [1] se leva et dit : « Le Premier ministre sait-il que tous ici nous lui portons une profonde sympathie ? » Tempête d'applaudissements.

Oliver Baldwin est venu me voir ce matin. Il m'a raconté que son père et le roi avaient tourné en rond pendant des heures dans le jardin de Fort Belvédère, discutant toute l'affaire et puis ils étaient revenus dans la bibliothèque après s'être mis d'accord sur l'abdication. Stanley Baldwin se sentait épuisé. Il demanda un whisky soda. On sonna ; le valet vint, le verre fut apporté. S. B. leva son verre et dit (je trouve cela assez sot) : « Quoi qu'il arrive, Sire, ma femme et moi souhaitons votre bonheur du plus profond de notre cœur. » Sur quoi le roi fondit en larmes. Puis S. B. lui aussi commença à pleurer. Quel étrange entretien, et ces deux-là, pleurnichant sur un canapé !

JOURNAL   *10 décembre 1936.*

Le Parlement est bondé, assez nerveux et bruyant. Tandis que les questions commencent à fuser, les galeries se garnissent sur deux rangées, et les gens vont s'asseoir dans les allées. Je suis content de m'être installé de bonne heure au premier rang. Le Premier ministre arrive et, écartant du genou ses collègues, se fait une petite place. Il apporte un coffret et s'asseyant découvre soudain qu'il en a perdu la clef. Il cherche, fouille un moment et finalement la retrouve. Il ouvre le coffret, en sort deux ou trois feuilles de papier timbrées en rouge

---

1. Député libéral national de South-Molton. Il avait soixante et onze ans et fut président du parti libéral parlementaire en 1919.

du monogramme royal et aussi quelques notes de sa main, plus crasseuses que celles qu'un jeune candidat du Labour n'oserait produire à une élection partielle à Wapping. Il arrange soigneusement tous ces papiers et les exhibe plutôt fièrement sur le coffret qui est devant lui. Les questions continuent. Il y en a une à l'adresse de Sam Hoare. Il s'avance pompeusement jusqu'au coffret et pose une pile de papiers de l'Amirauté sur les notes de Baldwin. Il répond à la question, puis soulève ses notes de l'Amirauté, faisant tomber à terre les petits chiffons de Baldwin. Le vieil homme les ramasse hâtivement et l'instant d'après prend les feuilles au monogramme rouge, se dirige fermement vers la barre, se retourne, s'incline, va vers le fauteuil. Il s'arrête, s'incline encore : « Un message du roi, annonce-t-il, signé de la main de Sa Majesté. » Et il tend le papier au président.

Ce dernier se lève et d'une voix chevrotante lit le message d'abdication. La pensée qu'il peut à chaque instant s'effondrer d'émotion accroît notre propre émoi. Jamais je n'avais connu dans cette assemblée tant de pitié et d'inquiétude.

Le Premier ministre alors se lève. Il raconte toute l'affaire. Il a un mouchoir bleu dans la pochette de sa jaquette. On entend de toutes parts : « Bien, très bien », comme autant d'amen. Ses notes ont été embrouillées par Sam Hoare et il hésite un peu. Il confond les dates et tourné vers Simon : « Le 27, c'était un lundi, n'est-ce pas ? » La ruse qui consiste à employer de tels apartés est si évidente qu'on est fondé à la croire voulue. Mais à aucun moment il ne force l'émotion ou s'abandonne à l'éloquence. Le silence est total, troublé seulement par les reporters dans les galeries, courant téléphoner le discours paragraphe par paragraphe. Je pense que dans les siècles à venir les hommes liront les phrases de ce

discours et s'écrieront : « Quelle occasion manquée ! »
Ils ne sauront pas quelle force tragique se cachait sous
cette simplicité. « J'ai dit au roi... – Le roi me dit... »
C'était digne de Sophocle et presque insoutenable.
Attlee le sentit bien. Quand ce fut terminé, il demanda
qu'on suspendît la séance jusqu'à 6 heures du soir.
Nous sortîmes, le corps et l'âme brisés, conscients
d'avoir entendu le meilleur discours que nous enten-
drions de toute notre vie. Il n'était pas question
d'applaudir. Ce fut le silence de Gettysburgh.

J'allai à la bibliothèque pour écrire quelques lettres.
En sortant, dans le couloir, je tombai droit sur Baldwin.
Il était impossible de ne rien dire. Je murmurai quelques mots aimables. Il me prit par le bras : « Vous êtes
très gentil, me dit-il, mais que pensez-vous vraiment de
tout cela ? »

Je répondis : « C'était superbe. Je regrettais seulement que Hitler, Mussolini et Lord Beaverbrook ne se
soient pas trouvés dans la galerie des Pairs. – Oui ce fut
un succès. Je le sais. Ce n'était pratiquement pas préparé. J'ai eu un succès, mon cher Nicolson, au moment où
j'en avais le plus besoin. Maintenant c'est le moment de
partir. » Je ne répondis pas.

Puis il s'en prit à Winston. Il dit : « Vous savez mon
cher Nicolson, je pense que Winston est l'homme le
plus soupçonneux que je connaisse. Je viens de révéler
que le roi m'avait dit : "Réglons cela seul à seul, de
vous à moi. Je ne veux aucune intrusion extérieure." Je
voulais dire par là que c'était la raison pour laquelle je
n'en avais pas fait une question ministérielle. Mais
Winston a pensé que c'était une manœuvre dirigée
contre lui et il s'en est pris à mon secrétaire privé dans
les cinq minutes. Que peut-on faire d'un homme
comme celui-là ? »

Je suggère que Winston s'est mis lui-même dans une situation fausse. Le Premier ministre lève les bras au ciel : « Nous sommes tous dans une situation fausse. »

Aucun homme n'a jamais dominé le Parlement comme il l'a fait ce soir, et il le sait.

A propos, Duff (Cooper) m'a raconté une anecdote. La nuit dernière, après la réunion du Cabinet au Parlement, les ministres se dirigèrent vers leur salle à manger. Ramsay arriva en retard, ressemblant au roi Lear : « Hello, dit Baldwin. Vous paraissez plutôt mélancolique. – Oui, répondit Ramsay, mon corps est ici, mais mon âme est ailleurs. – J'espère, répliqua Baldwin, qu'elle n'est pas à Cannes. » Il faut rendre cette justice à J. R. M. qu'il se mit à rire.

JOURNAL   *11 décembre 1936.*

Au Parlement, dans la matinée. Le bill d'abdication du roi est passé à toute vitesse par la seconde lecture, la commission, le rapport et la troisième lecture avant le déjeuner. La seule opposition vient de quelques discours prononcés par les républicains du Labour, sur le thème : « Le charme est rompu. Pourquoi tenter de le ressusciter ? » On avance aussi que la monarchie est une affaire de classe, ce qui provoque un discours passionné d'Austen Chamberlain.

Je déguste mon steak-and-kidney pie, lorsque la sonnette retentit. J'avale encore une bouchée et je prends la queue de la procession. La proclamation est lue. Alors le greffier se lève : « Bill d'abdication du roi. » « Le roi le veut », répond en écho l'autre greffier. Ainsi finit le règne du roi Edouard VIII. Je retourne à mon steak-and-kidney pie. Je rentre à Sissinghurst.

JOURNAL   *31 décembre 1936.*

Ainsi se termine une année historique et bien remplie. Je me suis bien porté et ai été heureux. Et aussi ma bien-aimée. Elle a écrit son livre sur Jeanne d'Arc et a commencé *Pepita*. B. M [1]. est morte et nos ennuis financiers ont disparu. Ben après sa réussite a quitté Oxford et entre à la National Gallery le 4 janvier. Niggs se forme rapidement. Mummy est en bonne santé et heureuse. Sissinghurst se développe merveilleusement. Une heureuse année, une année féconde, mais assombrie par la menace qui pèse sur le continent. J'ai atteint la cinquantaine. Cela a été pour moi une grande tristesse. Je ne devrais pas tant m'en soucier. Mais j'ai dispersé mes forces vitales, entrepris trop de tâches différentes et n'ai pas le sentiment d'être arrivé au port. J'ai encore en moi bien des promesses et il en sera ainsi jusqu'à mon dernier jour. Mais que de joie, que d'intérêt j'ai tiré de mon expérience ! Je pense que je suis trop léger, trop futile. Mais peu de gens peuvent avoir tiré un tel bonheur de la futilité, et lorsque je regarde ma vie qui s'étend derrière moi, elle est gaie comme une prairie des Alpes, étoilée des fleurs de toute sorte. Aurais-je été plus heureux si j'avais obtenu une simple récolte de luzerne ou de trèfle ? NON.

---

1. Lady Sackville, mère de Victoria Sackville West, belle-mère de l'auteur.

1937

Le voyage de dix semaines dans l'Est africain d'H. N., membre d'une commission pour l'éducation en Afrique – Une réception à Buckingham Palace – Le jardin de Sissinghurst s'étend – Mission chevaleresque d'H. N. à Evreux, pour la duchesse de Windsor – Discours d'H. N. aux Affaires étrangères – Son étroite association avec Churchill – H. N. parle de sa renommée politique.

Harold Nicolson passa le Nouvel An dans le train, entre Paris et Dijon, première étape de son voyage dans l'Est africain. Il faisait partie d'une commission gouvernementale ayant pour mission d'étudier l'éducation en Afrique.

Il rentra en avion en Angleterre le 7 mars, reprit ses émissions radiophoniques, sa chronique littéraire du Daily Telegraph *et ses articles pour* le Figaro, *fut nommé membre du Comité exécutif de l'Union pour la Société des Nations et très souvent donna en de multiples villes des conférences sur des sujets littéraires ou politiques. Comme toile de fond à cette vie si active, durant les week-ends, il poursuivit son roman* la Tour d'Hélène, *tandis que V. Sackville West terminait* Pepita. *Durant cette période, il s'occupa peu des Communes et bien que sa sympathie pour cette institution n'eût nullement faibli, il semble peu à peu avoir pris conscience que sa réputation politique un moment grandissante se trouvait mise en échec. Le 12 mai, le roi George VI fut couronné et quinze jours après Neville Chamberlain succéda comme Premier ministre à Stanley Baldwin.*

JOURNAL   *17 mars 1937.*

Aux Communes les travaux sont retardés par les discours sur la mort d'Austen Chamberlain [1]. Le Premier ministre prononce une oraison assez convenable, mais la gâte à la fin par une phrase malheureuse. Attlee

---

1. Il était décédé subitement à Londres le 16 mars.

prend ensuite la parole avec un très beau et bref discours, Archie Sinclair lui succède; pour une fois il est
bref et dans le sujet. Alors le vieux Lloyd George se
lève et prononce un des meilleurs discours que j'aie
jamais entendus. Si les autres éloges funèbres avaient
pu paraître dans le *Times*, en seconde page, seul le
discours de Lloyd George pouvait avoir été prononcé au
Parlement lui-même. Il rappela ce jour fameux où
Austen fit son premier discours [1] et où Gladstone félici-
ta Joseph Chamberlain d'avoir un tel fils. Ce fut la
seule fois où Joseph Chamberlain trahit quelque émotion et ce récit fut rendu plus réel raconté par Lloyd
George, tendant son pince-nez vers l'endroit où s'étaient
assis alors les acteurs de ce drame sentimental. Les plus
jeunes députés se sentaient ramenés grâce à Lloyd
George au temps de Gladstone, aux batailles pour le
Reform Bill et à l'administration du duc de Wellington.

Je rentrai à K. B. W. [2], mis mes culottes courtes, mes
bas de soie, et m'avisai alors que j'avais été idiot de
n'avoir pas commandé une voiture pour venir me chercher au Palais, encore plus que pour m'y conduire. Il est
tout à fait possible, sans honte vaine, d'arriver à Buckingham Palace en taxi, encore que le chauffeur (dans un
délire démocratique) puisse insister pour jeter sa cigarette sur le tapis rouge des marches; mais il est bien
difficile, lorsque le hall est rempli de hallebardiers, de
gentilhommes de la Garde, de rameurs royaux, de bousculer au passage des duchesses en diadèmes et de prier
quelqu'un (qui, pour autant qu'on le sache, peut être le
lord chambellan ou l'intendant des écuries): « Je
m'excuse, pensez-vous que je puisse avoir un taxi ? »

---

1. Avril 1893.
2. Domicile de l'auteur à Londres ; 4, King's Bench Walk-EC4.

De toute manière, j'arrive ponctuellement à 8 h 20. Dans les profondeurs du hall, je remarque une épaisse et lourde silhouette en conversation avec une autre silhouette mince et en bas de soie et je découvre que c'est Mr Baldwin qui parle avec David Cecil ; ils attendent leurs épouses respectives. Je monte l'escalier, un peu troublé parce que toutes les quatre marches il y a un valet de pied en livrée écarlate et épaulettes d'or, les cheveux poudrés. J'entre dans le premier salon ; là il y a les écuyers et les dames d'honneur. La réception comprend Baldwin, Lloyd George, Halifax, le duc de Rutland, le duc de Buccleuch, Ancaster, Montagu Norman, Oliver Stanley et leurs femmes. Ensuite, on nous groupe dans un autre salon et vers 8 h 45, le roi et la reine entrent sans bruit et commencent à serrer les mains à la ronde. Lorsqu'ils ont terminé leur tour, ils se dirigent rapidement vers la porte et les écuyers se précipitent sur Mr Baldwin et la duchesse de Rutland qui pendant ce temps-là s'étaient tenus les bras ballants au milieu de la pièce. Soudain Leurs Majestés s'avisent de leur existence et le roi offre son bras à la duchesse de Rutland, tandis que la reine tend le sien à Mr Baldwin. Ils ouvrent la marche vers la salle à manger, mais le malheur est que tandis que le roi sait qu'elle se trouve dans l'aile est, Mr Baldwin s'imagine qu'elle est dans l'aile ouest. Un instant, ils marchent en direction opposée et le danger de collision n'est évité que grâce à l'intervention rapide du chambellan de service. Nous nous rangeons derrière eux et j'offre mon bras à Nathalie Ridley [1]. Comme nous approchions de la salle à

---

1. Née comtesse Nathalie Beckendorff, fille de l'ambassadeur de Russie à Londres, et qui épousa en 1911 Jasper Ridley, président de Coutts et C°, une banque.

manger, l'orchestre des grenadiers de la Garde, qui se
tenait dans une salle proche, joua le *God Save the King*,
ce qui créa dans la société un flottement passager :
fallait-il continuer cette lente procession à travers les
salons ou s'arrêter au garde-à-vous ?

La table est une masse de torchères d'or et de tulipes
écarlates. Derrière nous, sur des étagères, toute l'argen-
terie des Windsor. Le menu n'est pas bien composé, on
nous sert du potage, du poisson, des cailles, du jambon,
du poulet, de la glace et des entremets. Mais le vin est excellent et le porto merveilleux. Lorsque l'entremets est
fini, le roi se lève et nous reprenons notre procession vers
les salons. A la porte du quatrième salon, les écuyers nous
prient de quitter les dames et nous conduisent dans un
fumoir où les hommes s'assoient pour le café et les ciga-
res. Le roi remplit cet intermède en parlant à Baldwin et à
Lloyd George, et David Cecil et moi nous nous demandons pourquoi nous avons été invités. Il dit : « Moi, je sais.
Je suis un jeune membre de l'aristocratie britannique. »
Je lui réponds : « Et moi un homme politique dont l'étoile
se lève. » J'ai le regret de voir que David n'est pas aussi
convaincu que je l'aurais souhaité par cette explication.

Ensuite nous passons dans la grande galerie, où nous
sommes rejoints par les dames, le roi et la reine. Maureen Stanley est appelée par le roi et retient son attention. La reine alors fait le tour de l'assemblée. Elle
porte sur son visage un faible sourire montrant ainsi
qu'elle se serait bien amusée si elle n'avait pas été reine
d'Angleterre. Il est impossible de rendre compte de tant
de charme et de dignité et je ne puis m'empêcher de
penser au gâchis qu'aurait fait Mrs Simpson d'une telle
réception. Cela nous a prouvé, plus que toute autre chose,
combien un tel mariage eût été impossible. La reine me
taquine gentiment sur mon visage rose comme mes idées.

Ensuite la reine fait une profonde révérence à laquelle répondent toutes les dames. Nous partons. Je réussis à me faire offrir une place dans la voiture de Maureen Stanley. Je remarque chez elle une légère hésitation quand je lui demande de me ramener à la maison. Puis elle dit : « C'est très embarrassant. Vous pensiez peut-être que ce diadème était à moi. Je ne vous cacherai pas plus longtemps que c'est celui de ma mère [1] et que je dois le rapporter à Londonderry House en rentrant. » Donc nous allons à Londonderry House, où nous sommes accueillis par le maître d'hôtel qui place le diadème dans un petit coffre. Nous allons ensuite chez les Stanley et nous buvons de la bière en commentant ces mœurs mythologiques.

JOURNAL   *21 avril 1937.*

Mrs Koestler, dont le mari a disparu en Espagne [2], est venue me voir ; elle s'assied sur le banc, des larmes coulent sur ses joues. Le consul de Séville lui a affirmé que « Mr Koestler était vivant et en bonne santé ». Si c'était vrai, il serait sûrement entré en rapport avec sa femme et j'ai grand-peur qu'il n'ait été fusillé. J'ai parlé de lui à Vansittart et il a promis de s'en occuper dès demain et d'insister pour avoir une réponse.

Un grand dîner à l'ambassade de France en l'honneur de Daladier. L'aspect de ce dernier ne m'a pas fait grande impression. En face de nos ministres qui étince-

---

1. Lady Maureen Stanley, épouse d'Oliver Stanley, président à cette époque de la Commission de l'Education, était la fille du sixième marquis de Londonderry.

2. L'écrivain Arthur Koestler fut emprisonné par Franco alors qu'il était le correspondant de guerre du *New Chronicle*.

laient de décorations, de rubans, il ressemblait à quelque marchand ibérique rendant visite au Sénat romain.

JOURNAL   *3 mai 1937.*

J'ai une conversation avec George Lansbury. Il vient de rentrer après avoir vu Hitler. Il raconte que par instants on voit dans le regard de ce dernier une lueur inspirée suivie soudain d'un coup d'œil froid de gangster. Il prétend qu'Hitler est obsédé par la Russie. Lansbury lui suggéra que sa crainte était exagérée. Il répondit : « Je n'ai pas peur d'une attaque ouverte ; ce qui me terrifie, ce sont leurs menées souterraines. – Eh bien, répliqua Lansbury, pourquoi ne pas faire comme nous ? Nous permettons aux communistes de travailler à ciel ouvert et de cette façon leur imbécillité est connue de tout le monde. Dès lors que vous ne permettez pas à vos ennemis de travailler en plein jour, c'est tout naturellement qu'ils commencent leur travail de sape. » Lansbury est convaincu qu'Hitler a été assez impressionné par cette remarque.

H. N. à V. S. W.   *8 juin 1937.*
                            4, King's Bench Walk – EC4.

Vous êtes vraiment un ange de vous être inquiétée de mes bonnes femmes mais cela en valait la peine [1]. Je ne sais pas si cette histoire d'un ravissant château aura des répercussions sur le vote du Labour. Les gens sont si bizarres. Ils peuvent dire : « C'est un farceur ; il est le

---

1. Le 5 juin, cinquante dames faisant partie de l'Association des femmes conservatrices de West-Leicester étaient venues visiter Sissinghurst.

porte-parole du Labour et vit dans un château. » Mais ils peuvent dire aussi : « C'est merveilleux que cet homme qui vit dans un château vienne s'inquiéter de nos petites affaires. »

De toute manière, jamais Sissinghurst n'a paru plus adorable ni été plus admiré. Je dois reconnaître que Farley en a fait le véritable jardin d'un gentleman, tandis que vous, avec votre goût extraordinaire, vous lui avez donné une originalité qu'il ne peut tenir que de vous. Je crois que le secret de votre réussite tient simplement dans le fait que vous avez le courage d'éliminer les fleurs que vous trouvez laides ou mal venues. Exception faite pour ces stupides tritomas rouge vif pour lesquels vous avez un faible, il n'y a pas une seule fleur disgracieuse. Et si j'ose m'exprimer ainsi, je pense que le tracé en est assez bon. Je crois que nous avons atteint notre but : un parfait équilibre entre le classique et le romantique, entre l'élément attendu et l'élément de surprise. Ainsi les allées principales se terminent-elles de manière à répondre à tous les espoirs ; cependant elles contiennent certaines astuces et ne laissent pas de surprendre. Mais l'esprit de la chose n'apparaîtra vraiment que lorsque les haies auront grandi, surtout (la plus importante de toutes) la haie de houx du jardin fleuri. Mais c'est adorable, adorable, adorable et vous devez être fière de votre œuvre.

JOURNAL   *16 juin 1937.*

Je dîne dans la salle à manger du Stranger avec Hugh Dalton et Albert Bernstorff. A son habitude, ce dernier parle très franchement. Il dit que nous nous trompons dans notre évaluation de l'équilibre des forces en Allemagne. D'un côté, nous exagérons le pouvoir de l'état-

major, de l'autre nous sous-estimons l'intelligence de Goering et faisons trop de sentimentalité vis-à-vis d'Hitler.
Lui-même considère Hitler comme un personnage très
dangereux, vindicatif et sinistre. Il pense qu'il est en train
de devenir fou et qu'il va falloir le reléguer à Berchtesgaden, comme une sorte de Grand Lama : « La seule
manière, dit-il, de se débarrasser d'Hitler est d'en faire un
dieu. » D'un autre côté, il dit que Goering est le seul
d'entre eux qui ait appris quelque chose depuis la Révolution. C'est un aventurier, tout simplement, mais il est
loin d'être idiot. Il adore les plaisirs de la vie et est affligé
du complexe amour-haine du bourgeois moyen allemand
vis-à-vis de l'Angleterre. S'il était invité à chasser à
Sandringham, il deviendrait pour nous un allié influent.

Je leur soumets mon idée d'une Entente à quatre entre nous, l'Allemagne, le Japon et les Etats-Unis, visant
au développement économique de la Chine. De toute
évidence, lorsque ces grands programmes d'armement
seront achevés, il faudra un débouché pour nos surplus
d'acier et d'équipement et il serait possible à l'Amérique et à nous-mêmes de financer un énorme programme de routes, de ponts, de chemins de fer grâce
auquel nous pourrions nous ouvrir la Chine et gagner
ainsi un gigantesque marché. Ils ne trouvent pas ce plan
aussi délirant qu'il le paraît.

JOURNAL   *5 juillet 1937.*

Le Club 1936 [1] a donné un dîner pour Inskip [2]. Il
parle très franchement des armements et de sa propre

---

1. Club fondé au sein de la Chambre des Communes par quelques
membres de la majorité.
2. Sir Thomas Inskip, ministre de la Défense (1936-1939).

position. Il dit que tout est prévu pour qu'il ne devienne ni ministre des Munitions, ni vice-président au Comité de défense de l'Empire. Il dit que le premier but est d'« exécuter » notre programme de rattrapage et qu'il est difficile de mesurer à quel point nous sommes en retard. Il dit aussi que si l'on rencontre peu de difficultés à recruter des hommes pour la Royal Air Force, la Marine et les Territoriaux, les chiffres d'enrôlement dans l'Infanterie sont d'une faiblesse terrifiante. Les gens se refusent absolument à s'engager à cause de la clause qui pourrait les obliger à se rendre aux Indes. Nous lui demandons quelle est la date la plus proche où notre « programme de rattrapage » sera achevé, et il répond : « En 1940. » Cependant, il ajoute qu'il y a un léger avantage à commencer en retard puisque nous pouvons alors bénéficier des inventions les plus récentes. C'est ainsi que les Allemands devront mettre à la ferraille un nombre énorme de tanks qui ne sont pas protégés contre les obus à haute pénétration. C'est pourquoi alors que quantitativement nous sommes très en arrière, pour la qualité, notre matériel ne le cède à personne. Il dit aussi que tout notre système est basé sur le postulat que nous n'aurons à envoyer que cinq divisions sur le continent et que le gros de notre force sera naval et aérien.

JOURNAL   *9 juillet 1937.*

Je déjeune à l'ambassade d'Espagne. C'est curieux de voir ces vieux salons de Merry Del Val [1] hantés par des gens qu'il traiterait de révolutionnaires. Tout le monde est déjà réuni et nous buvons des cocktails lors-

---

1. Ambassadeur d'Espagne à Londres (1913-1931).

que la porte s'ouvre et qu'apparaît un petit homme épais, content de lui, escorté d'une femme maigre et morose. Ils serrent les mains à la ronde sans être présentés, supposant que tous nous savons qui ils sont, tout à fait comme nous reconnaîtrions le vice-roi, si nous dînions à Delhi. Par hasard je découvre qu'il s'agit de Del Vayo, ancien ministre des Affaires étrangères de Valence, et mon opinion sur ce gouvernement tombe encore plus bas. Le reste de la société comporte tout un assortiment de députés et de journalistes, parmi lesquels Lord Camrose. Les gros bonnets arrivent plus tard, les ministres de Lituanie et de Tchécoslovaquie qui ont assisté à la Commission de non-intervention.

Jan Masaryk s'exprime sans ambages. Il dit qu'au cours de sa vie il a assisté à bien des folies et entendu beaucoup de bêtises, mais qu'il n'a jamais entendu rien de plus inepte, de plus arrogant et de moins sensé que le discours que Ribbentrop a prononcé devant la Commission ce matin. Il a harangué la Commission tout entière sur la signification profonde du bolchevisme et injurié les représentants anglais et français parce qu'ils ne réalisaient pas le danger avec lequel ils étaient confrontés. N'y eût-il eu qu'un seul des diplomates parmi les vingt-sept représentants qui étaient là qui éprouvât quelque sympathie pour la cause allemande, le discours de Ribbentrop se le serait aliéné à tout jamais.

Le soir même Harold Nicolson partit pour la France, remplir une mission chevaleresque pour le compte de la duchesse de Windsor, qui avait épousé le duc au château de Candé près de Tours le 3 juin 1937. Dans son journal il exposa l'affaire, mais cette mission était si

secrète qu'il n'en parla même pas à V. Sackville West
jusqu'à ce qu'elle fût heureusement accomplie.

JOURNAL   *10 juillet 1937.*

Il vaut mieux établir tout de suite le point de départ de cette curieuse mission. Il y a peu de temps Stephen King-Hall [1] me raconta qu'alors qu'il déjeunait dans un hôtel d'Evreux, le propriétaire lui avait montré une feuille de papier écrite par Mrs Simpson lorsqu'en décembre dernier elle s'enfuyait vers le midi de la France. Avant le déjeuner elle avait demandé une communication téléphonique avec le roi Edouard et elle avait griffonné sur un demi-feuillet de carnet ce qu'elle allait lui dire. Ces notes étaient tout à l'honneur de Mrs Simpson : elles contenaient des expressions telles que : « Pensez seulement à votre propre position, à vos devoirs et ne vous occupez pas de moi. » Ce papier avait été oublié sur la table, le propriétaire l'avait trouvé et enfermé dans son coffre.

Par la suite, en repensant à cette histoire, j'acquis la conviction qu'il ne fallait pas qu'un pareil document demeurât entre les mains d'un patron d'hôtel français. C'est pourquoi j'écrivis à Mrs Simpson, lui racontai les faits et lui demandai si je pouvais faire quelque chose pour l'aider à recouvrer ce document. De Wasserleonburg [2] elle me répondit qu'elle s'était aperçue de cette perte alors qu'elle se trouvait déjà à cent kilomètres

---

1. Fondateur des K. H. Newsletter (1936) et de la Hansard Society (1944).
2. Le château de Wasserleonburg, près du Wörther See, en Autriche, que le duc de Windsor avait loué pour l'été.

d'Evreux et qu'il était trop tard pour rebrousser chemin.
Elle y tenait beaucoup et me demandait de tout mettre
en œuvre pour le récupérer. Je lui écrivis, lui disant que
j'étais tout disposé à aller à Evreux, mais qu'il me
fallait une lettre me donnant tout pouvoir pour reprendre son bien. La lettre arriva le vendredi matin et en
même temps j'obtins de Roland de Margerie une lettre
officielle de l'ambassade de France donnant ordre « à
toutes les autorités françaises » de me prêter assistance
dans la limite de leur pouvoir [1]. Ainsi armé, je m'em-
barquai pour Le Havre.

A l'aube, je me levai car j'étouffais dans le salon et
par-dessus la houle je guettai l'approche des côtes de
France. Je pris mon petit déjeuner dans le train du Havre et descendis à Rouen. A l'hôtel de la Poste, je pris
un bain et demandai une voiture. Je gagnai Evreux par
Pont-de-l'Arche et Louviers. J'arrivai à 11 heures.
J'entrai dans la cour du Grand Cerf et me dirigeai vers
le bureau. Le propriétaire et ses deux filles s'y trouvaient, faisant des comptes. Je demandai à le voir seul.
Il parut quelque peu surpris, mais me conduisit dans la
salle de correspondance des voyageurs.

Je commençai par lui demander si en décembre dernier il était déjà propriétaire de l'hôtel, et s'il se souve-
nait que Mrs Simpson eût déjeuné là, alors qu'elle se
rendait dans le Midi. Il parut mal à l'aise et j'eus peur
qu'il ne commençât par nier l'existence de ce papier. Il

---

1. La lettre de Roland de Margerie, premier secrétaire à l'ambassade
de France, commençait ainsi : « Cher Harold ou plutôt cher Don Qui-
chotte, dans mon enfance les aventures d'Athos, d'Aramis, de Porthos
et de d'Artagnan quittant Paris pour Londres afin d'arracher à Buckingham les ferrets de la reine, m'empêchaient de dormir, vais-je perdre le
sommeil aussi longtemps que je ne vous saurai point revenu d'Evreux
sain et sauf ? »

aurait été alors difficile de le faire revenir sur ce propos. Aussi je dis : « Il semble que la dame en question ait eu une communication téléphonique avec le roi et qu'auparavant elle eût écrit sur un morceau de papier... » Puis je m'interrompis et ajoutai : « Mais avant de poursuivre, je dois vous montrer ce qui m'accrédite. » Et je lui tendis la lettre de l'ambassade de France que Roland de Margerie avait adroitement tournée, introduisant même la phrase « conseiller diplomatique de Sa Majesté britannique » ; comme je m'y attendais cette lettre l'alarma un peu, puisqu'elle prouvait que s'il suscitait des difficultés, je pouvais demander l'aide du maire d'Evreux et du préfet de l'Eure. Ensuite je lui montrai la lettre de Mrs Simpson, qui était signée : « Wallis, duchesse de Windsor. » Le temps de lire ces lettres lui permit de rassembler ses idées. J'enchaînai rapidement, expliquant comment elle avait laissé ces notes sur la table, qu'elle savait que c'était un document très important pour elle, qu'elle pensait qu'il n'avait pas été détruit et qu'avant de s'adresser aux hommes de loi, elle m'avait demandé, en tant qu'ami personnel, de me rendre à Evreux pour débrouiller cette affaire.

Il répliqua : « L'ensemble est juste, mais les détails ne sont pas exacts. Le papier n'a pas été laissé sur la table du déjeuner : je l'ai trouvé à côté du téléphone. J'ai pensé qu'il serait désolant que ce papier tombe entre de méchantes mains aussi l'ai-je mis dans mon coffre. J'aurais pu, bien sûr, le renvoyer à la duchesse, mais j'ai eu peur qu'elle ne soit fâchée contre la négligence de son secrétaire et qu'il n'ait des ennuis [1]. A

---

1. En fait Mrs Simpson n'avait pas de secrétaire. Durant ce voyage à Cannes, elle était accompagnée par Lord Brownlow (écuyer du roi), un chauffeur et un détective de Scotland Yard.

présent je suis heureux de le remettre entre vos mains. »
Il me quitta et revint quelques minutes plus tard, tenant
à la main une demi-feuille de carnet. J'enlevai mes
lunettes, tins le papier à bout de bras et vis qu'en fait il
était couvert de notes écrites au crayon, en anglais. Je
pris une enveloppe, y mis le papier et la fermai.
J'empochai cette enveloppe, serrai chaleureusement la
main du propriétaire et allai faire une action de grâce à
la cathédrale, après avoir dit que je serais de retour dans
une demi-heure pour le déjeuner.

Lorsque je rentrai, je trouvai mon hôte troublé et anxieux. Il me demanda s'il pouvait voir une nouvelle fois
mes lettres de créance ; il les étudia longuement. Puis il
me demanda si j'allais envoyer le document à la duchesse : « Non, lui répondis-je, je le rapporterai en Angleterre et de là, je l'enverrai par recommandé. » Son
anxiété s'accrut. Alors je pris dans le casier une carte
postale et écrivis : « M. Piacarella, le propriétaire, a été
des plus obligeants et m'a donné le papier. » Je mis la
carte dans une enveloppe adressée à la duchesse à Wasserleonburg, mais j'avais d'abord lu le texte à M. Piacarella. Je lui donnai la lettre et lui dis de l'envoyer lui-
même par avion en Autriche. Cela leva tous ses soup-
çons, car de toute évidence si j'avais été un journaliste
cherchant à obtenir le papier pour le *Chicago Tribune*,
je n'aurais pas écrit à la duchesse pour dire que je
l'avais désormais en ma possession.

On me servit un excellent déjeuner et M. Piacarella et
moi nous séparâmes fort amicalement [1].

---

1. Dans ses Mémoires *Le cœur a ses raisons* (Michael Joseph, 1956)
la duchesse reconnaît le service que lui rendit H. N. et donne le texte de
la note : « Il n'est pas question que Mr James (le nom de code du roi
Edouard) descende l'escalier (abdique). Vous devez prendre conseil. Il
faut consulter vos vieux amis. Voyez Duff Cooper. Parlez à Lord

JOURNAL   *15 juin 1937.*

La Commission des Affaires étrangères discute des événements d'Espagne. Une majorité écrasante est passionnément antigouvernementale et pro-Franco. La discussion est très utile, car elle a permis à tout un tas de jeunes tories de lâcher de la vapeur.

Cependant l'Opposition a proposé une suspension dans le but de discuter le plan britannique [1]. Plus tôt dans l'après-midi j'avais eu une conversation à ce sujet avec Anthony Eden et lui avais dit que j'étais opposé à reconnaître l'état de belligérance depuis que j'avais compris que cela permettrait à Franco de compléter son blocus et d'affamer les forces gouvernementales, les contraignant ainsi à capituler. Il me dit que mon hypothèse était fondée et que lui-même n'accepterait la reconnaissance que lorsque l'évacuation des volontaires aurait été assurée. Je dois dire que j'admire très fort son calme et sa bonne humeur. Tout le monde protestait parce que l'Opposition avait critiqué le plan britannique en plein débat avant que les autres puissances eussent eu le temps de l'étudier. Anthony, cependant, resta parfaitement calme et, bien que j'aie dû quitter le débat pour préparer le discours que je dois faire au dîner [2], je suis sûr que sa réponse à Attlee fut tout bonnement écrasante.

Derby. Parlez à l'Aga Khan. Ne rien faire d'inconsidéré. » Mais la communication avait été si mauvaise que le roi put à peine entendre un mot.

1. Pour garantir aux deux partis en présence le même droit de belligérance, une fois accompli « un progrès substantiel » dans le retrait des forces étrangères.

2. Dîner donné au palais de justice par les membres du National Labour.

H. N. à V. S. W.   *21 juillet 1937.*
                                   4, King's Bench Walk – EC4.

Mon discours de lundi paraît avoir fait plus d'effet que je ne l'espérais. On m'a beaucoup félicité. C'est curieux de voir comme de telles choses affectent l'atmosphère. Si on fait un bon discours, même le policier à la porte paraît vous saluer avec un respect plus marqué. Après un échec, on dirait que les pigeons eux-mêmes détournent la tête. Bien entendu tout ceci n'est qu'illusion. Mais je crois qu'il y a vraiment quelque chose dans le fait que nulle institution au monde ne soit un tel baromètre que le Parlement, ni qu'il puisse y avoir de triomphe plus doux qu'un vrai triomphe oratoire aux Communes. Je me demande si j'en connaîtrai jamais un.

JOURNAL   *23 juillet 1937.*

Je dîne à l'ambassade soviétique. Les invités sont Beaverbrook, Mr et Mrs David Low et Korda, le metteur en scène. On nous sert du caviar et du borchtch. L'ambassadeur me parle longuement des iniquités de la propagande allemande. Après le dîner, j'évoque avec Beaverbrook notre « splendide isolement ». Il avoue qu'il n'est pas un isolationniste à tous crins, et qu'il pourrait changer de politique si l'Allemagne devenait par trop agressive. Je rentre avec lui à Stornoway House, nous y poursuivons cette conversation. Le curieux est que ses récentes visites en Allemagne l'ont convaincu qu'Hitler est décidé à ne pas perdre son temps et c'est pourquoi il en est devenu presque profrançais. Il est tout à fait charmant et chaleureux et ne nourrit aucun ressentiment de nos différends passés.

JOURNAL   *27 juillet 1937.*

La Commission des Affaires étrangères entend Anthony Eden. Il dresse un tableau général de tous les problèmes depuis Washington jusqu'à Tokyo. Il dit que la France a vraiment pris l'initiative d'une politique de non-intervention et que nous n'avons pas eu à la pousser. Il reconnaît que la non-intervention a bien fait faillite, mais il dit que cette politique nous a garantis contre l'envoi de troupes régulières et que ceux qui s'étaient complu dans cette idée, doivent regretter d'avoir eu la langue trop longue. Il insiste beaucoup sur le fait que si les difficultés des dictateurs sont cachées derrière un rideau d'acier, nos cartes à nous sont sur la table. Jamais nous ne devons bluffer. En vérité, la situation est meilleure qu'auparavant depuis que l'Allemagne et l'Italie sont toutes deux quelque peu revenues de leur attitude arrogante. Les bases de la paix, dit-il, sont plus fortes que nous le supposons et notre position diplomatique vis-à-vis des pays neutres de la Méditerranée orientale et des Etats-Unis est mieux assurée qu'elle ne l'a été depuis longtemps.

Dans une conversation privée, plus tard, il me dit que selon lui la guerre d'Espagne durera encore un an et qu'il espère qu'elle aboutira dans une impasse d'où sortira un gouvernement neutre. Il me fait remarquer que si Franco gagne, il sera à même de tenir le Maroc espagnol et que s'il est vaincu, le gouvernement ne sera pas assez fort pour le jeter à la mer, et qu'une situation très difficile s'ensuivra.

Le Parlement se sépara le 30 juillet et se réunit après les vacances d'été le 21 octobre. Harold Nicolson ne s'éloigna pas durant ses vacances et travailla beaucoup à Sissinghurst pour achever la Tour d'Hélène *qui fut publiée avec* Pepita *à l'automne, comme à l'habitude. 1937 fut « l'année sans surprise ». Les dictateurs se tinrent tranquilles, excepté en Espagne et sur leurs revendications coloniales, la politique britannique consista à conserver des positions diplomatiques existantes tandis que se renforçait notre puissance militaire.*

JOURNAL   *15 novembre 1937.*

La Tour d'Hélène est publiée et fait l'objet de quelques articles.

Je déjeune avec Sibyl Colefax. Puis, je vais aux Communes. J'ai une longue conversation dans le fumoir avec Winston Churchill. Il me félicite pour mon intervention de jeudi à la Commission des Affaires étrangères, disant qu'il a rarement vu un discours si bref avoir un tel effet dans un temps si court [1]. Je lui dis que je me sens terriblement gêné pour définir clairement ma politique, manquant tout à fait de documentation sur la valeur réelle de notre puissance défensive. Bien entendu si la question se pose de choisir entre une défaite totale

---

1. On ne trouve nulle mention dans le journal ou dans les lettres du thème de ce discours.

et l'abandon des colonies allemandes, il n'y a pas de problème. Mais si nous sommes, en fait, capables de nous défendre, je ne vois pas la raison pour laquelle nous ferions des concessions sans contrepartie. Winston dit qu'il est bien entendu impossible que le gouvernement révèle dès à présent notre véritable force, mais qu'« il tient pour acquis » que l'aviation allemande est un peu plus forte que les forces aériennes françaises et anglaises réunies. Si vous y ajoutez l'aviation italienne, qui constitue une excellente force de frappe, nous ne sommes pas en mesure de faire la guerre sans l'aide active de la Russie. Il est d'une humeur paisible, sensée, sage.

JOURNAL   *18 novembre 1937.*

J'ai une conversation avec Duncan Sandys [1] sur la situation de l'Allemagne. Je dis que nous ne pouvons avoir aucune opinion fondée tant que nous ne connaissons pas l'étendue de notre propre faiblesse. Bien sûr, nous savons que nous ne pouvons lutter contre l'Allemagne, l'Italie et le Japon, à la fois, mais nous ne savons pas si une attaque nous serait fatale. Si nous devions y laisser notre vie, il est évidemment plus sage de sacrifier quelques plumes. Duncan estime que le bon sens nous apprend que si l'Allemagne désire nous attaquer, elle le fera de toute manière et que sa politique présente est d'obtenir le plus qu'elle peut en attendant sans faire la guerre. Si nous abandonnons les colonies, nous ne gagnerons qu'un répit de quelques mois. C'est pourquoi, il vaut mieux tenir tête et laisser les Alle-

---

1. Duncan Sandys, qui avait vingt-neuf ans, était député conservateur de Lambeth depuis 1935.

mands se poser des questions. L'opinion des tories est en déroute quasi totale et ils abandonneraient volontiers à l'Allemagne la Russie et le Proche-Orient pour peu qu'elle voulût bien nous laisser tranquilles.

JOURNAL   *9 décembre 1937.*

Réunion de la Commission des Affaires étrangères à laquelle assiste Anthony Eden. La salle est comble. Le thème général de son discours est : aucune probabilité de guerre imminente et meilleures perspectives d'apaisement. Il attire notre attention sur de nombreux facteurs encourageants, tels les progrès de notre réarmement, le fait que l'Espagne a cessé d'être une réelle source de danger, l'amélioration de nos relations avec le Portugal et la coopération plus étroite qui se noue avec les Etats-Unis. Il dit aussi que l'affaire d'Espagne a prouvé le pouvoir grandissant de la défense dans la guerre moderne, rendant ainsi l'agression moins tentante. En ce qui concerne l'Allemagne, il estime que nous ne devons rien négliger pour arriver à un accord, mais que ce doit être un accord général et non une débandade. En ce qui concerne l'Europe centrale nous ne pouvons nous en désintéresser et nous prendrons certains engagements. Ce discours a pour résultat final d'encourager ceux d'entre nous qui ont prêché le même évangile depuis des années.

JOURNAL   *31 décembre 1937.*

Après le dîner (à Sissinghurst) je repasse dans mon esprit cette année 1937. Une bonne année. Vita s'est bien portée, a écrit *Pepita* et son livre sur les fleurs [1] et a fait de notre jardin l'un des plus beaux d'Angleterre. Ben est entré à la National Gallery et a séjourné à Florence, se préparant à devenir Kunsthistoriker [2]. Nigel a beaucoup travaillé à Balliol et s'est arrangé pour se défaire de sa timidité. Je me suis rendu en Afrique, ai pris la parole dans toutes sortes d'endroits, écrit *la Tour d'Hélène*, publié *The Meaning of Prestige* [3] et *Small Talk* [4] et ai été heureux et très occupé.

Cependant j'ai conscience que ma carrière politique a subi un déclin. Je n'ai pas un instinct combatif suffisant pour imposer ma personnalité aux Communes. Bien que je sois un bon orateur et encore un meilleur conférencier, je ne suis pas à l'aise à la Chambre.

La difficulté vient aussi de ce que les Affaires étrangères, qui sont ma spécialité, ne sont pas le sujet à propos duquel je veuille parler. Cela ne peut que faire du mal. C'est pourquoi je me suis tu trop souvent et ai donné l'impression de me trouver hors de course.

Est-ce que cela m'affecte ? Plus peut-être que je ne le pense. Je suis si heureux dans ma vie domestique et quotidienne que je n'attache pas grande importance au fait que je n'ai pas répondu à ce que l'on attendait de moi. Mais j'ai bien dû m'en apercevoir tout de même puisque je hais la faillite. L'année 1938 sera décisive. Pour le moment en ce qui me concerne aux Communes, la question reste posée. Mais cette fois, il me faudra y répondre d'une manière ou d'une autre.

---

1. *Sortie Flowers*, Cobden Sanderson, 1937.
2. Spécialiste d'histoire de l'art.
3. Conférence prononcée à Cambridge le 23 avril 1937.
4. Une série d'articles extraits de divers journaux. Publiés par Constable.

1938

Démission d'Anthony Eden – Discours d'H. N. en faveur d'Eden – L'attitude de ses électeurs vis-à-vis de la politique d'apaisement – L'Anschluss – Série de conférences d'H. N. dans les Balkans – Entretiens avec le roi Carol de Roumanie et le roi Boris de Bulgarie – Konrad Henlein – Sentiment croissant de crise – H. N. va voir Somerset Maugham – La crise de Munich – Réunion d'urgence avec Churchill – Crainte d'une guerre imminente – H. N. attaque le pacte de Munich – Il se joint au groupe Eden en opposition à une politique d'apaisement – V. Sackville West et sa haine des grandes réceptions – Une année malheureuse, la prochaine sera pire.

En 1938, la marche vers la guerre aboutit à l'abîme. Elle fut marquée par le triomphe puis la ruine de la politique de Neville Chamberlain qui préféra céder aux dictateurs. Dès l'instant où il succéda à Baldwin en qualité de Premier ministre, il commença à s'occuper lui-même de plus en plus de la conduite des Affaires étrangères et ses relations avec son ministre des Affaires étrangères, Anthony Eden, laissèrent apparaître des signes de dissension. Chamberlain pensait que les Affaires étrangères avaient une politique trop anti-allemande et il développa ses propres relations avec Hitler grâce à une visite que fit Lord Halifax à Berlin en novembre 1937, et avec Mussolini grâce à des contacts personnels qu'il eut avec le comte Grandi, l'ambassadeur d'Italie à Londres, et des émissaires bénévoles envoyés à Rome, telle Lady Chamberlain, la veuve de son demi-frère Austen. A l'intérieur du pays, Sir Robert Vansittart fut remplacé par Sir Horace Wilson comme conseiller de Chamberlain pour les Affaires étrangères. Eden protesta avec une vigueur croissante contre ce court-circuitage des Affaires étrangères, se plaignit constamment que la lenteur du réarmement britannique affaiblissait son jeu, et démontra à Chamberlain qu'avec cette sorte de diplomatie personnelle, il diminuait la confiance de la France et des Etats-Unis en l'Angleterre. Nous flattions nos ennemis et nous blessions nos alliés. Une lutte ouverte entre les deux hommes qui dirigeaient le Gouvernement était très proche.

En janvier, alors qu'Eden prenait un court repos dans le midi de la France, Chamberlain répondit froidement à une suggestion du président Roosevelt, aux termes de laquelle, lui, le président, interviendrait pour réconcilier les puissances occidentales. Eden reconnut que la proposition était formulée en termes que diplomatiquement on pouvait trouver naïfs, mais avoir repoussé la main tendue au-dessus de l'Atlantique le laissait, selon le mot de Churchill, « muet d'étonnement ». Il rentra en Angleterre trop tard pour rattraper la chose et la tentative de Roosevelt ne fut jamais rendue publique ; sa proposition demeura en général ignorée jusqu'à la fin de la guerre. Lorsque Chamberlain, quelques semaines plus tard, proposa d'ouvrir des discussions avec Mussolini pour obtenir un règlement général en Méditerranée qui comprendrait la reconnaissance de jure *de ses conquêtes en Abyssinie, Eden avança que tout d'abord certaines conditions devaient être remplies. L'Italie devrait retirer d'Espagne une partie notable de ses troupes, faire cesser la propagande antibritannique des émetteurs italiens et réduire l'énorme garnison qu'elle conservait pour quelque raison inconnue en Libye. Agir d'une autre manière offenserait sans raison les Français et les Américains, et rehausserait le prestige de Mussolini aux yeux d'Hitler. Derrière les raisons immédiates du désaccord d'Eden et de Chamberlain – la manière et le rythme des négociations avec Mussolini – il y avait la méfiance que chacun éprouvait vis-à-vis de l'autre. Chamberlain croyait qu'il était encore temps de flatter Mussolini pour l'éloigner d'Hitler ; Eden considérait la parole de chacun des deux dictateurs comme également peu digne de foi. « Une grande démocratie, écrivait-il lorsqu'il rapporta l'incident dans ses Mémoires, lorsqu'elle négocie avec une dictature militariste ne doit pas se présenter chapeau bas pour essayer d'atténuer par des négociations nouvelles de profonds différends, à moins de posséder des preuves que le dictateur est disposé à respecter les engagements auxquels il a déjà souscrit. »*

Le Parlement et le public avaient à peine conscience de la crise qui menaçait, jusqu'au 20 février, jour où, Eden, qui n'avait pas réussi à convaincre ses collègues, donna sa démission. Lord Cranborne, sous-secrétaire d'Etat aux Affaires étrangères, démissionna en même temps. Lord Halifax devint ministre des Affaires étrangères. Au cours du débat qui suivit aux Communes la déclaration personnelle d'Eden, Harold Nicolson prit la parole, le soutenant fermement, et il le fit aussi à la Commission des Affaires étrangères. Ses discours, en ces deux occasions, furent parmi les plus efficaces qu'il eût jamais faits au Parlement. Le National Labour désavoua virtuellement sa conduite mais ses électeurs de Leicester lui accordèrent à l'unanimité un vote de confiance.

JOURNAL   *3 février 1938.*

Je dîne au St. James avec Gladwyn Jebb. D'une manière très caractéristique, nous ne touchons pas aux problèmes des Affaires étrangères. Me voici moi, je suis vice-président de la Commission des Affaires étrangères pour les Communes, et lui, secrétaire privé du sous-secrétaire d'Etat permanent, amis de longue date ; pourtant telle est la discrétion traditionnelle que je n'ose lui poser une seule question, pas même lui de-

mander pourquoi il doit retourner au bureau après dîner.
Cela ne se passerait pas ainsi en France.

JOURNAL   *15 février 1938.*

On annonce le résultat des conversations de
Berchtesgaden entre Hitler et Schuschnigg [1]. Guido
Schmidt doit être nommé ministre des Affaires étrangères et Seyss-Inquart recevoir la police. Cela signifie que
l'Autriche remet la direction de ses affaires à Berlin.
Elle ne gardera qu'une indépendance nominale. Mussolini est parti juste à temps dans les Abruzzes afin de
n'avoir pas à répondre à l'appel de Schuschnigg. Mais
qu'obtiendra-t-il en récompense de l'annexion de
l'Autriche par Hitler? Voici pour la première fois une
possibilité de grincement au sein de l'Axe.

H. N. à V. S. W.   *17 février 1938.*
                                 4, King's Bench Walk – EC4.

J'ai dîné avec Vansittart et l'ai trouvé au plus profond du désespoir [2]. Mais je ne pense pas que pour
l'instant, il doive y avoir une guerre. Nous en sommes

---

1. Le 12 février Hitler convoqua Kurt von Schuschnigg, le chancelier d'Autriche, alors âgé de quarante et un ans, à Berchtesgaden. A son
arrivée, Schuschnigg fut confronté avec un ultimatum aux termes
duquel un avocat nazi de Vienne, le Dr Seyss-Inquart, devait être
nommé ministre de l'Intérieur, avec toute autorité sur la police, et
d'autres Autrichiens nazis nommés aux postes clés dans le gouvernement autrichien. Si ces ordres n'étaient pas exécutés dans un délai de
six jours, Hitler enverrait ses troupes en Autriche. Schuschnigg signa.
2. Sir Robert Vansittart était devenu principal conseiller diplomatique du gouvernement, mais son influence était beaucoup moins sensible
que lorsqu'il était sous-secrétaire permanent.

loin. Et si nous pouvons gagner deux années de paix, alors nous serons presque tirés d'affaire. Mais il n'y a aucun doute, l'Allemagne est partie pour la Weltmacht et poursuivra son dessein avec une détermination implacable.

JOURNAL   *17 février 1938.*

Réunion de la Commission des Affaires étrangères. J'ouvre le débat en démontrant que dès à présent Hitler a reconquis son auréole et imposé à l'armée la volonté du parti. Nous devons considérer le fait que l'aventurisme triomphe en Allemagne et qu'il a été prouvé aux gens timorés qu'ils s'étaient trompés. Je discute des conséquences du pacte autrichien et prouve que Mussolini a été prévenu à l'avance et acheté par certaines promesses. Quelles sont ces promesses ? Et pour quelle raison a-t-il maintenant cent mille hommes en Libye ? Je conclus en conseillant de rester sur le qui-vive, de ne pas s'éparpiller de tous côtés, d'attendre et par-dessus tout de nous armer [1]. Il y avait pas mal de monde et mon discours fit bon effet. Winston Churchill, qui était assis à mes côtés, me dit : « Un très bon discours ; vraiment un très bon discours. » Il prit lui-même un air beaucoup plus agressif. « Il est temps de dire : "Ça suffit." » Les sentiments de tous sont très différents de

---

1. Sur cette réunion Anthony Eden écrit : « Ils ont tenu bon. Mr Harold Nicolson a dit que toute avance à l'Allemagne ou à l'Italie montrerait que nous avons peur ; ce n'était pas le moment de faire le plus petit geste pour reconnaître *de jure* les conquêtes italiennes en Abyssinie. Cette dernière remarque a été applaudie par la Commission qui paraît unanime pour repousser toute tentative d'acheter l'amitié italienne à cette condition. » (*Facing the dictators*, p. 579.)

ceux de l'an dernier. Ils ne croient plus qu'on puisse acheter l'Allemagne par des concessions.

JOURNAL   *20 février 1938.*

Aujourd'hui le Cabinet s'est réuni à trois reprises et aux dernières nouvelles on dit qu'Eden a démissionné. Nous passons une grande partie de la matinée à écouter à la radio le discours d'Hitler au Reichstag. Il voudrait paraître modéré, mais ses allusions aux pays étrangers, ses mots « de fer et d'acier » sont accueillis par des hurlement démoniaques.

H. N. à V. S. W.   *22 février 1938.*
                                     4, King's Bench Walk – EC4.

Hier fut un jour affreux : la démission d'Anthony flamboyait en première page.

J'ai déjeuné de bonne heure avec Kenneth Lindsay fort mélancolique. Tantôt il veut démissionner [1], tantôt il veut rester. Je lui dis qu'il vaut mieux se tenir tranquille. Ensuite nous nous sommes rendus à une réunion exceptionnelle à la demande de Malcolm MacDonald. Il nous a raconté très exactement ce qui s'était passé. Il estime qu'Anthony a commis une erreur en démissionnant sur un simple point de procédure. Le Premier ministre désirait entamer des négociations avec l'Italie sans poser de conditions. Anthony estimait que ce serait dangereux et que nous ne devrions pas entamer les conversations sans posséder certaines assurances et sans

---

1. Il était secrétaire parlementaire au ministère de l'Éducation.

savoir exactement ce que les Italiens allaient demander. Il ne s'agissait selon Malcolm que d'une simple question de procédure. S'il se fût agi d'une question de principe, il eût volontiers démissionné avec Anthony. Mais il n'allait pas rompre avec le gouvernement national pour une simple bagatelle.

Il me fallut courir pour participer à la Prière, mais avant de partir, je dis que je n'étais pas d'accord. Le comportement de l'Italie était atroce et entreprendre avec elle des pourparlers injustifiés et mal définis était non seulement dangereux, mais aussi lâche à l'égard de la moralité internationale. J'ajoutai que je dirais tout cela aux Communes dans l'après-midi. Tous parurent consternés et répondirent que je pouvais faire ce que je voulais, mais que si je prenais pareille position, il me faudrait me séparer d'eux. Là-dessus je partis.

Après les questions, le Premier ministre arriva et fut applaudi par ses supporters. Puis Anthony et Cranborne apparurent, très pâles tous deux, se sentant regardés, et s'assirent au fond sur un banc. L'Opposition les applaudit frénétiquement et aussi quatre ou cinq d'entre nous. Le reste de l'assistance garda le silence. Ceux qui les avaient flattés bassement, qui s'étaient vautrés devant Anthony durant toutes ces années se turent. Je hurlais et hurlais et agitais mes notes. On trouva cela de très mauvais goût.

Puis la discussion s'engagea. Le discours d'Anthony ne fut pas très bon. Par moment il n'en disait pas assez, par moment il en disait trop. Il aurait dû se borner soit à exposer le point de vue d'un collègue en détresse soit se lancer dans un appel à la moralité en matière de politique étrangère. Il tomba entre deux chaises. Bobbety[1]

---

1. Lord Cranborne.

fut meilleur. Le Premier ministre fit une brève déclaration. Il glissa sur l'accord de Nyon [1] et cela fit une très
mauvaise impression.

J'avais le trac. Archie Sinclair parla longuement,
mais le reste de l'Opposition fut très inefficace. Vers le
milieu de la séance, je reçus une note venue de la galerie des Ambassadeurs : « Je vous en prie, envoyez-moi
du thé. » C'était Maiski, le Russe. Je réponds :
« Désolé, à moi de parler ; je suis collé là comme une
huître. »

Puis ce fut mon tour. Je n'étais plus nerveux. Seulement en colère. Il y eut des hurlements de joie et
d'horreur pendant mon discours [2]. Je m'assis, sans
savoir si c'était du bon ou du mauvais travail. Lloyd
George traversa la salle et vint vers moi : « Excellente
impression », me dit-il. Puis je fus entouré par des gens
qui me félicitaient et m'applaudissaient. Je compris que
j'avais fait mouche. Winston arriva : « Ce fut un discours magnifique. J'envie votre talent. »

Ce matin le téléphone n'a pas arrêté de sonner. Félicitations de tous côtés. Mais je n'aurai jamais plus

---

1. Un accord avait été signé à Nyon (Suisse) en septembre 1937,
prévoyant une action internationale contre les actes de piraterie sur les
bateaux marchands en Méditerranée. L'Italie fut invitée, mais refusa sa
participation. Dans son discours, Chamberlain prétendit que les Italiens
étaient présents, mais fut obligé de se rétracter.

2. Dans son discours H. N. avait dit : « Il s'agit de savoir si un pays
qui a sans cesse, délibérément et sans excuse, violé chaque engagement
déjà pris doit être accueilli parmi ses pairs avec le sourire ; ou s'il ne
vaut pas mieux formuler quelques conditions bien précises avant de
reprendre les négociations. Quelque faibles que nous puissions être,
quelque divisés, quelque obstinés, nous n'avons jamais défendu
l'infamie avec un pareil sang-froid. Voilà où nous en sommes. Il est
désolant de voir en morceaux, à nos pieds, tous les grands principes de
notre politique. Et ce qui ajoute à mon désespoir, c'est de voir que "leur
souverain a été assassiné pour que les autres puissent jouir des plaisirs
de Capoue". »

maintenant un poste au gouvernement. A vrai dire, chérie, peu importe : les grands principes sont en cause.

H. N. à V. S.W.   *25 février 1938.*
                                          4, King's Bench Walk – EC4.

Le gouvernement peut dire ce qu'il veut, mais sa politique n'est autre chose qu'un replâtrage d'idées exhumées depuis la guerre et le retour à la vieille doctrine d'équilibre des pouvoirs, donc de marchandages. Cela signifie : 1) qu'il nous faudra acheter l'amitié de l'Italie et de l'Allemagne à coups de sacrifices ; 2) que cette amitié ne vaudra pas deux sous une fois acquise ; et 3) qu'en agissant ainsi nous sacrifions la confiance de la France, de l'U.R.S.S., des Etats-Unis et de toutes les petites puissances. Je pense que c'est dramatique.

Autre chose me préoccupe. Tout d'abord Chamberlain a été dans toute cette affaire d'une parfaite fourberie. En second lieu, mon propre parti a rampé aux pieds de Chamberlain et les lui a baisés. Et troisièmement, tous les tories et tous les vieux durs-à-cuire se félicitent de s'être débarrassés de toutes ces absurdités à la mode et d'être revenus aux bonnes vieilles doctrines tories.

H. N. à V. S. W.   *2 mars 1938.*
                                                    Communes.

Hier j'ai assisté à un très curieux déjeuner. Son nom : « Le Focus Groupe » (le groupe du Centre) et c'est une invention de Winston. On y trouve Winston, Norman Angell, Vickham Steed, Walter Layton, Robert Cecil, Violet Bonham Carter, Clynes et quelques autres membres du Labour. Je dus prendre la parole à l'improviste et fus un peu embarrassé. Mais on finit par avoir une peau de crocodile et mon discours a fort bien passé. Winston fut vraiment plein d'esprit. Il parla de « ce grand pays quêtant de porte en porte comme une vache qui a perdu son veau, meuglant lugubrement tantôt à Berlin, tantôt à Rome – tandis que pendant ce temps le tigre et l'alligator l'attendent pour le dépecer ».

Ne vous alarmez pas, ma chérie. Je ne vais pas devenir membre de la brigade de Winston. Mes chefs sont Anthony (Eden) et Malcolm (MacDonald).

Dès le mois de juillet 1936, Hitler avait secrètement préparé le viol de l'Autriche. Vers le milieu de mars 1936, les circonstances lui furent propices pour mettre ce plan à exécution. En Angleterre, à la suite de la démission d'Eden, l'opinion était divisée et, en France, il n'y eut aucun gouvernement durant les quatre jours critiques du 10 au 14 mars, puisque Chautemps avait démissionné et que Léon Blum ne lui avait pas encore succédé. La principale cause de souci d'Hitler n'était pas que les démocraties vinssent en aide à l'Autriche, mais que Mussolini envoyât une fois de plus ses divisions sur le Brenner. Cette crainte disparut lorsque Mussolini l'eut assuré qu'il se tiendrait à l'écart. Hitler, alors, agit très vite.

Le 9 mars, Schuschnigg, le chancelier d'Autriche, annonça qu'avant quatre jours, il se ferait en Autriche un plébiscite pour décider si les habitants étaient en faveur d'une « Autriche libre, indépendante, sociale, chrétienne et unie ». Par son porte-parole Seyss-Inquart, Hitler fit dire à Schuschnigg que s'il n'annulait pas ce plébiscite, les troupes allemandes entreraient en Autri-

che. Schuschnigg accepta de reculer le plébiscite, mais il lui fut dit qu'à présent il n'était plus temps : il devait remettre le pouvoir entre les mains de Seyss-Inquart. Hitler allait être obéi. Mais, déterminé à ne pas être frustré de sa conquête, il inventa ensuite un appel du gouvernement autrichien exigeant la présence de troupes allemandes pour réprimer des désordres intérieurs. Les troupes allemandes franchirent la frontière autrichienne le 12 mars et sans coup férir entrèrent à Vienne. L'Autriche fut déclarée annexée au Reich allemand et Schuschnigg arrêté.

Comme prévu, ni la Grande-Bretagne, ni la France, ni l'Italie ne firent un seul geste pour sauver l'indépendance de l'Autriche qu'Hitler avait garantie pas plus tard que le 12 février. Notre protestation diplomatique fut rejetée par le ministre allemand des Affaires étrangères sous le prétexte que « les relations entre le Reich et l'Autriche ne devaient être considérées que comme une affaire d'ordre intérieur du peuple allemand qui ne regardait pas les tierces puissances ». Quant aux Dominions, ils n'étaient pas décidés à entrer en guerre à ce propos. Le 14 mars, au moment où Hitler était reçu en triomphe à Vienne, Chamberlain déclara aux Communes que « rien n'aurait pu arrêter l'Allemagne, à moins que nous et les autres puissances eussions été décidés à user de la force pour l'en empêcher ». Le 10 avril un plébiscite organisé en Allemagne et en Autriche sous le contrôle nazi fit apparaître une majorité de 99 % de voix en faveur de l'Anschluss.

Ces événements éprouvèrent profondément Harold Nicolson. Son étroite collaboration avec Churchill, Eden et Vansittart et sa vieille expérience des méthodes diplomatiques allemandes et italiennes l'avaient convaincu que la politique de Chamberlain conduisait au désastre. En tant que membre du National Labour, il avait à peine plus de liberté d'action que s'il eût été un député conservateur, mais il fut seul dans le National Labour à prendre ouvertement parti contre Chamberlain et se trouva obligé de démissionner de son poste de vice-président de la Commission des Affaires étrangères.

JOURNAL   *7 mars 1938.*

Je déjeune seul avec Maiski [1]. Il déplore profondément la démission d'Eden qui a vraiment travaillé au triangle Londres-Paris-Moscou. Il dit que Chamberlain, un jour, dans une conversation qu'il avait avec lui, lui parla du gouvernement de Moscou comme de « nos ennemis ». Il pense que nous ne pouvons plus reculer en Espagne, et que son gouvernement insistera certainement sur le fait que les mots « retrait substantiel des troupes » devront entraîner le départ d'au moins 65 % d'entre elles.

Le Premier ministre est amèrement antisoviétique et tout aussi anti-américain. L'âme de ce quincaillier [2] n'est pas de celles qui sauveront l'Angleterre.

H. N. à V. S. W.   *9 mars 1938.*
                                     Communes.

Nous avons eu une réunion privée au Chatham House pour discuter de la situation. Nous sommes arrivés à la triste conclusion que maintenant que l'U.R.S.S. s'est

---

1. L'ambassadeur soviétique à Londres.
2. Dans sa jeunesse, Neville Chamberlain était un des personnages importants de la vie industrielle à Birmingham.

retirée du jeu, nous ne sommes pas assez forts pour résister à l'Allemagne. Ou plutôt nous ne sommes pas arrivés
à une conclusion aussi extrême. Mais nous avons senti
que quatre-vingts millions d'Allemands parfaitement
armés, sans compter les Italiens, étaient plus que ce que
nous et la France pouvions encaisser sans danger. Quelle
série de désastres en cinq ans ! Tout à coup nous sommes
confrontés avec l'effondrement de notre influence, de
notre Empire, de notre indépendance. Pauvre Angleterre !

J'ai dîné avec (Sir Edward) Spears. Vansittart était
avec nous. Il était très triste. Il estime que nous ne
pouvons pas empêcher l'Allemagne de s'emparer de
l'Europe centrale et que lorsqu'elle l'aura fait, elle se
retournera contre nous et nous mettra à genoux. Bien
sûr, les choses peuvent tourner autrement. Mais pour
l'instant l'opinion est aussi sombre qu'après Austerlitz.
Aucune personne bien informée ne peut croire qu'il y
ait la moindre chance de voir aboutir une négociation
avec l'Allemagne. Nous pourrons peut-être tirer quelque chose des Italiens, rien que des miettes et en tout
cas on ne peut plus compter sur eux.

C'est gai, n'est-ce pas ? Ma bien-aimée, ne vous
souciez pas de toutes ces affaires, mais cultivez votre
adorable jardin. Je regrette que vous ne soyez pas là.
Vous lissez toujours mes plumes ébouriffées.

JOURNAL   *10 mars 1938.*

Je déjeune avec Leo Amery au 112 Eaton Square. Ce
déjeuner est donné en l'honneur de Franckenstein,
l'ambassadeur d'Autriche [1] à qui l'on veut faire rencon-

---

1. Sir George Franckenstein, ambassadeur d'Autriche à Londres de
1920 à 1938. Il fut naturalisé anglais après l'Anschluss.

trer les jeunes tories. Il y a là Anthony Crossley, Rob
Bernays, Godfrey Nicholson, Duncan Sandys, Somerset
de Chair, etc. Franckenstein est anxieux et désespéré.
Nous le félicitons de ce que Schuschnigg ait voulu
organiser un plébiscite et ait été assez courageux pour
s'opposer à Hitler. Il ne semble pas croire que ce courage servira à grand-chose. Il confirme qu'à Berchtesgaden Hitler a menti à Schuschnigg, lui affirmant que
Halifax lui avait dit en termes précis que l'Angleterre
ne se souciait pas que l'Autriche fût annexée [1].

JOURNAL   *11 mars 1938.*

Hitler a envoyé un ultimatum à l'Autriche et menacé
d'envahir le pays si Schuschnigg ne démissionne pas.
Ce dernier consent à repousser le plébiscite, mais refuse
de partir. Micklas [2] le soutient. Alors Hitler mobilise ses
sections bavaroises et envahit le pays. Schuschnigg
cède. Il fait à la radio des adieux pathétiques disant
qu'il plie devant « la force brutale ».

JOURNAL   *15 mars 1938.*

Une sensation de danger et d'angoisse pèse sur nous
comme un linceul. Hitler s'est emparé de l'Autriche ;
pas question d'Anschluss, c'est purement et simplement
l'absorption.

---

1. A Berchtesgaden, en novembre 1937, Halifax avait parlé à Hitler
« des modifications possibles sur l'échiquier européen, modifications qui
pourraient survenir avec le temps ». Sans doute s'agissait-il de Danzig, de
l'Autriche et de la Tchécoslovaquie. Mais l'Angleterre veillerait à ce que
ces modifications eussent lieu sans recours à la violence.
2. Wilhelm Micklas, président de la République autrichienne.

Je dîne avec Sibyl Colefax. Desmond MacCarthy est désespéré et dit que le gouvernement a trahi le pays, et que les tories ne pensent qu'au danger communiste et laissent couler l'Empire. J'ai de graves préoccupations quant à mon attitude. Comment puis-je continuer à soutenir un tel gouvernement ?

JOURNAL   *16 mars 1938.*

De tous côtés on m'a demandé de prendre part au débat sur l'Espagne. Je l'ai donc fait. Mon discours est apprécié par l'Opposition et pas mal accepté par le gouvernement. Lorsque je me rassieds, le Premier ministre m'envoie par Kenneth Wood un message demandant : « Que désirez-vous que nous fassions ? » Je dis : « Occuper Minorque. – Occuper Minorque, souffle Wood à Walter Elliot. – Occuper Minorque, murmure Walter Elliot à David Margesson. – Occuper Minorque, murmure David Margesson à Chamberlain. » Ce dernier rejette la tête en arrière en un geste de colère désespérée.

J'ai été chez Pratt's avec Winston Churchill, Randolph et Bob Boothby. Winston n'est pas tout à fait d'accord avec nous au sujet de l'Espagne, mais cela tient surtout à ses amitiés personnelles avec les Grands d'Espagne. Il dit que jamais homme n'a reçu une tâche plus horrible que Neville Chamberlain et fait porter le blâme essentiellement sur Baldwin. Il dit que dans toute sa longue expérience, il n'a jamais connu un parti conservateur composé de tant d'hommes aveugles et obstinés. Il dit qu'il attendra un ou deux jours dans l'espoir que les négociations qui ont présentement lieu entre Chamberlain, Attlee et Sinclair pour trouver une formule politique qui emportera l'adhésion de tout le

Parlement échouent ou réussissent [1]. Mais si aucune déclaration précise n'est formulée entre aujourd'hui et mercredi, il rejettera la discipline de parti et emmènera avec lui une cinquantaine de députés. Cette menace devrait en soi être suffisante pour décider le gouvernement. Il dit que la situation est pire qu'en 1914 : « Nous risquons de tout perdre parce que nous refusons de recourir à la force. Pourtant si nous ne recourons à la force, en une demi-heure Londres ne sera plus qu'un amas de ruines. »

JOURNAL   *23 mars 1938.*

Hier un homme m'a raconté une histoire qu'il tenait d'un Hollandais. Un nazi important ayant perdu patience avec l'ambassadeur de Hollande à Berlin lui avait dit : « Dans la prochaine guerre, il n'y aura pas de neutralité pour vous. Vous êtes de race germanique, et je vous avertis qu'Hitler sera peut-être en Hollande avant deux ans. » L'ambassadeur avait répliqué : « Je suis d'accord, c'est tout à fait possible. Nous l'accueillerons. Après tout, il y a vingt ans, nous avons offert semblable hospitalité au Kaiser. »

JOURNAL   *29 mars 1938.*

J'ai un entretien avec Malcolm MacDonald. Je lui demande ce que je dois faire. Je dis que je considère la situation comme terriblement dangereuse, que je suis convaincu que l'Allemagne et l'Italie essayent de nous

1. Plus tard Attlee démentit qu'il y eût eu de pareilles négociations.

chloroformer tandis qu'elles occupent des points stratégiques et ceci à notre désavantage ; que je considère
que l'Europe centrale est maintenant perdue avec l'Autriche et que nous devrions faire une démonstration de
force en Espagne avec la flotte. Nous devrions occuper
Minorque. C'est folie de supposer que l'Italie et l'Allemagne n'obtiendront pas de Franco quelque accord
secret semblable à celui que les Allemands ont conclu
en 1913 avec les Turcs. Lorsque la guerre éclatera, nous
ne serons plus à même de défendre Malte, Chypre,
l'Egypte ou la Palestine.

Malcolm me dit que, bien qu'il soit d'accord avec
moi, nous ne sommes vraiment pas assez forts pour
risquer une guerre. Cela signifierait le massacre des
femmes et des enfants dans les rues de Londres. Pas un
gouvernement ne peut courir le risque de guerre alors
que notre défense aérienne est aussi ridicule. Même si
les Allemands exploitent notre faiblesse actuelle pour
consolider leur position. Tout ce que nous pouvons
faire, c'est par une retraite prudente, une bonne diplomatie, diminuer les dangers qui se dressent devant nous.
Le Cabinet sait très bien que nous nous dérobons devant
une grande responsabilité. Mais nous ne pouvons faire
face à cette responsabilité. Il désire me faire rencontrer
Chamberlain pour discuter de tout ceci avec lui. Je dis
que nos points de vues sont si diamétralement opposés
que cela ne servirait à rien. Chamberlain croit en
l'Italie. Il est vraiment convaincu qu'il peut acquérir
son « amitié ». Je dis que je ne souhaite pas que l'on
organise une rencontre, car avec ses idées, il nous serait
impossible de nous entendre.

Je pars acquis à Malcolm plus que jamais. C'est une
âme sincère. Mais je suis désespéré par tout ceci. Je
vois parfaitement qu'on ne peut dire au monde entier

que Londres est sans défense contre une attaque aérienne. Et pourtant le pays doit être mis au courant du danger. J'ai demandé à Malcolm quelle attitude je devrais adopter. Il me dit : « Continuez à critiquer dans le détail, mais dans l'ensemble ralliez-vous, car c'est le sort de la nation qui est en jeu. »

Dans la seconde quinzaine d'avril, Harold Nicolson partit faire une tournée de conférences dans les Balkans. Officiellement ce voyage était placé sous le patronage du British Council et les sujets de ses conférences étaient : « Les Anglais sont-ils des hypocrites ? » (Bucarest et Belgrade) – « L'Empire britannique aujourd'hui » (Bucarest) – et : « Les bases de la politique étrangère britannique » (Sofia et Belgrade). Officieusement, le ministère des Affaires étrangères le pria de faire ce qu'il pouvait pour soutenir le moral des pays balkaniques contre la poussée hitlérienne dans le Sud-Est. A son léger effroi, il découvrit que ses visites en Roumanie, en Bulgarie, en Yougoslavie furent mises à profit par ceux qui voulaient exprimer dans ces trois capitales leurs sympathies pro-occidentales. Il fut reçu avec plus de pompe que ne le voulait sa situation, du moins le pensait-il. Dans chaque capitale, il fut invité par le roi ou le prince régnant et la presse rendit compte de sa visite comme si (nota-t-il dans son Journal) « j'étais Anthony Eden en personne ».

H. N. à V. S. W.   *16 avril 1938.*
                          Ambassade britannique – Bucarest.

En arrivant à la Légation, je fus accueilli par Rex

Hoare [1]. Un homme hirsute et tout à fait charmant. Sa femme est la sœur de Bill Bentick et a ce regard mécontent que portent sur le visage les dames du monde anglaises qui ont épousé des diplomates anglais. J'ai reçu votre télégramme et une invitation du roi Carol [2] me priant à déjeuner aujourd'hui. Ce fut une cause de souci.

« Mon Dieu, dis-je, je n'ai apporté ni jaquette, ni haut-de-forme ! – Voulez-vous dire, dit Hoare en suffoquant, que vous n'avez rien apporté ? – Je crains bien que non », répondis-je. Il leva aux cieux des yeux désespérés : « Et le roi est si pointilleux à ce sujet. » A vrai dire l'invitation portait les mots « tenue-jaquette » et je commençais mon tour des Balkans par un « manque de tenue ». Hoare était vraiment au désespoir. Il m'emmena dans sa chambre pour voir si sa jaquette ferait l'affaire. Elle le fit, plus ou moins bien, mais ne voulait pas se fermer. « C'est mieux que rien », dit-il, me contemplant avec une nette désapprobation.

H. N. à V. S. W.   *17 avril 1938.*
Ambassade britannique – Bucarest

A 12 h 30 je dis qu'il fallait que j'aille m'habiller pour le déjeuner. Tandis que je montais, j'eus un étrange vertige. L'escalier paraissait mouvant, vacillant. Je fus épouvanté : n'allais-je pas m'évanouir durant le

---

1. Sir Reginald Hoare, ambassadeur britannique à Bucarest (1935-1941).

2. Le roi Carol de Roumanie avait repris en 1930 son trône à son fils Michel qui avait régné à sa place durant la fugue de Carol avec Magda Lupescu. En 1937 il institua une dictature mais, s'il s'inscrivait au nombre des admirateurs de Mussolini, Hitler lui inspirait une sainte terreur.

déjeuner ? Quelle catastrophe. J'endossai, misérable, la jaquette de Rex Hoare, qui ne voulut pas, à mon regret, se fermer sur mon estomac. Mais l'ensemble avait de l'allure. Puis j'aperçus le flacon de sels que j'avais acheté à Cambridge la fois où j'avais eu à faire une conférence après une séance de nuit. Je le bouchai soigneusement et le glissai dans ma poche, en fait la seule poche à la propriété de laquelle je pouvais prétendre, la poche de mon pantalon. Puis je partis.

Au Palais, un aide de camp, corseté, couvert d'aiguillettes, me reçut et il me fit poliment la conversation. Puis un ascenseur bourdonna et deux petits pékinois en jaillirent suivis par le roi portant l'uniforme de la marine. Je m'inclinai. Il m'accueillit avec amitié et considération. Nous passâmes dans la salle à manger. J'étais assis à sa droite. L'aide de camp à sa gauche. Les pékinois eux étaient assis sur ses genoux. Nous entamâmes la conversation.

Il me dit qu'il avait commandé un déjeuner typiquement roumain. Dieu, que c'était bon ! Malgré cette sensation de faiblesse, je dévorais. J'étais assis sur une chaise de peluche rose et mangeai les marinagi, les olovienic et les gruzaka. Nous parlions agréablement. C'est un rasta, mais il fait moins rasta chez lui qu'à Londres. Il est plus à son aise. Ses yeux bleus, du bleu des Windsor, étaient pensifs et il y avait quelque chose dans ce regard. Etait-ce de la tristesse, du surmenage ou du mysticisme ? Fort intelligemment, il parla de Chamberlain, d'Eden, de l'accord avec les Italiens, du Cabinet français et de la Société des Nations. Il était bien informé et fit preuve de bon sens. Nous laissâmes de côté les sujets épineux.

Néanmoins j'ai tenté de l'interroger et de l'accrocher au sujet de sa dictature et des minorités hongroises.

J'abordai le premier sujet en disant combien il était difficile pour nous de n'avoir pas une bonne Opposition; que la base d'une démocratie consistait à changer de gouvernement mais que l'alternative offerte par le Labour était impensable; et que c'était bien regrettable pour tout le monde. Il mordit à l'appât. Il dit que lui aussi avait rencontré cette difficulté. Qu'il avait dû balayer les hommes politiques des vieux partis (qui entre nous ne valaient pas grand-chose) et qu'à présent il devait reconstruire en s'appuyant sur trois partis : « Pourquoi trois ? demandai-je la bouche pleine de lutchanika, Votre Majesté », ajoutai-je. Il me répondit que deux partis seraient voués à se disputer l'assiette au beurre et qu'un troisième était nécessaire pour rétablir l'équilibre. L'idée n'est pas mauvaise.

Je commençais à m'amuser, quand j'éprouvai une sensation de froid et une bouffée d'ammoniaque monta à mes narines. Je glissai la main dans ma poche, trop tard. Les sels avaient prouvé qu'ils étaient volatils et mon pantalon fut rapidement trempé. Je saisis ma serviette et commençai subrepticement à éponger. Mes remarques devinrent brillantes et plutôt fiévreuses, mais sans arrêt, en secret, j'épongeais, tandis que l'arôme des sels volatils couvrait celui de la *gruzhenkoia*.

Ce fut atroce. J'entendais à peine ce qu'il disait : « Avez-vous, demandait-il, retrouvé maintenant votre équilibre ? Après trois jours de train, on a la sensation que tout tangue comme après trois jours de mer. » C'était donc ça ! Pourquoi ne pas l'avoir dit plus tôt ? Maintenant c'était trop tard. Je retrouvai mon calme et jetai ma serviette trempée. La conversation se poursuivit normalement. A 2 h 45, il se leva soudain. Je me levai aussi, jetant un regard terrifié à la peluche de ma chaise. Elle avait une large tache humide. Oh ! qu'a dû penser le majordome ? Il n'aura pu croire qu'une seule chose !

H. N. à V. S. W.   *26 avril 1938.*
                              Ambassade britannique – Sofia.

J'ai eu hier une audience avec le roi Boris (de Bulgarie). Il ne fut pas le moins du monde tel que je m'y attendais. Ses portraits le montrent triste et solennel, mais en réalité il est amusant comme un Français, tout en gestes, tout en plaisanteries. Il m'a retenu deux heures et pendant presque tout ce temps il m'a raconté l'histoire de ses bonnes fortunes. Certainement, c'est un des hommes les plus charmants que j'aie jamais rencontrés. Vous savez que je ne fais pas grand cas de ces relations couronnées et qu'en général le caractère artificiel des rapports avec les rois m'ennuie. Cet homme serait charmant si on le rencontrait dans un wagon-restaurant. Il me rappelle Attlee. Ses histoires étaient passionnantes. Je fis mon petit Proust et l'interrompis sans cesse : « Mais précisez donc, Majesté, précisez donc ! »

Puis ce fut un déjeuner maussade, les Bulgares assis là muets et sinistres ; j'entendais ma propre voix résonner seule dans la salle. Je suppose que c'est un souvenir de la vieille coutume turque qu'on ne doit pas parler durant le repas. Mais cela fait d'un banquet un travail de Sisyphe.

A son retour en Angleterre, Harold Nicolson remit au Foreign Office un rapport détaillé, puis il retrouva la tristesse, la peur et l'incertitude qui caractérisaient la politique britannique. Il faisait partie de ce groupe sans portefeuille et se tenait plus près d'Anthony Eden que de Churchill; ils étaient obligés de tenir compte de la faiblesse militaire de l'Angleterre, mais ils étaient décidés à se montrer fermes en attendant que nous fussions entièrement réarmés. C'était là la difficulté : les puissances de l'Axe pouvaient faire presque tout ce qu'elles voulaient à moins que l'Angleterre et la France ne fussent décidées à leur résister par la force, et cette résistance était impensable tant que nous n'aurions pas les moyens de gagner. Ce thème revient constamment dans son journal et dans ses lettres, y compris pendant la crise de Munich. Il y eut un temps où nous pensâmes avoir mis Hitler en échec par nos avertissements, ce fut durant le week-end qui commença le 20 mai. Au cours de ces quarante-huit heures, les gouvernements de Londres, de Paris, de Prague et de Moscou furent convaincus qu'Hitler était sur le point de lancer une attaque contre la Tchécoslovaquie. Certainement telle était son intention, mais pas immédiatement et le rapport faisant état de concentrations de troupes en Saxe était faux. Les Tchèques décidèrent tout de suite une mobilisation partielle et la France les épaula par la promesse d'une aide militaire. Lord Halifax, le ministre des Affaires étrangères d'Angleterre, prévint les Allemands que « dans le cas d'un conflit en Europe, il était impossible de prévoir jusqu'où la Grande-Bretagne ne serait pas entraînée ». Rien ne se produisit et tout le monde jubila mal à propos, tenant la descente à l'abîme pour enrayée. Le journal d'Harold Nicolson fait état de cette fausse joie.

JOURNAL   *10 mai 1938.*

Dîner au December Club. Jan Masaryk est notre invité. Je suis assis près de Spears et de Bob Boothby. Jan
fait un discours à la fois trop argotique et trop simple,
un peu facétieux ; et pourtant derrière tout cela, on a le
sentiment d'un homme au bord de la dépression nerveuse. Il dit que les Tchèques sont presque prêts à faire
n'importe quoi pour éviter la guerre, mais pour l'amour
du Ciel, il faut leur dire ce que nous attendons d'eux.
Ce qu'il veut dire, c'est qu'ils feront des concessions si
en contrepartie nous garantissons leur indépendance ; il
n'existe pas un Cabinet qui soit en mesure de prendre
cette initiative.

JOURNAL   *11 mai 1938.*

Déjeuner avec Margot Oxford à Bedford Square. Lady Leslie, Anthony Eden et H. Al. Fischer. Anthony
Eden paraît rajeuni de vingt ans. Je pars avec lui et il
me questionne sur l'état de l'opinion aux Communes. Il
est très troublé parce que les Affaires étrangères sont en
train de diviser le pays en deux groupes hostiles et
aigris. Lui-même est déterminé à tout faire pour éviter
cette rupture. Il me dit qu'il n'acceptera pas de poste
gouvernemental, du moins durant cette législature. Il
avait eu l'intention, hier, d'aller aux Communes, en
simple membre, mais il a compris qu'aussi longtemps
que la question du Colonial Office ne serait pas réglée,
il ferait mieux de se tenir à l'écart. Parlant de la raison
principale de sa démission il dit : « Seul le temps peut

prouver si j'ai eu tort. Mais la question n'est pas là. La question est que je n'aurais pas pu signer ce traité [1] et me sentir en paix avec ma conscience. »

JOURNAL *13 mai 1938.*

J'ai donné un thé à K. B. W. pour Henlein [2]. J'avais invité Spears, Mark Patrick [3], Duncan Sandys, Macnamara et Godfrey Nicholson. Henlein arrive à 4 h 40 suivi par les journalistes. Nous nous asseyons en rond, on sert du thé, du xérès et nous parlons jusqu'à 6 h 40. Henlein nous dit : 1° que la solution idéale serait un accord direct entre lui et le gouvernement tchèque, donnant une autonomie locale aux Sudètes sur un territoire défini. Une autonomie

---

1. Le pacte italo-anglais avait été signé début avril. Mussolini s'engageait à évacuer l'Espagne, et nous avions promis de soutenir à Genève la reconnaissance *de jure* des conquêtes en Abyssinie.

2. Konrad Henlein, professeur de gymnastique, était le chef du parti sudète allemand en Tchécoslovaquie. Depuis 1935, il était secrètement à la solde des Affaires étrangères allemandes. Hitler prit prétexte des griefs allégués par les Sudètes pour mettre la main sur la Tchécoslovaquie. Le jour précédent, le 12 mai, Henlein avait fait une visite secrète à Berlin, où il avait reçu les instructions de Ribbentrop, devenu ministre des Affaires étrangères, sur la manière d'aveugler les Anglais. Il devait nier qu'il agît sur les instructions de Berlin et devait « parler de la désintégration de la structure politique des Tchèques, dans le but de décourager ceux qui considèrent que leur intervention pour venir en aide aux Tchèques pourrait encore servir à quelque chose ». Le 24 avril dans un discours à Carlsbad, Henlein avait demandé une égalité complète de statut entre les Sudètes allemands et les Tchèques et entière liberté pour eux de proclamer leur appartenance germanique et leur adhésion à l'« idéologie des Allemands ». A Londres, où il ne rencontra aucun ministre de la Couronne, il modifia sensiblement son point de vue et il adressa un rapport à Hitler aux termes duquel la Grande-Bretagne se désintéressait du sort de la Tchécoslovaquie.

3. Député conservateur de Tavistock depuis 1931 et membre du groupe d'Eden.

de ce genre s'étendrait aux intérêts locaux, mais n'affecterait pas les intérêts fédéraux, finances, affaires étrangères, défense. Une autonomie semblable pourrait être donnée aux minorités hongroise, polonaise et ruthène. Ce système cantonal serait authentiquement démocratique et basé sur des élections; 2° s'il arrivait que ces négociations directes échouent, il serait alors prêt à accepter une Commission internationale et un plébiscite, selon le précédent sarrois. Bien que beaucoup de ses partisans le désirent, il ne souhaitait pas se joindre à l'Allemagne. Si l'une et l'autre de ces propositions échouaient, il ne voyait d'autre issue qu'une occupation allemande, ce qui signifiait la guerre, il le savait bien.

Nous lui répondons que l'opinion britannique donnerait probablement son appui à sa première et à sa seconde proposition, mais se retournerait contre lui s'il avait des exigences impossibles à satisfaire. Par exemple, nous n'avions pas compris certains points de son discours de Carlsbad, ceux dans lesquels il exigeait une voix prépondérante dans la direction de la politique étrangère tchèque, et exprimait sa sympathie pour le Weltanschauung nazi. Il justifia le premier point en disant que selon lui, les Sudètes ne sauraient approuver une politique pro-soviétique et anti-allemande, et réclameraient le droit de protester contre tout ce qui pouvait permettre une attaque tchèque contre l'Allemagne. Mais ils ne réclamaient pas plus que le droit d'exprimer leur opinion sur ce point. Il ne désirait pas tyranniser la majorité. Sur le second point, il dit qu'il approuvait les mesures sociales des nazis, mais non les mesures anticléricales et antisémites.

JOURNAL *18 mai 1938.*

En rentrant à la maison, je m'arrête chez Pratt's où je rencontre trois jeunes pairs qui affirment qu'ils préféreraient voir Hitler à Londres plutôt qu'un gouvernement socialiste. Je me déshabille lentement, méditant sur le déclin et la chute de l'Empire britannique.

H. N. à V. S. W. *18 mai 1938.*
4, King's Bench Walk – EC4.

Que mon manque d'élégance me tracasse! J'ai les meilleurs chemisiers, les meilleurs tailleurs, les meilleurs coiffeurs; j'ai le valet le plus parfait de Londres; je passe mon temps à me récurer; ma lotion vient de chez Floris. Pourtant lorsque je me mêle aux gens chics je me sens fagoté. Ma chemise gondole, ma cravate est tortillée, ma veste poche, mes cheveux sont mal coiffés, et je ressemble à Lord Aberconway ivre [1]. Je pense que c'est une question de formes. Si j'étais concave, tout tomberait bien, resterait à sa place. Tel que je suis fait, tout glisse.

Ces réflexions sont amenées par le fait que j'ai assisté à une générale. Mr Gordon Selfridge était en face de moi, qu'il avait l'air noble! Mr Noel Coward était à côté de moi – qu'il semblait jeune et distingué! Mr Ernest Thesiger, Mr Charles Graves – tous ils paraissaient à leur place. Moi, je ressemblais à un hippopotame dans Piccadilly. Je paraissais incongru, mal à

---

1. Le second Lord Aberconway (1879-1953).

l'aise. Mais ce fut une pièce bien jouée et j'emmenai Sibyl dîner au Savoy. Donc moi et ma petite amie (une pairesse comme chacun sait) soupions au Savoy. Mais lorsque j'appelais « Garçon ! », personne ne se dérangeait. Le garçon s'affairait à un chauffe-plat et tournait une délicieuse sauce pour quelqu'un d'autre, et moi je bouillais.

J'ai vu hier Buck De La Warr, et nous avons eu un long entretien. Selon moi, il a compris que Chamberlain avait fait une grosse erreur en signant cet accord anglo-italien. Mais pourquoi ne s'en est-il pas avisé plus tôt ? Il dit que cela a coûté au gouvernement les voix des hésitants et qu'Halifax est rentré de Genève ulcéré par l'impression faite à l'étranger. Là-dessus est venu le discours de Mussolini qui a horrifié ceux qui pensaient qu'avec cette politique nous allions devenir « amis ». Halifax est si sincèrement honnête qu'il a dit : « Anthony avait raison » mais ça ne change rien à l'affaire.

JOURNAL   *20 mai 1938.*

Jan Masaryk me téléphone pour me dire que Benès [1] a invité Henlein à entamer des négociations. Je crains qu'il ne soit trop tard. On a déjà accusé les Tchèques de « terrorisme », ce qui est un mensonge. Je suis très mal à l'aise. J'ai été voir Vansittart chez qui j'ai trouvé Jan Masaryk. Il ne riait plus. Cette fois, ça y est.

---

1. Edouard Benès succéda en 1935 à la présidence de la République à Thomas Mazaryk, fondateur de la Tchécoslovaquie. Auparavant Benès avait été ministre des Affaires étrangères presque sans interruption de 1918 à 1935 et il avait joué un rôle important à la Société des Nations.

JOURNAL   *22 mai 1938.*

Charles et Anne Lindbergh et Mrs Morrow sont venus de Long Barn. Lindbergh est très pessimiste. Il dit
qu'il nous est impossible de combattre, puisque nous
serions certainement vaincus. Les forces aériennes allemandes sont dix fois supérieures à ce que la Russie, la
France et la Grande-Bretagne peuvent réunir. Nos défenses sont parfaitement inexistantes et le barrage de
ballons, pur gaspillage. Il pense que nous devrions
mettre les pouces et puis faire une alliance avec
l'Allemagne. Jusqu'à un certain point, il est permis de
ne pas tenir compte de ses vues : *a)* parce que naturellement, il croit que les forces aériennes seront un facteur déterminant dans la guerre ; et *b)* parce qu'il croit
en la théologie nazie, tout cela lié à sa haine de la dégé-
nérescence, à sa haine de la démocratie, incarnée pour
lui par la presse libre et le public américain. Mais même
si on fait ces réserves, le fait demeure qu'il a probablement raison en disant que nous sommes surclassés dans
les airs.

Victor Cazalet arrive et nous nous asseyons dans le
croissant de Sissinghurst, en proie à une profonde tristesse. Les Allemands peuvent obliger Henlein à aug-
menter ses exigences jusqu'à un point tel que les Tchèques ne pourront accepter et alors ils interviendront. La
France sera dans le coup et nous serons confrontés avec
l'alternative d'abandonner la France ou d'entamer une
guerre désastreuse.

Dans l'après-midi, le bulletin d'informations est à
peine plus rassurant. Le speaker dit : « Nous avons eu
un jour d'été parfait. » Il est vrai que le ciel a été sans

nuages et que le soleil s'est déversé sur les azalées et
les iris. Mais dans l'ensemble, ce fut le jour le plus
angoissé et le plus malheureux dont je puisse me souvenir.

JOURNAL   *23 mai 1938.*

Un matin merveilleux. Les nouvelles sont meilleures.
Les troupes allemandes n'ont pas avancé. J'ai été voir
Buck De La Warr. Il semble penser que vraiment les
choses vont mieux et je supplie le Cabinet de tenir bon.
Mon idée est qu'il y a là un espoir que cet incident
puisse marquer le reflux. Si nous nous arrangeons pour
imposer une solution négociée, alors cela montrera que
pour la première fois Hitler a été mis en échec. Les
Tchèques, les Français, les Polonais, et même les Russes, ont montré un front uni. Si nous pouvons poursuivre cette démonstration de puissance, cela signifiera la
fin de la terreur. Nous pourrons alors négocier avec les
Allemands, à égalité. Mais bien entendu le danger est
que la provocation engendre des incidents. Quand je
reviens des Communes, je rencontre Attlee : « Eh bien !
lui dis-je, allons-nous voir le reflux ? – Je le crois, me
répond-t-il, aussi longtemps que le gouvernement ne
fera pas preuve de faiblesse. »
Je dîne au Beefsteak. Il y a là le duc de Devonshire,
Lord Onslow, Duff Cooper, Reading, Anthony Crossley
et Harold Macmillan. Duff espère que les choses vont
s'arranger. Je le presse de tenir solidement le Cabinet :
« Tout cela, c'est très joli, dit-il, mais les Allemands
sont bougrement forts. »

JOURNAL *2 juin 1938.*

Coudenhove-Kalergi [1] vient me voir. En avril prochain il tient un grand congrès international à Paris et me demande d'y faire acte de présence. J'accepte. Il est intéressant quand il parle d'Hitler. Il prétend que c'est avant tout un lâche, qu'il est d'origine juive, que ses états de service durant la guerre furent déplorables et qu'il a eu la frousse durant le putsch de 1923 et qu'il cédera toujours si on l'engueule [2].

JOURNAL *6 juin 1938.*

J'ai l'impression que nous avons quitté la zone de la peur et que nous entrons dans celle de la colère. Nos isolationnistes maintenant peuvent voir que l'isolationnisme ne suffit pas. On ne nous laissera pas tranquilles. Les peuples en proie à la violence créent autour d'eux un cercle de fer et de haine. Le grand drame commence à s'acheminer vers son dénouement.

Comme il est difficile de choisir la bonne décision. Mon point de vue est le suivant : 1° Nos anciennes traditions et principes étaient basés sur la théorie que nous protégerions le faible et tiendrions tête au fort ; 2° Je sais que cette théorie était fondée sur notre propre

---

1. Richard Coudenhove-Kalergi, fondateur et président de l'Union paneuropéenne. Il fonda aussi en 1947 l'Union parlementaire européenne.

2. On ne saurait dire d'Hitler qu'il était d'origine juive et pendant la première guerre il fit preuve de courage. Mais il est vrai qu'en 1923, durant le putsch de Munich, il fut le premier à décamper pour se mettre en sûreté quand les soldats ouvrirent le feu.

sécurité et était un luxe que nous offrait notre propre invulnérabilité, donc par la certitude de la victoire finale ; 3° Chamberlain (qui a l'esprit et les manières d'une brosse à habits) a seulement pour but d'assurer une paix temporaire au prix d'une ultime défaite. Il aimerait donner à l'Allemagne tout de suite ce qu'elle veut et est incapable de voir que si nous acceptons, nous ne pouvons plus résister à de nouvelles exigences. Si nous apaisons le crocodile allemand avec le poisson des étangs des autres, il deviendra si gras qu'il demandera le poisson de nos propres étangs. Et alors, nous n'aurons plus la force de lui résister.

Que dois-je faire ? Je vois clairement que Rome et Berlin espèrent enfoncer un coin entre nous et Paris. Je vois clairement que Paris, les yeux fixés sur la *ligne bleue des Vosges*, ne pense qu'à sa propre sécurité. Je crois que nous pourrions vraisemblablement nous assurer la paix pour dix ans en rompant avec la France et l'Union soviétique et en permettant aux Allemands d'agir à leur guise. Mais à la fin de cette période, nous nous trouverions sans amis et sans défenses. La France aurait disparu. L'idée même de la Société des Nations aurait disparu ; les petits Etats auraient disparu ; l'Allemagne disposerait des ressources alimentaires de la Hongrie et surtout des puits de pétrole de Roumanie. Nous serions impuissants. Et alors les Allemands viendraient nous dire : « Votre tour est venu ! »

Pourtant si nous provoquons l'Allemagne en ce moment alors que nos défenses sont dans un état pitoyable, elle voudra ou pourra nous anéantir. Nous savons tous que pour l'instant l'Allemagne n'est pas prête pour une guerre européenne. Mais si vraiment nous lui tenons tête, elle nous y conduira. Et si nous ne lui tenons pas tête, elle deviendra si forte que nous ne pourrons plus rien. Il y a un peu de vrai dans cette idée que chaque mois gagné est un mois gagné. Les Italiens perdent déjà confiance en Mussolini, et après notre succès en Tchécoslovaquie, les Allemands ont moins confiance en Hitler. Le charme pourrait bien avoir été brisé, et je suis sûr que c'est à peine plus qu'un charme. Mais qu'arrivera-t-il si les Japonais entraînent l'Amérique dans une guerre en Asie, impliquent l'Union soviétique du même coup et s'emparent de quelques-uns de nos navires – alors l'Allemagne pourra frapper en Europe.

Nous avons perdu notre volonté de puissance, car cette volonté de puissance est divisée. Les classes dirigeantes ne pensent qu'à leur propre fortune, c'est-à-dire à la haine des rouges. Cela crée un lien secret purement artificiel, mais pour l'instant très solide, entre nous et Hitler. Nos intérêts de classes, des deux côtés, vont à l'encontre de l'intérêt national. Je vais me coucher assez désespéré.

JOURNAL   *15 juin 1938.*

Anthony Eden dit qu'il s'opposera à Chamberlain si celui-ci essaie de faire un pacte à quatre [1], peut-il compter sur nous ? Je lui réponds : « A coup sûr. » Ensuite je vais voir Vansittart, qui dit qu'il croit que Chamberlain a reçu une telle leçon avec l'entente italienne [2] qu'il ne pensera même pas à négocier avec les Allemands pour l'instant.

---

1. Entre l'Angleterre, la France, l'Allemagne et l'Italie.
2. En dépit de son engagement solennel, Mussolini avait accru le rythme de son intervention en Espagne, envoyant 4 000 nouveaux volontaires en juin et juillet. Ce fut pourquoi le pacte anglo-italien n'entra jamais en vigueur.

H. N. à V. S. W.   *17 juin 1938.*
                                  4, King's Bench Walk – EC4.

Hier j'ai rencontré un Autrichien qui venait de
s'échapper de Vienne, et ce qu'il m'a dit m'a rendu
malade. Il y a dans leur cruauté une sorte d'humour
diabolique. Par exemple, ils rassemblèrent dimanche
dernier les gens qui se promenaient au Prater, et ils
séparèrent les Juifs des autres. Ils firent déshabiller les
gentlemen juifs et les firent marcher à quatre pattes sur
le gazon. Puis ils firent grimper les vieilles dames jui-
ves dans les arbres par des échelles et les assirent sur
des branches. Ensuite ils leur ordonnèrent de gazouiller
comme des oiseaux. Les Russes n'ont jamais commis
de telles horreurs. Vous pouvez prendre la vie à un
homme; mais détruire sa dignité c'est de la bestialité.
Cet homme me raconta qu'il avait vu de ses propres
yeux la princesse Stahremberg laver les urinoirs de la
gare de Vienne. Le nombre des suicides est affolant. Un
lourd nuage de malheur s'appesantit sur la ville.

J'aurais pu penser que l'homme exagérait. Son récit
était détaillé et il était calme. Pourtant je gardais un
léger doute, me demandant si même les Allemands
pouvaient agir ainsi. Mais je dînai avec Bernstorff et
quand je lui répétai la chose, il me dit : « Oui, c'est vrai.
Un de mes amis, un nazi, était attaché au quartier général allemand. Il m'a raconté qu'il n'avait pu y tenir. Il
disait : "J'ai vu des hommes faits se comporter comme
des garnements qui arrachent les ailes aux mouches." »

Ma bien-aimée, que de malheurs dans ce monde. Je
suis heureux d'être en mesure de faire quelque chose et

pourtant bien peu de chose. Je ne pourrais pas rester tout simplement oisif, sans rien faire.

JOURNAL   *1ᵉʳ août 1938.*

Je déjeune avec Walter Lippmann et Frederick Voigt. Lippmann revient d'Italie, d'Allemagne et de Tchécoslovaquie, Frederick également. Leurs points de vue coïncident. Ils pensent qu'Hitler est en train de préparer un coup de main sur les Tchèques pour la troisième semaine d'août. La question se pose : « Interviendrons-nous ? » Les Français ne peuvent que mobiliser et les Allemands comptent avoir mené leur affaire à bien en une semaine. Frederick pense qu'il leur faudra trois semaines pour prendre Prague. Lippmann estime que si nous laissons écraser les Tchèques, l'Amérique se retournera contre nous, mais que si nous intervenons, l'Amérique sera là dans les six semaines. Nous sommes d'accord pour penser que le pays n'a aucune idée du gâchis dans lequel nous nous trouvons. Frederick pense que le Premier ministre n'a plus d'illusions. Je n'en suis pas si sûr.

Harold Nicolson prit de courtes vacances d'été partagées en deux. Tout d'abord il alla au cap Ferrat chez Somerset Maugham et y rencontra par deux fois le duc et la duchesse de Windsor. Puis il rentra à Sissinghurst et commença à écrire Diplomatie, *une étude sur les méthodes diplomatiques, continua sa critique littéraire et poursuivit ses émissions régulières à la radio sur les affaires du jour.*

H. N. à V. S. W.   *5 août 1938.*
                              Villa Mauresque – Cap Ferrat.

Il faisait adorablement chaud ce soir. La lumière rose était merveilleuse au-dessus des pins. Je suis sorti et me suis assis seul avec mon Tacite près de la piscine. Elle est entourée de grands massifs de lauriers, à fleurs blanches ou roses. Le soleil se coucha sur le cap d'Antibes. Les phares commencèrent à clignoter sur une mer violette. Je demeurai là jusqu'à ce que le rose des lauriers s'éteigne et que seules les fleurs blanches brillent sous la lune. Je méditais.

Puis je rentrai à la villa, pris un bain, me rasai et passai mon plus beau costume. Car l'ex-roi d'Angleterre devait venir dîner. Willy Maugham nous avait soigneusement instruits : le duc est furieux si la duchesse n'est pas traitée avec le plus grand respect.

Quand ils arrivèrent, Willy et sa fille se rendirent dans le hall. Les bras ballants, nous attendions dans le salon. Ils entrèrent. Elle, je dois le reconnaître, est très bien pour son âge. Elle se coiffe d'une autre manière. Ses cheveux sont brossés en arrière et tombent en boucles sur sa nuque. Ce qui lui donne un air paisible et moins crispé. Sa voix aussi a changé. A présent son accent de Virginie se mêle à celui d'une duchesse dans une pièce de Pinero. Il entra avec sa démarche de marin, tiraillant son nœud de cravate. Il portait un smoking en tussor. Il était de très bonne humeur. On apporta les cocktails et nous fîmes cercle autour de la cheminée. Il y eut un silence : « Je suis désolé, nous sommes un peu en retard, dit le duc, mais Son Altesse Royale ne pouvait s'arracher à ses occupations. » La chose était dite.

Ces trois mots tombèrent dans le cercle comme trois pierres dans un étang. Son (suffocation) Altesse (frisson) Royale (et pas un regard n'osa en croiser un autre)[1].

Nous allâmes dîner. Il y avait deux cyprès et la lune. J'étais assis près de la duchesse. Il nous faisait face. Ils se donnaient beaucoup de « chéri » l'un à l'autre. Je l'appelais assez souvent « Votre Altesse Royale » et « Sire » tout le temps. Elle, je lui donnais de la « duchesse ». On ne pouvait oublier son charme, sa gentillesse, sa tristesse, encore qu'il parût assez gai. Ils ont une villa[2] ici, et un yacht et tournent en rond. Il travaille le jardin. Mais ce qui est pathétique c'est sa sensibilité vis-à-vis d'elle. Il était tout à fait visible, d'après ce qu'elle m'a dit, qu'elle espère rentrer en Angleterre. Quand je lui demandai pourquoi elle n'achetait pas une maison qui serait sienne, elle me dit : « On ne sait jamais ce qui peut arriver. Je n'ai pas envie de passer toute ma vie en exil. »

La partie du journal d'Harold Nicolson qui couvre la période de la crise de Munich peut sans doute être

---

1. Peu de temps avant leur mariage, le 3 juin 1937, le duc de Windsor avait reçu de son frère, le roi George VI, une lettre l'informant qu'à son grand regret le Cabinet lui avait adressé une supplique aux termes de laquelle il pourrait, lui, le duc, continuer à porter le titre d'Altesse Royale, mais que ce titre ne pourrait être accordé à la duchesse, ce qui blessa profondément le duc. Dans ses Mémoires, la duchesse rapporte : « A ses yeux, ce fut une ultime blessure faite à sa femme, et par la même occasion à lui-même. »

2. *La Croë*, cap d'Antibes, qu'ils avaient louée à Sir Pomeroy Burton.

considérée historiquement comme la plus importante. Les événements de septembre 1938 y sont rapportés en quarante pages de dactylographie serrée, environ vingt-cinq mille mots, écrits jour après jour au fur et à mesure du déroulement des événements et parfois heure par heure, car Harold Nicolson souvent saisissait dix minutes entre les interviews et les discours pour noter les événements et les complétait la nuit suivante ou le lendemain matin.

Le Journal s'érigea en réquisitoire d'une sévérité sans cesse croissante contre une politique qui, il le prévoyait, conduirait à la guerre dans les conditions les plus défavorables pour l'Angleterre. Un patriotisme profond émane de ces pages. Il ressentait autant la trahison des vieux principes de la politique étrangère britannique, tels que le soutien du faible contre le fort, de la justice contre le mal, de la négociation contre la violence, que l'abandon à Hitler l'une après l'autre de toutes nos positions stratégiques, que les rebuffades à l'Union soviétique, que l'acceptation du défaitisme français, que l'abandon des petites puissances de l'Europe centrale.

Il acceptait « avec une amertume inexprimable, mais avec résignation » les prétentions d'Hitler en ce qui concernait les territoires tchèques de langue allemande, mais ce qu'il ne pouvait tolérer, c'était l'affirmation que Chamberlain avait ramené de Munich la paix dans l'honneur et son incapacité à galvaniser tout le pays pour l'obliger à réaliser à quel danger extrême l'accord de Munich nous exposait. Harold Nicolson développa toutes ces idées dans le discours qu'il fit aux Communes, après que l'accord eut été signé :

« Je sais que dans ces jours de réalisme, ceux d'entre nous qui essayent de remplir les promesses faites au

*moment de leur élection sont tenus pour déloyaux en-
vers le parti. Je sais que ceux d'entre nous qui essayent
d'être logiques sont accusés d'avoir l'esprit étroit. Je
sais que les principes sont tenus pour extravagants et
les idéaux confondus avec l'hystérie. Je sais que tous
ceux d'entre nous qui croient aux traditions de notre
politique, qui croient que le grand devoir de notre pays
est de maintenir les valeurs morales en Europe et non
de nous lier d'amitié avec des gens dont la conduite est
déplorable, d'établir une sorte de règle par laquelle les
petites puissances peuvent découvrir ce qui est bon en
conduite internationale et ce qui ne l'est pas, je sais
que ceux qui entretiennent de telles pensées sont accusés d'avoir la mentalité du Foreign Office. Je remercie
Dieu d'avoir cette mentalité. »*

*Harold Nicolson, Churchill, Eden et Duff Cooper fu-
rent les seuls membres du côté gouvernemental qui aux
Communes n'applaudirent pas Neville Chamberlain
quand il partit pour Munich et quand il en revint. Son
parti au Parlement et ses électeurs le lui reprochèrent
aigrement. Mais comme lors d'une autre crise qui eut
lieu dix-huit ans plus tard et qui suscita les mêmes
émotions et les mêmes divisions, nombreux furent ceux
qui au fond d'eux-mêmes eurent le sentiment que le
Premier ministre se trompait, mais gardèrent le silence.
Sauf par instants, Harold Nicolson ne souffrit pas de
son isolement. Il fut bientôt prouvé qu'il avait vu juste.
Qui plus est, la crise de Munich lui permit de montrer
ce qu'il avait de plus puissant en lui, en pensée, en
sentiment et en paroles. Cela lui fit surmonter sa nervosité et la sensation d'être peu fait pour les Communes, ses doutes sur la moralité et les risques de guerre
avec Hitler. A partir de ce jour l'Allemagne devint
l'ennemi à abattre.*

L'histoire de Munich est si connue que seules les principales étapes de la crise ont besoin d'être rappelées ici. Hitler avait l'intention d'écraser et d'occuper la Tchécoslovaquie pour s'ouvrir une route vers l'est. Son prétexte fut « l'intolérable situation de trois millions et demi de Sudètes sur les frontières nord, ouest et sud ». Bien que ces territoires n'eussent jamais fait partie de l'Allemagne, il exigea leur « retour » dans le Reich. La France et l'Union soviétique étaient tenues par un traité d'apporter leur aide aux Tchèques s'ils étaient attaqués et l'Angleterre était liée à la France si celle-ci était entraînée dans une guerre avec l'Allemagne. Chamberlain était décidé à éviter la guerre en faisant pression sur le gouvernement tchèque pour qu'il acceptât les exigences de l'Allemagne. En août, il envoya à Prague Lord Runciman comme « médiateur », entre Henlein et Benès, en réalité pour préparer le chemin à la mainmise par Hitler sur les pays sudètes. Le 15 septembre, il s'envola vers Berchtesgaden pour sa première visite à Hitler, et accepta en principe la sécession des territoires de langue allemande. Le 18 septembre Daladier et Bonnet (le Premier ministre et le ministre des Affaires étrangères de France) allèrent à Londres et dressèrent avec les Anglais le plan franco-britannique par lequel tous les territoires tchèques qui comptaient plus de 50 % d'Allemands seraient livrés à Hitler, sans même qu'un plébiscite ratifiât leurs vœux. Une forte pression obligea Benès à accepter ce plan.

Cet accord en poche, Chamberlain reprit l'avion pour l'Allemagne le 22 septembre et rencontra Hitler à Godesberg. Hitler lui dit que cela ne suffisait plus. Les pays sudètes devaient être occupés par les troupes allemandes au plus tard le 1ᵉʳ octobre ; toutes les instal-

lations militaires de la zone évacuée devaient demeurer intactes et ni le bétail ni les biens mobiliers des Tchèques expulsés ne devaient être enlevés. *Chamberlain protesta contre ces conditions extravagantes, mais à son retour à Londres, il essaya de persuader son Cabinet de les accepter et de conseiller aux Tchèques d'en faire de même. Il y eut dans le sein du Cabinet de l'opposition venant tout particulièrement de Duff Cooper, et aussi de la part des Français. Chamberlain fut obligé de faire dire à Hitler, par son porte-parole Sir Horace Wilson, que « si la France conformément à ses obligations vis-à-vis du traité avec les Tchèques, s'engageait véritablement dans une lutte avec l'Allemagne, le Royaume-Uni serait obligé de la soutenir ». Hitler prit simplement note de ce point de vue, la guerre parut inévitable. Le 27 septembre, l'armée française fut partiellement mobilisée ; la flotte britannique le fut aussi. Un million et demi de soldats tchèques occupèrent les fortifications sur la frontière allemande. Au dernier moment Hitler accepta la suggestion de Mussolini d'une conférence (en réalité, cette proposition fut rédigée à Berlin) et la nouvelle en parvint à Chamberlain le 28 septembre, alors qu'il achevait son discours aux Communes.*

Le jour suivant la conférence eut lieu à Munich. Chamberlain, Daladier, Hitler et Mussolini en étaient les principaux protagonistes. Ni l'Union soviétique ni la Tchécoslovaquie ne furent invitées. Un accord fut signé à 1 heure du matin le 30 septembre, par lequel Hitler obtenait presque tout ce qu'il avait demandé à Godesberg. Triomphalement Chamberlain rentra à Londres, brandissant un document signé par lui et par Hitler, par lequel l'Angleterre et l'Allemagne s'engageaient à « ne jamais combattre l'une contre l'autre ».

Des fenêtres de Downing Street, il affirma à la foule qui applaudissait qu'il avait rapporté « la paix dans l'honneur ».

Le débat sur l'accord de Munich dura quatre jours, du 3 au 6 octobre. Il fut ouvert par Duff Cooper, le seul ministre qui démissionna. Harold Nicolson prit la parole le 5, ainsi que Winston Churchill : « Nous venons de subir une défaite sans merci », déclara-t-il. Dans le vote de confiance qui suivit, trente à quarante membres de la majorité s'abstinrent.

JOURNAL   *22 août 1938.*

Je déjeune seul avec l'ambassadeur russe. Je lui demande ce qu'ils feront si les Allemands marchent vers la mer Noire. Il dit que le vieux sentiment panslave est mort, que l'U.R.S.S. n'a pas de sympathie pour les systèmes semi-fascistes des Balkans et qu'elle est profondément déçue par les démocraties occidentales. Si la France et nous entrons en guerre pour défendre les Tchèques, l'Union soviétique interviendra. Mais si nous abandonnons la Tchécoslovaquie, alors elle se retranchera dans l'isolationnisme. La Russie ne peut être conquise, ses territoires et ses ressources sont sans limites. Même si l'Allemagne s'emparait d'une partie de l'Ukraine, comment pourrait-elle en tirer profit ? Cela créerait une zone d'irrédentisme et perpétuerait l'inimitié russo-allemande. L'Allemagne ne pourrait s'emparer du bassin du Donetz, car il est trop éloigné. Ainsi l'Union soviétique serait-elle obligée d'accepter l'hégémonie allemande dans les Balkans peut-être, même la perte de quelques territoires en Ukraine, consciente que son avenir ne saurait être mis en danger par de modestes remaniements. Mais elle ne consentira pas que l'Allemagne étende son influence sur la Turquie.

JOURNAL   *26 août 1938.*

Je termine le chapitre II [1], mais je n'en suis pas très content. Il me paraît mal construit et imprécis. Dans l'après-midi, je vais avec les garçons jusqu'à Fisher's Gate prendre le thé avec les De La Warr.

Buck et moi avons une longue conversation [2]. Il dit *a)* que les Allemands sont décidés à attaquer les Tchèques et *b)* qu'ils préparent quelque incident qui mettra les Français dans leur tort. Il dit qu'ils nous tiennent pour quantité négligeable et qu'ils savent que la France est affaiblie par des troubles intérieurs. Ni les Français ni nous-mêmes ne souhaitons « combattre pour la Tchécoslovaquie » et c'est pourquoi ils pensent qu'ils peuvent faire leur coup *in aller Ruhe.*

Buck n'a aucune illusion en ce qui concerne la Tchécoslovaquie. Il sait que si cette barrière tombe, l'Allemagne ira jusqu'à la mer Noire et deviendra invincible. Il n'est pas certain que Chamberlain ait mesuré toutes ces conséquences. Il le soupçonne de considérer les Tchèques comme d'insignifiants fauteurs de trouble que nous pouvons à la rigueur protéger, mais par pure générosité. Chamberlain n'a aucune idée de ce qu'est réellement une politique mondiale. Et il refuse d'écouter ceux qui en ont une.

Je lui rapporte ma conversation avec Maiski. Il trouve

---

1. De *Diplomatie.*
2. Lord De La Warr était lord du Sceau privé et faisait partie du Cabinet.

cela si important qu'il m'oblige à m'asseoir et il en écrit
un compte rendu pour Vansittart. L'idée est que si nous
arrachons à Maiski une promesse de soutien, si nous
tenons bon en Tchécoslovaquie, nous pourrons peut-être
raffermir la volonté vacillante du Premier ministre.

JOURNAL   *29 août 1938.*

Je dis à Gladwyn (Jebb) : « Je suppose que les chances sont 51 % pour la paix et 49 % pour la guerre ? – Je
dirais plutôt le contraire », me répond-il.

JOURNAL   *1ᵉʳ septembre 1938.*

Nous ne pouvons que glapir. Nous nous sommes
fourrés dans le même gâchis qu'en 1914 – à savoir que
nous donnons aux Tchèques l'impression que nous
allons nous battre, aux Allemands l'impression que
nous ne bougerons pas.

JOURNAL   *11 septembre 1938.*

J'ai soupé avec Oliver Stanley. Sa manière de voir, je
crois, représente ce qu'il y a de mieux dans le Cabinet.
Ce qu'il y a de pire passe mon entendement. Donc
Oliver reconnaît que le conflit n'a réellement rien à voir
avec la Tchécoslovaquie, mais c'est le combat suprême
entre le principe du droit et le principe de la violence et
que les deux protagonistes dans ce combat sont Hitler et
Chamberlain. Il admet aussi que si l'Allemagne lançait
une attaque sur la Tchécoslovaquie et si la France était

entraînée dans le conflit, il nous serait presque impossible de nous dérober. Pourtant ses remarques incidentes me montrent qu'au fond de son cœur, il aspire à laisser tomber. Car il ne laisse passer aucune occasion de s'en prendre aux Tchèques et d'accuser Benès d'être sans scrupules et plein de fourberie. En même temps chaque fois qu'on parle de l'aide soviétique, il sursaute d'horreur ; un moment il soupira profondément et me dit : « Voyez-vous, que nous gagnions ou que nous perdions, ce sera la fin de tout ce que nous défendons. » Par « nous » évidemment, il entendait la classe capitaliste.

JOURNAL   *14 septembre 1938.*

Ça va mal. Le Japon et l'Italie ont annoncé qu'ils étaient aux côtés de l'Allemagne. La flotte soviétique est mobilisée. Les Sudètes refusent de négocier et maintiennent leur ultimatum. Nous sommes à l'extrême bord du précipice. Je vais travailler parce que je n'ai pas le courage d'écouter les nouvelles de 9 h 40. Puis à 10 heures Viti arrive et dit que le Premier ministre part demain en avion pour Berchtesgaden. Mon premier sentiment est un soulagement indicible.

JOURNAL   *15 septembre 1938.*

Qu'il est difficile de se décider ! Viti considère que les Sudètes allemands sont dans leur droit en réclamant leur autonomie et que les Tchèques de toute manière seront plus heureux sans eux. Mais si nous nous engageons dans ce chemin, alors les Hongrois, les Polonais réclameront aussi leur autonomie et le résultat c'est que la Tchécoslovaquie cessera d'exister en tant qu'Etat indépendant. Vita dit que si cet Etat est aussi artificiel, il n'aurait jamais dû être créé. C'est peut-être vrai. Et Dieu sait que nous aurions pu refuser en 1918 [1] de reconnaître son existence. A cette époque, cela semblait si réel. Hitler a tous les arguments de son côté, mais en fait ce sont de faux arguments. Et nous qui avons le droit pour nous, nous ne pouvons dire que notre vrai droit est de résister à l'hégémonie allemande. Ce serait de l'impérialisme. Jamais tant de théories en conflit n'ont paru plus lourdes d'illusions.

JOURNAL   *16 septembre 1938.*

Je rencontre Vincent Massey au Club : « Eh bien, le gouvernement va céder ? » Il me répond : « Il vaut mieux avoir la petite vérole dans trois ans qu'aujourd'hui. – Bien sûr, mais si nous l'avions à présent nous guéririons ; si c'est dans trois ans, nous mourrons ! »

JOURNAL   *19 septembre 1938.*

Je vais voir Anthony Eden. Je le trouve dans un profond désespoir et lui demande quelle attitude il adoptera. Il répond qu'il lui est très difficile de prendre une décision définitive avant d'avoir en main tous les faits. Il dit que probablement, s'il avait été à la place d'Halifax, il aurait agi comme lui. Seulement, avec un

---

1. H. N. avait fait partie de la Commission de la Paix à Paris, qui prépara les clauses du traité de Saint-Germain, lequel déterminait les frontières de la Tchécoslovaquie.

sourire, il ajoute : « Mais je ne pense pas que j'aurais pu me trouver à la place d'Halifax. » Il dit qu'il est difficile de critiquer un maillon dans toute une chaîne d'événements [1] quand la chaîne tout entière est faussée. Il ne désire pas provoquer une révolte ou amener quelques démissions au sein du Cabinet.

Nous discutons alors de l'effet de notre abandon. Il prend le point de vue le plus pessimiste, il a l'impression que nous avons perdu toute influence au profit de l'Allemagne. Il prévoit que non seulement les pays de l'Europe orientale, mais encore le Portugal tomberont maintenant irrémédiablement sous la domination allemande. Il est d'accord avec moi pour penser qu'Hitler désire deux choses : d'abord rassembler davantage d'Allemands, secondement écraser la Tchécoslovaquie soit en tant qu'elle constitue un obstacle à sa marche en avant soit qu'il la considère comme un poste avancé des Russes. Cependant, il n'est pas d'accord avec moi pour penser que nous pouvons céder sur le premier point, mais non sur le second. Pour lui, tout cela c'est la même chose.

Je parle de sa propre situation dans le pays et suggère qu'il est en train de perdre beaucoup de terrain. Je dis qu'en définitive cela importe peu, car il le regagnera. Si je lui en parle, c'est de crainte qu'il ne s'en aperçoive et n'abandonne cette attitude avisée qu'il a prise de demeurer coi. Il me réplique qu'il n'a pas l'impression d'avoir perdu du terrain et que de toute manière il est jeune [2] et peut attendre le retour de la faveur populaire.

Nous parlons du peu de réconfort qu'on éprouve à

---

1. Le plan anglo-français pour donner à l'Allemagne les territoires de langue allemande avait été publié le matin même.
2. Anthony Eden avait alors quarante et un an.

avoir vu juste et de la terrible influence qu'a eue la bande
de Cliveden [1]. Au moment où je pars, il me dit : « Eh
bien, il me paraît difficile d'éviter la guerre à présent. »

Je dîne au Marlborough avec Buck De La Warr et
Walter Elliot. Ce dernier avec beaucoup d'esprit présente le point de vue du gouvernement. Il fait un grand
étalage de la désertion de la France, disant que lorsqu'une armée abandonne le champ de bataille, son allié
peut difficilement garder ses positions. Il nie de manière absolue que le Premier ministre se soit vu présenter un ultimatum à Berchtesgaden. Il prétend que jamais
les Russes n'ont réellement promis de nous aider et que
nous ne pouvions demander au pays de faire la guerre
pour empêcher tout simplement quelques Allemands de
se joindre à leurs concitoyens. Il est tout à fait charmant
et logique, mais mon cœur n'est pas plus léger ni ma
colère diminuée tandis que je vais à la B.B.C.

J'y suis accueilli par Guy Burgess et fais ma causerie
sur un ton d'ironie désespérée. Puis avec Guy nous
allons au Café Royal, nous y rencontrons James Pope-
Hennessy qui est presque en larmes en pensant au déshonneur de l'Angleterre.

JOURNAL   *20 septembre 1938.*

La matinée a débuté par un coup de téléphone de
Baffy Dugdale [2]. Elle me dit que le déshonneur de
l'Angleterre l'a rendue deux fois malade dans la nuit et
qu'au petit déjeuner, elle a lu l'article de tête du *Times.*

---

1. Sympathisant du régime nazi.
2. Mrs Edgar Dugdale, une nièce de A. J. Balfour, dont elle écrivit
une *Vie.* Elle joua un rôle important dans l'histoire de la Société des
Nations.

Elle est tombée sur ces mots : « Le caractère général des conditions proposées au gouvernement tchécoslovaque ne saurait, les choses étant ce qu'elles sont, présenter à ses yeux un caractère évident de séduction. » Après avoir lu ces mots, elle se précipita dans les lavabos et fut malade pour la troisième fois. Elle s'en revint alors et écrivit une lettre à Buck, lui disant qu'elle démissionnait du National Labour.

Moi-même en lisant ces mots avais hésité à agir de même. Finalement j'optai pour une note de protestation. C'est pourquoi je dictai une lettre à Buck disant que j'espérais qu'il ne supposait pas que le charme évident de Walter m'avait convaincu la nuit dernière et je pensais qu'il était seulement juste de lui dire que si les conditions imposées aux Tchèques étaient bien celles que reproduisaient la presse, il me faudrait envisager de m'opposer au gouvernement et démissionner d'un parti qui n'avait à aucun moment songé à élever la voix.

Je déjeune au Beefsteak. J'y trouve George Gage, Arnold Robertson, A. E. W. Mason et un ou deux autres. Tous sont très stupéfaits par les conditions imposées à Chamberlain et son « acte de bravoure » n'est plus que la démarche d'un vieillard à Canossa. Ils écument contre le *Times*. Je me joins au chœur. Survient alors Barrington-Ward [1]. Gage ne le connaît pas. Ce dernier me dit : « Vous étiez en train de nous parler du leader du *Times*, Harold, je crois ? » Sachant que Barrington-Ward était l'auteur de cet article, je trouve la situation embarrassante. Je réponds : « Je disais que c'était un chef-d'œuvre d'ambiguïté satisfaite, et que je ne craindrais pas de le dire en présence de l'auteur. »

---

1. Robert Barrington-Ward, rédacteur en chef adjoint du *Times* (1927-1941) et rédacteur en chef (1941-1968).

Embarras général. Barrington-Ward devient très rouge
et j'ai peur de l'être devenu moi aussi.

Au Club, il y a Vernon Bartlett [1]. Nous discutons de
l'affaire. Il dit qu'il faut qu'Anthony Eden abatte son jeu
et que je dois en faire autant. Il raconte qu'à Berchtesgaden l'autre jour, il a été accosté par un officier de l'état-
major allemand qu'il connaissait depuis des années. Ce
dernier lui dit : « Mon cher Bartlett, c'est trop tard ! –
Qu'est-ce qui est trop tard ? – Notre plan. – Quel plan ? –
Mais vous le savez bien, celui de notre action. – Oui,
répondit Bartlett, l'idée d'Himmler ? – Oui ; c'est trop
tard maintenant. » Cette idée était que l'état-major, lorsqu'il aurait à faire la guerre sur trois fronts, arrêterait
Himmler et Goering et puis irait trouver Hitler et dirait :
« Ou vous êtes avec nous, ou nous vous arrêtons aussi. »
Cette idée avait été communiquée à nos dirigeants. Mais
à présent que Chamberlain avait capitulé, les actions
d'Hitler et de Ribbentrop étaient montées si haut que plus
rien ne pouvait être fait [2].

JOURNAL   *21 septembre 1938.*

Je rentre à Sissinghurst profondément déprimé. Il
pleut. Je flâne et puis commence mon chapitre IX. Je
suis trop désespéré pour bien écrire. Les nouvelles sont
terribles. La Pologne et les Hongrois, eux aussi, ont
revendiqué leurs minorités. La presse berlinoise dit que

---

1. Journaliste et conférencier à la radio, député de Bridgewater
(1938-1950).

2. La conspiration était dirigée par les généraux Beck et Halder, qui
avaient l'intention de renverser le régime nazi dès qu'Hitler envahirait
la Tchécoslovaquie, à condition que les démocraties occidentales
tentent de l'arrêter. Le plus étrange est que la conspiration fut connue à
Londres, mais qu'Hitler n'en sut rien.

ce qui reste de la Tchécoslovaquie doit adopter une attitude plus « positive » à l'égard de Berlin. Ce qui veut dire qu'elle doit subordonner sa politique étrangère aux désirs de la Wilhelmstrasse. Demain Chamberlain part pour Godesberg. J'ai pitié de lui.

JOURNAL   *22 septembre 1938.*

Je travaille à mon dernier chapitre comme drogué par le chagrin. A 11 h 30 Winston Churchill téléphone. Puis-je aller à Londres et le retrouver à 4 h 30 dans son appartement ? Je réponds que j'y serai.

Je fais le voyage et vais au 11 Marpeth Mansions. Comme j'approche de l'entrée, je vois la silhouette de vautour de Bob Cecil montant dans l'appartement. Tandis que j'attends que l'ascenseur descende, Winston sort d'un taxi. Nous montons ensemble : « C'est infernal, dis-je. – C'est la fin de l'Empire britannique. »

Nous sommes réunis dans le salon. Sont là Lords Cecil, Lloyd, (Sir Robert) Horne, Lytton et Wolmer. Les seuls membres des Communes présents sont Archie Sinclair, Brendan Bracken et moi.

Winston vient d'aller à Downing Street. Il dit que le Cabinet a finalement pris une position ferme. Chamberlain doit exiger d'Hitler : *a)* une démobilisation rapide, *b)* un accord pour que le transfert des territoires sudètes soit fait graduellement par une Commission internationale, *c)* qu'on ne nous parle plus de ces revendications absurdes des Polonais et des Hongrois, *d)* que ce qui demeure du territoire tchèque soit garanti [1], Tout

_____

1. A ce moment précis, à Godesberg, Chamberlain exposait son plan à Hitler. Il ne parla pas de démobilisation, ni des exigences polonaises et hongroises, et les territoires qui avaient une population de langue

d'abord nous disons : « Mais Hitler n'acceptera jamais ces conditions. – Dans ce cas, dit Winston, Chamberlain rentrera dans la nuit et nous aurons la guerre. » Nous disons que dans ce cas ce sera un désavantage pour nous d'avoir notre Premier ministre en territoire allemand. « Même les Allemands, explose Churchill, ne seront pas assez idiots pour nous priver de notre bienaimé Premier ministre. »

Ensuite nous commençons à travailler. Nous sommes interrompus une première fois par un message téléphoné de Jan Masaryk disant que les Allemands ont occupé Asch et que les Tchèques se retirent peu à peu des territoires sudètes. Hodza a démissionné et un ministère d'Union nationale a été nommé [1]. Une seconde fois, par un coup de téléphone d'Attlee disant que l'Opposition est prête à se joindre à nous si nous le voulons. C'est vague.

Nous continuons la discussion. Cela se résume à ceci : ou Chamberlain revient avec la paix dans l'honneur, ou il rompt. Dans les deux cas, nous le soutiendrons. Mais s'il revient avec une paix déshonorante, nous nous dresserons contre lui : « Formons un noyau », dit Winston. Nous sommes d'accord. Mais selon nous il serait préférable d'attendre d'avoir appris ce qui s'est réellement passé à Godesberg. Il admet que cette attente est préférable. Il se tient derrière le pare-feu, balançant son whisky and soda, tournant vers nous son regard brouillé, un peu hébété, mais lucide et en fait raisonnable. Je dis qu'il y a quelque chose de pire : « Qu'est-ce

---

allemande de 50 % allaient être transférés directement, sans plébiscite ni commission.

1. Le Dr Milan Hodza, Premier ministre tchèque, fut remplacé par un « Gouvernement d'Union nationale » sous la présidence du général Syrovy.

qui peut être pire que le pire ? » demande Winston. Je
lui parle de ce point du communiqué qui évoque « un
accord général ». Qu'est-ce que cela peut signifier ?
Tous admettent que c'est une perspective terrifiante.
Cela peut signifier notre reddition sur un front beaucoup plus vaste que celui de la Tchécoslovaquie, avec
en compensation quelques concessions sans valeur,
telles qu'« une paix pour cinquante ans » ou un
« accord de non-bombardement des villes ouvertes ».
Tous nous sentons qu'il est terrifiant qu'un homme tel
que Chamberlain soit exposé à tant de pressions et de
tentations.

Je rentre à pied avec l'impression que nous sommes
tout proches de la guerre. Lorsque la guerre éclatera, ce
sera pour le pays un choc terrible. Le bombardement de
Londres à lui seul provoquera la panique et peut-être
des émeutes. Tous ceux d'entre nous qui ont dit ;
« Nous devons résister » seront traités d'assassins. Je
sais cela. Mais je sais aussi que le vrai courage est de
tout sacrifier à cette lutte contre la violence. L'opinion
générale contre le gouvernement est très amère. On dit :
« Ou nous pouvons combattre, ou nous ne le pouvons
pas. Si nous ne le pouvons pas, alors le gouvernement
national non seulement a négligé notre défense, mais
encore engagé l'honneur du pays pour une cause que
nous n'étions pas en mesure de soutenir. » Il n'y a rien
à répondre à cette argumentation.

Je dîne au Beefsteak. C'est, je le crois bien, un club
plus ou moins tory et tous sont désespérés par leur
gouvernement. Ils tiennent pour acquis qu'à l'heure
actuelle, la moitié du Cabinet démissionnera. Je n'en
crois rien. Connaissant plus que la moitié du Cabinet, je
suis bien certain qu'ils ne démissionneront pas. Pourtant le fait demeure que tous sentent que Chamberlain

s'est conduit avec trop d'optimisme et pas mal de vanité. La visite à Berchtesgaden (que nous avions prise à l'époque pour un acte énergique) s'est révélée n'être qu'une marque de faiblesse. Puis il y a le côté secret. Chacun était prêt à accepter la politique secrète de Chamberlain pourvu que cela nous tire d'affaire; ils sont furieux de voir que nous sommes plus que jamais dans le coup. Mon impression est que ces tories sont épouvantés par la force de l'opinion publique dans nos provinces.

Je rentre à K. B. W. et écris ce journal.

JOURNAL   *23 septembre 1938.*

Rentré à Sissinghurst. Je termine mon livre [1] à 4 h 45. Voilà qui est fait. Mais je doute qu'il soit édité. Nous écoutons les nouvelles à 6 heures. Chamberlain n'a pas repris les négociations avec Hitler. Ils n'ont rien fait d'autre que d'échanger des lettres. Dans l'intervalle Reuters annonce que les *Freikorps* ont commencé à envahir la Tchécoslovaquie. La guerre est à nos portes.

A 9 heures, le téléphone sonne. C'est Bob Boothby : « J'arrive à l'instant de Genève, et pense que vous aimeriez apprendre quelque chose. – Que pensent-ils là-bas ? – Ils sont complètement démoralisés, mais j'ai eu un entretien satisfaisant avec Litvinov [2]. Les Russes nous apporteront toute leur aide. J'ai parlé à Halifax dès mon retour et il a eu Litvinov au téléphone. Tout va

1. *Diplomatie*. Il fut publié par Oxford University Press en 1939.
2. Maxime Litvinov, commissaire soviétique aux Affaires étrangères, avait fait un discours, le 21 septembre, à Genève, réaffirmant que l'U.R.S.S. exécuterait les conditions du traité qui la liait à la Tchécoslovaquie.

bien. – Et à Godesberg ? – Vous ne savez rien ? Chamberlain rentre ! – Ce qui signifie la guerre ? – Oui, les Allemands ont été assez idiots pour nous pousser jusque-là. On leur donnait tout ce qu'ils voulaient et à présent ils ont réussi à nous mettre dans le coup. – Ce qui est fait, est fait, dis-je. – Oui, répond Bob, et nous en avons pour quatre ans. »

Je suppose que Ribbentrop a convaincu Hitler que quoi qu'il arrive, nous ne bougerons pas. Mais nous ne pouvons pas rester à l'écart à présent que Chamberlain a tout sacrifié (même notre honneur) pour assurer une paix qu'il a brisée. Que je suis navré pour le peuple allemand. Jamais il n'avait souhaité pareille aventure, bien qu'il soit responsable de s'être livré à un somnambule. Toute la bande de Cliveden et les gens du *Times* nous ont empêchés de tenir bon alors que nous aurions pu assurer la paix. Jamais ils n'ont compris que ce qu'Hitler désirait était : *a)* l'hégémonie ; *b)* la destruction de la Tchécoslovaquie ; *c)* les territoires sudètes. Ils croyaient qu'il n'était question que de *c)*. Ceci me confirme dans la pensée que la diplomatie est basée sur la connaissance de la psychologie des peuples étrangers et que c'est par ce manque de connaissance (dû à l'aveuglement de la vanité) que le gouvernement nous a conduits à la guerre. Mais nous devons le soutenir sans reproches ni critiques à présent. Nous sommes tous dans le même bateau.

JOURNAL   *26 septembre 1938.*

A Sissinghurst, on aménage le grand salon pour le rendre étanche aux gaz. Vraisemblablement toute la colonie se rassemblera là chaque fois qu'il y aura un raid aérien. Martin et Martha, Fay et Nellie, la vieille Mrs Hayter, les fermiers – tous nous serons assis dans cette pièce pendant des heures sans un brin d'air. J'en connais un qui ne sera pas là. Il sera dans son lit, le masque à gaz dans sa boîte et toutes fenêtres ouvertes.

Je vais chez Winston Churchill. Lorsque j'arrive, il n'est pas là car il a été convoqué par le Premier ministre. Les autres sont Cecil, Grigg, Archie Sinclair, Lytton, Amery, Lloyd, Harold Macmillan, Bob Boothby et Spears. Nous commençons en nous demandant si le service obligatoire sera proclamé immédiatement. Grigg [1] s'en déclarait partisan. Lytton [2] désire immédiatement un gouvernement d'Union nationale et je suis d'accord avec lui.

A ce moment Winston fait irruption. Il dit (comme Bob Bernays me l'a dit) que le Cabinet avait eu une frousse bleue la nuit dernière et que Simon poussait à la déroute. Mais les jeunes se rebiffèrent et le parti de Simon commença à perdre du terrain. Alors arrivèrent les Français, tout à fait courageux et fermes cette fois, avec Gamelin [3] qui rendit confiance. A la fin le Cabinet fut tout entier uni en pensant qu'ils avaient été courageux, qu'ils avaient été forts et qu'ils avaient toujours été décidés. Winston en déduit que le mémorandum ou la lettre qu'Horace Wilson doit donner à Hitler ne constituera pas une reculade. Ce sera simplement une tentative pour sauver la face d'Hitler s'il désire faire marche arrière. Ainsi est rendue possible une conférence pour décider des moyens de mise en action du

---

1. Sir Edward Grigg, plus tard Lord Altrincham, député national conservateur. Il avait été gouverneur du Kenya et allait devenir sous-secrétaire d'Etat à la Guerre.
2. Lord Lytton, vice-roi des Indes en 1925.
3. Le général Maurice Gamelin, chef d'état-major français.

plan franco-britannique. Hitler est averti que nous n'accepterons pas son plan post-Godesberg et que, s'il insiste, nous ferons la guerre. Winston a poussé le Premier ministre à mobiliser immédiatement la Flotte et à appeler toute la Réserve. Il dit que le Premier ministre en agira ainsi ce soir si le discours que doit faire Hitler [1] à 8 heures n'est pas conciliant.

Nous discutons de nos plans. Si Chamberlain se dégonfle une nouvelle fois, nous formerons bloc contre lui. Nous ne pensons pas qu'il faiblira et c'est pourquoi nous nous « rallierons derrière lui » (le pauvre homme). Nous mettrons tout en œuvre pour la création d'un gouvernement d'Union nationale et pour la mise en application immédiate de mesures de guerre. Par-dessus tout, le blocus doit entrer tout de suite en vigueur. Puis le service militaire obligatoire, même si cela entraîne la mobilisation du capital. Tout de suite, il nous faut prendre contact avec l'U.R.S.S. Winston dit (et nous l'approuvons) que l'erreur fondamentale du Premier ministre a été son refus de faire confiance à l'Union soviétique. Ribbentrop a toujours dit à Hitler : « Vous n'avez rien à craindre de l'Angleterre jusqu'à ce que vous découvriez qu'elle parle de la Russie comme d'une alliée. Cela signifiera qu'elle est vraiment décidée à entrer en guerre. » Nous décidons, par conséquent, que Winston ira tout d'abord chez Halifax et lui dira de préparer quelques notes avant le discours d'Hitler : « Nous n'avons que jusqu'à 9 heures », dit Winston farouche.

Mon premier aperçu de la guerre de 1938 fut une affiche dans le Strand – « Cité de Westminster : Précau-

---

1. A Berlin, au Sportpalast. Il déclara que le 1er octobre il se serait emparé des territoires sudètes et il couvrit Benès de venimeuses injures.

tions en cas de raids aériens – Notice sur les masques à gaz avec des instructions pour mettre votre masque. » Mon second aperçu fut une équipe d'ouvriers creusant fiévreusement des tranchées dans Green Park.

Dans la soirée, je vais à la Radio. On m'emmène écouter le discours d'Hitler. Il tirait à sa fin. Il crie beaucoup et il y a une vulgarité hystérique dans ce qu'il dit. « Benès et moi », hurle-t-il. Mais ce n'est pas *Benès und Ich* : c'est *Ego contra Mundum*. Je fais ma courte causerie, choisissant l'alternative paix et pas l'alternative guerre [1].

V. S. W. à H. N.   *27 septembre 1938.*

Je n'aime pas du tout l'idée que vous restiez vendredi soir à Londres. Si samedi doit être réellement le *giorno fatale*, les premiers raids sur Londres seront lancés tout de suite après minuit le samedi. Je veux dire à 1 heure du matin, le dimanche.

Dans l'intervalle, nous continuons ici nos préparatifs, comme si la guerre était certaine. On nous a tous équipés avec des masques à gaz, et une tranchée a été creusée dans le pré des veaux. Tout le monde est calme, résolu et joyeux. On entend plus de plaisanteries que jamais, bien que tous réalisent parfaitement ce que cela signifie. En dépit de tous leurs défauts, je respecte les Anglais. Je ne sais si vous avez fait la même expérience que moi dans ces jours désastreux : une sorte de calme étrange, de résignation, une humeur qui varie à peine sauf en de rares moments d'humaine faiblesse. Je me

---

1. H. N. avait écrit deux versions de l'émission de cette nuit-là : une si Hitler dans son discours de Berlin brûlait ses vaisseaux, l'autre s'il embrouillait les questions.

sens presque exaltée et très étrangement j'ai l'impression de faire partie d'un organisme vivant appelé Angleterre et non comme on dit « l'Angleterre » et dont toutes les cellules sont guidées par les mêmes principes et les mêmes idéaux ou si vous voulez : les cordes de chaque individu sont tendues au point de donner la note la plus pure.

JOURNAL   *28 septembre 1938.*

Je retourne aux Communes à 2 h 15 en traversant Trafalgar Square et Whitehall. Les pigeons sont groupés autour des fontaines et il y a un groupe d'enfants qui leur donne des graines. Mon compagnon me dit : « Ces enfants devraient être évacués immédiatement, et les pigeons aussi. » Près des Communes, il y a une foule mêlée, grouillante et des gens mettent des fleurs fraîches au pied du cénotaphe. Cette foule est très silencieuse, anxieuse. Elle pose sur nous un regard de muette interrogation.

Lorsque nous pénétrâmes dans la salle des séances, nos yeux furent attirés par une étrange galette de métal dressée devant le siège du Premier ministre. Nous comprîmes que, pour la première fois de l'histoire des Communes, un discours allait être radiodiffusé [1]. Cela nous emplit d'un mélange d'horreur et de fierté.

Le président commença par l'éloge funèbre des membres disparus et il avait à peine terminé l'obituaire que le Premier ministre parut derrière son siège. Il fut accueilli par les applaudissements délirants de ses

---

1. En fait, il fut seulement retransmis dans un bureau de la Chambre des Lords.

partisans, beaucoup d'entre eux se levèrent et agitèrent leurs notes. Le Labour, les libéraux et certains membres du National Labour [1] demeurèrent assis.

Mr Chamberlain se leva lentement et arrangea les feuilles du texte de son discours sur la boîte placée devant lui. Les Communes gardaient une attente silencieuse. Dans la galerie des Pairs, au-dessus de la pendule, le visage calme de Lord Baldwin contemplait cette arène où si souvent il s'était battu. Mr Chamberlain commença par un résumé chronologique des événements qui avaient conduit à la crise. Il parlait d'une voix calme, mesurée et les Communes l'écoutaient dans un silence de mort. Seuls l'interrompaient les messagers des Communes qui, comme cela se produit toujours, passant le long des bancs, déposaient les télégrammes, les fiches roses d'appels téléphoniques qui ne cessaient d'affluer. Mr Winston Churchill, qui était assis au bout de mon propre rang, reçut tant de télégrammes qu'ils étaient réunis par un élastique. Mr Attlee était assis en face de Mr Chamberlain, ses pieds sur la table semblable à un aimable petit coq bantam. Une première fusée d'applaudissements se produisit quand Mr Chamberlain fit état des grands services rendus par Lord Runciman et en même temps il prit son pince-nez entre son pouce et son index et leva le visage vers la verrière, parlant avec une amicale chaleur. Sa longue expérience parlementaire lui permettait d'abandonner à certains moments ses notes et d'improviser.

La méthode chronologique adoptée accroissait la tension dramatique du moment. Nous savions tous, plus ou moins, ce qui s'était passé en août et dans les premières semaines de septembre et nous attendions sur-

---

1. Y compris H. N. lui-même.

tout de son rapport qu'il nous mît au courant de ce qui était arrivé dans les derniers jours. Il atteignait le moment où il décrivait le quatrième plan du président Benès. La mention de ce plan fut accueillie par de vifs applaudissements et il en parla en termes précis, ayant enlevé son pince-nez et le tenant entre le pouce et l'index : « Le vendredi 23 septembre, un conseil de Cabinet fut tenu... » Les Communes se penchèrent en avant, comprenant qu'il passait de cette partie de l'histoire que nous connaissions à la partie qui n'avait pas encore été divulguée. Il continua à parler de ses négociations avec les Tchèques, avec les Français, à nous expliquer qu'il avait senti qu'il était nécessaire qu'il rendît visite à Herr Hitler « en dernier ressort ». Quand il prononça ces mots « en dernier ressort », il enleva son pince-nez qu'il avait remis et considéra la verrière avec une expression d'espoir farouche. Puis il fit le tableau de sa visite à Berchtesgaden : « Ce fut, dit-il avec une grimace, mon premier vol », et il décrivit toute l'entrevue comme « cette aventure ». Il dit que sa conversation avec Herr Hitler l'avait convaincu que le Führer était prêt, pour le compte des Sudètes, « à courir le risque d'une guerre mondiale ». Tandis qu'il prononçait ces mots, un frisson d'horreur passa sur les Communes.

Il poursuivit : « Je rentrai à Londres le jour suivant. » Les Communes frémissaient d'excitation. Alors il dit pourquoi le plan anglo-français avait été trouvé par Hitler à Godesberg « trop dilatoire » : « Représentez-vous, dit-il, la perplexité dans laquelle je me trouvais. » Cette remarque fit courir un murmure de sympathie sur tous les bancs.

« Hier matin », commença le Premier ministre, et tous nous fûmes conscients que l'heure de la révélation approchait. Il commença par nous rendre compte de son dernier appel à Herr Hitler et au Signor Mussolini. Je jetai un coup d'œil vers la pendule. Il était 4 h 12. Le Premier ministre parlait exactement depuis une heure. Je remarquai qu'une feuille du Foreign Office passait rapidement de main en main au banc gouvernemental. Sir John Simon interrompit le Premier ministre et il y eut un silence momentané. Il ajusta son pince-nez et lut le document qui lui était présenté. Tout son visage, tout son corps, parurent se transformer. Il leva la tête et la lumière tombant du plafond l'éclaira en plein. Soudain, il sembla que toute trace d'anxiété et d'épuisement ait été gommée; il parut de dix ans plus jeune et triomphant. Il dit : « Herr Hitler vient de donner son accord pour ajourner la mobilisation de vingt-quatre heures et pour avoir une entrevue avec moi, le Signor Mussolini et M. Daladier à Munich. »

Je crois que ce fut un des moments les plus dramatiques dont j'aie jamais été témoin. Pendant une seconde, les Communes gardèrent un silence total. Et puis tout entières, elles éclatèrent en un rugissement d'acclamations, car on savait que cela pouvait signifier la paix. Ce fut la fin du discours du Premier ministre et lorsqu'il s'assit, les Communes se levèrent comme un seul homme pour rendre hommage à sa réussite [1].

Je rentre à K. B. W. et dicte à Miss Niggeman le compte rendu ci-dessus qui servira à l'émission de ce soir aussi bien qu'à mon journal. J'éprouve un sentiment d'intense soulagement *physique* puisque je n'ai pas à craindre cette nuit les bombes allemandes. Mais

---

1. Ainsi s'achève le texte lu à la radio. Après la dernière ligne sur la copie H. N. tapa lui-même ces quelques mots supplémentaires : « Je demeurai assis. Liddall (le député conservateur de Lincoln) derrière moi sifflait : "Lève-toi, salaud." »

mon anxiété morale n'est dissipée en aucune façon.
Lorsque cet après-midi, le Premier ministre nous lut le
dernier message, il avait, c'est vrai, un air de satisfaction morale, mais il émanait aussi de lui l'aura du
triomphe personnel. Je crois qu'il s'imagine sérieusement que Mussolini a fait ce geste par pure amitié pour
la famille Chamberlain. Il n'a même pas compris à cette
heure que ce qui a joué fut la mobilisation de la Flotte
et la proclamation de notre alliance avec la France et
l'Union soviétique. Quand tous ses partisans l'entou-
rèrent et le félicitèrent, il montra une grande satisfaction
et surtout un plus grand contentement de soi-même.
Winston arriva : « Je vous félicite pour votre chance.
On peut dire que vous avez de la veine. » Le Premier
ministre n'a pas du tout apprécié.

Je dîne avec Buck De La Warr, Rob Bernays et Sibyl
(Colefax) chez Boulestin. Buck est mort de fatigue. Rob
rentre avec moi. Il dit qu'il a perdu toute confiance dans
le gouvernement et que rien ne la lui rendra. Puis j'ai
été faire mon émission au bénéfice de l'Empire. Je me
couche plus déprimé que jamais.

JOURNAL   *29 septembre 1938.*

Les journaux portent Chamberlain aux nues. Raymond (Mortimer) me téléphone et dit : « N'est-ce pas
horrible ? » Eddy (Sackville West) me téléphone et dit :
« N'est-ce pas l'enfer ? » Margot Oxford me téléphone
et dit : « A présent, Harold, vous devez reconnaître que
c'est un grand homme. » Je réponds : « Pas du tout. –
Vous êtes aussi méchant que Violet (Bonham Carter),
me jette-t-elle au nez. C'est le plus grand Anglais qui
ait jamais existé. »

Déjeuner au Savoy en cabinet particulier avec Winston, Cecil, Lytton, Arthur Salter, Wickham Steed, Walter Layton, Archibald Sinclair, Arthur Henderson, Liddell Hart [1], Norman Angell, Megan Lloyd George, Violet Bonham Carter, etc. Lord Lloyd prend la parole le premier. Il dit que Chamberlain va enfourcher de nouvelles chimères et qu'il nous faut l'arrêter. Puis Archie parle dans le même esprit. Je prends la parole, disant que s'il s'emballe à nouveau, je voterai contre lui. Alors Arthur Salter dit qu'il est décidé à combattre les Allemands, mais que d'abord, il aimerait savoir si nous avons quelque chance de les vaincre. Winston dit qu'il a préparé un télégramme qu'il se propose d'envoyer au Premier ministre pour l'avertir que s'il imposait aux Tchèques des conditions encore plus pénibles, nous nous dresserions contre lui aux Communes. Il veut obtenir la signature d'Eden. Tous nous sommes d'accord pour penser que le gouvernement est moins décidé que le pays et que si Chamberlain recommence à battre la campagne, il n'ira pas loin. Il semble que mon refus d'hier de me lever, quand les Communes tout entières étaient en proie à l'hystérie, a été remarqué. Tout le monde en a entendu parler. Hier j'ai eu honte pour les Communes. On aurait dit la réunion d'une secte dissidente au pays de Galles.

J'avais l'intention de rentrer à Sissinghurst, mais Winston m'a demandé de rester à Londres. A 7 heures du soir, nous nous retrouvons au Savoy. L'idée est que Winston, Cecil, Attlee, Eden, Archie Sinclair et Lloyd

---

1. B. H. Liddell Hart était devenu en 1937 le conseiller personnel du ministre de la Guerre, mais avait abandonné ce poste l'année suivante afin de faire appuyer par l'opinion un mouvement en faveur d'un réarmement immédiat. Il fut le correspondant militaire du *Times* de 1935 à 1939.

envoient en commun un télégramme au Premier ministre le suppliant de ne pas trahir les Tchèques. Tout
l'après-midi, nous y avons travaillé. Mais Anthony
Eden a refusé sa signature, sous le prétexte qu'on pourrait considérer qu'il s'agissait d'une vendetta contre
Chamberlain. Attlee a refusé de signer sans l'approbation de son parti. Maintenant il n'est plus temps. Tristement nous nous asseyons, comprenant qu'il n'y a rien
à faire. Winston lui-même semble avoir perdu son
humeur combative. Après quoi j'ai été au Brook's voir
le téléscripteur. Pour autant qu'on puisse le prévoir,
Hitler obtient tout ce qu'il veut.

JOURNAL   *30 septembre 1938.*

Les nouvelles, quand elles arrivent, sont vagues. Encore ce grand enthousiasme pour Chamberlain, mais
une note d'incertitude commence à se faire jour. Je vais
à une réunion chez Spears, emportant une lettre que
Norman Angell [1] a rédigée et qui est donnée à la presse
avec la signature de Cecil, Lloyd et des autres. Je suis
censé obtenir d'autres signatures. Les tories sont d'accord avec les termes de cette lettre, mais craignent que
cela ne leur nuise dans leurs circonscriptions. Je téléphone leur décision à Angell, devant eux et de façon
très détaillée. J'espère qu'ils ont eu honte.

Ensuite, je rentre à K. B. W. où je trouve James
Pope-Hennessy. Je suis heureux de le voir, car les politiciens l'écœurent comme moi et il est au-dessus de
cela. Plus je vieillis, plus j'aime les jeunes. Ils sont la
seule source de sagesse. James, avec son tact habituel,

---

1. Auteur de *la Grande Illusion* et prix Nobel de la Paix en 1933.

voit que je suis à bout de nerfs, et me calme. J'appelle
Buck De La Warr. Il dit que les choses ne vont pas
aussi mal que je le crois. J'interroge : « Pourquoi pas
tout à fait aussi mal ? » Il me dit de venir voir Vansittart. C'est pourquoi à 11 h 30 du soir j'arrive à St.
James. Dieu, que je suis fatigué.

Van dit ceci : le passé est le passé. C'est un passé
terrible, mais nous devons l'oublier. Le prochain pays
qui peut être rayé de la carte est l'Angleterre. Si nous
commençons à récriminer nous créerons des fissures.
Ce que nous devons faire est de nous unir contre le
danger à venir. Si je hue Chamberlain pour sa stupidité
crasse, cela signifiera seulement que Chamberlain ne
me prendra pas dans le gouvernement de Reconstruction qui est maintenant inévitable. Je lui dis : « Mais,
dans aucun cas, je ne travaillerai avec Chamberlain. » Il
réplique : « Mais c'est votre devoir de servir. » C'est
très noble de la part de Van qui a été plus maltraité par
Chamberlain qu'aucun autre. Vraiment, je l'admire.
Mais demain j'attaque le Vieux.

JOURNAL   *1ᵉʳ octobre 1938.*

Nos noces d'argent. Je ne fais rien à cette occasion,
puisque Viti n'aime pas les fêtes domestiques. En mon
nom, je fais une petite prière de remerciements à Démé-
ter qui, je crois, est la personne la plus indiquée. Les
garçons ne sont pas du tout au courant de cet événement. Comme j'ai été heureux durant ces vingt-cinq
ans !

Je vais à Manchester par le train du matin. Je dois
prendre la parole à un déjeuner du groupe local du
National Labour.

Il y a quelques applaudissement étouffés, car ils comprennent que j'ai fait un effort pour venir. Mais je les ai affreusement déçus. Tous, contre tout espoir, avaient espéré que le Premier ministre avait raison. Plus d'un est venu me dire : « Vous avez su trouver des mots pour décrire le sentiment que nous avons eu ce matin au réveil et qu'aussitôt nous avons réprimé. »

Jusqu'à la fin de l'année, rien ne se produisit qui vint troubler la satisfaction des munichois à tous crins. Ceux qui s'étaient opposés à l'accord remarquèrent que chaque fois qu'un différend s'élevait dans son application pour la délimitation des nouvelles frontières de la Tchécoslovaquie, il était toujours tranché en faveur de l'Allemagne. Les empiétements des Polonais et des Hongrois sur les autres frontières ne soulevèrent aucune protestation des gouvernements occidentaux. La persécution des Juifs en Allemagne et dans les territoires nouvellement occupés provoqua de l'inquiétude en Grande-Bretagne, mais non de la colère. La majorité de ses concitoyens considéraient encore Chamberlain comme le forgeron de la paix.

Dans de telles circonstances, il était difficile pour un homme tel qu'Harold Nicolson de savoir ce qu'il devait au gouvernement qu'il était tenu, de par son élection, à soutenir, mais aussi par rapport à son propre parti, le National Labour, et à ses deux chefs, Malcolm MacDonald et Lord De La Warr. Il pensa vraiment à démissionner et à se présenter à ses électeurs lors d'une élection partielle sous une nouvelle étiquette. Au lieu de cela, il rallia ouvertement un groupe d'une trentaine de mem-

bres sous la conduite officielle d'Anthony Eden. C'était un groupe de grognards, non un groupe d'opposition, et ils se considéraient comme séparés du groupe plus petit réuni autour de Winston Churchill, que beaucoup d'entre eux (comme il l'écrivait le 9 novembre à V. Sackville West) jugeaient « plus amer que décidé et plus en faveur de la bataille que de la réforme ».

Dans sa vie professionnelle, Harold Nicolson accepta du rédacteur en chef du Spectator *la proposition d'écrire un article hebdomadaire, qu'il continua à rédiger durant les quatorze années suivantes sous le titre « Commentaire en marge ». Il fit aussi une chose curieuse : il acheta un petit yacht d'un tirant d'eau de neuf pieds. Il emprunta le prix d'achat, deux mille livres, à V. Sackville West, engagea un capitaine nommé De 'Ath et un matelot, et l'appela* Mar. *Le yacht resta à Southampton jusqu'au printemps, et il navigua durant le seul été qui séparait de la guerre.*

H. N. à V. S. W.   *9 novembre 1938.*
4, King's Bench Walk – EC4.

J'ai été à une réunion ultra-secrète avec Anthony Eden. Présents : Eden, Amery, Cranborne, Sidney Herbert, Cartland, Harold Macmillan, Spears, Derrick Gunston, Emrys Evans, Anthony Crossley, Hubert Duggan. Tous purs tories et hommes de bon sens. Ce groupe est distinct de celui de Churchill. Il comprend aussi Duff Cooper. Nous décidons que nous ne nous présenterons pas comme un groupe et que nous ne nous intitulerons même pas groupe. Simplement, nous nous réunirons de temps à autre, échangerons nos points de vue, et nous fomenterons une révolte si nécessaire.

Cette formule me plaît davantage. Eden et Amery sont des gens avisés, et Sidney Herbert a beaucoup d'expérience. Evidemment, ils ne veulent rien faire d'inconsidéré ou de violent. En même temps, ils sont profondément troublés par le fait que Chamberlain ne semble pas comprendre la gravité de la situation. A moins de nous reprendre et de faire décréter le service obligatoire dans les mois qui vont suivre, il sera trop tard. C'est un soulagement pour moi de me trouver avec des gens qui partagent aussi pleinement mes idées et pourtant qui ne donnent pas (comme Winston) l'impression d'être plus amers que décidés et beaucoup plus pour la bataille que pour la réforme. Je serai heureux et à mon aise dans ce groupe.

V. S. W. à H. N.   *14 novembre 1938.*
                                              Sissinghurst.

Je sais que vous ne me pardonnerez jamais, mais je *ne peux* aller à cette réception [1]. J'ai écrit chez Jay's et découvert qu'une robe du soir coûterait au moins trente livres et les accessoires (chaussures, lingerie, gants, etc.) encore dix livres. Eh bien, il me paraît immoral de gaspiller pour un soir tant d'argent en parure. Ce fut idiot de ma part de dire que j'irais. Gwen (Saint-Aubyn) dit que ce serait mal si je me dégonflais et que je dois y aller. Mais je suis trop timide. Et si j'allais à cette réception, je me tromperais moi-même. Je vous écris cette lettre avec mes bijoux éparpillés autour de moi – émeraudes et diamants, qui sortent à peine de la banque

---

1. Un dîner à Buckingham Palace le 16 novembre, donné en l'honneur du roi de Roumanie.

– et ils me rendent malade. Je ne peux simplement pas donner mon approbation plus longtemps à l'univers que ces bijoux représentent. Je *ne peux* acheter une robe de trente livres ou porter deux mille livres de bijoux quand des gens meurent de faim. Je *ne peux* supporter une pareille comédie quand des gens sont menacés, de voir leur électricité ou leur gaz coupés parce qu'ils ne peuvent payer leurs notes.

H. N. à V. S. W.   *15 novembre 1938.*
                                   4, King's Bench Walk – EC4.

Que je vous aime, Mar [1]. Je suis heureux que vous ne veniez pas. Comme toujours vous avez raison. C'est mal de dépenser tout cet argent simplement pour aller à une réception. Cette sorte de monde aujourd'hui est mort. Comment un être doué de votre sensibilité et de votre imagination pourrait-il se parer de vêtements coûteux quand il y a des hommes et des femmes juifs cultivés cachés comme des renards dans le Grünewald ? Mon Dieu ! Je vous admire tant, ma Viti ! Vos valeurs sont si saines. Elles sonnent comme des cloches et je suis bien certain que si je frappe cette cloche, une note parfaitement juste me reviendra en écho. Je n'oublierai jamais ce que vous avez été pour moi durant la crise [2]. Vous avez été intellectuellement parfaite durant ces jours. Je n'aurais pu les supporter si vous n'aviez pas été là comme un être parfaitement désintéressé, droit, au-dessus de toutes craintes et querelles mesquines.

---

1. Voir page 158.
2. La crise de Munich.

JOURNAL   *23 novembre 1938.*

Dans l'air il y a le sentiment général que le gouvernement Chamberlain chancelle sur ses bases. Dans la
tempête le pauvre Vieux est parti pour la France discuter de la politique franco-britannique.

JOURNAL   *22 décembre 1938.*

A midi, je vais chez Jim Thomas pour y rencontrer
Anthony Eden de retour des Etats-Unis. Il dit que la
méfiance suscitée par la politique de Chamberlain s'est
accentuée et exagérée. Des gens tout à fait raisonnables
s'imaginent qu'il est entre les mains de la bande de
Cliveden et que c'est un pur fasciste.

JOURNAL   *29 décembre 1938.*

Je lis *Childe Harold* et avec beaucoup plus de plaisir
qu'autrefois. Je me sens plus heureux après cette lecture, j'ai été si déprimé ces semaines passées ! Une
anxiété sombre a plané sur mon travail quotidien. Je me
demande quelle est la vraie nature de cette anxiété ?
Est-ce la crainte de la guerre et la terreur de me voir
arracher Ben et Nigel ? Est-ce l'horreur de la violence et
un refus d'accepter la pensée de familles entières ensevelies dans Bermondsey ? Est-ce la haine à la pensée
que ces diaboliques théories de *Mein Kampf*, cette
violence vulgaire puissent triompher de cette délicate
civilisation que les Français et nous avons su faire

naître ? Ou mon désespoir tient-il à ce que je n'ai aucun pouvoir et si peu d'influence ? Est-ce mon manque d'esprit combatif qui me fait simplement écrire des commentaires sur la conduite de l'Etat sans que je sois capable de l'influencer ou de m'en emparer ? Ou cela vient-il seulement du fait que Sissinghurst n'est pas fait pour l'hiver, que je suis surmené et qu'au fond de moi je sais que je ne serai jamais un grand écrivain ou un homme politique d'envergure ? Ou plus simplement, n'est-ce que la simple dépression physique due au fait de n'être pas jeune, de devenir un vieux bonhomme asthmatique ?

Je me demande, parfois, si mon activité, ma passion jamais démentie du travail ne constituent tout bonnement une manière d'éviter de penser. Tel est le sort d'un être frivole, complaisant envers soi-même, qui atteint l'automne de sa vie et s'aperçoit avec quelle insouciance il a jeté son grain.

JOURNAL   *31 décembre 1938.*

Ce fut une mauvaise année. Chamberlain a détruit l'équilibre des pouvoirs et Niggs n'a obtenu qu'une mention passable. Une année odieuse. La prochaine sera pire !

1939

L'ANNÉE DU DESTIN [1]

« Diplomatie » – Hitler envahit la Tchécoslovaquie –
« Guerre inévitable après la moisson » – Churchill et les
Russes – Grigore Gafenco – Réponse de Churchill à
l'ambassadeur Kennedy – H. G. Wells et la faillite de
l'« homo sapiens » – Réputation déclinante de Chamberlain – H. N. apprend à Plymouth la signature du pacte
germano-soviétique – Réunion d'urgence du Parlement
– La réputation d'Hitler – Préparatifs de guerre – Le
1er septembre Hitler envahit la Pologne – Retard à honorer les engagements de l'Angleterre à venir en aide à la
Pologne – Déclaration de guerre par Chamberlain –
Première alerte aérienne.

---

1. Ce titre fut dactylographié le 1er janvier sur la page de garde du
journal de 1939.

La politique internationale continua à être le sujet principal tout à la fois du journal et des lettres durant l'hiver et le début du printemps. Harold Nicolson fut extrêmement occupé, parlant un peu partout dans le pays, et aussi en Hollande, en Belgique, lisant les livres dont il devait rendre compte, écrivant son article hebdomadaire pour le Spectator *durant ses voyages en chemin de fer et à ses moments de loisirs aux Communes.* Diplomatie *parut le 9 février. C'est seulement pendant les week-ends, et pas toujours, qu'il réussit à aller à Sissinghurst. Pour une fois V. Sackville West n'avait aucun livre en train, mais écrivait des articles sur le jardinage pour le* New Statesman *et faisait de fréquentes causeries à la radio. Ben fut nommé assistant conservateur des Peintures royales grâce à la recommandation de Kenneth Clark et Nigel travaillait à Newcastle au Service social du Tyneside Council.*

Ce fut durant ces mois que Neville Chamberlain lentement et à regret abandonna sa politique d'apaisement. En janvier sa visite à Rome en compagnie de Lord Halifax fut presque son dernier espoir de séparer Mussolini d'Hitler et il échoua. Un moment, il parut dans ses déclarations au Parlement qu'il était enfin décidé à pratiquer une politique plus ferme (la déclaration du 7 février sur la solidarité anglo-française, qui parut si significative à l'époque, mais laissa si peu de traces dans l'Histoire), puis il détruisait leur effet en retombant dans un optimisme bêlant. Le groupe Eden resta sur le qui-vive, prêt à soutenir le Premier ministre lorsqu'il redressait l'échine, mais ne dissimulant plus son intention de contribuer à former un véritable gouvernement national. L'initiative diplomatique et stratégique était entièrement tombée entre les mains des dictateurs. Tout discours au Parlement, lorsqu'il ne s'agissait pas d'une détente avec l'Allemagne et l'Italie, avait pour thème : « Où tombera le prochain coup ? » Il y avait la peur d'une agression allemande contre la Roumanie, la Hollande, la Pologne ; d'une agression italienne contre l'Egypte, la Tunisie et le Soudan. En fait, au mois de mars Hitler occupa la Tchécoslovaquie et Memel et au début d'avril Mussolini attaqua l'Albanie.

La nouvelle crise tchèque découlait directement des accords de Munich, par lesquels la Tchécoslovaquie avait perdu ses frontières défensives contre l'Allemagne. Hitler, maintenant, pouvait à tout moment envahir la Bohême et la Moravie, dont il avait promis à Munich de garantir les frontières, garantie qui n'avait jamais été ratifiée. Il machina une occasion favorable en poussant les Slovaques, moitié par des promesses, moitié par des menaces, à se séparer le 14 mars de la Tchécoslovaquie et en même temps il échafauda un faux tableau des atrocités tchèques contre les ressortissants allemands. Le 15 mars Hacha, président de la Tchécoslovaquie, fut acculé à la capitulation par la menace d'une invasion immédiate et dans la soirée Hitler entra à Prague. En même temps la Slovaquie tombait « sous la bienveillante protection » de l'Allemagne et les Hongrois recevaient la Ruthénie. Au soir du 16 mars la Tchécoslovaquie avait cessé d'exister.

Il n'y eut, ni à Londres ni à Paris, de réaction immédiate. Chamberlain déclara que notre garantie à la Tchécoslovaquie ne pouvait plus jouer par suite de la sécession de la Slovaquie. Il dit aux Communes : « L'effet de cette décision de la Diète slovaque met fin par une rupture d'ordre intérieur à l'Etat dont nous avions promis de garantir les frontières. Le gouvernement de Sa Majesté ne peut se considérer plus longtemps lié par cette obligation. » Il n'ajouta pas un seul mot de reproche à l'acte d'Hitler, ni de sympathie pour les Tchèques.

Cette réponse cynique à une agression directe par l'Allemagne contre une nation non allemande souleva tant de rage au Parlement que Chamberlain pressé par Halifax se sentit obligé de dire quelque chose de plus fort. Le 17 mars à Birmingham il posait cette question : « Est-ce la dernière attaque dirigée contre un petit Etat ou sera-t-elle suivie d'autres attaques ?... On ne commettrait pas de plus grande erreur de supposer que parce qu'elle tient la guerre pour chose insensée et cruelle cette nation a perdu son courage au point de ne plus pouvoir rassembler ses forces pour résister à une semblable provocation si jamais elle doit venir... » Le 31 mars, seize jours après qu'Hitler fut entré à Prague, il annonçait au Parlement que si la Pologne était attaquée « le gouvernement de Sa Majesté se sentirait obligé immédiatement d'apporter au gouvernement polonais toute l'aide en son pouvoir ». La France s'associa à cette ferme déclaration. Ainsi prenait virtuellement fin la politique d'apaisement et venait le triste triomphe de tous ceux qui comme Harold Nicolson avaient souffert d'impopularité et d'incompréhension à cause de leur conviction que la guerre contre les dictateurs était inévitable et que nous devions nous

*préparer militairement, politiquement et diplomatique-
ment à la gagner quand elle éclaterait.*

JOURNAL   *17 janvier 1939.*

Nouvelles inquiétantes. Les Allemands ont accentué
leur *Drang nach Osten*, vers la Roumanie en passant
par la Hongrie. L'armée républicaine irlandaise commence à reprendre les méthodes des Fenian en sabotant
les centrales électriques. Les Italiens, tout à coup, en-
treprennent une campagne de revendications sur Djibouti. Et Franco avance vers Barcelone. La moisson de
notre faiblesse s'entasse à nos portes.

Je me rabats sur mon Byron et y travaille toute la
journée. Dans l'après-midi, je fais une promenade sous
la pluie. L'inondation a emporté une grande partie du
remblai entre le lac supérieur et le lac inférieur. Même
là, on découvre des signes évidents de désintégration.

Mais la tragédie européenne paraît se rapprocher de
nous en cercles de plus en plus étroits. Le cher petit
Giles [1] nous tient des discours sur Sir Humphrey Davis,
pour lequel il a une passion. Son visage sensible, nerveux et son intelligence me rendent encore plus malheureux. Que trouvera ce délicieux garçon à créer dans
ce monde qui sera le sien lorsqu'il aura atteint l'âge
adulte ? Pour moi, cela n'a pas d'importance. Je peux
tout aussi bien mourir. Mais lui et Niggs et Ben ont à
vivre et toutes les douceurs de la vie auront disparu.
Toute la sincérité, toute la franchise, toutes les facilités
de la vie auront disparu. Ils ne connaîtront jamais la

---

1. Giles Saint-Aubyn, le neveu de H. N., qui avait quatorze ans. Plus
tard, il fut préfet des études à Eton et écrivit plusieurs livres d'histoire.

douceur de vivre ! Du sein de ces événements une sorte de sagesse paraît naître qui les protège contre les traumatismes les plus violents. Ils sont nés avec le mépris du luxe et de l'indolence qui pour nous étaient si importants. Beaucoup de ce qu'ils perdront ne leur paraîtra pas une perte, puisque jamais ils ne l'avaient considéré comme acquis. Mais d'autres pertes leur briseront le cœur. La perte de nos valeurs, qu'ils savaient être des valeurs essentielles. Par exemple Stafford Cripps, ces jours-ci, a combattu pour l'essence même du socialisme. Il est, et de loin, aujourd'hui l'homme politique le plus capable. Et pourtant il est mis en échec par l'opposition bête, sectaire et vaine du quartier général travailliste. Même la révolution s'embourgeoise. J'ai horreur de tout cela. J'en ai horreur.

JOURNAL *20 janvier 1939.*

Je déjeune avec Buck De La Warr. Comme à son habitude il est discret, mais il paraît avoir été assez troublé par l'humeur de Chamberlain, à son retour de Rome. Chamberlain au conseil de Cabinet a tenu des discours sur l'amitié non seulement de Mussolini, mais aussi de la comtesse Ciano. Buck a fait passer une note à Walter Elliot, disant : « Il ne connaît rien au caractère étranger. » Walter griffonna au-dessous : « César Borgia était un charmeur et, quoique j'aie mes doutes sur Lucrèce, j'ai découvert plus tard que je n'avais pas su la comprendre. (Extraits des Mémoires posthumes d'un cardinal romain.) » Buck dit qu'il n'y a aucun espoir de modifier la politique étrangère de Chamberlain. Tout ce que nous devons faire c'est veiller au réarmement et à la défense passive.

H. N. à V. S. W.   *7 février 1939.*
                                   4, Kings Bench Walk – EC4.

Vraiment Chamberlain est un stupéfiant et déroutant
vieillard. Cet après-midi, comme vous l'aurez sans
doute appris, il a fait sauter en l'air les Communes et le
monde en proclamant quelque chose comme une alliance offensive et défensive entre nous et la France. Or
c'est précisément ce que nous autres tant que nous
sommes avons appelé, ce pour quoi nous avons travaillé, écrit et parlé depuis des mois. Et le vieux type
arrive et agit comme si c'était la chose la plus simple du
monde. Les Communes furent complètement ébahies.
Le fait était là en toutes lettres. Ce fut superbe. Depuis
des mois je ne m'étais senti plus heureux. Mais c'était
la négation totale de sa « politique d'apaisement » et de
la visite à Rome. Il avait complètement tourné casaque.
Qu'est-ce que cela signifie ? A mon avis cela veut simplement dire qu'il réalise que l'apaisement a échoué.
C'est à ce stade que son poids sur le terrain diplomatique se fait sentir. Aucun Allemand, aucun Italien ne
croira jamais une propagande lui racontant que Chamberlain est un « foudre de guerre ». Je suis très satisfait
que nous nous soyons tenus cois cette fois-ci et que
nous ayons laissé les faits parler d'eux-mêmes. Pourtant
j'ai encore un doute affreux que (étant donné son ignorance abyssale de la politique étrangère) il n'ait pas
compris ce que signifiait sa déclaration.

JOURNAL   *9 février 1939.*

Déjeuner à l'ambassade soviétique. Une étrange réunion. Bob Boothby, Dick Law, Vernon Bartlett et J. B. Priestley. Nous commençons assez gênés à parler nourriture. Puis, la vodka aidant, nous approchons du terrain moins sûr de la politique. Maiski nous demande, faisant le tour de la table de ses petits yeux clignotants de Kalmouk : « Que va-t-il se produire maintenant ? » Tous, nous espérons qu'un autre répondra. Je suggère gaiement que le moment approche peut-être où l'U.R.S.S. sera obligée de se joindre au pacte anti-Komintern. Maiski dit qu'évidemment l'U.R.S.S. a été ulcérée par Munich et que nous ne pouvons espérer des avances de sa part. Mais (et alors il devient sérieux), si *nous* nous faisons des avances, nous ne trouverons pas l'U.R.S.S. aussi à l'écart et aussi offensée que nous pourrions le supposer. Bob Boothby et moi échangeons un regard comme on échange une balle de tennis. Tous, nous concédons que nous ne savons pas ce que l'Axe va faire. Maiski dit qu'il est convaincu que Berlin a monté de toutes pièces l'histoire du *Drang nach Osten* dans le but de détourner notre attention d'une marche imminente vers l'ouest.

JOURNAL   *13 mars 1939.*

La situation en Tchécoslovaquie trouble beaucoup de monde. Poussés par l'Allemagne, les Slovaques ont demandé leur autonomie. Le gouvernement de Prague devra évidemment céder. Pour nous la difficulté vient

de ce que beaucoup de gens croyaient que Munich
signifiait le règlement du problème tchèque. Aux Communes, Inskip a dit que notre caution à la Tchécoslovaquie était « une obligation morale ». Nous ne pouvons
remplir cette obligation, donc nous trahissons notre
immoralité. Aux Communes on est inquiet. Ceux
d'entre nous qui savaient que Munich signifiait trahison
ne sont pas plus troublés par cette découverte que si l'on
nous disait qu'une pneumonie a fait monter le thermomè-
tre à 40 °. Les optimistes sont en plein désarroi.

JOURNAL   *14 mars 1939.*

L'état d'esprit des Communes à propos du démembrement de la Tchécoslovaquie est affreux. Je reste
calme. Je dis que cela ne fait que rendre claire une
situation qui était implicite depuis Munich. Mais la
plupart des gens avaient cru réellement que Munich
réglait la question tchèque et ils sont profondément
troublés. Par exemple Charles Waterhouse (qui d'habitude est amical) s'est levé et est parti lorsque, sans y
prendre garde, je m'assis auprès de lui dans le fumoir.
L'ignorance du tory moyen en ce qui concerne la politique étrangère est aussi terrifiante que l'idée d'un garçon
d'écurie mis soudain au volant d'une Rolls-Royce.

JOURNAL   *15 mars 1939.*

Je travaille à mes conférences sur Byron. A ce moment Frederick Voigt téléphone disant qu'Hitler a
occupé Prague. Je vais chez Mark Patrick pour une
réunion du groupe. Eden dit qu'il va prendre la parole

aujourd'hui, mais que dira-t-il ? Tous nous sommes d'accord qu'il y a une chose à ne pas faire : pousser les hauts cris. Il faut soutenir le gouvernement. Anthony prendra la parole, puis quelques personnages sans importance. Nous autres, nous ne dirons rien.

Le *Manchester Guardian* publie aujourd'hui un éditorial sur « *Le don de prophétie* ». On cite mon discours sur Munich.

JOURNAL *17 mars 1939.*

Dans les couloirs on pense que Chamberlain doit ou s'en aller ou changer complètement sa politique. A moins que dans son discours de ce soir [1] il ne reconnaisse qu'il s'est trompé, tous estiment que sa démission est la seule issue. Tous les têtards sont en train de nager vers l'autre camp et nous nous trouvons dans la situation imprévue d'être les loyaux supporters de Mr Chamberlain. La difficulté est qu'il ne peut se faire le champion du service militaire obligatoire sans s'appuyer sur un gouvernement de coalition. L'Opposition se refuse absolument à travailler sous ses ordres. On pense qu'Halifax devrait devenir Premier ministre et Eden chef des Communes.

JOURNAL *19 mars 1939.*

Dans la soirée Buck De La Warr me téléphone. Il dit que le discours du Premier ministre ne fait état que de la moitié de ce qu'il se propose d'entreprendre et qu'il

---

1. A Birmingham. Voir page 167.

est absolument décidé à se dresser contre Hitler. Nous allons prendre contact avec l'U.R.S.S. et les petits pays et tenterons résolument de créer une coalition.

JOURNAL   *20 mars 1939.*

J'ai l'impression que la guerre ne sera pas pour tout de suite (surtout à cause des semailles de printemps) mais est inévitable après la moisson.

JOURNAL   *31 mars 1939.*

Chamberlain paraît aux Communes, il est émacié et il a l'air malade. Sous ses hautes pommettes, la peau est parcheminée. Il se laisse tomber à sa place avec lassitude. David Margesson propose l'ajournement et le Premier ministre se lève. Il commence par déclarer que nous croyons en la négociation et ne nous fions pas aux rumeurs. Puis il arrive au point crucial de sa déclaration à savoir que, si la Pologne est attaquée, nous déclarerons la guerre. On accueille cette déclaration par des applaudissements venus de tous côtés. Il lit son discours très lentement, sa tête grise penchée. C'est très impressionnant.

JOURNAL   *3 avril 1939.*

Les Communes se séparent à 10 h 50 du soir, je suis accroché par Winston et conduit dans le fumoir du bas avec Maiski et Lloyd George. Winston ne perd pas son temps : « Ecoutez, monsieur l'ambassadeur, si nous devons mener à bien cette nouvelle politique, il nous faut l'aide de l'U.R.S.S. Personnellement votre système ne me dit rien et ne m'a jamais rien dit, mais les Polonais et les Roumains ne l'aiment pas davantage. Bien sûr, en cas de coup dur, ils vous laisseraient entrer, mais il leur faudrait quelques assurances de vous voir tourner les talons. Pouvez-vous nous donner ces assurances ? » Lloyd George, je le crains, n'est pas vraiment en faveur de la nouvelle politique et il pousse Maiski à faire état des déficiences de l'armée polonaise. A l'en croire la plupart de leurs canons sont des canons de l'armée russe d'avant la Révolution. Maiski répond que les Polonais sont d'excellents soldats et que les officiers sont bien entraînés. Winston fait quelques objections et attaque Lloyd George : « Vous ne devez pas parler ainsi mon cher. Vous êtes en train de mettre des bâtons dans les roues de l'Histoire. »

JOURNAL   *9 avril 1939.*

Dans l'après-midi Viti et moi plantons les fleurs annuelles. Nous les semons dans le jardin du cottage, le long des bordures et dans le verger. Puis nous ratissons. Et tandis que nous passons le râteau, tous deux nous nous demandons : « Que sera-t-il arrivé au monde lorsque ces graines auront germé ? » Il fait chaud, tout est paisible. Nous aurions été si heureux n'eussent été ces pensées qui nous déchirent le cœur, comme si là-haut dans la chambre un être cher était en train de mourir. Si la guerre éclate, pouvons-nous la perdre ? Et si nous devons la perdre, ne serait-il pas préférable de nous rendre tout de suite ? Nous ne pensons ni à l'argent, ni aux privilèges, ni aux plaisirs. Nous pensons seulement à cette immense souffrance éprouvée en vain, apparemment inévitable. Et tout cela par la faute de l'ambition insensée d'un fanatique et des théories démentielles qu'il a imposées à son peuple.

Le tour de la Pologne était venu. Dès octobre 1938, une semaine après Munich, Hitler avait commencé à faire pression sur un gouvernement polonais faible et jusque-là pro-nazi, pour obtenir le retour de Dantzig (port allemand, ville hanséatique, qui par le traité de Versailles était devenu ville libre) et pour que les Polonais donnent leur accord à la construction d'une route et d'un chemin de fer extraterritoriaux entre l'Allemagne et la Prusse orientale à travers le corridor polonais. Le colonel Beck, ministre polonais des Affaires étrangères, avait prévenu Hitler que toute atteinte au statut de Dantzig serait considérée par la Pologne comme un casus belli. Le 6 avril la caution franco-britannique d'aide à la Pologne contre une attaque allemande fut transformée en un pacte d'assistance mutuelle, que Beck signa à Londres. Le jour suivant, Mussolini envahit l'Albanie, et l'Angleterre et la France ripostèrent en accordant des garanties équivalentes à la Grèce et à la Roumanie. A ce raidissement de l'attitude des pays de l'Ouest, Hitler répondit le 28 avril par un discours dénonçant le traité naval anglo-allemand de 1935 et le pacte de non-agression germano-polonais de 1934. Dans le même mois, il donna l'instruction ultra-secrète à la Reichswehr d'être prête à attaquer la Pologne, à tout moment dès le 1er septembre. Le 26 avril aux Communes Chamberlain décréta le service militaire obligatoire. Environ

310 000 jeunes gens furent appelés, mais l'Opposition du Labour et des libéraux vota contre.

Alors le principal but d'Hitler fut de détacher l'U.R.S.S. des pays de l'Ouest, car il savait que pour conquérir la Pologne il lui fallait obtenir de la Russie au moins un accord de non-intervention. Il avait senti l'irritation sans cesse grandissante de Staline devant la tiédeur des réponses françaises et anglaises à ses propositions réitérées de stopper l'avance d'Hitler en Europe orientale par le moyen d'une ferme garantie anglo-franco-soviétique à la Pologne, à la Roumanie, à la Finlande et aux Pays baltes. Mis à part l'antipathie personnelle de Chamberlain pour une alliance militaire avec la Russie, la difficulté venait de ce que les Etats dont l'U.R.S.S. parlait craignaient beaucoup plus d'être sauvés par la Russie qu'ils ne craignaient d'être envahis par l'Allemagne et qu'ils refusaient d'accepter la garantie soviétique. Le moment crucial se place le 3 mai, lorsque Litvinov, ami de l'Ouest, fut soudainement remplacé au ministère des Affaires étrangères par Molotov, qui aussitôt entreprit des pourparlers avec l'Allemagne accompagnés de sous-entendus politiques significatifs. Durant tout le mois de juin et le mois de juillet, les pourparlers germano-soviétiques se poursuivirent, tandis que les négociations avec l'Angleterre, dirigées à Moscou par William Strang, faisaient long feu tant on était peu convaincu à Londres que seule une alliance avec l'U.R.S.S. pourrait empêcher Hitler de déclarer la guerre à l'automne. Pendant ce temps des armes allemandes étaient introduites en fraude dans la ville de Dantzig et les habitants pro-nazis furent facilement convaincus qu'il leur fallait créer une atmosphère de crise dans la cité. Ainsi était trouvé le prétexte d'Hitler pour intervenir. Comme Ribbentrop le confia à

Ciano, ce n'était pas Dantzig, ni le corridor qu'Hitler voulait, mais la Pologne tout entière. Il avait l'intention d'ouvrir les hostilités qu'il considérait comme inévitables, au moment où il pensait que l'Allemagne avait les plus grandes chances de gagner.

Harold Nicolson ne perdait pas un instant, écrivant des articles, prenant la parole tant au-dehors qu'au sein du Parlement. Les thèmes principaux étaient la nécessité d'une alliance avec l'U.R.S.S. et le renforcement du Cabinet britannique par la nomination de Churchill et d'Eden.

JOURNAL   *11 avril 1939.*

Harold Macmillan est ivre de rage : Chamberlain reste. Il estime que nous, les partisans d'Eden, avons été trop doux et trop gentlemen. Que nous aurions dû pousser des hurlements pour chasser Chamberlain. Qu'aucun homme dans l'Histoire ne s'est trompé avec une pareille persistance, un tel entêtement, et que nous sommes là, prétendant que tout va bien. « Si Chamberlain dit que le noir est blanc, les tories applaudissent son esprit. Si la semaine suivante, il déclare qu'après tout le noir est noir, ils applaudissent son réalisme. Jamais on n'a tant rampé. » « Que Chamberlain s'en aille », est le mot qui court dans tout le pays.

Il y a aussi la théorie que les pacifistes (Simon, Hoare et Horace Wilson) ont repris leur influence et que Chamberlain est prêt à fermer les yeux sur le viol de l'Albanie et à conclure un nouveau pacte méditerranéen avec Mussolini, par lequel nous nous engagerions à ne pas nous allier à la Grèce et à la Turquie, tandis qu'en contrepartie Mussolini s'engagerait à retirer ses troupes d'Espagne et de Libye. Je ne crois pas qu'Halifax acceptera quelque chose d'aussi insensé, et si Halifax démissionne, le gouvernement tombera.

H. N. à V. S. W.   *20 avril 1939.*
                                        4, King's Bench Walk – EC4.

Il y a une sorte de temps mort dans la crise et cela me met mal à l'aise. C'est une des pires choses de cette tension. Si Hitler ne fait rien, nous sommes en alerte, et quand il fait quelque chose nous avons peur.

JOURNAL   *20 avril 1939.*

Déjeuner avec Sibyl Colefax. Duff Cooper parle très violemment du Premier ministre et dit que nous pourrissons lentement par la tête. Lui, il voit que la seconde guerre avec l'Allemagne a commencé en juillet 1936, le jour où les Allemands sont intervenus en Espagne. Aujourd'hui nous voyons, dans le détroit de Gibraltar, des concentrations de forces ennemies que, puisque nous sommes en temps de paix, nous ne pouvons pas disperser. Les Allemands, si nous menacions de pareille manière le canal de Kiel, ne se contenteraient pas de s'asseoir et de nous regarder préparer leur perte. Les classes possédantes de notre pays, par leur soutien insensé à Franco, nous ont mis dans une position très dangereuse.

JOURNAL   *23 avril 1939.*

Je dîne à la Légation de Roumanie où je rencontre Gafenco [1] qui vient juste de rentrer de Bruxelles. C'est un grand dîner d'hommes, comprenant quelques membres peu importants du Cabinet, tels Shakes Morrison et Burgin, et une kyrielle de diplomates assez minables et de fonctionnaires. Après le dîner, j'ai un entretien avec Gafenco. Son voyage à Berlin l'a passionné. Il dit qu'Hitler a été parfaitement correct et n'a pas du tout essayé de le brimer. Au début, il a parlé avec un calme parfait, mais lorsqu'il en arriva à l'idéologie, il commença à hurler. Le reste de l'entretien s'était passé à injurier notre pays. Il s'était plaint que pas un seul homme d'Etat anglais n'avait suffisamment de grandeur et d'ouverture d'esprit pour s'entendre avec lui afin de se partager le monde. Il n'avait aucun désir de s'emparer de l'Empire britannique. Tout ce qu'il voulait, c'est que nous ne constituions pas une entrave à ses desseins sur l'Europe centrale. Ce fut à ce moment qu'il s'était mis à hurler. Il avait dit qu'il était grotesque de croire qu'il avait l'intention d'envahir la Hollande ou la Belgique. Les seuls petits Etats qu'il voulait contrôler étaient ceux de l'Est. Gafenco lui demanda s'il comptait la Roumanie parmi eux, et à ce moment il cessa de hurler et redevint poli. Il dit que si la guerre éclatait, nous pourrions détruire trois villes allemandes, mais que lui détruirait les villes anglaises l'une après l'autre. Gafenco ne fut pas impressionné. Il nous conseille de lui tenir le même langage. Je lui dis de répéter demain à

---

1. Grigore Gafenco, ministre roumain des Affaires étrangères

Halifax chaque mot qu'il vient de me dire. Il promet de lui lire à haute voix les notes qu'il a prises.

Il a vu aussi Goering. Ce dernier a parlé de l'encerclement. Gafenco répliqua que, s'ils étaient menacés, les pays voisins tenteraient de se défendre et de trouver toute l'aide qu'ils pourraient. Goering dit : « Depuis combien de temps êtes-vous diplomate ? » Gafenco répondit : « Deux mois. Jusqu'alors j'étais soldat et journaliste. » Goering en fut amusé. Il dit : *Vielleicht haben sie Recht.* Il ajouta que bien qu'il eût aimé Hess, il avait trouvé les autres complètement insensés. Certainement Hitler était mégalomane.

Je parle avec l'ambassadeur de Pologne [1]. Il dit qu'ils accepteront l'autoroute de Dantzig, mais qu'ils n'admettront pas une domination allemande dans la ville. Ils donneront leur accord à un condominium. Il ajoute que Gdynia serait à la merci de l'artillerie lourde allemande installée à Dantzig. La perte de ces deux villes signerait la perte de leur indépendance. Nous méconnaissons Beck quand nous pensons qu'il est déraisonnable. La vérité est que dans les jours passés, il a été forcé d'adopter une politique de pendule. Tout cela est maintenant dépassé. Il combattra pour son bon droit.

JOURNAL   *2 mai 1939.*

Bower me rapporte le dialogue qu'il a surpris entre deux tories assis sur le banc derrière lui : « Je pense que nous *serons* capables de nous tirer de cette histoire stupide de garanties. – Bien sûr, grâce à Dieu nous avons Neville. »

---

1. Le comte Edouard Raczinski.

JOURNAL   *4 mai 1939.*

J'ai un entretien avec Gwilynn Lloyd George. Il dit qu'il a vu Maiski qui ne parvient pas à savoir ce que veut dire l'affaire Litvinov. Les gens de gauche sont bouleversés. Ils disent que cela signifie que les négociations avec nous vont se poursuivre plus rapidement. Mais je vois bien qu'ils ne sont pas heureux et ne sont pas du tout sûrs que l'U.R.S.S. ne puisse signer un pacte de neutralité avec l'Allemagne. Et c'est ce que je redoute par-dessus tout.

JOURNAL   *14 juin 1939.*

Je dîne avec Kenneth Clark. Il y a aussi les Walter Lippmann et les Julian Huxley. Winston Churchill est l'hôte d'honneur. Winston est horrifié quand Lippmann dit que Jo Kennedy, l'ambassadeur des U.S.A., lui a affirmé que la guerre était inévitable et que nous serions battus. Ce défaitisme a poussé Winston à une magnifique période oratoire. Il s'est ramassé dans son fauteuil, scandant son discours avec son verre de whisky, et de l'autre main écrasant son cigare :

« Il est peut-être vrai, il peut bien être vrai, dit-il, que ce pays, au début de cette guerre imminente et selon moi presque inévitable, sera exposé à d'affreux dangers et à de dures épreuves. Il peut être vrai que l'acier et le feu pleuvront sur nous, jour et nuit, semant partout la mort et la destruction. Il peut être vrai que les communications maritimes seront mises en péril et que nos approvisionnements en nourriture seront gravement menacés. Pourtant ces épreuves, ces désastres, je vous demande de me croire, Mr Lippmann, ne serviront qu'à rendre plus dure la résolution du peuple britannique et à renforcer notre volonté de vaincre. Non, Mr Lippmann, l'ambassadeur n'aurait pas dû parler ainsi ; il n'aurait pas dû prononcer ces mots affreux. Pourtant en supposant (et je me refuse pour ma part à l'admettre, même une seconde) que Mr Kennedy dans cette tragique prophétie ait vu juste, moi, pour ma part je donnerai volontiers ma vie au combat plutôt que, dans la crainte de la défaite, d'aller me coucher aux pieds de ces créatures abominables. Il vous appartiendra alors à vous, Américains, de préserver, de sauver le grand héritage des peuples de langue anglaise. Il vous appartiendra de penser impérialement, ce qui signifie de penser toujours à quelque chose de plus haut, de plus vaste que vos propres intérêts nationaux. Et je ne mourrais pas heureux dans ce grand combat qui se prépare si je n'étais pas convaincu que nous dans cette chère, chère île, nous n'aurons succombé à la brutalité et à la férocité de nos ennemis que pour que dans votre lointain et inaccessible continent, la torche de la liberté continue à brûler d'un éclat toujours aussi vif et (je le crois et je l'espère) toujours aussi pur. »

Puis nous changeons de sujet et parlons du grand panda.

JOURNAL   *15 juin 1939.*

Déjeuner avec (Sir Horace) Rumbold. Jim Marshall Cornwall [1] est là ; il a maintenant la charge de notre

---

1. Général Sir James Marshall Cornwall, directeur général de la Défense aérienne et côtière (1938-1939).

défense antiaérienne. Il est optimiste. Il dit que, d'ici quelques mois, Londres sera l'endroit le mieux protégé du monde. Mais comme il n'a obtenu que soixante-dix canons par mois et doit en envoyer à Singapour et au Caire, je ne vois pas qu'il ait de si bonnes raisons d'être satisfait.

Brüning [1] était un des autres invités. Je lui demande s'il croit la guerre inévitable. Il incline sa tête fine : « Oui », répondit-il doucement.

Je dîne avec Sibyl. H. G. Wells s'embarque dans une longue théorie, bien dite, selon laquelle l'*homo sapiens* a fait faillite. De même que le dinosaure a disparu parce qu'il avait tout misé sur sa taille, de même nous avons échoué parce que nous n'avons pas développé notre cerveau dans le bon sens. Ainsi nous nous détruirons nous-mêmes et nous ne serons plus que poussière et que boue et nous l'aurons bien mérité, dit Wells. Walter Elliot dit que ça ne va pas sûrement aussi mal que cela : « Encore un millier d'années, dit Wells, c'est tout ce que l'*homo sapiens* a devant lui. »

JOURNAL   *19 juin 1939.*

Ralph Glyn me montre un rapport qu'il vient de recevoir (dont il tait la source) disant que les Allemands vont aboutir à Moscou et que le pacte anglo-soviétique est en danger. Il est vrai que depuis vendredi Strang n'a pas revu Molotov. Pourtant Maiski continue à être optimiste et Halifax a dit hier à Winston que tout allait bien. J'avoue que je suis moins à mon aise.

---

1. Le précédent chancelier allemand.

H. N. à V. S. W.   *19 juin 1939.*
                                        4, King's Bench Walk – EC4.

Les roses rouges sont vraiment trop merveilleuses
dans ce vase haut que vous m'avez offert. Mon amour,
pourquoi ne pouvons-nous être seuls ? Nous ne faisons
aucun mal. Nous aimons les choses belles et aimables.
Nous ne souhaitons que le bien sur la Terre. Nous ne
sommes ni vulgaires dans nos goûts, ni cruels dans nos
pensées. Pourquoi sommes-nous si impuissants à empêcher quelque chose qui, nous le savons, sera diabolique,
atroce ? Si je pouvais empêcher la guerre, je donnerais
volontiers ma vie. J'irais voir le docteur et abandonne-
rais ce monde sans un battement de cœur. Pourtant je
n'ai aucune idée de ce qu'il faut faire. Que mon esprit
est faible et que la haine est forte lorqu'elle est déchaî-
née ! Comme le monde extérieur me rend malheureux !
Dire que je suis si heureux sur ma petite orbite.

JOURNAL   *18 juillet 1939.*

Réunion de notre groupe chez Ronnie Tree. Nous
avons tous le sentiment qu'il va y avoir pour Dantzig un
autre Munich et que Chamberlain réapparaîtra comme
le Grand Apaiseur. Dans ce cas, nous serons stigmati-
sés, nous serons des monstres de guerre et chassés de la
politique. Si seulement Anthony Eden se dressait avec
fureur contre cette tentative subversive, nous serions
sauvés. Mais Anthony ne désire pas défier le parti tory
et en fait, avec une exquise élégance, il rate toujours le

bateau. Nous dérivons, nous dérivons et laissons tomber le gouvernail en d'autres mains. Je suis très déprimé [1].

JOURNAL   *20 juillet 1939.*

J'ai pris le thé à l'ambassade soviétique et y ai trouvé une étrange collection d'enthousiastes de gauche assis en rond dans le jardin d'hiver devant une énorme table couverte de cakes délicieux, de sandwiches au caviar, sans compter un samovar. Cependant l'ambassadeur est si occupé à les convaincre du bien-fondé de la définition soviétique d'une « agression indirecte » qu'il oublie de leur offrir du thé et qu'ils s'en vont tous, jetant des regards pleins de regrets à la table intacte. Maiski me prie d'aller dans son bureau où j'ai un long entretien avec en plus une énorme quantité de sandwiches qui n'ont pas été offerts aux autres invités.

Il pense que Chamberlain espère obtenir un compromis sur la question de Dantzig, et que, s'il y parvient, il laissera les négociations anglo-soviétiques tomber en quenouille. Il dit qu'il a le sentiment bien net que le gouvernement ne désire pas réellement que les négociations aboutissent.

JOURNAL   *2 août 1939.*

A l'étonnement des Communes, le Premier ministre se lève et, après avoir dit qu'il ne céderait pas d'un pouce [2], il ajoute que certains députés ont félicité les

---

1. H. N. en 1965 pensait que l'attitude d'Eden avait été la bonne.
2. Sur la question de savoir si le Parlement s'ajournerait pour les vacances d'été.

whips [1] de n'avoir pas mis une triple barricade. Mais qu'il désirait qu'il soit clairement entendu qu'il considérait ce vote comme un vote de confiance. Ronnie Cartland dit que le Premier ministre a perdu une grande occasion en ne montrant pas sa confiance dans la grande institution démocratique. Il continue : « Nous sommes dans une situation qui, d'ici un mois, peut nous conduire au combat, peut nous conduire à la mort. » A ce moment Patrick Hannon [2] se met à rire et Cartland se retourne vers lui, rouge d'indignation et lui dit : « Cela vous sied de rire. Il y a des milliers de jeunes gens, à cette heure... » Cette réponse nous galvanise et j'ai rarement senti la température monter aussi rapidement. Il est remplacé par Macmillan qui arrache une espèce de promesse au Premier ministre que, s'il se produit une situation semblable à celle que nous avons connue en septembre dernier, il rappellera le Parlement.

Après dîner, les couloirs bourdonnent toujours et le sentiment général est que Chamberlain, en fait, a laissé passer une occasion et blessé les sentiments des Communes.

Les trois premières semaines d'août furent calmes en apparence, mais à Moscou la lutte pour l'alliance avec les Soviets approchait de son dénouement. Elle était poursuivie beaucoup plus ardemment par les Allemands que par les Alliés. Du côté britannique les pourparlers militaires étaient dirigés par l'amiral Sir Reginald

---

1. *Whip* : député chargé de faire voter ses collègues.
2. Sir Patrick Hannon, député conservateur de Birmingham (Moseley) depuis 1921.

Plunkett-Ernle-Erle-Drax qui avait pour instructions de gagner du temps jusqu'à ce qu'un accord politique fût en vue. Il n'avait pas de réponse à donner à la question cruciale posée par les Soviets : les troupes soviétiques seraient-elles autorisées à pénétrer en Pologne pour la défendre si elle était attaquée par l'Allemagne ? En conséquence les discussions piétinaient. Mais le 15 août Staline suggéra aux Allemands, par l'intermédiaire de Molotov, qu'il ferait bon accueil à un pacte de non-agression. En 1942, il dit à Churchill qu'il en était alors arrivé à la conviction que ni l'Angleterre ni la France n'avaient réellement l'intention de venir en aide à la Pologne, et que son véritable but était de gagner du temps pour réarmer.

Hitler saisit l'occasion. Un pacte germano-soviétique de non-agression fut prêt dès le 19 août et il fut signé à Moscou par Ribbentrop dans la soirée du 23. Ce pacte précisait que ni l'U.R.S.S. ni l'Allemagne ne s'attaqueraient l'une l'autre, ni n'apporteraient leur aide à une tierce puissance l'une contre l'autre. Par un protocole secret, qui ne fut rendu public qu'après la guerre, la Lettonie et la Pologne jusqu'à la Vistule étaient comprises dans « la sphère d'influence soviétique ». Staline non seulement refuserait d'aider la Pologne contre l'Allemagne, mais il participerait à son démembrement.

Durant ces trois semaines, Harold Nicolson naviguua à bord du yacht Mar. *Le 22 août, à Plymouth, il apprit la signature du pacte germano-soviétique et sans perdre un instant il rallia Londres en chemin de fer pour une réunion d'urgence du Parlement le 24 août.*

JOURNAL

21 août 1939.
Fowey.

Nous dînons à terre au Fowey Hôtel. Comme nous passons dans le couloir, nous entendons la radio du bureau qui donne les nouvelles. Il semble que cette fois-ci les Allemands se sont mis d'accord avec les Italiens et les Hongrois et les Japonais pour machiner leur coup. Les Allemands sont à moitié mobilisés et les Français sont en train d'en faire autant. Une sensation de menace imminente plane sur nous. Nous regagnons le *Mar* sur une mer de satin.

Comme il est étrange que cette guerre que j'ai redoutée depuis six ans, que j'ai si souvent prédite, paraisse maintenant si proche. Toute parole d'apaisement est à présent vaine, encore que des gens des plus sérieux croient qu'il y a quelque chance d'arriver à une négociation pour Dantzig. Ou plutôt qu'il y avait, il y a trois mois, quelque chance. Comme d'habitude nous avons laissé passer cette chance. La guerre est là. Je suis heureux que le destin m'ait donné ces semaines de bonheur avant que survienne la grande épreuve.

JOURNAL

22 août 1939.
Plymouth.

Nous nous éveillons dans la brume. Nous restons à l'ancre devant Fowey. Les journaux du matin arrivent à bord. Ils ne contiennent rien d'autre que ce qu'annonçait la radio la nuit dernière si ce n'est que Ribbentrop est parti par avion pour une destination inconnue. Nous

levons l'ancre à 8 h 55 et atteignons Plymouth Sound à
3 heures de l'après-midi. Nous nous ancrons au Hoe. Je
lis *Nicholas Nickleby*. A 6 heures, j'écoute les nouvelles. Les Allemands et les Soviets ont annoncé leur
intention de signer un pacte de non-agression et Ribbentrop, dans ce but, s'était rendu à Moscou. Cela démolit
notre ligue de paix et rend très problématiques nos
promesses à la Pologne, la Roumanie et la Grèce. Ribbentrop doit bien rire. Je me sens assez assommé par
ces nouvelles et demeure assis sur le pont, égaré, les
poissons clapotant autour de moi. N'allons-nous pas
être traînés plus bas que terre ?

JOURNAL   *23 août 1939.*

Les journaux du matin annoncent que les Communes
sont convoquées pour demain. Je laisse Niggs et John à
bord avec un serrement de cœur, je leur fais mes adieux
et tristement je me rends à la gare de North Road.

Je dîne avec Archie Sinclair et les Bonham Carter.
Nous discutons de la signification réelle de l'entente
germano-soviétique. Il y a ceux qui considèrent que les
Soviets ont été extraordinairement adroits et ont forcé
les puissances de l'Axe à mettre leurs cartes sur la
table. Ces gens s'imaginent que Ribbentrop (qui est
déjà arrivé à Moscou) sera tenu à distance et humilié,
comme nos propres envoyés le furent. J'en doute. Je
doute que Ribbentrop puisse avoir été assez idiot pour
aller à Moscou sans être parfaitement sûr de ne pas
s'exposer à une attente humiliante. Ce matin, Archie a
vu le Premier ministre et l'a trouvé très déprimé, mais
résolu. Il nous quitte pour téléphoner à Winston Churchill. Ce dernier vient juste de rentrer de Paris et est en

grande forme. Les Français ne sont pas du tout troublés par le pacte germano-soviétique et sont prêts à aider la Pologne. Ils ont mobilisé la moitié des classes. Winston vient juste de téléphoner à Paul Reynaud qui affirme que tout va bien ; par quoi il entend la guerre, je suppose.

Je les ai quittés à 10 h 15. Comme je retournais vers le Temple, j'ai dépassé un motocycliste en casque d'acier. Sinistre rencontre. Il fait très chaud et calme.

S'étant entendu avec les Russes, Hitler consacra alors toute son énergie à empêcher l'Angleterre et la France d'honorer leur promesse d'aide à la Pologne. Il était décidé à attaquer et avait fixé la date au 26 août, repoussant celle-ci, au tout dernier moment jusqu'au 1ᵉʳ septembre, à l'aube. Le 29 août, il exigea qu'un plénipotentiaire polonais vînt à Berlin dans les vingt-quatre heures et, comme il ne s'en présenta aucun, Ribbentrop informa l'ambassadeur britannique (mais non les Polonais) des conditions qu'il aurait offertes – l'abandon de Dantzig à l'Allemagne, un plébiscite pour le corridor polonais et un échange de populations. Halifax pressa Beck d'ouvrir des négociations « sur les principes », mais déjà il était trop tard. Hitler déclencha comme prévu son attaque sur la Pologne, prétendant que les Polonais avaient rejeté son offre de paix et que les violations par les Polonais des frontières allemandes (créées par les nazis) étaient devenues intolérables.

Dans la soirée du jour de l'invasion allemande, le 1ᵉʳ septembre, Hitler fut informé par l'Angleterre et par la France « non en termes d'ultimatum, mais en termes

d'avertissement » qu'à moins qu'il ne retire ses forces
armées de Pologne, les Alliés viendraient au secours de
leur alliée. Mais, en même temps, le ministre français
des Affaires étrangères, Georges Bonnet, sans consulter
Halifax, fit savoir à Mussolini que la France accepterait une conférence de paix, qu'Hitler retirât ses troupes ou non. Le 2 septembre Halifax précisa la position
britannique à Mussolini : il ne saurait y avoir des
pourparlers à moins qu'Hitler ne commence par se
retirer. Ces négociations avortées avec Mussolini et le
désir du gouvernement britannique de marcher de pair
avec la France furent la cause de notre retard à envoyer l'ultimatum attendu à l'Allemagne. Cela provoqua dans l'après-midi du 2 une scène furieuse aux
Communes et Chamberlain prévint Daladier qu'à
moins que la guerre ne fût déclarée le lendemain, son
gouvernement tombait. En conséquence l'ultimatum
britannique fut adressé à Berlin à 9 heures du matin le
dimanche 3 septembre et demeuré sans réponse expirait
deux heures plus tard. L'ultimatum français expirait à
5 heures de l'après-midi.

H. N. à V. S. W.   *24 août 1939.*
                                        Communes.

Entre deux discussions, juste un petit griffonnage. Le
Premier ministre était digne et calme, mais sans un mot
qui pût remuer aucun de nous. Ils ressemblait tout à fait
à un coroner résumant une instruction criminelle.

Je vois fort peu de chances de paix. Il se pourrait que
le colonel Beck perde son sang-froid et vole vers
Berchtesgaden. Mais même cela serait une terrible
catastrophe.

J'ai entendu dire que le Premier ministre avait offert sa démission, mais que le roi n'avait pas voulu l'accepter.

JOURNAL   *28 août 1939.*

Bain. Un merveilleux jour d'été. J'écris mon article pour le *Spectator*. Ben est parti pour Londres. La radio annonce à 1 heure que la Méditerranée et la Baltique sont fermées aux navires marchands britanniques. Les Allemands ont interdit tout voyage par voie ferrée et même le trafic postal. Le soleil tape dur. La brume d'automne se dissipe et aussi les fils de la Vierge sur les ifs.

Nevile Henderson est retourné par avion à Berlin en emportant la réponse du gouvernement à Hitler. On ne sait ce qu'elle contient et, à notre connaissance, aucun communiqué ne sera donné avant la réunion des Communes. Les Hollandais mobilisent. Tout le trafic international par rail est arrêté. On a ordonné à tous les bateaux anglais de quitter les ports italiens et allemands. Les lumières doivent être éteintes sur les aérodromes. La livre baisse à la Bourse de New York.

On dirait bien que dès demain la guerre va fondre sur nous. Encore ce curieux contraste avec le 3 août 1914 ! Nous étions alors excités par tous ces événements et il y avait un sentiment d'exaltation. Aujourd'hui simplement nous sommes tristes. Ce n'est pas simplement l'âge et l'expérience qui me rendent silencieux sous cette chape de plomb. Nigel, calme et aimable comme à l'ordinaire, n'est pas le moins du monde excité.

JOURNAL   *29 août 1939.*

Chamberlain ouvre la session par une communication sur les événements, intéressante et très modérée. Il commence par une déclaration plutôt déplacée sur la presse qui sème la perturbation. Il poursuit en des termes sur lesquels on ne peut se tromper pour réaffirmer notre détermination de résister à l'agression. Il donne ensuite un résumé chronologique des événements, indique au passage que Hitler nous a offert la paix pour vingt-cinq ans et que nous avons répondu qu'il doit d'abord donner une preuve qu'il n'a pas l'intention d'intervenir dans le problème polonais par la force.

Louis Spears arrive quelque peu excité, il a échangé quelques mots avec l'ambassadeur de Pologne qui lui a affirmé que la situation est loin d'être désespérée, « les choses sont en train de s'arranger ». Il y a en vérité quelque optimisme dans les couloirs. Chacun s'attendait à une attaque samedi ou dimanche et rien ne s'est produit. Le fait qu'Hitler a fait faire à Nevile Henderson un aller et retour avec des propositions, est tenu pour un signe d'espoir [1]. Aussi les Communes sont-elles plus détendues qu'elles ne l'ont été depuis des semaines et considèrent avec amusement les portes anti-gaz qui ont été placées aux escaliers et les sacs de sable entassés au bas de nos fenêtres. Je pense aussi qu'elles sont fières de s'être comportées si bien, si calmement et d'être si unies aujourd'hui.

---

1. Cet optimisme demeura sans fondement. L'Angleterre maintint fermement ses promesses à la Pologne et l'entrevue Henderson-Ribbentrop dans la nuit du 30 au 31 août fut toute proche d'une empoignade.

JOURNAL *30 août 1939.*

Ce que dit Kirkpatrick [1] d'Hitler est intéressant. Il dit que rencontré en société et quand il est votre hôte, chez lui, il a une certaine dignité simple, un peu comme un fermier recevant ses voisins, très différent en cela de la vulgarité de Mussolini. Mais une fois qu'on commence à travailler avec lui, lorsqu'on le voit s'occuper des grandes affaires, on éprouve un tel sentiment d'arrogance malfaisante qu'on en a presque la nausée. Il avoue qu'il a été rendu physiquement malade par quelques-unes des entrevues dont il a été le témoin. La méchanceté, la traîtrise, la rancune jaillissent de son regard halluciné. C'est à devenir fou de l'entendre imposer sa loi en quelques phrases tranchantes et hachées, de le voir terminer ses périodes en frappant de la main sur la table ou tel Napoléon, se renversant dans son fauteuil, croisant les bras et contemplant le plafond d'un air de martyr détaché des choses d'ici-bas. Son impatience est terrifiante. Nous demandons à Kirkpatrick ce qui lui a donné le sentiment de véritable méchanceté. Il dit qu'après qu'Hitler eut pris l'avion à Godesberg pour aller à Munich assassiner Roehm [2], il rentra de très bonne humeur, mimant pour son secrétaire les gestes d'effroi que Roehm avait eus. Ceci fut raconté à Kirk par un témoin visuel. Il dit que même les nazis les plus puissants sont extraordinairement dé-

---

1. Il avait été premier secrétaire à l'ambassade britannique à Berlin de 1933 à 1938 et avait accompagné Chamberlain pour ses entrevues avec Hitler en 1938.
2. Ernst Roehm, chef des S. A. nazis, fut abattu sur l'ordre d'Hitler le 30 juin 1934.

loyaux parfois vis-à-vis d'Hitler. Par exemple, alors qu'Henderson devait avoir avec le Führer une importante conversation, l'homme qui le conduisit au bureau d'Hitler murmura en ouvrant la porte : « Pour l'amour de Dieu, tenez bon ! »

J'ai été voir Buck De La Warr à son nouveau bureau à Alexandra House dans Kingsway. Il y a eu ce matin une réunion du Cabinet pour rédiger la seconde réponse à Hitler ; maintenant elle a été envoyée. Je ne demande pas à Buck ce qu'elle contenait, mais je comprends qu'il s'agit d'une offre de négociation générale si Hitler fait seulement un geste pour montrer qu'il n'imposera pas une solution par la force. Je n'ai pas l'impression que Buck partage l'optimisme qui plane sur Londres. Il dit que « quand » (et non pas « si ») la guerre arrivera, il essayera de trouver quelque poste plus actif [1]. Jamais je ne l'ai trouvé plus séduisant.

Il est curieux de se rappeler et d'analyser l'humeur générale durant ces sombres journées depuis le 22 août. Quand le 24 août les Communes se réunirent, elles étaient au plus profond de la tristesse. Les gens échangeaient à peine un mot, en soupirant, comme si quelque ami cher était en train de mourir là-haut. Et puis comme rien n'arriva ni samedi, ni dimanche et comme Hitler consentit à entrer en pourparlers, l'espoir refleurit. Comme d'habitude la Cité se comporta sottement et les cours montèrent. Aussi quand nous nous réunîmes le mardi, il y a eu un grand optimisme et beaucoup de caquetages. Et aujourd'hui où la guerre paraît n'être plus qu'une question d'heures, le total désespoir de la semaine passée s'est changé en détermination, la tristesse de l'avenir s'est transformée en une courageuse

---

1. Lord De La Warr était président du bureau de l'Éducation.

gaieté. C'est comme si nous avions fait notre plein de crainte et de tristesse et que nous ne pussions en absorber davantage.

JOURNAL   *31 août 1939.*
                                           Sissinghurst.

Les informations de 13 heures annoncent que nous avons décidé d'évacuer demain trois millions de mères et d'enfants placés dans les zones menacées. On demande à Vita d'aller chercher de la paille pour faire les lits des enfants qui arrivent demain.

Nigel et moi-même faisons une lugubre promenade dans les bois, puis je lis *Nicholas Nickleby* pour me remonter. Comme Dickens est loin du réel ! Les nouvelles de 6 heures sont sinistres. La plus grande partie des communications par rail et par route sont suspendues pendant l'évacuation. La Bourse est fermée. La nuit descend sur l'Europe.

Ce fut une journée grise, mais le soleil perce dans la soirée et nous jouissons d'un crépuscule calme sous lequel le jardin s'étale tranquillement. Le drapeau pend sans un frisson le long de sa hampe. Il est étrange de sentir que le monde tel que je l'ai connu n'a plus devant lui qu'une course de quelques heures.

Les Russes rappellent encore des troupes. On nous demande de ne pas amasser de provisions. Les informations donnent de longues instructions concernant les réservistes et l'évacuation. L'Europe tout entière sembler fermer ses frontières.

JOURNAL   *1er septembre 1939.*

Ce matin une brume de chaleur s'étend sur toutes choses ; pas un souffle d'air. Le soleil se lève et je prends un transatlantique et m'assieds devant South Cottage afin d'entendre le téléphone s'il sonne. Je lis Gerald Heard et suis plongé dans le passage sur les esséniens lorsque Viti descend rapidement le sentier ; « C'est commencé », dit-elle. Il semble que la nuit dernière Förster [1] avec l'approbation d'Hitler a proclamé l'incorporation de Dantzig au Reich et que les hostilités soient déjà ouvertes entre l'Allemagne et la Pologne. Les Communes sont convoquées pour 6 heures ce soir. Il est juste 10 h 45 du matin, ce vendredi 1er septembre 1939, quand j'apprends ces nouvelles. Je continue à lire Gerald Heard. Miss Macmillan apparaît avec la boîte de mon masque à gaz.

Avec Cooper, je pars en voiture pour Londres. Il y a peu de signes d'activité inhabituelle, sinon des silhouettes kaki à Staplehurst et quelques étudiants remplissant des sacs de sable à Maidstone. Lorsque nous approchons de Londres, nous voyons une rangée de ballons flottants comme des taches noires dans le ciel.

J'arrive aux Communes à 15 h 30. On a déjà camouflé le bâtiment et baissé les lumières. Le hall est très sombre et la salle des Séances, qui habituellement ressemble à un aquarium, par comparaison paraît éclatante de lumière. Ponctuellement à 6 heures le président arrive et tous nous le saluons. Lloyd George et Winston occupent déjà leurs places, se faisant face. Nous disons

---

1. Albert Förster, le Gauleiter nazi de Dantzig.

les prières. Le chapelain ajoute une petite oraison particulière : « Prions aujourd'hui pour avoir la sagesse et le
courage de défendre la juste cause. » Le Premier ministre et Greenwood [1] entrent de concert accueillis par de
bruyants applaudissements. Quelques enthousiastes
tentent de se lever et d'agiter leurs notes. Puis ils se
rassoient, assez penauds. Les gens s'entassent dans la
galerie des étrangers de marque. L'ambassadeur de
Pologne et l'ambassadeur soviétique se trouvent côte à
côte. J'envoie un sourire crispé à Maiski et il me le
rend. Les ducs de Kent et Gloucester sont assis au-
dessus de la pendule.

Tout de suite Chamberlain se lève. Il commence par
dire que le temps est venu où il convient d'agir plutôt
que de parler. Alors, avec une certaine émotion, il
rappelle aux Communes combien il a prié qu'il ne lui
arrive jamais d'avoir à demander au pays d'accepter le
« terrible arbitrage de la guerre ». « Je crains, poursuit-
il, de ne plus être à même d'éviter cette responsabilité. » Il continue, disant que nous n'avons négligé aucun
moyen de faire comprendre de la façon la plus limpide
au gouvernement allemand que s'il en venait à utiliser
la force, nous répliquerions par la force ; il éleva alors
le ton et tandis qu'il parlait, frappait de son poing fermé
la boîte : « La responsabilité de cette terrible catastrophe pèse sur les épaules d'un seul homme, le chancelier
du Reich, qui n'a pas hésité à plonger le monde dans le
désespoir dans le seul but de satisfaire son ambition
démentielle. » Tonnerre d'applaudissements. Calmement
il continue à exposer la marche récente des négociations, posant le dos d'une main sur la paume de l'autre

---

1. Arthur Greenwood, qui en l'absence de Clement Attlee, malade,
était chef de l'opposition Labour.

et de temps en temps prenant son pince-nez entre le pouce et l'index. Lorsqu'il énumère les seize points qu'Hitler prétend avoir été refusés par les Polonais et qui ne leur ont jamais été communiqués, un « Oh » d'étonnement s'élève et Lady Astor crie d'une voix retentissante : « Par exemple ! » Il en arrive au cœur même de son discours et après avoir dit que les deux ambassadeurs ont reçu des instructions pour « remettre au gouvernement allemand le document suivant », il farfouille dans ses notes un instant et puis en extrait un papier qu'il lit très lentement. De toute évidence, cela le crucifie, et le sentiment général des Communes est une profonde sympathie pour lui et une grande pitié pour nous.

Je crains que l'opinion dans les couloirs ne soit plus défaitiste car tous comprennent que nous nous trouvons en face d'une tâche redoutable. Le discours du Premier ministre est généralement approuvé, bien que l'Opposition lui en veuille beaucoup d'y avoir introduit une allusion amicale à Mussolini.

Je dîne au Beefsteak. Devonshire est là, toujours aussi épanoui, aussi amusant. Je dois dire que j'admire un tel homme qui comprend que toute sa grandeur a disparu à tout jamais et ne montre pas le plus léger signe de tristesse ou de crainte.

Lorsque je sors du Club, je suis surpris de me trouver dans une ville parfaitement obscure. Rien ne peut être plus dramatique ou donner un plus grand choc que de quitter le restaurant familier et de ne pas trouver dehors le scintillement des enseignes lumineuses, mais un noir linceul de velours.

Je vais à Queen Anne's Gate où je retrouve Harold Macmillan et Ronnie Tree. Nous attendons Anthony Eden. Il a été retenu par le Premier ministre. Amery arrive et dit : « Eh bien, y a-t-il d'autres nouvelles, excepté le fait que le Gouvernement tout entier a démissionné? » Il semble que Winston fera partie du Cabinet de guerre et qu'Eden aura un ministère. Lorsqu'il arrive enfin, il est trop tard pour que nous discutions réellement de quoi que ce soit et nous décidons de nous retrouver demain. Nous avons le sentiment que notre groupe qui a tant fait pour rendre du nerf au gouvernement devrait en quelque sorte subsister.

Je ne comprends pas pourquoi on n'a pas fixé une heure limite à l'ultimatum envoyé à Berlin. Peut-être est-ce parce que nous essayons de gagner quelques heures pour évacuer les enfants. Apparemment les Français aussi ont certaines dispositions légales à prendre et le véritable ultimatum sera envoyé dans la journée de demain.

JOURNAL   *2 septembre 1939.*

Les Communes se réunissent à 2 h 45 de l'après-midi et nous passons la conscription et les autres lois. Elles sont votées sans trop de discussions. Comme d'habitude, d'étranges rumeurs commencent à circuler : c'est une prétendue dépêche Havas qui annoncerait que Mussolini avait déclaré qu'il se posait en médiateur et qu'une conférence allait être convoquée immédiatement. C'est aussi qu'il y a un Cabinet de guerre, dans lequel Winston se trouve, sans membres du Labour qui refusent à juste titre de s'y rallier ; c'est l'ambassadeur de Pologne en France qui a eu une entrevue ce matin avec Georges Bonnet, qui en a été si exaspéré qu'à son retour à l'ambassade, il a écrit un rapport, l'a envoyé à Daladier avec ces mots : « Ci-joint le rapport de mon entretien avec votre ministre des Affaires étrangères. »

A 7 h 30, nous reprenons la séance. Les Communes

sont bondées, tendues et nous attendons exactement comme un tribunal attend le verdict du jury. A 7 h 35, les clercs arrivent et gagnent leurs places. A 7 h 37 le président paraît derrière son fauteuil et tous nous nous levons. Il y a un silence désagréable. A 7 h 42 le Premier ministre entre escorté de Greenwood. Il prend la parole.

Il débute en suivant l'ordre chronologique : « Dans la nuit de vendredi, Sir Nevile Henderson, notre ambassadeur à Berlin, a remis à M. von Ribbentrop... » ainsi de suite. Sa voix montre quelque émotion, comme s'il avait pris froid. C'est un homme étrange. Nous attendions un coup de théâtre. Mais rien. Il fut évident lorsqu'il se rassit qu'aucune décision n'avait été prise. Pendant un moment les Communes demeurèrent bouche bée de stupéfaction. Allions-nous avoir pour finir un nouveau Munich ? Alors Greenwood se leva. La déception due à la déclaration du Premier ministre, le sentiment que la politique d'apaisement était ressuscitée se donnèrent libre cours dans l'accueil qui lui fut fait. Ses partisans l'applaudirent, ce qui était normal ; mais ce qui fut stupéfiant c'est que ces acclamations furent reprises dans une seconde et plus forte vague venue de nos bancs. Bob Boothby criait : « Parlez pour l'Angleterre, *vous* ! » Ce fut une manifestation stupéfiante. Greenwood en vacilla presque de surprise. Quand le calme fut revenu il lui fallut prendre la parole et il le fit mieux que je ne m'y attendais. Il commença par dire quelle tâche embarrassante lui avait été impartie. Il désirait apporter son aide et était obligé de critiquer. Pourquoi ce retard ? Nous avions promis à la Pologne de l'aider « immédiatement ». Elle était envahie, bombardée. Nous hésitions depuis trente-quatre heures. Qu'est-ce que cela signifiait ? Il fut applaudi à grand bruit. La tension se fit plus aiguë, car il y avait des partisans du Premier ministre qui acclamaient son adversaire à pleins poumons. Au banc du gouvernement, on eût dit qu'ils avaient été souffletés.

Le Premier ministre fait alors une déclaration conciliante disant qu'il ne veut pas dire que nous abandonnons la partie, mais que nous devons travailler *pari passu* avec les Français. Il commet une erreur en disant qu'il ne pense pas une seconde que les Français vont faiblir, quoiqu'il sache très bien que les mieux informés d'entre nous sont déjà au courant de l'incident Georges Bonnet. Il ne dit pas la vérité et nous le savons.

Alors les Communes lèvent la séance. Le hall est si obscur qu'une allumette y brille comme un phare. Il y a beaucoup de confusion, d'indignation. Nous sentons que grâce à cet inexplicable délai, les bateaux et les sous-marins allemands échapperont à notre étreinte. Maintenant, le Premier ministre sait que les Communes tout entières sont dressées contre lui. Il aurait pu (eût-il été un homme d'une imagination plus vive) se tirer de cette difficulté. Ce n'est pas sa faute, mais celle de Georges Bonnet. Mais il a un caractère trop secret pour être à même de créer un climat de confiance. En quelques minutes il a enterré sa réputation [1]. Je me sens profondément désolé pour lui.

JOURNAL   *(Dimanche) 3 septembre 1939.*

Les journaux annoncent que nous avons envoyé un ultimatum qui expire à 11 heures ce matin.

---

1. Lorsque H. N. corrigea cette partie de son journal en 1941 en vue d'une édition possible (projet qui n'aboutit pas à l'époque) il retrancha ce jugement et le remplaça par : « Il avait dû travailler avec les hommes politiques français en proie à la panique. »

Je vais chez Ronnie Tree. Notre groupe habituel est rehaussé par la présence de Bob Boothby et de Duncan Sandys, de l'équipe Churchill. Tout d'abord nous discutons pour savoir si Anthony (Eden) doit accepter d'entrer dans le ministère, bien qu'il ne fasse pas partie du Comité secret. Quelques-uns pensent qu'il doit refuser à moins d'être membre du Cabinet de guerre. Anthony fait la grimace d'où je déduis qu'il s'est déjà engagé et écoute sans plaisir ces propositions[1]. Je surveille l'aiguille de ma montre qui rampe vers 11 heures, alors nous serons en guerre. Quand l'aiguille arrive à ce point, nous n'y prêtons pas attention.

Le Premier ministre doit parler à 11 h 45 et nous n'avons pas de radio. La femme de chambre a un poste et se bat un moment avec les boutons. Nous écoutons le Premier ministre. Il est très calme et nous dit que la guerre a commencé. Mais il y introduit une note personnelle qui nous choque. Nous sentons qu'après sa démonstration de la nuit dernière il ne peut pas assumer la responsabilité de conduire la guerre. Un des membres du groupe, qui revient de la Chambre après que la séance a été levée, dit que Chamberlain est resté sur son banc avec Margesson. Ce dernier était pourpre, tandis que le Premier ministre était blanc comme un linge. Il

---

1. A ce moment Anthony Eden n'avait pas encore été pressenti par Chamberlain, mais dans la soirée du 2 septembre, il avait appris par Churchill que le Premier ministre avait l'intention de lui offrir « un des postes les plus importants du gouvernement ». Dans l'après-midi du 3 septembre, Eden fut convoqué à Downing Street et Chamberlain lui demanda d'accepter le ministère des Dominions, sans un siège au Cabinet de la guerre, mais avec le droit « d'assister fidèlement à ses réunions ». Eden accepta, mais dans ses Mémoires (*The Reckoning,* 1965), il dit qu'il détestait cette « position anormale au sein du Cabinet, n'eût été la situation dramatique créée par la guerre, rien n'aurait pu m'inciter à y rentrer ».

était clair que s'il y avait eu un vote à cette heure, il aurait été battu.

A 11 h 40 nous décidons d'aller aux Communes. Je marche avec Leo Amery et Anthony et Duff (Cooper) marchent derrière nous. A peine avions-nous quitté le 28 de Queen's Anne Gate que les sirènes sonnent l'alerte. Amery dit : « Ils ne devraient pas faire ça après ce que nous avons entendu à la radio. Les gens vont croire que c'est une alerte ! » Il a à peine prononcé ces mots qu'un autre hurlement de sirène retentit : « Mon Dieu, dis-je, c'est une alerte ! » Anthony qui marchait en arrière nous rattrape. « Nous ferions mieux d'aller aux Communes, dit-il, nous en avons encore le temps. » Nous marchons en essayant de poursuivre une conversation normale. Les sirènes hurlent partout et les agents de police nous font des signes.

A ce moment Spears arrive avec sa voiture. Nous nous engouffrons dedans. Je m'assieds sur les genoux d'Amery et Anthony sur les miens. Nous arrivons à Parliament Square. Comme nous entrons, la foule qui s'était massée contre les barrières s'éparpille comme un vol de pigeons. Elle court vers Westminster Hospital. Elle coupe à travers les pelouses où se dressent les statues. Nous atteignons la cour du Palais. Nous sortons de la voiture et rapidement, mais non sans dignité, nous pénétrons dans les Communes.

Comme à l'ordinaire je remets mon chapeau et monte l'escalier du Hall des députés. La police est là, casquée d'acier, et nous dit de gagner les abris. Je m'exécute et trouve le corridor d'Harcourt Room bloqué par toutes sortes de personnes, depuis les membres du Cabinet jusqu'aux cuisiniers. Il fait très chaud. Les gens bavardent entre eux avec une cordialité forcée. Après dix minutes, nous sommes libérés et nous allons sur la terrasse. Des gens assurent avoir entendu des canons et des bombes. Je suggère que plus simplement il doit s'agir des charpentiers clouant des plaques d'amiante aux fenêtres. La terrasse est inondée de soleil et nous observons d'un air désapprobateur la lenteur des gars qui à Lambeth essayent de faire partir un ballon. Il a été mouillé par la pluie la nuit dernière.

En vérité personne ne sait si le raid est terminé, mais à midi nous regagnons la salle des Séances. Le président reprend possession de son siège, avec le calme cérémonial habituel. Nous disons les prières. Ensuite le Premier ministre fait un discours qui est bref et par cela même efficace. Il paraît très malade. Winston intervient avec un discours qui fait long feu, car il ressemble trop à ses articles. Durant la discussion les sirènes continuent à se faire entendre, mais nous n'y prêtons pas attention. Elles sonnent la fin de l'alerte. Nous apprenons après coup que toute cette alerte résultait d'une erreur. C'étaient quelques fêtards attardés *(male sobrius)* retour du Touquet. Mais le résultat de cette alerte fut que personne ne fut vraiment en mesure d'écouter avec une véritable attention les discours prononcés.

A 1 h 50 de l'après-midi, je pars en voiture pour Sissinghurst avec Victor Cazalet. Le long de la route il y a beaucoup de camions militaires et quelques pathétiques convois évacuant les réfugiés de l'East End. Dans l'un de ces camions une vieille femme brandit son poing vers nous et crie que c'est la faute des riches. Le Labour Party aura fort à faire pour empêcher que cette guerre ne dégénère en guerre sociale.

Quand j'arrive à Sissinghurst, je m'aperçois que le drapeau a été amené.

1939

Second jour de la guerre – H. N. redoute par avance une défaite – On évacue les enfants – L'U.R.S.S. déclare la guerre à la Pologne – Défaitisme de Lloyd George – Churchill éclipse Chamberlain – Une visite à la ligne Maginot – Entretiens avec Reynaud et Daladier – L'U.R.S.S. envahit la Finlande – Bataille du Rio de la Plata – C. E. M. Joad à Sissinghurst

1939

Après qu'il eut entendu aux Communes Neville Chamberlain déclarer l'état de guerre entre la Grande-Bretagne et l'Allemagne, Harold Nicolson, en cet après-midi du 3 septembre, rentra à Sissinghurst. Il y allait chaque week-end et passait la semaine dans son appartement du 4, King's Bench Walk, Inner Temple. En sa qualité de représentant au Parlement de Leicester-Ouest, ses premières activités en ce temps de guerre comprenaient la présidence de la Commission officieuse de défense passive et sa participation à la Commission Duff Cooper pour les réfugiés allemands. Mais la plus grande partie de son temps était prise par le journalisme (sa critique littéraire pour le Daily Telegraph *et son article hebdomadaire « Commentaire en Marge » pour le* Spectator*) ainsi que par un livre (Collection Pinguin) de cinquante mille mots écrit en moins de trois semaines* Pourquoi nous combattons. *Publié le 7 novembre, il fut bientôt vendu à plus de cent mille exemplaires. V. Sackville West demeura à Sissinghurst, ou elle fit partie du Comité de la territoriale féminine pour le Kent; durant toute la guerre elle continua à y servir. Ses deux fils, très vite, portèrent l'uniforme – Ben en tant que simple soldat dans une batterie anti-aérienne devant Rochester et Nigel comme cadet à Sandhurst.*

Les premières notes du Journal de guerre *d'Harold*

Nicolson reflètent le découragement grandissant de la nation, ses crises de défaitisme, son incertitude à l'égard des buts de la guerre. En moins d'un mois, Hitler avait conquis la Pologne (Varsovie, qui résista le plus longtemps, se rendit le 27 septembre) et les Russes, qui, le 17 septembre, avaient envahi la Pologne par l'est, se partagèrent le pays avec l'Allemagne. A l'ouest, la guerre se fit surtout sentir par l'intervention des sous-marins allemands. L'Angleterre et la France ne firent pas un geste pour desserrer l'étreinte allemande sur la Pologne. Même le bombardement d'objectifs industriels en Allemagne fut interdit, par crainte de représailles sur la France. Sur terre, 106 divisions françaises sur la ligne Maginot firent face à 23 divisions allemandes seulement tout au long de la campagne de Pologne, mais le général Gamelin, commandant en chef des Forces alliées, avait officieusement déclaré qu'aucune offensive importante ne pourrait être entreprise avant deux ans au moins. Au Parlement, les critiques se faisaient plus violentes et le groupe de députés dont Harold Nicolson faisait partie et qui portait encore le nom de « groupe Eden », bien qu'Anthony Eden fît partie maintenant du gouvernement et ne pût plus y participer, restait convaincu que l'effort de guerre de l'Angleterre ne se durcirait que si Winston Churchill, présentement Premier Lord de l'Amirauté, remplaçait Chamberlain au poste de Premier ministre.

JOURNAL   *4 septembre 1939.*

Je me suis levé tôt. C'est un jour merveilleux et je me baigne dans la quiétude du lac. Deux choses s'imposent à moi : 1. Le temps. Il semble que trois semaines se soient écoulées depuis hier matin et il est difficile de placer l'un de ces jours dans l'ordre chronologique ; après cela, chacun sera convaincu de la relativité du temps. 2. La nature. Quelqu'un meurt et l'on s'étonne que les peupliers puissent encore se dresser, parfaitement insensibles à notre malheur personnel. De même, quand je suis allé me baigner dans le lac, je pouvais à peine imaginer que l'indifférence des cygnes pour la seconde guerre avec l'Allemagne ne fût pas simulée.

Retour à Londres. Des affiches sur les kiosques : « Un paquebot britannique torpillé ». Il s'agit de l'*Athenia* allant de Liverpool au Canada ou aux Etats-Unis qui a été torpillé au large des Hébrides [1]. Sans doute de nombreux Américains ont-ils péri. Les Allemands sont fous d'agir ainsi, au moment même où Roosevelt vient de proclamer sa neutralité. De notre point de vue, cette proclamation est regrettable. Il dit qu'aucune force au monde n'obligera les Américains à envoyer des troupes en Europe. Mais il déclare aussi que pas un homme ne peut, en son cœur, se déclarer neutre et qu'il sait où se trouve le droit.

JOURNAL   *5 septembre 1939.*

Cet après-midi la radio annonce que les Allemands prétendent avoir pris une ville polonaise à moins de quatre-vingt-dix kilomètres de Varsovie. Il semble que la résistance polonaise n'ait rien été. Nous l'avions prévu, mais il est angoissant de ne rien savoir.

---

1. L'*Athenia*, bâtiment de 16 500 tonnes, transportant mille quatre cents passagers, fut torpillé par un sous-marin allemand le 3 septembre à minuit. Il y eut cent douze disparus, dont vingt-huit Américains.

Je suis heureux d'avoir assisté au mariage de Jessica [1], car cela me prouve qu'il y a autre chose que
l'horreur présente. Mais en réalité, je suis parfaitement,
profondément déprimé. Vraiment, je ne vois pas comment nous pouvons gagner cette guerre, pourtant si
nous la perdons, nous perdons tout. Peut-être suis-je
vieux [2] et triste et défaitiste. Mais il y a une chose que je
sais et qui me réconforte. Je préfère tomber en combattant et en souffrant plutôt que d'avoir rampé pour nous
en sortir un mois ou deux de plus au prix de notre honneur. C'est peut-être la seule chose qui nous reste.

JOURNAL   *6 septembre 1939.*

J'ouvre les yeux sur un matin adorable et je reste là,
étendu, à penser combien il est affreux que cette aube
de septembre soit meurtrie par tant de crainte et tant
d'horreur. Je suis plongé dans ces pensées réconfortan-
tes, quand Vita bondit dans la pièce et m'annonce :
« Un raid aérien. » Il fait si beau que nous ne prenons
pas la chose trop au sérieux et demeurons au soleil à
contempler les plantes alpestres. Puis je vais prendre le
train. Nous sommes arrêtés à Sissinghurst et à Staplehurst par des gardes de la défense anti-aérienne, mais je
leur dis que je vais à Londres pour remplir mes devoirs
de député. Cette déclaration cause quelque impression
et ils me laissent passer.

J'arrive aux Communes mais la séance est levée.
Dans le fumoir, je trouve Bob Boothby qui s'entretient

---

1. Jessica Saint-Aubyn, nièce d'H. N., avait épousé ce matin-là, à
l'église paroissiale de Sissinghurst, Patrick Koppel.
2. Il avait cinquante-deux ans.

avec Arnold Wilson [1]. Ce dernier explique que l'Allemagne balayera la Pologne et qu'il nous faudra faire la paix. C'est un homme dangereux, plein de bonnes intentions, mais un peu fou. Non que son point de vue soit faux. Je suis parfaitement certain que dans une semaine ou deux l'Allemagne aura rayé les Polonais de la carte. Elle peut aussi s'emparer des puits de pétrole de Roumanie, consolider son accord avec l'U.R.S.S. et nous offrir alors les conditions de paix les plus acceptables. Ce sera alors pour nous le moment de vérité (quand je vis « nous », je veux parler du groupe Eden). Si nous insistons pour continuer la lutte, nous condamnons à mort beaucoup de jeunes hommes. Si nous poussons à accepter ces propositions, nous menons à sa fin l'Empire britannique. Les pacifistes joueront sur la défection de l'U.R.S.S. et de l'Italie et sur un accord satisfaisant avec l'Allemagne. Une fois de plus nous retombons dans cette évidence que Chamberlain ne veut pas de cette guerre et ne cesse de songer à retirer sa mise. Il a peut-être raison mais il ne s'est pas comporté avec assez d'honnêteté, assez de courage moral pour entraîner le pays derrière lui.

JOURNAL   *11 septembre 1939.*

Comme c'est bizarre tout ce qu'on pense en un pareil moment ! Je hais cette guerre et redoute ses conséquen-

---

1. Le lieutenant-colonel Sir Arnold Wilson, député conservateur de Hitchin (1933-1940). Il avait la réputation d'être pro-fasciste et dans son livre *Thoughts and Tales* (1938) et *More Thoughts and Tales* (1939), il avait dit son admiration pour Hitler et Mussolini. Mais en 1940, il se porta volontaire comme servant de batterie et fut tué en action le 31 mai 1940.

ces. Je sais que quoi qu'il arrive elle détruira tout ce que
j'aime. Ainsi il y a un petit côté timide, égoïste de mon
être qui me tente en me soufflant l'espoir que nous
arriverons à une certaine forme de paix lorsque les
Allemands auront conquis la Pologne. Pourtant ce qu'il
y a de plus authentique en moi éprouve pour semblable
capitulation une profonde horreur. Si Anthony [1] avait
dit : « Nous devons envisager la paix », je me serais
senti pitoyablement soulagé. Mais il a dit : « Nous com-
battrons jusqu'au bout. » Je me sens stimulé. Pourtant,
je redoute ce que je sais être les conséquences. Cela
veut dire que nous tous avons besoin d'un chef ; les
paroles d'Anthony nous encouragent à souffrir, ce que
nous savons très bien devoir être une épreuve terrible et à
nous réjouir d'avoir accepté cette épreuve. Ce fut le
meilleur discours que j'ai jamais entendu faire par
Anthony.

JOURNAL   *14 septembre 1939.*

Les Communes s'occupent surtout d'évacuer les enfants. Il semble que si les enfants avaient été évacués
avec leurs instituteurs, les choses se seraient très bien
passées. Mais les mères sont venues aussi, et c'est là le
chiendent. Beaucoup d'enfants sont pleins de vermine
et ont de fort mauvaises habitudes, ce qui horrifie les
paysans chez qui ils doivent être hébergés. Qui plus est,
les mères refusent de participer aux soins du ménage,
grognent sans arrêt, s'ennuient et pleurent après leur
logis. Beaucoup d'entre elles sont rentrées à Londres.

---

1. Anthony Eden, secrétaire d'Etat aux Dominions depuis le 3 septembre, s'était cet après-midi-là adressé par radio à la nation.

Tout cela laisse un sentiment d'amertume. Mais il est intéressant de noter que ce sentiment n'oppose pas les riches et les pauvres, mais les citadins pauvres et les paysans pauvres. C'est assez troublant. Ce qu'on dit, c'est que ces enfants ont été évacués à la fin des vacances, et partant qu'ils sont plus pouilleux et insupportables que s'ils avaient été pris dans le courant d'un trimestre. Mais le résultat montrera aux gens combien est déplorable le standard de vie et de civilisation du prolétariat urbain.

JOURNAL   *15 septembre 1939.*

J'ai été voir Vansittart [1] au Foreign Office. Il ne pense pas que pour le moment il faille prendre l'offensive ou pousser l'Italie à bout. Nous sommes trop faibles. Il n'est pas non plus tout à fait convaincu que l'Allemagne nous fasse des propositions de paix une fois la Pologne conquise. Ils sont tellement ravis de leur « Blitzkrieg », et on dit qu'ils ont déjà atteint Brest-Litovsk [2] et encerclé Varsovie, qu'ils pourraient tenter un coup de ce côté-ci, envahir la France, par la Hollande, la Suisse et l'Italie. Je ne suis pas sorti de là convaincu de son optimisme en ce qui concerne l'issue de la guerre.

JOURNAL   *17 septembre 1939.*

Ecrit mon article pour *Spectator*. A 11 heures (heure peu propice) on vient me dire que l'U.R.S.S. a envahi la

1. Sir Robert Vansittart, premier Conseiller au Foreign Office (1938-1941).
2. Les Allemands prirent Brest-Litovsk le 16 et y firent le 18 leur jonction avec les avant-gardes soviétiques.

Pologne et que ses troupes marchent sur Vilna. Nous sommes tellement atterrés par cette nouvelle qu'une vague de désespoir submerge Sissinghurst. Je ne crois pas que les Soviets iront au-delà de leurs anciennes frontières ou voudront nous déclarer la guerre. Mais c'est cependant un coup affreux qui rend notre victoire encore plus incertaine.

Faisons le point de la situation. Il est possible que dans peu de jours l'Allemagne, l'U.R.S.S. et le Japon s'unissent contre nous. Il est possible que la Roumanie soit conquise et que les Grecs et les Yougoslaves tombent sous la coupe de l'Allemagne. Les Etats baltes et scandinaves auront trop peur pour faire quoi que ce soit. La Hollande, la Belgique et la Suisse devront capituler. Ainsi l'Axe dominera l'Europe, la Méditerranée et l'Extrême-Orient. Confrontée avec une telle situation, la France pourrait bien signer un accord. Hitler se trouve donc dans la situation de Napoléon après Austerlitz, avec cette différence importante que si nous avions alors la maîtrise totale des mers, elle n'est plus à l'heure actuelle aussi totale. Il ne s'agit pas pour nous d'encercler l'Allemagne et d'en effectuer le blocus, il s'agit de savoir s'ils ne vont pas nous encercler et nous bloquer. Le Japon peut menacer nos positions en Australie et en Extrême-Orient. L'U.R.S.S. peut nous menacer dans les Indes. L'Italie peut soulever le monde arabe. En quelques jours, toute notre puissance peut s'effondrer. Les choses ne sauraient être plus sombres.

Et pourtant, et pourtant, je crois encore que si nous en avons la ferme volonté, il nous est possible de gagner. Les Allemands, défiants par nature, peuvent difficilement croire à ce conte de fées. Un seul échec et ils seront en proie au découragement. Notre situation est celle d'une nation en péril. Une offre généreuse de trêve

immédiate avec la perspective d'une éventuelle conférence pourrait douloureusement nous tenter. Mais cette
offre généreuse, personne ne nous la fera. Que va-t-il
arriver ? Je pense qu'il y aura un ultimatum allemand et
un Cabinet de coalition. Chamberlain devra partir.
Churchill peut être notre Clemenceau et notre Gambet-
ta. Je vais au lit, très malheureux et très inquiet.

JOURNAL   *20 septembre 1939.*

Je me joins à Bob Boothby, Eleanor Rathborne [1] et
Wilfrid Roberts [2] pour aller à Thames House voir Lloyd
George [3]. Le vieux lion est assis dans sa chambre tout
en haut de la maison avec une vue admirable sur la
rivière jusqu'à St. Paul. Il commence par parler de la
situation générale. Il dit franchement qu'il est terrifié et
ne voit pas comment nous pouvons gagner la guerre.
Selon lui, nous devrions tenter d'obtenir immédiatement une séance secrète du Parlement, séance au cours
de laquelle nous obligerions le gouvernement à nous
dire exactement à combien il évalue nos chances de
victoire. Si ces chances sont de cinquante à cinquante,
alors cela vaudra la peine de mobiliser toutes les ressources du pays pour un combat désespéré. Mais si les
chances sont vraiment contre nous, il est évident qu'à la
première occasion, il faudra faire la paix, peut-être avec
l'assistance de Roosevelt. Il se lance dans une attaque
sauvage contre la stupidité et le manque de fermeté du
gouvernement actuel. Il soutient qu'avoir donné des

---

1. Député indépendant pour l'ensemble des universités anglaises,
elle avait battu en 1931 H. N. aux élections.
2. Député libéral du North Cumberland (1935-1950).
3. David Lloyd George avait alors soixante-seize ans.

garanties à la Pologne et à la Roumanie sans une entente préalable avec l'U.R.S.S. a été un acte de pure
folie et dû à l'irrémédiable faiblesse de caractère de
Chamberlain.

L'atmosphère aux Communes ne saurait être pire. Le
Premier ministre se lève pour donner sa déclaration
hebdomadaire. Il en fait la lecture et paraît fatigué et
déprimé. Le résultat est des plus décourageants et les
députés s'endorment. Du haut de la galerie, de mon
siège, je peux voir au moins dix députés qui sommeillent.
Le Premier ministre n'a pas le don d'inspirer qui que ce
soit et il aurait pu être le secrétaire d'une entreprise de
pompes funèbres lisant le compte rendu de la dernière
réunion. Son discours est suivi par une motion d'Archie
Sinclair [1] réclamant une séance secrète. Bob Boothby,
dans un vigoureux discours, appuie cette demande et
formule cette théorie que l'occupation soviétique du
territoire polonais peut tourner en fin de compte à notre
avantage. Lorsqu'il se lève pour parler, David Margesson [2] se tourne vers lui avec un geste de colère et s'écrie :
« Comment osez-vous ? » Les nerfs commencent à craquer.

Les Communes se séparent de bonne heure et je dîne
avec Rob Bernays, Sibyl Colefax, Guy Burgess [3] et
Ronald Cartland [4] au Grill du Savoy. Cartland est des

---

1. Leader du parti libéral (1935-1945), secrétaire d'Etat à l'Air
(1940-1945). Plus tard, Lord Thurso.
2. Whip, secrétaire d'Etat à la Guerre (1940-1942).
3. Guy Burgess avait démissionné en décembre 1938 de la B.B.C. et
rallié la section 9 du Service secret où il s'occupa surtout de la propagande et de la résistance sur le continent. En 1951, il passa à l'U.R.S.S.
en compagnie de Donald MacLean.
4. Député conservateur de King's Norton (1935-1940). Un des adversaires les plus acharnés de Chamberlain. Il fut tué en mai 1940,
pendant la retraite de Dunkerque.

plus pessimistes. Il dit que nous sommes tragiquement à court de munitions, dans tous les services, qu'en fait nous n'avons ni armée, ni marine, ni aviation et que nous devrions demander la paix sans perdre une seconde. Il souhaiterait voir pendus aux réverbères Margesson et Chamberlain. Il pense aussi que Burgin [1] et Hore Belisha [2] doivent être fusillés. Il est très indigné que Winston Churchill ait été bâillonné et mis aux oubliettes à l'Amirauté. On pensait à l'origine (et Lloyd George m'a dit la même chose) faire de Winston un membre sans portefeuille du Cabinet de guerre. Margesson a déclaré qu'il serait dangereux à un pareil poste, qu'il fallait lui rogner les ailes en le plaçant dans un ministère qui occuperait tout son temps.

Je dois dire que si un vieux combattant tel Lloyd George et un jeune combattant, tel Ronald Cartland, sont tous deux également défaitistes, le sentiment général dans le pays doit être au plus bas.

JOURNAL   *24 septembre 1939.*

Le black-out, l'évacuation (des enfants) et l'exode général ont eu des effets très désastreux sur le moral. Toute l'affaire avait été préparée pour une attaque immédiate et intensive des Allemands qui aurait mobilisé toute notre énergie. Le gouvernement n'avait pas prévu une situation dont l'ennui et l'ignorance seraient les principaux facteurs. Il s'attendait à lutter contre la panique et il se trouve aux prises avec un effondrement général. Il n'a pas assez d'imagination pour en venir à

---

1. Leslie Burgin, député, ministre du Ravitaillement (1939-1940).
2. Leslie Hore Belisha, secrétaire d'Etat à la Guerre (1937-1940).

bout. Nous avons mis en branle l'appareil de la guerre et il n'y a pas de guerre. Il résulte une désillusion générale et de ce mécontentement pourrait naître le plus répugnant des défaitismes.

JOURNAL   *26 septembre 1939.*

Le Premier ministre se lève pour faire sa déclaration. Il est en grand deuil, avec la seule tache de son mouchoir et une grosse chaîne de montre en or. On sent que la confiance et l'espoir des Communes s'écoulent goutte à goutte. Lorsqu'il se rassied, on applaudit à peine. Pendant tout le discours, Winston Churchill était resté tassé près de lui, faisant penser à un dieu chinois de l'abondance souffrant d'indigestion aiguë. Il restait courbé, le dos rond et, tout d'un coup, il s'est levé. Il est salué par une ovation venue de tous les bancs et il commence à nous parler de la situation de la marine. J'ai remarqué que le *Hansard* n'avait pas reproduit son exorde. Il débute en décrivant cette curieuse expérience qui consiste pour lui à se retrouver, vingt-cinq ans plus tard, dans le même bureau, en face des mêmes cartes, combattant le même ennemi et aux prises avec les mêmes problèmes. Son visage se plisse en un furieux rictus et il ajoute, lançant un regard vers le Premier ministre : « Je n'arrive pas à comprendre comment s'est produit ce curieux changement dans ma destinée. » Tous les députés éclatent de rire et Chamberlain n'a pas la décence d'esquisser le plus pâle des sourires. Il reste là à bouder.

L'effet produit par le discours de Winston fut infiniment plus grand qu'on ne pourrait le croire à la lecture du texte. Son éloquence parut réellement stupéfiante et il fit sonner chaque note, passant du ton de la gravité

profonde à la futilité, de la volonté de convaincre à la
pure gaminerie. On sentait à chaque mot le moral des
Communes remonter. C'était la démonstration lumi-
neuse de l'insuffisance du Premier ministre, de son
manque d'inspiration, même aux yeux de ses plus
chauds partisans. En vingt minutes, Churchill s'est
approché du fauteuil de Premier ministre, jamais il
n'avait été si près du but. Peu après, dans les couloirs,
même les chamberlainistes disaient : « Nous avons un
chef. » De vieux parlementaires confessaient que jamais, dans toute leur carrière, ils n'avaient vu un simple
discours changer à ce point l'humeur des Communes.

Je dîne au Beefsteak. Dufferin [1] est là. Il me dit que
Winston en rédigeant son discours y avait glissé le
passage qui suit : « Nos destroyers ont attaqué un sous-
marin et tout ce qu'on a pu voir ensuite du vaisseau fut
une grande tache d'huile et une porte flottant à la surface de la mer, avec, peintes en blanc, mes initiales. »
Je pense qu'il a bien fait de ne pas se laisser aller à ce
genre d'esprit.

JOURNAL   *3 octobre 1939.*

  En compagnie de Duff Cooper, je vais au Carlton, où
Diana (Cooper) offre un dîner en l'honneur de Burckhardt, ancien haut commissaire à Dantzig pour le
compte de la S.D.N. Considérant que par deux fois,
dans ses discours, Hitler a parlé de lui comme de *ein
Man von Format* et « une personne pleine de tact »,
d'une manière ou d'une autre je m'étais imaginé que

---

1. Le quatrième marquis de Dufferin et Ava, sous-secrétaire d'Etat
aux Colonies (1937-1940).

c'était un autre Horace Wilson [1]. Pas du tout. C'est plutôt un aristocrate suisse, au teint frais, vif, élégant, parlant admirablement le français. Je suis assis à ses côtés et le trouve très intelligent et amusant. Il parle beaucoup d'Hitler. Il dit que c'est l'homme le plus profondément féminin qu'il ait jamais rencontré et que par moments il devient presque efféminé. Il imite les mouvements de ses mains blanches et dodues. Il dit que la personnalité d'Hitler est double, la première étant celle d'un artiste plutôt aimable et la seconde celle d'un fou, d'un assassin. Il est convaincu qu'Hitler n'a pas vraiment confiance en lui-même et que ses actions sont menées en quelque sorte avec la démarche d'un somnambule. Il dit que la force essentielle d'Hitler est sa force de haine et que jamais il n'a rencontré un être humain capable à ce point d'engendrer un si terrifiant concentré de jalousie, de vitupération et de malice. Pourtant, il a de temps en temps un côté pathétique. Par exemple, il a entendu un jour dire à Hitler : « C'est vraiment dommage que je n'aie jamais rencontré un Anglais parlant assez bien l'allemand pour que je me sente à l'aise avec lui. » Pour Burckhardt, il était évident qu'il était fasciné « comme tant d'Allemands le sont » par le problème de notre assurance innée.

JOURNAL   *25 octobre 1939.*

Je dîne avec le groupe Eden. Hore Belisha est notre invité. Il déclare que si les Allemands ne nous attaquent pas dans la quinzaine qui vient, ils attendront probablement jusqu'en mars. Il a confiance et, bien qu'il se

---

1. Voir page 178.

prépare à une guerre de trois ans, il ne pense pas qu'elle sera aussi longue. Dans les cercles ministériels le sentiment général est qu'avant le printemps la guerre aura fait long feu. Je n'ai personne pour m'aider à trouver des raisons d'être aussi optimiste.

Le 28 octobre Harold Nicolson partit en avion pour Paris, avec une délégation de huit autres députés [1], conduite par Sir Edward Spears, président de la Commission parlementaire franco-anglaise. Le but de cette visite était un échange de vues avec les hommes politiques français et une inspection sur le terrain de la ligne Maginot. Ils visitèrent le secteur de l'extrémité nord de cette ligne, près de la frontière du Luxembourg, où, à cette époque, il n'y avait aucune activité ennemie, sauf, à l'occasion, des échanges de tirs de batteries et des patrouilles à travers le no man's land. Les visiteurs britanniques furent très frappés par les qualités professionnelles et le moral des défenseurs de la ligne Maginot et par leur confiance dans leurs chefs politiques, qui à cette époque dépassait de beaucoup celles des Anglais eux-mêmes.

JOURNAL   *20 octobre 1939.*
                                              Paris.

Ce matin nous avons été réveillés à 6 h 30 et conduits à la gare de l'Est. Toute la matinée tombe une petite pluie et les vallées de la Marne, de la Meuse et de la

---

1. C'étaient : Leo Amery, Hugh Dalton, James de Rothschild, Philip Noel-Baker, David Greenfell, Sir John Wardlaw-Milne, Sir Robert Bird et le général Spears.

Moselle sont complètement noyées. Delbos [1] me dit :
« Les éléments sont de notre côté. » Finalement nous
atteignons Nancy. Nous prenons place dans un convoi
de cinq voitures militaires et sommes conduits au quartier général français, où le chef d'état-major nous donne
des précisions sur le tracé de la ligne. Puis nous repartons sous la pluie.

Après Thionville, nous comprenons que nous sommes entrés dans la zone des armées : la signalisation
routière habituelle est complétée par de larges écriteaux
blancs et rouges, pourtant les mots « Section A »,
« Section B », soulignés par des flèches. Nous poursuivons notre chemin ; soudain un piquet de soldats se
précipite et enlève une barrière de barbelés mise en
travers de la route. Nous nous arrêtons alors au pied
d'un à-pic couronné de verdure et barré d'une grille de
fer. Sur le linteau une inscription est gravée dans la
pierre : LIGNE MAGINOT – OUVRAGE DE SOET-
TRICH. Au-dessous, ces mots : « Ils ne passeront pas. »
Le général Cousse nous accueille à l'entrée. Il commande le groupe d'armée qui occupe le secteur. A ses
côtés le général Condé, responsable de la forteresse
elle-même. Il y a une petite garde d'honneur, impecca-
ble. Nous pénétrons sous le porche et voyons que les
couloirs sont encombrés de cages de pigeons et, je
regrette de le dire, de souris [2]. C'est en prévision des
gaz. Nous prenons le tunnel et faisons une cinquantaine
de mètres jusqu'à une cage d'ascenseur, pareille à
celles du métro. Nous descendons environ cent mètres.
Lorsque nous quittons l'ascenseur, nous nous trouvons

---

1. Yvon Delbos, ancien ministre des Affaires étrangères et ministre
de l'Education nationale.
2. Le regret d'H. N. n'est pas dû à la sympathie : toute sa vie il eut
les souris en horreur.

dans un tunnel violemment éclairé qui rappelle le tunnel de la Mersey. Face à l'ascenseur arrive un grand train ou tramway semblable à ces tramways qui font le tour des expositions. Notre tramway personnel est décoré de drapeaux français et anglais. Nous y prenons place et le train part, faisant tinter sans arrêt sa cloche. Il me semble que le trajet est à peu près celui de Gordon Square au Temple. L'atmosphère est tout à fait semblable à celle d'une station de métro et il y a dans l'air une sorte de bourdonnement : celui des ventilateurs.

Tout d'abord, on nous fait entrer dans les chambres de contrôle de cet ouvrage. Ce sont trois grandes pièces autonomes ; on peut passer de l'une à l'autre par une porte blindée. Les parois de ces pièces sont tapissées d'une frise de photographies détaillées du terrain battu par l'ouvrage. Au-dessous, des rangées et des rangées de diagrammes indiquant la distance de chaque arbre, de chaque haie. Il y a là trente hommes et quatre officiers, assis devant des tables encombrées d'autres plans. Le général nous explique le système de contrôle de tir, auquel, bien entendu, je ne comprends rien. Puis il nous dit : « Supposez maintenant que vous êtes en observation et que vous voyiez des blindés allemands avancer sur un certain point de cette zone, que feriez-vous ? » Nous disons que nous ne comprenons pas tout à fait cette question. « Bien. Posez votre doigt sur un point précis de cette photographie (ç'aurait pu être le champ qui descend jusqu'à Frittenden) et dites-moi que vous apercevez des blindés surgissant de là. » Je pose mon doigt sur la photographie d'un champ éloigné. A la seconde une activité bourdonnante emplit les trois salles en sous-sol. Tous les jeunes gens qui étaient là (ils portaient des treillis blancs, comme dans un hôpital) se précipitèrent vers leur tâche respective. Certains se casquèrent d'écouteurs, d'autres bondirent sur leurs cartes, compas en main et instantanément commença un grand bourdonnement de conversations téléphoniques. Deux ou trois d'entre eux, un morceau de craie à la main, se tenaient près des opérateurs. Ces derniers leur lançaient des mots et ils se ruaient sur les tableaux noirs accrochés aux murs et divisés en petits carrés et commençaient à noter : 235, 410, 789. Les officiers regardaient s'accumuler les chiffres jusqu'au moment où ils tournèrent un cadran encastré dans le mur et qui déclencha une cloche ; lorsque la cloche se fut fait entendre, tous soudainement se détendirent et abandonnèrent leurs écouteurs. « Cela signifie que tous les tirs ont été concentrés sur le point que vous avez désigné », nous dit le général [1].

Ensuite nous fûmes promenés à travers les cuisines, les cantines, les dortoirs des hommes qui vivaient encore plus bas. Le plus extraordinaire, c'est qu'ils ne ressemblaient pas du tout à des soldats, mais avaient le blanc visage des troglodytes et les mains nerveuses et blanches des hommes de science. Puis nous reprîmes l'ascenseur et remontâmes hors de cette grande cave qui me fit penser à une sorte de B.B.C. enterrée dans la montagne. Nous fûmes alors conduits à un blockhaus au flanc de la colline, éclairé violemment à l'électricité. Cela ressemblait tout à fait à la tourelle des cuirassés. Nous ne pouvions rien voir d'autre que la culasse d'énormes canons, de mortiers, de mitrailleuses engagées dans les murs extérieurs. Ils nous demandèrent : « Aimeriez-vous voir les Allemands ? » Nous répondî-

---

1. En imagination, bien sûr. Il ne sembla pas curieux à la Délégation que, même pour faire une démonstration, les Français n'aient pas eu l'idée de tirer sur l'ennemi.

mes : « Oui. » Alors le commandant pressa un bouton et il y eut un doux ronronnement. Peu à peu, un des canons commença à pivoter et, ce faisant, laissa apparaître une embrasure d'environ soixante centimètres de haut sur trois mètres de long par laquelle tout à coup nous aperçûmes la lumière mouillée du jour. Ils éteignirent l'électricité. Nous pûmes voir une levée de terre à une distance égal à celle de Sissinghurst à Staplehurst [1], « Voilà les Boches », nous dit le général. On nous permit de regarder pendant quelques minutes, puis, en une seconde tout fut bouclé. Nous reprîmes l'ascenseur et nous gagnâmes l'étage supérieur. Il s'agissait de nous présenter les « 75 ». Nous allâmes d'abord au poste d'observation le plus élevé, qui en réalité dépasse la surface de la colline de la hauteur d'un verre à bordeaux, à peine plus. Grâce à quelque système, l'observation est amplifiée, comme par une caméra et nous pouvons voir tout le front de ce secteur. A ce poste, deux hommes seulement sont de vigie. Ce sont eux qui communiquent avec la grosse batterie de l'intérieur. Nous descendons quelques marches pour gagner la batterie elle-même. On dirait un gigantesque télescope. Une fois encore, on nous dit : « Posez votre doigt sur le point de la carte que vous souhaitez bombarder. » Nous nous exécutâmes. Alors la tourelle s'emplit immédiatement d'une vingtaine d'hommes se précipitant chacun vers un endroit donné. Des manettes furent tournées et un grand bourdonnement emplit l'air. Le télescope, qui jusqu'à cet instant n'avait pas paru être autre chose qu'une manche à air, se transforma soudain, se dressa tout droit et une certaine portion du plafond pivota et découvrit au-dessus de lui le ciel de cette pluvieuse

---

1. 8 kilomètres.

après-midi. La grande gueule du canon s'éleva dans l'air, puis soudain s'immobilisa : « Feu », dit le commandant sans élever la voix, et à ce moment-là les culasses commencèrent à pivoter sur elles-mêmes avec un cliquetis. Bien que des obus fussent entassés autour de nous, ils ne les placèrent pas réellement dans leur logement, mais nous savions que chaque clic signifiait un obus. Il y avait un déclic chaque seconde et cela dura quatre-vingts secondes. Le commandant nous expliqua que cela représentant un tel déluge de feu qu'il n'était possible ni à des blindés ni à l'infanterie de tenir le coup. Puis ce fut fini. Le canon bourdonna à nouveau, redescendit dans son logement et la coupole fut fermée.

Nous regagnâmes Nancy à 9 heures, nous étions invités par le préfet et les autorités militaires à un grand banquet.

JOURNAL   *31 octobre 1939.*

Nous arrivons à Paris à 12 h 30 et sommes conduits, sans même avoir pu nous rafraîchir, au ministère des Finances. Paul Reynaud [1] nous attend. Il est très curieux d'apprendre ce que nous pensons de la ligne Maginot, et il est franchement ravi de notre enthousiasme. L'entretien est excellent. Je reprends courage. Il répète sans cesse : « Nous les tenons et ils le savent ! » Il voit bien que nous allons au-devant de grands désastres, de périodes de défaites, mais il ne paraît pas douter un instant que, Russie ou pas, nous gagnerons : « C'est absolument inévitable, dit-il, et vous savez que je ne

---

1. Reynaud était le ministre des Finances et devait succéder le 21 mars 1940 comme président du Conseil à Daladier.

vous parlerais pas ainsi, à vous qui dans le passé avez toujours partagé mes doutes, si je n'en étais pas fermement convaincu. Je vous aurais dit : "Nous devons affronter un péril immense." Maintenant je ne vous le dis plus. Je dis : "Nous devons nous préparer à une victoire inévitable" et quand je parle ainsi, je parle après avoir pesé tous nos périls, toutes nos responsabilités et vous savez que je suis foncièrement pessimiste. »

Puis nous allons voir Daladier [1]. Tout le ministère bourdonne comme un quartier général et dans toutes les antichambres des officiers attendent, des dossiers sous le bras. On nous introduit dans le cabinet de Daladier qui est assis à un immense bureau Directoire, une masse de papiers devant lui et une coupe pour ses pipes et son tabac. Nous débutons par un échange de petits discours qui passent très bien. Tout le monde s'assied. Daladier prend la parole. Ce n'est pas un homme séduisant. Il ressemble à un paysan alcoolique. Ses traits jadis devaient être aigus, mais à présent ils sont brouillés par le vin. Il paraît à bout et a le regard d'un homme qui n'a pas dormi. Son sourire est faible, rusé. La conversation est tout à fait détendue et nous lui demandons ce qu'il pense que les Allemands vont faire. Il répond : « Je n'en ai aucune idée. J'espère qu'ils attaqueront la ligne Maginot, mais je ne les crois pas assez fous pour cela. Je pense que, dans les jours qui viennent, ils pourraient lancer directement contre vous en Angleterre un raid aérien massif. Je pense qu'ils pourraient essayer de contourner la ligne Maginot en passant par la Hollande et la Suisse. Je pense qu'ils pourraient demeurer sur leurs

---

1. Edouard Daladier n'était pas seulement président du Conseil, mais aussi ministre des Affaires étrangères et ministre de la Défense nationale.

positions et espérer que, durant l'hiver qui approche, leur propagande brisera notre front. Je ne sais vraiment pas ce qu'ils choisiront. » Je crois qu'il a été touché par notre visite et par le très bon petit discours de Spears. Il fut très cordial et nous dit que si l'un de nous désirait le rencontrer une nouvelle fois, il annulerait tous ses rendez-vous.

Nous défilons dans l'antichambre et nous trouvons là un vieil homme dans un fauteuil roulant. Il est en grand uniforme, la croix de la Légion d'honneur sur la poitrine. Spears se précipite vers lui et tous deux se saluent très chaudement. C'est Franchet d'Esperey [1]. Il nous dit : « Eh bien, Messieurs, contemplez un fantôme visitant le théâtre de ses exploits. »

Ensuite nous allons à une réception que donne le président de la Chambre [2]. On nous offre un splendide buffet avec du champagne. Je parle avec Giraudoux [3] et des membres des Affaires étrangères. J'ai aussi un entretien avec Léon Blum et toutes ces conversations m'amènent à la conviction qu'à Londres nous sommes trop défaitistes et que ces gens sont absolument sûrs de la victoire. Ils pensent que nous aurons beaucoup à souffrir d'attaques aériennes et que cette fois c'est nous et non pas eux qui seront envahis. Ils sont convaincus que si nous pouvons tenir six mois, tout l'édifice allemand s'effondrera.

Hitler avait déjà pris la ferme décision d'attaquer à l'ouest en passant par la Hollande et la Belgique. La

---

1. Commandant la Ve armée à la bataille de la Marne en 1914. Plus tard maréchal de France. En 1939, il avait quatre-vingt-trois ans.

2. Edouard Herriot.

3. Jean Giraudoux, l'auteur dramatique, depuis peu commissaire à l'Information.

date de l'offensive fut fixée au 12 novembre, ajournée de trois jours à la date du 7 novembre et ensuite ajournée de semaine en semaine quatorze fois durant l'hiver et cela pour des raisons politiques et militaires. Les derniers mois de 1939 firent peser sur les Anglais le poids de l'inaction. Il n'y avait pas de combat. Le premier mort de l'armée britannique fut un caporal tué en patrouille le 9 décembre. En mer, les mines magnétiques furent combattues victorieusement et le Graf Spee *se saborda le 17 décembre, à l'embouchure du Rio de la Plata, après un dramatique combat avec les croiseurs britanniques.*

Le seul événement militaire d'importance fut, le 30 novembre, l'invasion de la Finlande par l'U.RS.S., faisant suite au rejet des revendications soviétiques sur quelques parcelles du territoire finlandais. On s'attendait, nous rapporte Harold Nicolson dans son journal, à voir les Finlandais capituler « après un jour ou deux ». A l'étonnement général, ils repoussèrent les troupes soviétiques sur tous les points, sauf dans l'extrême nord à Petsamo, et les tinrent bloquées devant la ligne Mannerheim à quelques dizaines de kilomètres de leur point de départ situé près de Leningrad.

JOURNAL   *25 novembre 1939.*

Combien sont bizarres les caprices de notre esprit ! Je suis là, dans ma chambre à Sissinghurst, réfléchissant à tous ces jours écoulés depuis le 3 septembre. Le désarroi total, la tristesse des premiers jours ont disparu. J'ai accepté le fait que nous sommes en guerre et je pense que physiquement je suis soulagé parce que nous n'aurons vraisemblablement pas à supporter de raids sur

Londres durant l'hiver et que les Allemands n'ont pas fait irruption en Hollande. Pourtant le fait que cette guerre nous coûte six millions de livres par jour et que je ne suis pas tout à fait sûr que nous puissions la gagner me remplit, parfois, d'une tristesse aiguë. Tous nous faisons bonne figure et refusons d'admettre la possibilité d'une défaite. Mais l'appréhension serre mon cœur.

Victor Cazalet me téléphone et m'annonce que Ben a pris du galon et qu'à présent il est bombardier. Ce qui me réjouit absurdement. Nuit venteuse avec une lune qui se cache. Je pense aux gens en mer et à tous ces démons en Allemagne et à Rome, complotant, tirant des plans et envisageant notre destruction pour le printemps.

JOURNAL   *30 novembre 1939.*

Les Soviétiques ont envoyé un ultimatum à la Finlande et commencent à bombarder Helsinki et Vybörg. Le Premier ministre fait une déclaration. Le Labour est exaspéré par l'U.R.S.S. et même le petit Gallacher [1], qui tente courageusement de venir au secours de l'U.R.S.S., n'est pas très heureux. Sur tous les bancs on crie : « Quelle honte ! »

Ce qui m'a fait sourire c'est qu'au moment où il s'est agi de trouver quelqu'un pour répondre à Dalton, j'ai vu quelques amis me désigner du doigt, mais David Margesson a farouchement secoué la tête. Il ne pardonne ni n'oublie jamais.

---

1. Nillian Gallacher, député communiste de Fife-Ouest depuis 1935.

JOURNAL   *3 décembre 1939.*

Les nouvelles sont encourageantes. Nous avons coulé un autre sous-marin et les Finlandais font une admirable démonstration. D'ici un jour ou deux, ils vont craquer, mais il leur fallait faire preuve, ne fût-ce quelques heures, d'héroïsme ; ils y ont réussi.

JOURNAL   *7 décembre 1939.*

Déjeuner avec Sibyl Colefax. Dickie Mountbatten est en permission [1]. Il est en pleine forme, il a si bonne mine qu'il apporte avec lui comme une bouffée d'air de la mer. Il pense qu'on ne parle pas assez de la marine. L'aviation paraît tout accaparer. Par exemple l'autre jour un navire marchand venant d'Argentine embouquait le Firth. Un Messerschmidt fondit sur lui et prit le pont en enfilade avec sa mitrailleuse. Le second fut tué et le vieux capitaine atteint d'une rafale. Il se redressa et demanda à l'homme de vigie : « Le lieutenant Jones est-il mort ? – Oui, commandant. – Apportez-moi une chaise. » Il s'assit et fit entrer le navire au port. Pour finir, il donna un ordre : « Arrêtez les machines. » Il demeurait assis, et ils découvrirent alors qu'il était mort. Dickie estime que cette histoire mériterait d'être publiée, mais j'ai l'impression qu'on ne le fera pas, parce que cela prouverait l'efficacité du

---

1. Lord Louis Mountbatten commandait alors le *Kelly* qui faisait partie de la 5ᵉ flottille de contre-torpilleurs placée également sous ses ordres.

feu des mitrailleuses allemandes sur le pont des navires marchands.

V. S. W. à H. N.   *12 décembre 1939.*
                                           Sissinghurst.

L'étang du Lion a été asséché. J'espère que mon plan
sera réussi : rien que des fleurs blanches, avec quelques
touches de rose très pâle. Clématites blanches, lavandes
blanches, agapanthus blanc, roses trémières doubles
blanches, anémones blanches, camélias blancs, lis
blancs y compris, dans un angle un *giganteum* et des
primula pulverulenta couleur de pêche.

H. N. à V. S. W.   *13 décembre 1939.*
                                     4, King's Bench Walk – EC4.

Vous ne pouvez imaginer la joie que m'apportent vos
lettres. Après avoir pataugé dans une masse énorme de
lettres de raseurs, j'arrive aux vôtres et c'est comme
une bouffée d'air estival. J'aime votre idée pour l'étang
du Lion. Seulement, bien sûr, il n'est pas ensoleillé.
Vous le savez. Vous êtes horticulteur. C'est impudent
de ma part de vous rappeler que l'étang du Lion n'a
presque pas de soleil. Un rayon à peine à l'aurore. C'est
tout. Nous avons des anémones japonaises qui iront
bien. Nous connaissons l'agapanthus à fleurs bleues,
pourquoi pas celui à fleurs blanches. Mais les clématites, les camélias, les lis et le *giganteum* ? Vous avez
sûrement réponse à tout et je voudrais tant que ce projet
soit une réussite. J'aimerais aussi la *campanula pyra-
midalis*, pas vous ? Bien sur, il n'y a pas trop de place.

Puis nous aurons tout autour des *clematis montana*. Oui, c'est sûrement une bonne idée. Chérie, comme tout cela nous éloigne de la tristesse de la guerre.

Les gens sont déprimés. Depuis toujours je me suis attendu au pire et j'ai compris que ce que j'avais de mieux à faire, était de montrer un visage serein. Mais les gens à l'heure actuelle voient que leur espoir d'un conflit entre l'U.R.S.S. et l'Allemagne n'est qu'illusion, que l'une et l'autre nation sont décidées à s'emplir les poches et l'on commence à craindre que l'Italie ne se mette de la partie. Cette semaine j'écrirai un article pour *Spectator* sur ce sujet.

JOURNAL   *14 décembre 1939.*

Le *Graf Spee* a appareillé et s'est trouvé aux prises avec trois de nos bâtiments légers qui l'ont obligé à rentrer au port [1]. Joli travail. Le moral est meilleur.

Je passe mon esprit au peigne fin et ne trouve pas trace de rancune. Pourtant je suis persuadé que nous ne gagnerons pas la guerre avec Chamberlain au pouvoir et des gens comme Simon, Hoare, Hore Belisha et Burgin aux positions clés. Je ne désire pas un gouvernement de coalition pour l'instant, parce que nous devons garder notre second souffle pour le moment où les désastres vont commencer. Conservons Chamberlain. Mais qu'il sache et que ses séides sachent qu'il est tout juste toléré et que nous ne le perdons pas de vue. A présent le voici averti.

---

1. En réalité le *Graf Spee* depuis le commencement de la guerre écumait l'Atlantique sud. Il ne se réfugia à Montevideo qu'après l'affaire du 13 décembre. Le *Graf Spee* avait des canons de onze pouces ; les croiseurs britanniques, six et huit seulement.

JOURNAL   *17 décembre 1939.*

Après dîner, nous écoutons les nouvelles. C'est dramatique. Le *Graf Spee* doit soit être interné soit avoir
quitté Montevideo à 9 h 30. Le bulletin est à 9 heures.
Vers 9 h 10, ils passent un flash : le *Graf Spee* a levé
l'ancre après avoir débarqué deux cent cinquante hommes d'équipage à Montevideo. Tandis que je tape ces
mots, il doit être paré pour le combat (là-bas, il est
6 h 30 et il fait encore jour). Il peut se glisser dans les
eaux territoriales jusqu'à ce que tombe la nuit et puis
foncer. Il peut s'attaquer aux navires ennemis qui
l'attendent. Il peut couler quelques-uns de nos navires [1].
Mais je déteste toute cette histoire. J'aurais voulu qu'il
se laisse interner. L'idée de tous ces hommes courageux
s'élançant de sang-froid soit vers notre destruction soit
vers la leur, me fait horreur. Peu de choses auraient pu
mieux me convaincre de l'idiotie de la guerre moderne.
Ce n'est rien de plus qu'une boucherie. Le taureau est
mis en face du toreador. Mais le taureau est aussi noble
que le toreador. J'ai dans l'esprit, d'une part, l'image
que m'a laissé le livre de Rauschning [2], l'image de ce
sadique impatient de perpétrer le viol des nations et
d'autre part l'image des officiers de l'équipage du *Graf*

---

1. Il ne prévoyait pas ce qui allait se passer : Hitler avait donné
l'ordre au commandant du *Graf Spee*, le capitaine Langsdorff, de
refuser l'internement à Montevideo et de se frayer un chemin, et en
dernier ressort de saborder le navire. Langsdorff fit passer sur un navire
de commerce allemand sept cents membres de son équipage et prit la
mer à 6 h 15. A 8 h 15, en vue des croiseurs britanniques qui l'attendaient, il saborda son navire. Deux jours plus tard le commandant
Langsdorff se suicida d'un coup de revolver.

2. *Hitler m'a dit*, d'Hermann Rauschning, venait d'être publié.
Rauschning était à cette époque réfugié en Angleterre.

Spee, obéissant à ses ordres et condamnés soit à tuer, soit à être tués. En vérité, j'espère qu'il va s'échapper. Il ne faut pas plus d'un épisode comme celui-ci pour nous brouiller les idées.

Nous voudrions tout simplement qu'il n'y ait pas de vainqueur. Quoi qu'il arrive, nous n'éprouverions ni triomphe ni défaite, mais simplement le sentiment de l'insondable bêtise humaine.

JOURNAL   *31 décembre 1939.*

Cyril Joad [1] se fait, après dîner, l'apôtre du pacifisme. Dans son esprit l'homme et la femme quelconque en Angleterre souffrira moins après une victoire nazie que si lui ou elle avaient perdu un fils, un amant, un mari. Il pense seulement à l'affreux malheur du plus grand nombre et m'accuse de nationalisme mal placé. C'est un plaisir de parler avec lui. Il excite mon esprit. Il a beaucoup d'imagination, il se représente très bien les douleurs physiques et l'image de jeunes hommes égorgés à coup de baïonnette lui paraît si atroce qu'il préférerait sacrifier la liberté pour ne pas la voir.

Je n'attends pas pour voir débuter la nouvelle année ou finir l'ancienne. Il est 11 h 45 tandis que j'écris ces lignes. L'année passée est hideuse et celle qui vient, terrifiante. Tandis que je me couche, je pense à Nigel et à Ben, à Ben et à Nigel. Que la vie est bête ! Non pas mauvaise, seulement bête. Que faudra-t-il que j'écrive à cette même date l'an prochain ?

---

1. L'écrivain et le philosophe. C'était un vieil ami de H. N. avec lequel il avait jadis participé en 1931 au Nouveau Parti. Il fut, au début de la Seconde Guerre mondiale, comme il l'avait été durant la Première, un pacifiste.

1940

« La guerre détruira tout ce que nous aimons » – Inquiétude dans le groupe Eden sur l'effort de guerre britannique
— L'affaire de l'*Altmark* – Série de conférences faites par
H. N. en France – Hitler envahit la Norvège et le Danemark –
« J'ai rarement vu Churchill moins à son avantage » – Duff
Cooper et l'opinion américaine – De la moralité du bombardement des villes allemandes – Entretien avec Halifax – On
envisage de faire de Lloyd George le Premier ministre – Le
grand débat du 7 et 8 mai aux Communes – Chamberlain
tombe et Churchill devient Premier ministre – La Hollande,
la Belgique et la France envahies par les Allemands – H. N.
entre au Gouvernement – Sedan et Dunkerque – Le moral à
Leicester – L'Italie entre en guerre – Grand discours de
Churchill – La chute de la France – « Il est à peu près sûr que
les Américains entreront en guerre au mois de novembre » –
Mers el-Kébir – H. N. rédige un papier sur les buts de la
guerre – Menace d'une invasion allemande – La bataille
d'Angleterre – Début du Blitz sur Londres – Moral de la
foule sous les bombardements – L'affaire de Dakar – Discussion au zoo avec Huxley – Churchill et les raids de représailles – Rumeurs d'une offre de paix faite par Hitler à Pétain
– Admiration d'H. N. pour Churchill – Roosevelt est réélu –
Mort de Neville Chamberlain – Churchill à Ditchley – Dans
le désert offensive de la VIIIe armée.

1940

Orateur, écrivain et membre de nombreuses com-
missions, Harold Nicolson fut très occupé durant ce que
Churchill devait appeler plus tard « la drôle de
guerre » (pretended war), *mais son activité, comme*
celle de n'importe qui, tournait à vide. Tous attendaient
le prochain mouvement d'Hitler. Il était rare qu'une
initiative alliée dépassât le stade de la discussion. On
parlait encore d'aider les Finlandais, quand pour finir
les Russes, à la mi-mars, enfoncèrent la ligne Manner-
heim et la Finlande capitula. Le 16 février, l'affaire de
*l'*Altmark *fut un rayon de soleil dans cet hiver si ex-*
ceptionnellement froid et maussade. En Angleterre, le
remplacement en tant que ministre de la Guerre d'Hore
Belisha par Oliver Stanley fut plus apprécié du Parle-
ment que du grand public, et le gouvernement de
Chamberlain demeura toléré, faute de mieux jusqu'à ce
que de grands événements révèlent son insuffisance.

JOURNAL   *1er janvier 1940.*

Un dîner charmant avec Cyril Joad et Vita. Ensuite
nous écoutons Lord Haw-Haw [1]. Joad ne pense pas que

---

1. William Joyce, anglais pour les uns, américain pour les autres, qui
faisait en Allemagne des émissions radiophoniques de propagande anti-

ce dernier trouvera quelque écho chez ses jeunes pacifistes. C'est dans la classe moyenne, les gens peu sûrs
d'eux-mêmes et les esprits doués de peu de discerne-
ment qu'il aura audience. Il faut à tout prix lui répondre. Joad me taquine parce que je ne m'apprécie pas à
ma juste valeur. Il dit que je manque de combativité et
que jamais je n'ai mis le meilleur de moi-même à soutenir mes convictions. D'une certaine manière, il a
raison. Mais à quoi est-ce dû ? Manqué-je de courage ?
Cependant, aux Communes, j'en ai donné des preuves
suffisantes. Ce ne peut être ni la crainte des responsabilités ou d'un dur travail, puisque tout cela m'amuse.
Je pense que c'est une grande méfiance à l'égard de
moi-même associée à une certaine complaisance et à un
goût que je reconnais frivole pour la situation d'observateur.

JOURNAL   *13 janvier 1940.*

Dans le *Spectator* paraît une lettre de St. John Ervine [1] attaquant avec virulence un article que j'ai écrit
dans le numéro du 5 janvier. J'avais raconté l'histoire
d'un simple soldat qu'« un commandant d'un régiment
de second ordre » avait mis à la porte d'un restaurant. Il
est intéressant de noter que ce qui met Ervine en rage ce
ne sont pas les malheurs du pauvre soldat, mais mon
allusion à « un régiment de second ordre ». C'est un
indice de plus de cette vague de colère qui est en train
de se lever contre les classes dirigeantes. J'ai toujours
été du côté du pauvre bougre, mais j'ai toujours eu foi

---

britannique – ainsi surnommé à cause de ses intonations prétentieuses.
Il fut convaincu de trahison et exécuté après la guerre.
   1. Auteur dramatique et romancier.

dans le principe de l'aristocratie. J'ai détesté le riche, mais aimé l'étude, le savoir, l'intelligence, l'humanisme. Soudain, je découvre que toutes ces belles choses sont considérées comme des privilèges de classe. Le snobisme du peuple britannique (facteur sur lequel le principe aristocratique s'est basé parfois pour en tirer avantage) s'est tout à coup transformé en venin. Je découvre que la classe tout entière à laquelle j'appartiens est mise en accusation et j'ai tendance à me solidariser avec elle, sentiment que je n'avais jamais éprouvé. Puis cet après-midi, tandis que Vita et moi nous nous promenons ensemble dans les bois blancs de givre, elle me dit : « Ce n'est pas comme si nous combattions pour sauver les choses qui nous tiennent à cœur. Quoi qu'il advienne, cette guerre en viendra à bout. » Nous croyons que nous combattons pour préserver la liberté et notre civilisation. Mais il est tout à fait clair que ces mots n'ont guère de rapport avec notre genre d'existence ni avec notre activité intellectuelle. Je suis convaincu qu'une vie telle que celle que Vita et moi menons est « bonne » au sens philosophique. Nous sommes humains, charitables, justes et jamais vulgaires, mon Dieu, jamais vulgaires ! Mais notre attitude est-elle autre chose qu'une gracieuse arabesque dans les coulisses de l'Histoire ?

JOURNAL   *17 janvier 1940.*

Dîner du groupe Eden au Carlton. Amery, Cranborne, Spears, Harold Macmillan et les autres. Bower [1] est là.

---

1. Le commandant Robert Bower, député conservateur de Cleveland (1931-1945). Il occupait un poste au ministère de l'Air, au service opérant en coordination avec le Coastal Command.

Il ne mâche pas ses mots. Il dit que nous avons jugulé la menace des sous-marins et que, bien qu'il faille prévoir quelques pertes accidentelles, ce n'est plus pour long-temps une menace essentielle. Nous avons aussi été à même de découvrir la nature des mines magnétiques et d'inventer des dispositifs de défense. Mais le Cabinet a interdit les bombardements, et bien qu'à deux ou trois reprises les bombardiers aient survolé Wilhelmshaven et repéré là un bâtiment de guerre en construction, plus un essaim de sous-marins, il leur a été interdit de lâcher une seule bombe. Le groupe s'accorde pour reconnaître la gravité de la situation. On commence à savoir qu'il existe au sein du Cabinet de guerre une faction tra-vaillant à l'apaisement et qui négocie présentement par l'intermédiaire de Brüning [1] avec le grand quartier général allemand : la paix serait possible à condition qu'ils éliminent Hitler. Nous discutons des moyens par lesquels cette intrigue peut être déjouée. Attaquerons-nous Horace Wilson dans la presse ? Lancerons-nous aux Communes une campagne et notre groupe posera-t-il des questions de manière à indiquer aux Communes qu'il y a là une intrigue ? Mais nous hésitons une fois de plus, ne souhaitant pas donner l'impression que nous marchons en enfants perdus.

Cranborne [2] alors suggère de créer un comité très restreint, comprenant des conservateurs très respecta-bles, tel Wardlaw-Milne, comité au sein duquel nous serions représentés par Amery, et qui pourrait faire pression sur le Cabinet. Nous sommes tous d'accord pour penser qu'une pareille pression ne serait possible

---

1. Heinrich Brüning, chancelier allemand de 1930-1932. A cette époque il se trouvait aux Etats-Unis.
2. Plus tard cinquième marquis de Salisbury. Il avait démissionné en même temps qu'Eden, en 1938.

que si l'on pouvait faire savoir qu'au cas où le gouvernement se montrerait rétif, nous l'informerions en toute franchise de notre intention d'aller trouver les chefs de l'opposition, de leur promettre notre soutien pour le cas où ils exigeraient une séance secrète et même notre vote de censure. J'ai vraiment l'impression que notre groupe est dans une position très solide et peut exercer une influence déterminante.

JOURNAL *20 janvier 1940.*

Nous écoutons après dîner Winston Churchill qui parle à la radio. Il est un peu pompeux et je ne pense pas que son discours ait réellement touché le grand public. Il est trop belliqueux pour cette ère pacifiste. Mais le jour où notre colère viendra aiguillonner notre mollesse, sa voix sera entendue. Pour le moment, elle évoque un héroïsme que les gens n'éprouvent pas en leur cœur.

Je reçois une lettre de Walter Lippmann [1]. Il dit que le peuple américain espère que nous vaincrons, mais souhaite se tenir à l'écart. Ainsi il y a conflit entre leurs désirs. Ce qu'ils voudraient, c'est qu'on leur dise qu'ils *doivent* se tenir tranquilles. C'est par cette faille entre deux tendances que s'engouffre la propagande allemande.

JOURNAL *20 février 1940.*

Le Premier ministre fait au sujet de la Finlande une déclaration qu'on applaudit très fort. Et une autre aus-

---

1. Le grand journaliste américain, spécialiste des affaires internationales.

si sur la Norvège et l'*Altmark* [1]. Quand Winston apparaît, il est vivement acclamé. Je m'entretiens avec Roger Keyes qui était à l'Amirauté tandis que tout cela se passait. Il me dit que notre commandant d'escadre avait reçu des Norvégiens l'assurance qu'il n'y avait pas de prisonniers à bord de l'*Altmark*. Stupéfait, il télégraphia à Londres. Winston répondit : « Obtenez du capitaine de l'*Altmark* qu'il vous dise ce qu'il a fait de ses prisonniers. » De toute évidence, les Norvégiens ne voulaient rien savoir. Une décision s'imposait. Winston appela Halifax et dit : « Je vous propose de violer la neutralité norvégienne. » Des ordres furent lancés et à l'Amirauté on attendit avec anxiété l'issue de l'affaire. Ce fut un succès ! Lorsque Winston quitte les Communes, nos regards se croisent. Il me fait un prodigieux clin d'œil.

JOURNAL   *29 février 1940.*

Je vais voir Vansittart. Il est très troublé par le retour de Joseph Kennedy, l'ambassadeur des Etats-Unis. Il dit que Kennedy a répandu là-bas le bruit que nous allons être battus à coup sûr et il usera de son influence pour pousser à une paix négociée. Pour cela, il trouvera l'appui de tous les vieux défaitistes, de Maiski [2] et des pacifistes de gauche.

Chargé de mission par le ministère de l'Information, entre le 6 et le 18 mars Harold Nicolson se rendit en

---

1. Un navire de commerce allemand qui, ayant à bord trois cents prisonniers britanniques, se réfugia dans les eaux territoriales norvégiennes et fut arraisonné par un bâtiment de la Royal Navy le *Cossack*.
2. L'ambassadeur de l'U.R.S.S. en Grande-Bretagne (1932-1943).

France pour faire une tournée de conférences sur les
buts de guerre britanniques. Il prit la parole à Chalon-
sur-Saône, Grenoble, Lyon, Besançon et Paris. Il se
relevait d'une longue grippe et les trains français
étaient aussi lents, aussi mal chauffés, aussi bondés que
les trains anglais. De ces conférences, toutes celles
qu'il avait faites en français eurent un vif succès.

H. N. à V. S. W. (en français)   *8 mars 1940.*
                                      Chalon-sur-Saône.

Il paraît que toutes les lettres écrites dans la zone des
armées doivent être écrites en français. D'où ce mot.

Les officiers de l'Association locale franco-britannique m'ont offert un excellent dîner. Puis, à l'Hôtel de
Ville pour mon discours. Un auditoire très réceptif. Je
découvre qu'il est presque impossible de faire un discours en suivant un texte préparé et ayant commencé par
le lire, je l'ai déchiré et me suis lancé dans un discours en
un français qui, j'en suis sûr, fourmillait de fautes de
grammaire, mais était cependant encore bien meilleur
que ce que j'avais préparé. Ils applaudirent, surtout quand
je fis mention de Winston. Après quoi, on m'offrit du
champagne et enfin me voici de retour dans ma chambre.

JOURNAL   *14 mars 1940.*
                                             Paris.

On apprend que la Finlande vient de capituler [1]. Elle a
perdu dix pour cent de son territoire et son indépendance

---

1. Le 12 mars, la guerre entre les Russes et les Finlandais avait pris
fin, les Finlandais ayant accepté les dures conditions de paix des
Soviétiques.

stratégique. Je vais au ministère des Colonies voir Georges Mandel [1]. Je le trouve assis derrière un monceau de papiers, comme s'il venait de retourner sa serviette sur le bureau. Il me questionne sur l'effet produit par l'effondrement finlandais sur l'opinion anglaise. Je réponds que je ne peux en parler que d'après ce que j'ai lu dans les journaux et que je dois attendre d'avoir interrogé mes amis. Il me dit qu'en France, le choc sera terrible : « Voyez-vous, dit-il, nos Gouvernements ont choisi la guerre, seul moyen de refuser l'hégémonie allemande. Pourtant lorsqu'on se décide à faire la guerre, on décide aussi du sacrifice de nombreuses vies humaines, d'un grand nombre de risques à courir, d'un grand nombre de défaites à souffrir. Pour l'instant nous tentons de mener une guerre d'apaisement, ce qui signifie qu'Hitler pourrait bien gagner. » Il me demande ce qu'en Angleterre on pense du Gouvernement français [2]. Il est aussi très désireux d'en savoir plus long sur les hommes dont l'étoile se lève chez nous. Eden, par exemple ? Est-ce un homme de caractère ? Et Herbert Morrisson ? « *Il nous faut des hommes* », dit-il.

Je dîne chez Maxim's avec Bob Boothby. Il s'est rendu en Suisse et même il a poussé jusqu'en Allemagne, puisqu'il a posé le pied de l'autre côté de la ligne frontière, à Bâle. Il a rencontré de nombreux citoyens allemands et de nombreux Suisses. Il dit que les Suisses pensent que nous pourrions vaincre, mais que nous ne vaincrons pas. A moins de nous emparer de Narvik et de Bakou [3]. Jamais Hitler n'a eu une telle emprise sur

---

1. Le ministre français des Colonies, puis de l'Intérieur, un homme remarquable. Il sera assassiné par la Milice en 1944.

2. La défaite finlandaise amena le 21 mars la chute du gouvernement Daladier ; Paul Reynaud lui succéda comme Premier ministre, mais Daladier conserva son poste de ministre de la Défense nationale.

3. Narvik, au nord de la Norvège, dans le but d'interrompre

son peuple. Depuis la guerre, son comportement a été remarquable, ses discours modérés et sa ligne de conduite à l'abri de toute critique. Mais les Allemands ont très peur que nous ne bombardions la Ruhr et ils redoutent aussi de se trouver à court de pétrole et de minerai de fer. Ils pensent qu'il faudra des années pour que la machine soviétique puisse produire. En Pologne, les atrocités dépassent l'imagination. Ils sont en train de tuer tous les jeunes hommes, d'envoyer les vieux aux champs et ils stérilisent les femmes. Un colonel allemand qui avait dîné avec un Suisse, ami de Bob, s'effondra au milieu du repas et se mit à pleurer. Ses nerfs n'avaient pas résisté à ce qu'il avait vu en Pologne.

JOURNAL *16 mars 1940.*
Paris.

Essayé d'écrire mon article pour le *Spectator*, mais j'ai été interrompu tout le temps. Mario Pansa [1] arrive. Il me dit que Summer Welles [2] a été horrifié par l'accueil qu'il a reçu à Berlin. La confiance des Allemands dans leur victoire imminente est sans limite ; ils se sont montrés arrogants et brutaux. Il me dit aussi que l'invasion par les Allemands de la Hollande en novembre et mars a été prévenue grâce à Mussolini et à Roosevelt [3]. Le premier avait déclaré que si les Allemands

l'approvisionnement de l'Allemagne en fer suédois, et Bakou, sur la mer Caspienne, pour priver de pétrole l'U.R.S.S. et l'Allemagne.

1. Un des plus vieux amis italiens d'H. N. Il était alors conseiller à l'ambassade d'Italie à Bruxelles.

2. Sous-secrétaire d'Etat américain qui était arrivé le 1er mars à Berlin, envoyé en mission par le président Roosevelt afin de voir si l'on ne pourrait arrêter la guerre avant que commence le massacre.

3. L'ajournement de l'offensive allemande de novembre était dû à

s'embarquaient dans ce qui n'était ni plus ni moins qu'un suicide, il se séparerait d'eux. Le second avait déclaré que cette aventure entraînerait pratiquement la guerre avec les Etats-Unis. Les modérés, en Allemagne, s'en trouvèrent renforcés.

Déjeuner à l'ambassade. Malcolm MacDonald [1] est là, sortant d'une conférence avec Georges Mandel. Après le déjeuner, nous avons fait une brève promenade. Il n'est pas très satisfait de la manière dont tournent les choses. Louis Gillet vient me voir [2]. Il est horrifié par le manque d'énergie et de résolution du Gouvernement français. Il dit que les deux zones stratégiques où il faudrait porter victorieusement ses coups sont Narvik et Bakou et que nous sommes fous de continuer d'attendre qu'Hitler marque des points l'un après l'autre. On ne fait pas la guerre en gants blancs.

JOURNAL   *27 mars 1940.*

Pour une fois, tout semble aller bien, ce qui prélude toujours à un désastre. Pourtant trois choses sautent aux yeux : 1. Les Allemands n'osent pas attaquer la ligne Maginot ; 2. En mer, nous avons gagné ; 3. Nos pilotes de la R.A.F. sont meilleurs que les pilotes allemands. Si seulement nous pouvions persuader les neutres de nos

---

des motifs tout différents. L'armée n'était pas prête et le temps très mauvais. A cette époque Mussolini n'avait aucune influence sur les projets d'Hitler et ne fut même pas mis au courant. Hitler n'avait d'ailleurs pas l'intention d'attaquer la France au mois de mars, car il était très occupé à préparer sa campagne contre la Norvège.

1. Secrétaire d'Etat aux Colonies (1938-1940).
2. Académicien et universitaire français, homme d'un certain âge.

chances de victoire, cela leur rendrait du cœur. Pour l'instant ils semblent convaincus que les Allemands doivent l'emporter.

JOURNAL   *5 avril 1940.*

Il est curieux de repenser à toutes les humeurs qui depuis le 3 septembre furent miennes. Je découvre un premier stade de profonde dépression, due, je le suppose, à la crainte d'un Blitz immédiat et à la haine de la guerre. Puis vint un second stade, où j'essayais de mettre de l'ordre dans mes idées. Et maintenant c'est le troisième stade où j'ai le sentiment que nous avons la possibilité de gagner la guerre, mais que nous pourrions bien aussi ne pas réussir. Quand je regarde l'avenir je me sens pris d'une curiosité intense plutôt que d'une frousse intense. Mais ma colère a monté. Cette fois je veux vaincre.

Mon Dieu ! je suis prêt à sacrifier tout mon bonheur au nom de la victoire. Je me sens résolu et en pleine forme. J'aurai mon heure. Je sens que je peux *servir* à ma manière peu conformiste, incertaine, un peu en marge. Les articles du *Spectator* font leur effet. Me voilà en première ligne.

JOURNAL   *8 avril 1940.*

Nous avons décidé de placer des mines dans les eaux territoriales norvégiennes [1]. Voilà qui va créer une

---

1. Cette mesure qui avait pour but de couper le flot du minerai suédois par Narvik avait été suggérée par Churchill dès le 29 septembre. Les Cabinets français et britannique avaient repoussé jusqu'à ce jour

explosion de fureur. Nous sommes intervenus à l'aube
ce matin et déjà deux navires allemands ont été coulés.

*Deux mois terribles suivirent. Avril fut le mois de la
campagne de Norvège. Mai, le mois où Hitler choisit
d'attaquer à l'ouest. La conséquence de la première
campagne et coïncidant presque avec le début de la
seconde fut la chute de Neville Chamberlain et l'arrivée
au poste de Premier ministre de Winston Churchill. De
ces grands événements, Harold Nicolson fut un specta-
teur, mais il ne figurait pas au premier rang. Critique
connu, apprécié de l'action gouvernementale, il était
bien placé pour rapporter les bruits et décrire l'attitude
changeante des couloirs, mais ses informations sur le
déroulement des affaires militaires étaient inévitablement de seconde ou de troisième main et même
l'ascension de Churchill fut une surprise pour lui. Ce
ne sont ni Churchill ni Halifax qui sont le plus souvent
cités dans le Journal comme chefs possibles du Gouvernement de coalition, mais de manière tout à fait
surprenante Lloyd George. Chose paradoxale, le fait
que de nombreux amis intimes d'Harold Nicolson faisaient maintenant partie du Gouvernement tarit ses
sources d'information. Secret professionnel, mesures de
sécurité tendirent un rideau entre lui et eux. Néanmoins
le Journal est d'importance, même quand il se trompe.
Les événements qui maintenant nous apparaissent
clairement en émergèrent comme des formes voilées,
entrevues dans la brume.*

---

toute décision de crainte de provoquer des représailles allemandes
contre la Norvège et une réaction hostile dans l'opinion mondiale, celle
des neutres en particulier.

Hitler avait trois motifs pour envahir le Danemark et la Norvège. Il avait été averti, non sans quelque raison, que les Alliés se préparaient à occuper la Norvège dans le but d'interdire à l'Allemagne le passage du minerai suédois par Narvik. Deuxièmement, il avait besoin de bases sur la côte occidentale de Scandinavie, afin de poursuivre son offensive maritime et aérienne contre l'Angleterre. Troisièmement, il désirait protéger la côte allemande de la Baltique de tout mouvement d'encerclement des Alliés, par la Norvège et la Suède. Il avait commencé à travailler à cette invasion au début de décembre, en même temps qu'à l'offensive de l'ouest. Le 2 avril, il décida que la campagne de Scandinavie précéderait d'un mois l'attaque en France. Il réussit brillamment. En quelques heures, le Danemark fut envahi, Copenhague occupé, par un seul bataillon allemand, après un baroud d'honneur. Les ports norvégiens de Narvik, Trondheim et Bergen furent investis le 9 avril, par mer, et Oslo fut pris le 10 par une attaque venue du ciel. Tandis que le traître Quisling établissait un gouvernement pro-nazi à Oslo, le roi Haakon s'enfuit avec son Cabinet dans les montagnes du Nord, ralliant ce qui restait de l'armée norvégienne et appelant les Alliés au secours.

La Grande-Bretagne et la France répondirent immédiatement par deux attaques navales heureuses, successives, bien menées. Le 10 et le 13 avril, dans les environs de Narvik et en lançant trois petites expéditions à Namsos, Andalsnes (au nord et au sud de Trondheim) et à Harstad, à l'entrée du fjord de Narvik. Toutes les opérations terrestres échouèrent. La marche sur Narvik, objectif principal, fut entravée par la neige et la répugnance du commandant des forces britanniques à prendre avantage d'une victoire navale pour tenter un débarquement dans le port lui-même. A Trondheim, le projet d'une attaque directe de la ville fut abandonné, la marine s'y opposant, et les deux tenailles de Namsos et d'Andalsnes furent toutes deux mises en échec par de vigoureuses contre-attaques allemandes. La maîtrise britannique des approches côtières ne résista pas à la supériorité allemande dans les airs et sur terre. Les Forces alliées, de chaque côté de Trondheim, battirent lentement en retraite vers leur point de départ sans avoir jamais effectué leur liaison et furent ramenées en Grande-Bretagne les 2 et 3 mai. Le premier engagement entre les Allemands et les Alliés se terminait pour ces derniers par une déroute.

En Angleterre, les conséquences politiques furent graves. Le mécontentement accumulé par l'action de Chamberlain explosa aux Communes le 7 et le 8 mai. Le 10, Hitler lançait son offensive à l'ouest, mais le sort de Chamberlain était déjà scellé. Churchill portait une grande responsabilité dans le désastre norvégien et, comme il devait l'écrire dans ses Mémoires : « Ce fut un miracle que j'y aie survécu. » C'est à l'une des plus grandes faillites de sa carrière qu'il dut son accession au pouvoir.

JOURNAL   9 avril 1940.

Miss Niggemann [1] vient me dire que des affiches annoncent que l'Allemagne a envahi le Danemark et la Norvège. A 1 heure de l'après-midi, la radio signale qu'Oslo, Bergen et Narvik ont été prises.

Déjeuner au Beefsteak. Walter Elliot et Ned Grigg [2]

---

1. Secrétaire de H. N. de 1938 jusqu'en 1965.
2. Directeur des Finances du War Office depuis le 3 avril.

s'y trouvent. Les nouvelles de Norvège restent encore très vagues, mais Ned Grigg m'affirme qu'il n'y a aucune chance pour que Narvik ait été occupée [1]. On doit confondre, dit-il, avec Larvik [2]. Je retourne aux Communes. Le Premier ministre, qui paraît hagard, fait une déclaration. Elle est assez bonne et avec une parfaite franchise, il admet que la flotte est en mer et que nous ne savons pas exactement ce qui se passe. Il dément la rumeur selon laquelle Narvik aurait été occupée.

Les Communes sont très calmes et le sentiment général est qu'Hitler a commis une faute énorme. En moi-même, je me dis que je voudrais bien que nous en commettions de semblables.

JOURNAL   *10 avril 1940.*

Les nouvelles sont mauvaises. Il semble que les Allemands sont à Narvik. Ils ont envahi le Danemark tout entier et occupent Oslo et Trondheim. Je vais prendre le vent aux Communes.

Je vois Jim Thomas [3]. Il dit que Winston et Anthony Eden étaient très heureux hier soir à 7 heures, mais qu'au Foreign Office on est au désespoir. Ils sont terrifiés à l'idée que le Gouvernement norvégien va demander la paix immédiate. Pendant ce temps-là on se bat çà et là sur la côte de Norvège et nous avons déjà perdu deux destroyers alors que les Allemands n'ont perdu

---

1. Narvik avait été prise ce matin-là à 8 heures par dix destroyers allemands et deux bataillons.

2. Au sud de la Norvège, à l'entrée du fjord d'Oslo.

3. Député conservateur d'Hereford depuis 1931 et secrétaire parlementaire privé d'Anthony Eden.

que deux croiseurs [1]. On ne sait pas comment tout cela va finir.

JOURNAL   *11 avril 1940.*

Cette grande bataille par air, par mer et par terre me prouve que je suis un enfant en matière de stratégie. Pour moi, j'aurais cru impossible que les Allemands pussent débarquer des garnisons dans les ports norvégiens sans avoir la complète maîtrise de la mer. Pour moi encore, l'état-major allemand était de cet avis. Hitler a dû le bousculer. Donc, s'il réussit, il passera pour le plus grand génie militaire depuis Napoléon, mais s'il échoue, son prestige sera terriblement atteint. Stockholm annonce que nous avons bombardé des navires allemands à Oslo et réoccupé Narvik et Bergen [2].

Aux Communes. La salle est comble. Winston arrive. Il ne paraît pas bien. Il est assis là, le dos rond comme d'habitude, ses papiers à la main. Au moment où il se lève pour prendre la parole, il est visible qu'il est très fatigué. Il commence en donnant une imitation de lui-même en train de faire un discours, et il se laisse aller à une éloquence facile, parsemée de plaisanteries éculées. Je l'ai rarement vu aussi peu à son avantage. Presque tout le monde s'attendait à l'annonce d'une victoire, d'un triomphe et lorsqu'il leur déclara qu'il n'était pas vrai que nous eussions repris Bergen, Trondheim et Oslo, une vague froide de désenchantement passa sur

---

1. C'était exact, les croiseurs allemands *Hipper* et *Scharnhorst* avaient été endommagés et le *Königsberg* et le *Karlsrühe* coulés. Les Anglais n'avaient perdu à ce jour que le *Gloworm* et le *Ghurka*.

2. Cette fausse nouvelle fut délibérément lancée par les Allemands pour créer, une fois démentie, de nouvelles dissensions entre les Alliés.

les Communes. Il hésita, embrouilla ses papiers, prit la mauvaise paire de lunettes, farfouilla à la recherche de la bonne, commença à dire : « la Suède », alors qu'il voulait parler du Danemark, et de toute manière fit un discours lamentable. Il ne donna pas une véritable explication sur la manière dont les Allemands s'étaient faufilés jusqu'à Narvik. Nous avons coulé quelque huit transports allemands et deux croiseurs ont été endommagés. Selon lui, la marine allemande en a pris un bon coup. Il dit que nous occupons les îles Feroé et que l'Islande sera protégée. Ses allusions à l'armée et à la marine norvégiennes sont vagues à l'extrême. On a l'impression qu'il essaye de gagner du temps et attend à chaque instant qu'on lui apporte quelque dramatique nouvelle. Son discours n'a pas été à la hauteur et a laissé les Communes dans un état de profonde anxiété.

JOURNAL   *14 avril 1940.*

J'arrive en retard pour le breakfast et je demande à Mrs Staples [1] quelles sont les nouvelles. Elle me répond : « Nous avons coulé sept destroyers allemands à Narvik. » Je peux à peine y croire. Puis arrivent les journaux. C'est vrai. Hier à midi, le *Warspite* et une petite escadre, le *Cossack* y compris, sont entrés dans le fjord de Narvik. Ils ont réduit au silence les batteries côtières et coulé quatre destroyers. Trois autres se réfugièrent dans un fjord derrière la ville de Narvik, mais ils furent pourchassés et coulés. Nos propres unités ont peu souffert [2].

---

1. Cuisinière des Nicolson de 1925 à 1967.
2. Huit destroyers ennemis furent coulés sans une seule perte pour la marine britannique.

Dans l'après-midi, les nouvelles sont dramatiques. Nous sommes maîtres du fjord de Narvik et en cet instant nos troupes doivent débarquer. Après le choc initial, les Norvégiens paraissent s'être repris et mobilisent aussi vite qu'ils le peuvent, compte tenu du fait que les points stratégiques sont occupés. Et pour couronner le tout, nous avons posé des mines le long des ports allemands sur la Baltique. J'ai l'impression qu'Hitler (ignorant tout de la guerre navale) a commis une lourde faute dans cette aventure scandinave. Il a eu trop confiance, semble-t-il, en sa maîtrise de l'air. Ses pertes sur mer ont porté un coup terrible à son prestige. Mais il débarque encore des troupes à Oslo. J'ai l'impression que l'avalanche se met en route et que nous pouvons nous attendre à tout moment à une attaque en Hollande et en Belgique, associée à une occupation des Baléares et de la Corse par les Italiens.

Tout ceci me fascine. Il s'agit de savoir si la maîtrise de la mer est plus importante que la maîtrise des airs. Les premiers épisodes de la campagne de Norvège semblent avoir prouvé que la maîtrise de l'air était la plus importante. Les derniers semblent montrer qu'en fin de compte la puissance maritime l'emporte. Il est trop tôt pour décider du bien-fondé de l'une ou l'autre théorie. Narvik apparaîtra peut-être comme une des batailles les plus importantes de l'Histoire.

JOURNAL   *16 avril 1940.*

L'Italie inspire les plus grandes inquiétudes. On craint que, d'une minute à l'autre, elle ne s'empare de la côte Adriatique, tandis que les Allemands entreront en Yougoslavie par le nord. L'opinion prévaudra alors que la perte de la Yougoslavie ne nous concerne guère et qu'il faut tout faire pour éviter la guerre avec l'Italie. Tout cela est bien démoralisant.

JOURNAL *17 avril 1940.*

Je trouve les gens comme Stephen King-Hall et Bob Boothby terriblement pessimistes. En réalité, King-Hall pense que nous pourrions bien perdre la guerre. Après les premiers espoirs que nous avait apportés l'expédition de Norvège, la réaction est amère et la crainte que l'Italie, l'Allemagne et l'U.R.S.S. ne tentent de concert un coup sur les Balkans nous remplit d'épouvante. Je ne suis pas pris au dépourvu, ayant toujours pensé que l'Italie allait entrer dans la danse. Le bruit court que le *Scharnhorst* est échoué, en mauvais état[1]. Si cela est vrai, l'aventure norvégienne aura coûté la moitié de sa flotte à Hitler. Mais peu lui chaut.

J'apprends que nous sommes en train de débarquer à Namsos. Mais il n'y a pas de plan prévu, les généraux norvégiens, tous, sont défaitistes, et j'ai peur que l'affaire ne tourne mal. Les Allemands ont déjà coupé en deux le pays en s'emparant du chemin de fer qui va de Trondheim à la frontière suédoise.

Je vais au Carlton, à un dîner du groupe Eden, où Duff Cooper[2] a été convié. Son récit sur la sensibilité

---

1. A ce moment-là, c'était faux, mais le 8 juin, le *Scharnhorst* fut si gravement endommagé par les torpilles anglaises qu'il fut immobilisé durant plusieurs mois.

2. Duff Cooper venait de terminer une série de conférences aux Etats-Unis. Dans *Old Men Forget* (1953), il résume ainsi ses impressions : « On espérait que la Grande-Bretagne serait victorieuse, mais on

des Américains à la propagande est effrayant. Il pense que les Allemands les ont véritablement persuadés de voir la lune en plein midi. Bien entendu, ce sont les mères américaines qui donnent le ton, qui est celui d'une dérobade hautaine.

JOURNAL   *23 avril 1940.*

J'assiste au Comité de surveillance [1] à Arlington Street. Lord Salisbury nous dit qu'il a été voir Winston Churchill et lui a carrément demandé s'il croyait qu'il pourrait assumer à la fois les charges de Premier Lord et de coordinateur de la Défense. Winston lui a dit qu'il se trouvait en parfaite santé, que si on lui retirait l'Amirauté, il en mourrait et que la presse avait donné beaucoup trop d'importance à son rôle de coordinateur de la Défense, qui est à peine plus important que celui de président d'une Commission des forces armées. Il n'a le droit ni de faire des propositions, ni de prendre des décisions. Il suppose cependant qu'il serait assez favorable à ce que nous amenions le Premier ministre à nommer un Premier Lord adjoint, afin de le décharger du travail de routine. Salisbury lui a nommé les membres de notre Commission et il a ronronné comme un chat.

Ensuite nous discutons du bombardement des villes allemandes. Les Français nous ont toujours demandé de ne rien faire, car ils ont peur des représailles et notre

espérait encore bien davantage que pas un seul jeune Américain n'irait risquer ses os pour le salut de l'Empire britannique. »
   1. Un nouveau groupe de pairs et de membres des Communes, qui comprenait la plus grande partie du groupe Eden, réunis sous la présidence de Lord Salisbury.

Gouvernement dans sa timidité naturelle s'est accroché à cette excuse. D'un autre côté, on nous donne sans cesse à croire que si un seul berger était tué dans les Shetland, nous irions ravager l'île de Sylt, pourtant la population civile de Norvège a été décimée sans que nous levions le petit doigt. Nous ne semblons pas nous soucier de compromettre la vie des Norvégiens et des Danois en bombardant Stavanger ou Aalbord, mais nous permettons aux usines allemandes de la Ruhr de travailler jour et nuit.

JOURNAL   *29 avril 1940.*

La Commission de surveillance a entendu Halifax. A l'ordre du jour trois questions : 1. Le manque d'initiative, à quoi Halifax répond que nous nous trouvons par la force des choses sur la défensive ; 2. Pourquoi ne bombardons-nous pas les villes allemandes ? Halifax, qui paraît fatigué et désemparé, ne répond pas véritablement à nos questions. Il dit simplement que le Gouvernement doit tenir compte de l'avis des différents services ; 3. Le Budget reflète bien la médiocrité de notre effort et notre manque de courage contre des neutres tels que l'Italie et le Portugal qui ne sont pas vraiment neutres. Halifax dit qu'il a envoyé une note un peu verte à Salazar. Mais Halifax est excédé et sombre et l'entrevue n'a pas été un succès.

Spears me raconte que la Mission française lui a appris que nos forces expéditionnaires en Norvège se sont trouvées dans un chaos indescriptible et que le général Morgan [1] et deux bataillons se sont perdus

---

1. Le général de brigade Morgan contrôlait la tenaille au sud

quelque part dans la montagne. Il va peut-être falloir évacuer. Ce sera un choc pour l'opinion publique. Pour moi, les gens commencent enfin à comprendre que nous nous trouvons aux prises avec un ennemi des plus agiles et qui possède un armement plus moderne que le nôtre. J'ai toujours prévu cela et n'en suis pas troublé. Mais les autres sont tristes, tristes, tristes.

JOURNAL   *30 avril 1940.*

Dans les couloirs, je suis accosté par Roger Keyes. Il est au désespoir. Il dit que si nous avions fait donner la marine à fond, tout aurait bien tourné [1]. Il dit que l'Amirauté a refusé de prendre des risques par crainte d'une réaction italienne. Nous avons été manœuvrés, nous avons été battus parce que nous nous sommes conduits comme des lièvres. Il dit que l'énergie et l'esprit d'initiative de Winston ont été sapés par la légende de sa témérité. Aujourd'hui il n'ose pas faire ce qu'il aurait osé en 1915.

La nouvelle que les Allemands ont occupé Stören [2] commence à se répandre. Tout est consommé. J'en parle avec Arnold Wilson qui est héroïque. J'en parle avec Harold Macmillan, qui a entendu dire que nous commençons à évacuer la Norvège dès ce soir. Je vais à Arlington Street à la Commission de surveillance et tout le monde est au plus bas. L'opinion générale est que

---

d'Andalsnes. Il avait déjà perdu quelque sept cents hommes et battait en retraite vers ses bases.

1. L'amiral Sir Roger Keyes avait demandé l'autorisation d'attaquer Trondheim par la mer, mais l'opération avait été annulée le 18 avril.

2. Une gare de triage à quarante-cinq kilomètres au sud de Trondheim.

nous pourrions bien perdre la guerre. Nous manquons de blindés, voilà qui est certain. On nous donne des chiffres [1] : nous partons consternés. La Semaine noire de la guerre des Boers n'a sûrement pas été plus déprimante. On pense que les jours du Cabinet Chamberlain sont comptés, et que Lloyd George lui succédera comme Premier ministre. Les whips sont en train de rejeter toute la responsabilité sur Winston qui une fois de plus se serait lancé tête baissée dans une aventure désespérée. C'est l'enfer. J'ai parlé dans la soirée à quelques membres du Labour. Ils disent que nous ne vaincrons qu'avec un Gouvernement travailliste. Je pense qu'ils ont raison.

JOURNAL   *1er mai 1940.*

J'ai un entretien avec Buck De La Warr et Stephen King-Hall dans le bureau de ce dernier à la Chambre des Lords. Buck paraît penser que si la Norvège est perdue, le Premier ministre devra démissionner. Je dis que ce qui va se passer c'est que Reynaud démissionnera et que le Premier ministre restera en place. Les bonnes langues n'ont pas assez de venin pour faire porter à Winston le poids de l'affaire norvégienne. On entend avancer que Lloyd George pourrait prendre la tête d'un Cabinet de coalition. Ce qui inquiète les gens, c'est la question que chacun se pose : « Mais qui mettrez-vous à la place de Chamberlain ? »

---

1. Les forces expéditionnaires britanniques en France n'avaient qu'une brigade de blindés, comprenant dix-sept tanks légers et cent tanks d'infanterie. Seuls vingt-cinq d'entre eux étaient équipés d'un mortier de deux livres, les autres n'avaient que des mitrailleuses. Voir Churchill, *Mémoires*.

JOURNAL   *3 mai 1940.*

Les gens disent que Lloyd George devrait revenir. Ils disent que Margesson a démoli le parti conservateur en mettant l'obéissance au-dessus de la compétence. Nous évacuons Namsos, tout comme Andalsnes. Nous sommes dans une mauvaise passe. Nous gagnerons !

JOURNAL   *4 mai 1940.*

Je découvre qu'un grave sentiment de méfiance plane au-dessus de la tête du Premier ministre. Son discours au sujet de l'expédition de Norvège a fait naître l'inquiétude. Les Communes savent fort bien que c'est une défaite de première grandeur. Mais le Premier ministre a dit que « l'équilibre des forces a passé en notre faveur » et que « l'Allemagne n'a pas atteint ses objectifs ». On sait bien que c'est faux. Si Chamberlain le croit lui-même, c'est qu'il est idiot. S'il ne le croit pas, alors, il essaie de nous tromper. Dans l'un et l'autre cas, il perd notre confiance. Les gens sont si désemparés par toute cette affaire qu'ils parlent de Lloyd George comme d'un Premier ministre possible. Eden est hors de question. Churchill est sapé par la clique des conservateurs. On croit (avec raison) qu'Halifax est un homme usé. Nous avons toujours prétendu que notre avantage sur le principe allemand du gouvernement par un seul, c'est de pouvoir toujours trouver un autre chef. Aujourd'hui, nous nous en montrons incapables.

JOURNAL   *3 mai 1940.*

Les Communes sont bondées et lorsque Chamberlain paraît, il est salué par des cris : « Il a raté l'autobus [1]. » Il fait un discours très piteux qui n'est applaudi que par ses béni-oui-oui. Il fait quelques allusions à la docilité du pays, ce que les Communes accueillent avec des vociférations et des sarcasmes, qui le poussent à esquisser un léger geste d'irritation assez féminin. Attlee fait aussi un pauvre discours et Archie Sinclair un bon speech. Lorsque Archie se rassied, beaucoup se lèvent et le président donne la parole à Page Croft [2]. Le Labour pousse alors un long gémissement, se lève comme un seul homme et quitte la salle. Croft est suivi par Wedgwood [3] qui fait un discours dans lequel on trouve tout ce qu'il ne fallait pas dire. Il semble avoir quelque peu perdu la tête. A un moment, il va même jusqu'à insinuer que la marine britannique s'est regroupée à Alexandrie de crainte de recevoir des bombes.

Quelques minutes après survient Roger Keyes en grand uniforme, avec six rangées de décorations. Je griffonne une note pour lui apprendre ce que vient de dire Wedgwood, il se lève immédiatement et va jusqu'au fauteuil présidentiel. Wedgwood se rassied, Keyes s'avance et commence son discours par une allusion à la remarque de Wedgwood qu'il qualifie de damnée

---

1. Le 4 avril dans un discours, parlant de passivité apparente d'Hitler, Chamberlain avait dit : « Une chose est sûre, il a raté l'autobus. »
2. Député conservateur de Bournemouth (1918-1940).
3. J. C. Wedgwood, député travailliste de Newcastle-under-Lyme (1906-1942).

injure. Le président ne le rappelle pas à l'ordre pour ce
langage si peu parlementaire et toutes les Communes
éclatent de rire, surtout Lloyd George, qui se balance
d'avant en arrière, avec une joie juvénile, la bouche
ouverte jusqu'aux oreilles. Keyes alors reprend ses
notes et se lance dans une attaque dévastatrice pour
l'état-major de la marine pour la façon dont on a conduit l'affaire de Narvik. Les Communes, retenant leur
souffle, l'écoutent nous exposer comment l'état-major
lui avait affirmé qu'une action navale sur Trondheim
était facile mais non essentielle, puisque les troupes
avaient remporté la victoire. L'étonnement nous suffoque. De loin, c'est le discours le plus dramatique que
j'aie jamais entendu et lorsque Keyes se rassied, il est
salué par un tonnerre d'applaudissements.

Après quoi la faiblesse du parti Margesson est mise
en évidence par le fait qu'aucun des béni-oui-oui ait
une valeur quelconque puisque tous les conservateurs
les plus éminents se sont rangés dans le camp des rebelles. Une autre attaque non moins terrifiante est portée
par Amery qui termine en citant Cromwell : « Au nom
du Seigneur, partez. »

Je sors dans le hall où je rencontre Camrose [1] et lui
offre un verre. Bien qu'il soit un partisan sincère de
Chamberlain, je peux constater qu'il a été assez secoué
et il reconnaît que si nous abandonnons Narvik, Chamberlain tombera. L'impression générale laissée par ce
débat est que nous ne sommes pas préparés à faire face
à l'attaque redoutable qui, nous le savons bien, se prépare contre nous. Il y a dans l'air plus que de l'angoisse : c'est une peur réelle, mais une peur très résolue

---

1. Le premier Lord Camrose, propriétaire et rédacteur en chef du
Daily Telegraph.

et non pas de l'hystérie ou de la couardise. A vrai dire j'ai rarement admiré l'esprit des Communes autant qu'aujourd'hui.

JOURNAL   *8 mai 1940.*

La discussion du second jour est ouverte par Herbert Morrison qui attaque très vigoureusement. Finalement Chamberlain intervient et dit que la situation est grave et que l'attaque dirigée par Morrison contre le Gouvernement « et contre moi en particulier » la rend encore plus grave. Ce qui horrifie vraiment les Communes, car cela prouve qu'il met toujours en avant son point de vue personnel. Il poursuit en déclarant qu'il accepte un débat sur une motion de confiance [1], car ainsi on verra qui est avec lui et qui est contre lui. Avec un ricanement triomphant, il ajoute : « J'ai des amis aux Communes. »

Jusqu'à ce moment, les Communes n'avaient pas prévu que l'Opposition irait jusqu'au vote de confiance. Je pense que ce fut une erreur, car le vote va laisser une mauvaise impression dans le pays et entraînera beaucoup d'amertume. Ce matin, Lord Salisbury nous a demandé de ne pas voter contre le Gouvernement mais en arrivant aux Communes nous découvrons que tant de gens de qui on n'aurait pas attendu cela, tels les membres qui font partie de l'administration et Lady Astor, sont décidés à voter contre le Gouvernement, que nous n'avons pas le choix. Nous espérons qu'une trentaine de personnes se joindront à nous.

---

1. La motion de confiance ne portait que sur l'ajournement, en réalité c'était un vote de censure sur la conduite de la guerre par le Gouvernement.

Je dîne avec Rob Hudson et Sir Patrick Hannon et vais entendre le discours d'Alexander qui reprend toute l'affaire. Winston lui succède. Sa situation est presque impossible. Il doit défendre son administration et doit demeurer loyal au Premier ministre [1]. C'est impossible sans qu'il y perde un peu de son prestige, mais avec son écrasante personnalité, il s'arrange pour faire preuve à la fois d'une loyauté totale, d'une apparente sincérité, tandis que par son éclat, il prouve qu'il n'a vraiment rien à voir avec cette bande de capons affolée.

Jusqu'à ce dernier instant, les Communes s'étaient conduites avec modération et on avait le sentiment que tout le monde cherchait à s'unir pour la victoire. Pendant les vingt dernières minutes pourtant l'air se fit plus lourd lorsque vint le moment de voter. Environ quarante-quatre d'entre nous, y compris plusieurs jeunes membres de l'Administration, votèrent contre le Gouvernement et il y eut une trentaine d'abstentions [2]. Ce qui ne laisse au Gouvernement qu'une majorité de quatre-vingt-une voix, alors qu'il aurait pu en disposer de deux cent treize. Les résultats sont accueillis par un affreux tumulte tandis que Joss Wedgwood entonne le *Rule Britannia*, qui se trouve noyé dans les cris : « Partez, partez, partez, partez ! » Margesson fait signe à ses hommes de main de se lever et d'acclamer le Premier ministre qui sort, blême, hors de lui.

---

1. Depuis le 1ᵉʳ mai, on avait chargé Churchill de donner « des directives au Comité des chefs d'état-major » ; en outre, il devait être l'assistant du Premier ministre et présider à ce titre le Comité de coordination militaire. « J'héritais d'immenses responsabilités, devait-il écrire par la suite, mais je n'avais aucun pouvoir pour m'en acquitter. »

2. L'étude du scrutin montre que quarante et un partisans du Gouvernement votèrent avec l'Opposition et que soixante conservateurs s'abstinrent. Voir J. P. Taylor, *English History 1914-1945* (Oxford 1965), p. 473, note 1.

JOURNAL   *9 mai 1940.*

Nous avons une réunion de la Commission de surveillance ce matin à 9 h 30. Lord Salisbury est très
modéré mais inquiet. Nous lui faisons part de nos impressions et Amery met en évidence le fait que le Premier ministre ne peut pas vraiment tenir encore plus
d'une ou deux semaines. Plus vite il s'en ira, mieux cela
vaudra. Nous nous mettons d'accord sur ce qui suit :

1 – Un Gouvernement de coalition est de première
nécessité.

2 – Le Labour ne fera pas partie d'une coalition si
Chamberlain, Hoare et Simon restent en place, d'où :

3 – La nécessité de les écarter du pouvoir.

On avance l'idée que pour rendre le coup moins dur,
on devrait demander à Chamberlain, au nom de la patrie, d'accepter le poste de chancelier de l'Echiquier.
Salisbury accepte de faire part immédiatement de tout
ceci à Halifax.

Je déjeune au Beefsteak et vois que tous comme un
seul homme sont d'avis que Chamberlain doit s'en
aller. L'amiral Hall [1] me dit que la marine tout entière
est de cet avis et que dans l'armée, on n'en pense pas
moins. Je vais à pied jusqu'aux Communes, en compagnie de Barrington-Ward [2] qui a complètement tourné
casaque et reconnaît avec moi que : 1. Les Allemands
peuvent à tout instant nous attaquer ; 2. Que nous ne
pouvons pas laisser s'éterniser la crise gouvernemen-

---

1. Sir Reginald Hall, directeur des services de renseignement de la
marine pendant la Première Guerre mondiale.
2. Rédacteur, puis rédacteur en chef du *Times*.

tale; 3. Que, par conséquent, Chamberlain devrait démissionner dans les heures qui viennent.

Tous les rebelles se réunissent sous la présidence d'Amery dans la salle de Commission n° 8. Amery nous dit que les whips s'agitent beaucoup et que Chamberlain a fait de grandes promesses à ceux des tories qui, bien que mécontents, avaient voté pour le Gouvernement. Nous savons qu'il lui sera tout à fait impossible, étant donné l'état d'esprit du public et de la presse, de faire un replâtrage en plaçant des béni-oui-oui aux postes clés, mais nous reconnaissons qu'il faut craindre que Margesson n'organise une garde de fer et ne mène un combat d'arrière-garde. Cela retarderait tout. Aussi nous décidons de soutenir « tout Premier ministre qui aura la confiance du pays et sera capable de former un gouvernement s'appuyant sur les partis ». Nous décidons de ne pas rendre publique pour l'instant cette résolution [1].

JOURNAL   *10 mai 1940.*

C'est une merveilleuse matinée, et je pense que si ce n'était pas la guerre, j'aurais pris le bateau ce matin même [2]. Je vais en voiture jusqu'à la gare [3] et sur ma route je vois les affiches : « La Hollande et la Belgique envahies. » Dans le train qui arrive, il y a deux Hollandais, dont l'un faisait partie de la Légation quand j'étais à Berlin. Il rentre précipitamment en Hollande pour se battre. Il dit qu'il n'y a pas à s'y tromper, ils se battront

---

1. Néanmoins cette décision parut dans les journaux du matin.
2. H. N. devait faire une autre série de conférences en France pour le ministère de l'Information et devait partir ce même jour.
3. Brighton.

jusqu'au dernier homme, mais il a peur qu'il n'y ait chez eux des collaborateurs.

Quand j'arrive à Londres, les nouvelles sont encore assez imprécises, cependant on annonce que Lyon a été bombardée. Cela donne à penser qu'ils se préparent à envahir la Suisse. Nigel me téléphone qu'il est consigné à Wellington Baracks, car on craint des parachutages; et les permissions sont suspendues. Je reçois un câble du *Montreal Standard* me demandant de décrire la séance aux Communes. J'écris quinze cents mots que je câble.

Pendant que j'y travaille, arrive un télégramme me convoquant à une réunion chez Lord Salisbury. J'arrive en retard. Il n'y a pas d'informations bien précises, mais il semble que les Allemands ont parachuté des troupes sur les aérodromes hollandais, que Bruxelles et plusieurs villes françaises ont subi de gros bombardements. Il semble presque inévitable que l'Italie entre dans la danse, bien que Kennedy, l'ambassadeur des Etats-Unis, ait dit ce matin à Lord Salisbury qu'il venait de recevoir un coup de téléphone de Phillips qui est à Rome, affirmant très nettement qu'elle ne bougerait pas [1]. Je n'y crois guère. La réunion se termine tôt et, en compagnie de Dick Law, je vais au club.

Nous y sommes rejoints par Paul (Emrys) Evans qui, en quittant la réunion, s'est heurté à Brendan Bracken qui lui a dit qu'étant donné la crise militaire, la crise politique était passée au second plan et que Hoare insistait pour conserver le ministère de l'Air [2]. Il transmet

---

1. Ciano note ce jour-là dans son journal : « Il est évident qu'ils (les ambassadeurs américain, français et anglais) s'attendent à tout moment à une intervention de notre part. J'ai essayé de les calmer et j'y suis à peu près parvenu. »
2. L'autobiographie de Sir Samuel Hoare : *Nine Troubled Years*

par téléphone ce renseignement à Salisbury, qui dit que nous devons garder notre position, à savoir que Winston doit être nommé Premier ministre aujourd'hui même. Je suis encore au Travellers, au moment où la radio annonce que l'invasion de la Hollande et de la Belgique est totale, que ces deux pays ont tenté de mobiliser et ont réclamé notre aide. Alec Dunglass arrive et nous lui disons que jamais notre groupe ne permettra à Chamberlain d'échapper aux mesures nécessaires en s'abritant derrière l'invasion. Il dit que la décision de constituer un nouveau gouvernement est prise, mais que la situation est telle qu'on ne peut pas songer à renverser le Gouvernement. On pourrait s'en tirer par une formule à la romaine : *Videant Consules*, un triumvirat Chamberlain, Churchill, Halifax nous ferait traverser ces premières heures d'angoisse. Sam Hoare, par exemple, doit être à son poste, nuit et jour, durant les trente-six heures à venir et il est tout à fait impossible de le remplacer par un autre ministre. Il y a un grain de bon sens dans tout cela et il faut espérer que l'opposition du Labour et des libéraux sera d'accord. A cet instant, la radio transmet une déclaration du Labour, il ne demande qu'à coopérer, fait appel à l'union nationale et laisse supposer que pour le moment les querelles politiques sont mises en veilleuse.

Je vais au Beefsteak où je rencontre Barrington-Ward, Ned Grigg et d'autres. Grigg dit qu'au War Office on en sait un peu plus que ce qui a été publié. Le bruit court que nous avons réussi à garder l'aérodrome de Rotterdam et on annonce qu'aucune information

---

(1954), contient ces mots : « Le premier mouvement de Chamberlain fut d'attendre pour démissionner la fin de la bataille de France. » Mais il ne dit rien sur ses propres sentiments à ce moment.

concernant les mouvements de troupes britanniques ou françaises ne sera rendue publique. Un sentiment général de soulagement naît : les choses en sont arrivées au point crucial et nous connaîtrons le pire avant dix jours. Grigg pense que la seule chose dont on soit sûr, c'est que les pertes de l'aviation allemande en Belgique et en Hollande sont effroyables, mais que des villes françaises, Orléans y compris, ont été très gravement touchées.

Je rentre à King's Bench Walk et en chemin je vois des affiches : « Bruxelles bombardée, Paris bombardé, Lyon bombardée, les voies ferrées suisses bombardées ! » Tous nous sommes inquiets en considérant la position de notre armée sur la frontière belge, car nous redoutons qu'elle ne se trouve à découvert. Ce qui rend cela plus affreux, c'est que tout se passe par un merveilleux jour de printemps, avec, à foison, des jacinthes sauvages et des roses trémières en fleurs.

La Commission Salisbury réclame une séance aux Communes dimanche ou lundi (12 ou 13 mai), dans le but de donner au Gouvernement en exercice, quel qu'il soit (même si c'est un triumvirat Chamberlain), le vote de confiance indispensable pour poursuivre sa tâche [1].

Je rentre à Sissinghurst. J'y retrouve Vita et Gwen [2]. Tout semble trop beau pour être réel, mais une sorte de voile s'est déployé entre mon amour de la nature et ma peur devant la réalité. Cela tient du mal aux dents. Nous dînons seuls, bavardant de choses et d'autres. Juste avant 9 heures, nous allumons la radio qui commence à bourdonner, tandis que le courant passe, puis nous entendons les cloches [3]. Ensuite neuf coups sonnent et

---

1. Jusque-là H. N. avait dicté son journal au jour le jour à Londres. Il le finit ce soir-là à Sissinghurst, le dactylographiant lui-même.
2. Mrs Saint-Aubyn.
3. Indicatif de la BBC.

le speaker annonce : « Ici les informations. Vous allez entendre le Très Honorable Neville Chamberlain qui va faire une déclaration. » Tout d'abord, je n'y entends rien, puis je comprends qu'il a démissionné.

Il commence par dire que de récents événements, au Parlement et ailleurs, ont prouvé que le pays souhaite un gouvernement de coalition. Il a compris qu'il était le seul obstacle à la formation d'une telle coalition. C'est pourquoi il a offert sa démission et Churchill devient Premier ministre. Pour l'instant, les ministres en exercice continueront leur tâche. Il est d'accord pour travailler sous les ordres de Churchill. Il termine par une violente mise en accusation des Allemands pour avoir envahi la Hollande et la Belgique. C'est une splendide déclaration et toute cette haine que j'éprouvais pour lui s'amollit comme un biscuit dans un verre de champagne.

Ensuite d'autres nouvelles s'abattent sur nous. Les Allemands ont parachuté des troupes sur les aérodromes belges et hollandais. Nos amis nous appellent à l'aide et nous faisons mouvement. A ce moment, le ministre hollandais des Affaires étrangères (qui est arrivé aujourd'hui d'Amsterdam par avion) intervient avec un discours bref mais admirable. Ensuite nous écoutons un instant Lord Haw-Haw nous dire que c'est nous qui avons mis en branle toute l'affaire. Jamais je n'avais entendu une émission plus dramatique. On dirait un mélodrame. La Suisse dès demain matin mobilisera.

Il n'y a plus à reculer. Je vais me coucher et, je l'espère, dormir. Selon toute probabilité nous subirons cette nuit un raid aérien. Déjà nous avons déclaré que nous bombarderions des villes allemandes puisqu'ils ont bombardé des villes françaises. A Sissinghurst, un abri contre les gaz qui avait été installé dans la bibliothèque et ensuite supprimé est réinstallé. Aujourd'hui des bombes sont tombées sur Chilham [1].

Le nouveau Cabinet de guerre – Churchill s'était nommé lui-même ministre de la Défense, Eden détenait le ministère de la Guerre et Chamberlain était Lord président du Conseil – se constitua immédiatement et les nominations moins importantes furent faites dans les jours suivants. Harold Nicolson fut l'un des derniers à qui l'on offrit un poste. Churchill lui demanda d'être le sous-secrétaire d'Etat à l'Information, Duff Cooper venant d'en être nommé ministre. Sans hésitation, Harold Nicolson accepta. Dans une telle situation, on aurait pu penser qu'il était à même d'avoir plus de renseignements que la plupart des gens sur la bataille qui faisait rage en Europe. Mais il n'était pas si bien placé. Le ministère n'était qu'un des nombreux centres d'information et ne constituait pas, si ce n'est indirectement, un service de censure. Harold Nicolson s'occupait surtout du moral de la population. Il parla souvent à la radio. C'est lui qui eut la responsabilité de coordonner les conseils à donner au public en cas d'invasion et il réécrivit à ce sujet une brochure publiée par le Gouvernement. Sissinghurst se trouvait tout près de la côte où l'invasion pouvait avoir lieu et, dans sa vie privée, il se trouva aux prises avec les problèmes qu'il avait pour charge de résoudre au bénéfice du public. Ce qu'il ne fit pas connaître fut la décision que V. Sackville West et lui prirent immédiatement : plutôt

---

1. Village près de Canterbury à trente-cinq kilomètres de Sissinghurst.

*que de tomber aux mains de l'ennemi, ils se suicide-
raient. Ils se procurèrent du poison, que dans leurs
lettres ils désignaient par ces mots : « le poignard nu ».*

*A travers les Ardennes, l'attaque des blindés alle-
mands atteignit la Manche le 20 mai, coupant le corps
expéditionnaire britannique du gros de l'armée française rejeté vers le sud. Une semaine plus tard, l'armée
belge capitulait. L'évacuation de Dunkerque commença
le 27 mai et prit fin le 3 juin. Le 5 juin les Allemands
attaquèrent les nouvelles positions françaises sur la
Somme et entrèrent dans Paris le 14. Le 17 juin, la
France demanda un armistice. Voilà les dates essentielles de cette histoire qui n'est que trop familière.*

*Dans le Journal d'Harold Nicolson, tous ces événe-
ments nous sont présentés comme des tranches quotidiennes de nourriture concentrée. Il n'avait pas le
temps de mettre en ordre les nouvelles qu'il recevait et
qui étaient souvent fausses. Les extraits qui suivent ont
été choisis davantage pour la lumière qu'ils jettent sur
ses réactions personnelles à cette époque que pour le
récit des événements.*

JOURNAL   *17 mai 1940.*

Il semble, j'en ai peur, que les Allemands aient percé
les lignes françaises à Mézières et à Sedan. C'est très
grave. Sûrement c'est aujourd'hui que j'ai vécu les pires
instants de ma vie et je ne vois pas comment je pourrais
faire front s'il n'y avait la sereine tendresse de Vita.

Le téléphone sonne à 12 h 40 et Mac [1] me dit avec un
tremblement : « Le secrétaire particulier du Premier

---

1. Miss Mac Millan, la secrétaire qui résidait à Sissinghurst.

ministre. » Je soulève le récepteur et n'entends rien. Puis, après un silence de deux minutes, une voix me demande : « Mr Nicolson ? – Oui. – Une minute, je vous prie. Le Premier ministre veut vous parler. » Nouvelle et longue attente, puis la voix de Winston : « Je pense, Harold, que ce serait très bien si vous vous joigniez au Gouvernement et assistiez Duff au ministère de l'Information. – Rien ne pourrait me plaire davantage. – Bien. Arrivez demain. La liste paraîtra cette nuit. Tout va bien ? – Tout va très bien. – O.K. », reprend Winston et il raccroche. Je reviens de Sissinghurst. J'appelle Duff Cooper dont l'accueil est chaleureux.

H. N. à V. S. W.   *19 mai 1940.*
Ministère de l'Information – London.
University Building.

C'est curieux de se retrouver au bureau. J'ai l'impression d'être entouré d'amis. Tout ça est bien agréable. Notre salle du Conseil de défense offre un spectacle passionnant. Elle fonctionne jour et nuit et il y a des cartes piquetées d'épingles, avec des bouts de laine multicolores. Deux fois par jour, à 10 h 30 et à 5 h 30, les chefs de service ont une réunion, et à 12 h 30, il y a une conférence de presse. Je dois assister à tout cela et de plus j'aurai à accomplir des missions bien définies. J'ai un charmant petit bureau, plein de soleil et s'il y a des bombardements, je dormirai ici. Ils disent que l'abri sous notre tour est sûr, même contre une attaque de plein fouet.

JOURNAL   *20 mai 1940.*

Je me rends de bonne heure au ministère. Nous discutons de cet épouvantable problème de la radio quand une attaque se produit. Si nous conservons l'antenne, nous faisons le jeu des bombardiers ennemis, mais on craint ici que si nous interrompons les émissions, les Allemands n'en profitent pour émettre sur notre longueur d'ondes de faux messages qui affoleront la population. Un bon acteur peut imiter suffisamment bien la voix de Winston et donner l'ordre à toutes les troupes de déposer les armes. Duff portera ce problème devant le Cabinet.

Pour autant que nous puissions le savoir, les Allemands sont à Albert [1] et menacent nos lignes de communications. Ils sont en train de se regrouper pour de nouvelles et terrifiantes attaques. De quelles réserves disposons-nous?

JOURNAL   *21 mai 1940.*

La situation est affreusement embrouillée. Cela ressemble à une énorme descente de cavalerie, telle que les Russes avaient l'habitude d'en pratiquer durant les guerres napoléoniennes. Mais on ne sait pas très bien si leurs petites unités, fortement mécanisées, sont susceptibles d'être dispersées, ou si elles ont derrière elles des troupes de ligne. Bien entendu, pendant ce temps, une vague de panique déferle sur la France. Les communications télé-

---

1. Entre Cambrai et Amiens. La veille, les Allemands avaient pris **non** seulement Albert, mais aussi Amiens et Abbeville.

phoniques avec Paris ont été coupées un moment, mais quelques lignes fonctionnent. L'impression générale est que le premier moment d'affolement touche à sa fin et que la France a retrouvé peu à peu son équilibre. Walter Mockton [1] a dit : « Ce matin, je suis passé au Foreign Office, et j'ai entendu quelqu'un rire, très fort ; depuis une semaine, je n'avais pas entendu chose pareille. »

H. N. à V. S. W.   *22 mai 1940.*
                                        Ministère de l'Information.

Bien sûr nous espérons prendre en tenaille la poche allemande et les rejeter loin de la Manche. Ils ne sont pas en force en cet endroit et nous avons déjà repris Arras [2]. Je ne sais pas si le Gouvernement a prévu un plan d'évacuation, mais vous pourriez y penser et commencer à préparer quelque chose. Il faut que la Buick soit en état de marche et que le plein soit fait. Il faut y mettre de la nourriture pour vingt-quatre heures et déposer dans le coffre vos bijoux et mon journal. Il faut que vous prépariez des vêtements et l'indispensable, mais abandonnez le reste. Après tout, c'est ce que les Français ont fait en 1914 et nous le ferons bien, nous aussi. J'imagine que pour vous la meilleure solution est de vous rendre dans le Devonshire. Tout ceci semble très alarmant, mais il serait stupide de prétendre que le danger est inexistant.

---

1. Sir Walter Mockton était alors directeur général du bureau de presse au ministère de l'Information.

2. Arras n'était pas « reprise » puisqu'elle n'avait jamais été prise par les Allemands. Le 21 mai, une petite contre-attaque par les troupes britanniques à l'ouest d'Arras avait partiellement réussi à retarder l'avance allemande.

V. S. W. à H. N.   *23 mai 1940.*
Sissinghurst.

La seule chose agréable que nous a apportée cette
guerre est une sentinelle tout en haut de la Tour. Avec
son casque et son fusil, au clair de lune, cela fait très
pittoresque au-dessus des créneaux.

JOURNAL   *24 mai 1940.*

Je vais à Leicester où il y a un grand dîner du Club
1936. Je suis très bien accueilli et trouve que leur moral
est parfait. Ce n'est pas pure suffisance, la preuve, je les
ai fait voter sur une question-test : « Le Derby doit-il
être remis ? » Ils ont voté à 88 % en faveur de
l'ajournement. Je remarque que l'opinion est assez
dangereusement antifrançaise. On pense que l'armée
française a perdu tout ressort.

JOURNAL   *25 mai 1940.*

Je vais au War Office pour discuter avec Ned Grigg
de la question du moral des civils en cas d'invasion. Il
paraît assez certain que les Allemands tenteront une
attaque sur Londres et il dit que l'on pense déjà à évacuer la Manche et les villes de la côte est. Sur la carte, il
m'indique les régions considérées et, bien que Sissinghurst n'y figure pas, il s'en faut de quelque dix-huit
kilomètres. J'en ai des sueurs froides.

Les Allemands occupent Boulogne et Calais [1]. Nos

---

1. La nouvelle était prématurée. Boulogne fut prise le 25, mais Calais ne le fut que le 26.

liaisons sont presque totalement interrompues et il est possible que le corps expéditionnaire britannique soit coupé de notre pays. Cependant, on croit que Weygand [1] pourra en quinze jours reconstituer des lignes de défense. Il nous faudra peut-être demander aux Français d'envoyer quelques divisions pour nous aider.

H. N. à V. S. W.   *27 mai 1940.*
                                Ministère de l'Information.

Je crains que les nouvelles de cet après-midi ne soient vraiment très mauvaises et qu'il faille nous attendre à ce que les Allemands aient encerclé une grande partie de notre armée et occupé toute la Belgique et le nord de la France [2]. Alors, nous devrons envisager l'éventualité d'une paix séparée négociée par la France, surtout si l'Italie entre en guerre. Soyez prête à accueillir les mauvaises nouvelles, rassemblez tout votre courage. Il vaut mieux pour l'instant, je le crois, garder tout ceci pour vous.

JOURNAL   *29 mai 1940.*

Tel Wellington à La Corogne, nous avons créé une ligne de défense tout au long des plages et autour de Dunkerque et espérons évacuer une partie de nos troupes. La marine est merveilleuse. Je reçois une lettre véhémente de l'ambassadeur de France disant que notre

---

1. Le général Weygand avait remplacé le 19 mai le général Gamelin au poste de général en chef.
2. L'armée belge avait capitulé ce jour-là.

presse rejette tout le blâme sur l'armée française. Je l'apporte à la Commission de Walter Mockton et nous espérons arranger un peu les choses. J'essaie ensuite de venir à bout de mon courrier accumulé. Le travail est aussi urgent et aussi absorbant que durant la conférence de la Paix à Paris. Mais nous étions heureux alors et non pas terrifiés.

H. N. à V. S. W.   *31 mai 1940.*
                                      4, King's Bench Walk, EC4.

Notre armée a livré dans les Flandres la plus magnifique des batailles. Elle a créé ce qu'elle nomme la ligne de La Corogne et elle la défend. Nous n'avions pas espéré sauver plus de vingt mille hommes, et déjà quatre-vingt mille sont tirés d'affaire et nous espérons faire mieux. Qui plus est, nous sommes à même de les ravitailler et de leur remettre des munitions. Si l'on admet que l'on a touché le fond, c'est un exploit magnifique. C'est peut-être une chance que le corps expéditionnaire britannique soit si efficace quand il s'agit de retraite puisqu'en l'occurrence il n'avait rien de mieux à faire [1]. Ce n'est pas une plaisanterie. Ils ont fait plus que se sauver eux-mêmes. Ils ont mis fin à deux légendes dangereuses : 1. Qu'aucune armée ne pourrait soutenir une attaque des blindés allemands; 2. Que des opérations navales complexes telles que l'embarquement des troupes sous le feu ne pourraient être entreprises tant que l'ennemi conserverait la maîtrise de l'air.

---

1. Le 30 à minuit, cent vingt-cinq mille hommes avaient été évacués de Dunkerque ou des plages environnantes.

Ma chérie, comme le courage est contagieux ! Je me sens aujourd'hui bien plus fort et mon cœur est gonflé devant de tels exploits.

JOURNAL   *1ᵉʳ juin 1940.*

Deux cent vingt mille hommes [1] sont évacués à l'heure actuelle, ce qui est stupéfiant quand je pense que nous craignions d'en perdre 80 %. Mais il y a là peu de raisons de montrer de l'enthousiasme, si ce n'est sur le plan purement moral. Nous avons perdu tout notre matériel. Les Français ont perdu 80 % de leurs forces et pensent que nous les avons abandonnés. Gort [2] dit qu'il a proposé d'emmener un plus grand nombre de Français, mais qu'ils étaient trop abattus pour bouger et que tous ceux qui avaient pu s'obliger à marcher quelques kilomètres de plus avaient été sauvés. C'est peut-être vrai, mais les Français avec leur tendance à rejeter le blâme sur les autres ne manqueront pas de dire que nous n'avons pensé à sauver que le corps expédition-naire britannique et que nous les avons laissés tomber [3].

A 6 h 15, je file pour Sissinghurst. Notre train a une heure et demi de retard, parce que des convois arrivent de tous côtés, transportant les rescapés du corps expé-ditionnaire britannique. Nous croisons douze trains, bondés de troupes fatiguées, sales, mais joyeuses. Je ne

---

1. Ce jour-là, soixante-quatre mille hommes venant de Dunkerque furent débarqués dans les ports du sud de l'Angleterre.

2. Lord Gort, commandant en chef du B.E.F., avait débarqué en Angleterre le jour précédent et fait son rapport au Cabinet. On avait donné à H. N. l'essentiel de son rapport.

3. Le nombre total des hommes évacués fut de trois cent soixante-dix mille dont environ cent dix mille Français.

vois qu'un homme qui soit commotionné. Il est assis, regardant droit devant lui, les paupières tombantes, comme drogué. Les autres auraient pu revenir d'une marche de deux jours.

H. N. à V. S. W.   *4 juin 1940.*
                              4, King's Bench Walk, EC4.

J'ai été affreusement bousculé hier, car je devais terminer une note sur l'invasion pour le Cabinet. Nous ne savons pas s'il faut mettre les gens en garde dès à présent ou s'il faut attendre qu'elle devienne probable. Il y a 80 % de chances que l'ennemi attaque la France d'abord pour se retourner seulement ensuite contre nous. Cependant nous devons être prêts à tenir tête au débarquement lorsqu'il se produira et il faut que le public soit informé de ce qu'il a à faire. Nous avons établi une longue liste d'instructions, mais nous ne tenons pas à les publier sans un ordre du Cabinet. Puisque Duff était à Paris, j'ai dû m'occuper moi-même de tout ceci.

Viti, ma bien-aimée, je crois qu'il y a quelque réconfort à sentir que, ou bien tout sera dit en août, ou bien nous aurons gagné. Hitler ne peut pas continuer ainsi une année de plus. Toute la question se résume à ceci : « Pourrons-nous tenir le coup ? » Je crois que oui. Et si nous gagnons, ce sera vraiment le triomphe de l'homme sur la machine.

Mais en réalité, je ne pense pas que le débarquement puisse avoir lieu, surtout si les Français résistent quelque temps sur la Somme. Comme je souhaite que revive l'esprit de Verdun ! C'est possible – vous connaissez les Français. Devoir travailler si dur en ces jours me remplit de gratitude. Et voici maintenant l'Italie [1]. Ma chérie, c'est un coup en traître. La France lui a offert pratiquement tout ce qu'elle demandait en Tunisie, etc., mais elle veut toujours plus et encore plus. Ils sont comme des détrousseurs de cadavres sur les champs de bataille – j'ai oublié comment on appelle ces gens. Les Grecs avaient un nom pour les désigner [2].

Dieu vous bénisse. Courage et espoir. Cet après-midi, Winston a fait le plus extraordinaire discours que j'aie entendu de ma vie [3]. Les Communes ont été très secouées.

V. S. W. à H. N.   *5 juin 1940.*

Comme je regrette de n'avoir pu entendre Winston prononcer son merveilleux discours ! Même lu par le speaker, il fait passer des frissons (non des frissons de peur) le long de mon dos. Je pense qu'une des raisons pour lesquelles on est bouleversé par son style élisabéthain est que l'on aperçoit derrière lui une forteresse de résolution. Jamais il ne parle pour ne rien dire.

C'est étrange de ne pas savoir ce qu'il peut advenir de nous. En temps normal tout le monde pense rarement qu'il est bizarre de n'avoir aucune idée de ce qui peut arriver dans l'heure suivante, mais à présent la sensation de cette ignorance se fait plus aiguë. Je ne vois l'avenir que par des couleurs : rouge et noir. Mais, comme vous l'avez dit : Courage et espoir. Et puis, il y a toujours les poignards nus !

---

1. Mussolini ne déclara pas la guerre avant le 10 juin, mais il était déjà évident qu'il se préparait à le faire.
2. *Necrosylia.*
3. Le discours : « Nous combattions sur les plages... », etc.

H. N. à V. S. W.   *6 juin 1940.*
                                    4, King's Bench Walk, EC4.

Je redoute l'issue de cette bataille [1]. Les Français surclassés en nombre et en matériel n'ont plus le cœur à l'ouvrage. S'ils pouvaient tenir tête aux Boches ce coup-ci, alors nous serions tirés d'affaire. Et même s'ils perdent Paris, cela ne voudra pas dire que la France entière va y passer. Je comprends si bien le sens du grand discours de Winston que je pourrais venir à bout de tout un monde d'ennemis.

Il grandit un mécontentement contre ce qu'on appelle « la vieille garde ». On nous dit que les hommes qui sont revenus du front estiment que Kingsley Wood et Inskip les ont laissés tomber et doivent partir. Chamberlain devrait aussi s'en aller. La vie est vraiment étrange. Hier, au ministère, j'observais Lord Salisbury en chapeau haut de forme et redingote descendant l'escalier. Je lui dis : « Que faites-vous ici ? – J'essaye de sauver le parti conservateur. » Je n'ai pas insisté, mais je suppose qu'il estime que Duff et Winston sont l'espoir du parti et qu'Anthony est trop faible. Mais j'apprends qu'Anthony se tire parfaitement d'affaire au War Office.

JOURNAL   *10 juin 1940.*

J'ai remis au directeur général mon projet sur les mesures concernant l'invasion. Il le soumettra à la réunion

---

1. L'attaque allemande sur la Somme. Le 5 juin à l'aube, on avait commencé à se battre entre Amiens et la mer. Très vite l'offensive s'étendit sur un front de six cents kilomètres. Mais les Français ne pouvaient opposer que soixante-cinq divisions aux cent quarante-trois divisions allemandes.

des ministres chargés de la défense du territoire. A mon avis, le War Office ne semble pas avoir réfléchi à ceci : les Allemands considéreront comme saboteur tout civil qui leur résistera. Si nous encourageons le sabotage, une terrifiante responsabilité pèsera sur nos épaules. Seul le Cabinet doit en décider.

Réunion de la Commission en salle de travail, la séance est lugubre. Les divisions motorisées allemandes ont traversé la Seine en deux points et ont réussi à jeter des ponts mobiles sur le fleuve. Tous les autres ponts ont été détruits. Les dépôts de pétrole de Rouen ont été incendiés. Nous avons commencé à évacuer Le Havre et la division que nous y avions va vraisemblablement regagner l'Angleterre [1]. Il paraît inévitable que Paris tombe à bref délai. Pendant ce temps, nous avons évacué Narvik [2]. Le Cabinet a décidé de ne faire connaître aucune de ces deux nouvelles au public, mais comme elles paraissent en première page des journaux de New York, nous envoyons Walter Mockton au Cabinet, pour leur faire valoir que si nous nous taisons plus longtemps, toute confiance en nos communiqués sera détruite. L'intervention italienne paraît être une question d'heure.

Chose étrange, nous nous sentons tous excités après cette désastreuse journée.

H. N. à V. S. W.   *12 juin 1940.*
                        4, King's Bench Walk, EC4.

Ce matin j'ai vu André Maurois. Il a quitté Paris hier.

---

1. L'évacuation du Havre fut terminée dans les premières heures du 13 juin. Deux mille deux cents hommes furent ramenés en Angleterre et huit mille huit cents transportés par la marine jusqu'à Cherbourg afin de poursuivre la lutte.

2. Narvik avait été abandonnée à l'ennemi le 8 juin.

Il dit que jamais dans sa vie il n'a souffert pareille
agonie, en regardant Paris dans un adorable jour d'été,
Paris que peut-être il ne reverrait jamais. Mon cœur
saigne pour les Français. Paris représente pour eux ce
que notre campagne est pour nous. Si nous apprenions
que les sentiers du Devonshire, les rochers de Cor-
nouailles et toute notre douce Angleterre rassemblés en
un seul point allaient être rayés de la carte, nous souf-
fririons mille morts. Je grince des dents quand je pense
qu'Hitler a dit qu'il serait le 15 juin à Paris et il sera
fidèle au rendez-vous, embellissant ainsi sa légende.

Quel bonheur d'avoir maintenant tant à faire et
d'occuper une situation au centre des événements ! J'ai
vraiment l'impression que je peux agir avec efficacité
et que je suis « mobilisé ». Je ne me connaissais pas des
instincts aussi combatifs. Est-ce là, chérie, la raison
pour laquelle je me sens si gai ? Est-ce, comme vous le
prétendez, parce que je suis ravi de découvrir en moi
des forces viriles que je ne soupçonnais pas ? Je méprise
si fort les lâches. Et c'est une telle satisfaction que tous
deux, naturellement et sans effort, nous nous retrouvions du côté des braves.

JOURNAL   *17 juin 1940.*

Le Gouvernement Reynaud a démissionné et Pétain
en a formé un nouveau, comprenant Darlan. Les Allemands ont poussé jusqu'après Dijon et les Français ont,
selon toute apparence, évacué la ligne Maginot, détruisant toutes les installations. Assez agité, Camrose me
téléphone. Il a très peur que, si les Allemands s'emparent de la flotte française, nous n'ayons plus aucune
chance d'en sortir. Je tente de réconforter ce vieil ami,

ne parviens à trouver d'autres arguments qu'une aveugle confiance et une non moins aveugle volonté de ne pas céder.

A 12 h 30 je me rends au bureau de Sammy Hood [1]. Il a écouté Pétain à la radio. La phrase essentielle est celle-ci : « Il faut cesser le combat. » Pour nous c'est un désastre, surtout si la marine française se rend, elle aussi. Je déjeune au grill du Carlton avec Robert Vansittart. Il pense lui aussi qu'il n'y a qu'une chose qui compte, c'est la flotte française. Si elle réussit à nous rejoindre, alors tout va bien ; si elle se saborde, il y a un espoir. Mais si elle tombe au pouvoir de nos ennemis, nous serons alors dans une situation difficile, pour ne pas dire désespérée [2].

H. N. à V. S. W.   *19 juin 1940.*
                                        4, King's Bench Walk, EC4.

Je crois qu'il est à peu près certain que les Américains entreront en guerre en novembre ; si nous pouvons tenir jusque-là, c'est parfait. De toute manière, par précaution, je me suis procuré des poignards nus. Je vous apporterai le vôtre dimanche. Tout cela est très simple.

J'ai vu Louis Spears qui vient de rentrer de France. Il dit que là-bas, la confusion est incroyable. Notre proposition de nous unir avec la France a fait long feu [3].

---

1. Le vicomte Hood, secrétaire particulier de Duff Cooper.

2. Les accords d'armistice stipulaient que la flotte française serait démobilisée et les bâtiments immobilisés dans leur port d'attache pour la durée de la guerre. Mais plusieurs unités se réfugièrent dans les ports anglais.

3. Cette proposition, avancée par Vansittart, de Gaulle et Jean Mon-

J'étais charmé de penser que j'allais devenir citoyen
français et je suis désolé que la chose n'ait pas abouti.

JOURNAL   *21 juin 1940.*

Aujourd'hui les délégués français ont été reçus par
Hitler à Compiègne, dans le wagon où fut signé l'armistice en 1918. Hitler leur a violemment reproché
d'avoir gagné la Première Guerre. Pauvres gens, mon
cœur saigne pour eux.

*Après la chute de la France, un soupçon d'exaltation
perce dans le Journal, mais cela tient à son style con-
cis, presque télégraphique, car Harold Nicolson fut
plus occupé qu'il ne l'avait jamais été, travaillant toute
la semaine au ministère de l'Information, avec de temps
à autre une nuit à Sissinghurst. Le ministère fut bientôt
en butte aux critiques de la presse, furieuse de n'avoir
à se mettre sous la dent que des nouvelles que les autorités estimaient pouvoir être imprimées, et aux critiques du public qui se refusait à cette espèce de contrôle
des esprits. Le dédain peu caché de Duff Cooper pour
les journalistes ne facilitait pas les choses. En outre,
c'était un nouveau ministère composé en grande partie
non de fonctionnaires de carrière, habitués à accepter
des ordres, mais d'amateurs brillants issus des universités et des milieux intellectuels londoniens. « La
présence dans un ministère de tant d'hommes éminents,
indisciplinés, devait conduire à beaucoup de frictions »,*

---

net, était de n'avoir qu'un gouvernement unique et une citoyenneté
commune entre les deux pays.

écrivit Duff Cooper dans son autobiographie [1]. « *Jamais je n'y fus heureux... sans cesse j'avais des histoires avec les autres services, surtout avec le Foreign Office et les services administratifs.* » *Mais si Duff Cooper était malheureux, Harold Nicolson ne l'était pas. Il était le paratonnerre de son ministre. Durant toute cette période, rien ne fut plus important que les relations avec la France vaincue. La France étant le pays qu'il connaissait le mieux après le sien, il était donc le personnage clé à un poste clé. De nombreux amis d'Harold Nicolson, Anglais et réfugiés, figuraient parmi ceux qui assiégeaient le ministère, offrant leurs bras et apportant leurs idées pour toucher l'opinion britannique et celle des neutres. Beaucoup de son temps était pris par ces entrevues et par sa participation plusieurs fois par jour aux séances des Commissions permanentes. Il établit, pour le Cabinet, une déclaration sur les buts de guerre de la Grande-Bretagne, se faisant le défenseur, pour l'après-guerre, d'une structure fédérale en Europe et de mesures fortement teintées de socialisme à l'intérieur. Son travail parlementaire était peu important – il eut à répondre à quelques questions mais ne participa à aucun grand débat.*

Comme le Journal nous le montre, semaine après semaine, en Angleterre on s'attendait à un débarquement allemand. Il est curieux que du moins au ministère de l'Information on ait si peu prêté attention aux difficultés que rencontreraient les Allemands à improviser une opération aussi colossale. Les Allemands n'avaient préparé avant la défaite de la France aucun plan et dans l'esprit d'Hitler celle de la Grande-Bretagne devait tout naturellement en découler : « Je ne vois

---

1. *Old Men Forget*, Hart-Davis, 1953.

aucune raison pour que cette guerre doive se poursui-
vre », déclarait-il le 19 juillet au Reichstag. Mais la
réponse britannique fut un défi sans équivoque. Hitler
donna l'ordre de préparer le débarquement de qua-
rante divisions sur un front de trois cents kilomètres
allant de Ramsgate à Lyme Bay, mais des désaccords
sur la tactique à suivre s'élevèrent entre l'armée et la
marine. L'état-major posait comme condition essen-
tielle que la supériorité aérienne fût établie au-dessus
des côtes méridionales britanniques. Cette exigence et
l'impréparation des transports interdirent à Hitler
d'envisager un débarquement avant la mi-septembre. Les
nombreuses vagues de panique qui déferlèrent en Angle-
terre n'étaient dues qu'à la nervosité générale et à la
propagande allemande. En juillet, à titre expérimental,
les Allemands s'attaquèrent aux bâtiments anglais dans
la Manche, mais la bataille d'Angleterre proprement
dite ne débuta pas avant le mois d'août et Londres, à ce
moment-là, n'avait pas encore été bombardée.

JOURNAL   *29 juin 1940.*

Guy Burgess vient me voir et je lui dis qu'il n'y a
plus de chances maintenant pour qu'on l'envoie à Moscou. Jean Monnet [1] vient me voir lui aussi. Il dit qu'il
n'y a aucune possibilité pour que la France, dans son
état de prostration actuelle, blessée comme elle l'est,
accepte un Comité national formé de simples particu-
liers et établi sous notre protection. En France, Pétain et
Weygand sont encore de grands noms et les Français

---

1. Chef de la Mission franco-britannique de coordination à Londres
jusqu'à la chute de la France et auteur, après guerre, du Plan Monnet,
pour l'intégration économique de l'Europe.

essayent d'atténuer leur humiliation en disant que tout cela est notre faute, que nous les avons abandonnés. Monnet pense qu'un vrai mouvement national peut naître quelque jour dans les colonies françaises, mais qu'en attendant, il faut que nous évitions tout ce qui pourrait donner à penser que nous utilisons pour nos propres intérêts un groupe de Français. Je suis tout à fait d'accord. Je prie Spears [1] de ne pas trop encourager de Gaulle. Ce qui rend les choses difficiles, c'est que Duff lui-même est très « gaullois ».

JOURNAL						*30 juin 1940.*

J'ai une grande conversation avec Eve Curie [2]. Elle est décidée à rester ici aussi longtemps qu'elle le pourra. Le Gouvernement français nous est devenu complètement hostile et sa propagande s'en prend à nous, non seulement en France, mais aussi aux Etats-Unis. Les marins français qui sont dans nos ports s'inquiètent de leurs familles et toute l'aide que nous pouvons recevoir des colonies françaises se raréfie peu à peu. En réalité, il est clair que toutes les nations européennes pensent que nous avons bien peu de chances de résister à la grande invasion et toutes, y compris la Roumanie et dans une certaine mesure la Turquie, pensent s'entendre avec l'Allemagne.

---

1. Le général Spears qui avait été l'officier de liaison personnel entre Churchill et le gouvernement français avait conduit le 17 juin de Gaulle à Londres et était maintenant chef de la mission britannique au quartier général de De Gaulle.

2. Elle écrivit une biographie de sa mère, Marie Curie.

JOURNAL   *4 juillet 1940.*

Les nouvelles concernant la flotte française n'ont pas
été rendues publiques avant 3 heures du matin et ainsi
n'ont pas paru dans la plupart des journaux du matin.
C'est une très mauvaise publicité pour nous et nous
allons être pris à partie. La vérité, c'est que Winston se
soucie comme d'une guigne de la propagande. Duff me
dit que selon toute vraisemblance le *Dunkerque* a été
coulé, que le *Strasbourg* a réussi à s'échapper et qu'une
très grave bataille est en cours [1]. Il est possible que nous
nous retrouvions en état de guerre avec la France, ce qui
me brise le cœur. Tout d'abord les Communes furent
atterrées par cette odieuse attaque, mais le discours de
Churchill leur rendit courage. L'exorde fut salué par
une ovation, tandis que Churchill restait assis, des larmes
glissant sur ses joues.

H. N. à V. S. W.   *11 juillet 1940.*
                                          Ministère de l'Information.

Les bombardements allemands sur quelques-uns de
nos ports ont fait déjà pas mal de dégâts. Dieu sait ce
qui se passera quand ils commenceront vraiment le grand

---

1. Churchill était décidé à empêcher les grosses unités de la marine
française ancrées à Mers el-Kébir de tomber sous le contrôle allemand.
L'amiral britannique reçut l'ordre de présenter aux Français un ultimatum aux termes duquel elles devaient soit rejoindre les Anglais, soit
gagner des ports neutres, soit se saborder. Après que les Français sur
place eurent rejeté cet ultimatum, les Anglais coulèrent le *Bretagne*, un
cuirassé, et le *Dunkerque*, un croiseur de bataille. Le cuirassé *Strasbourg* se réfugia à Toulon.

jeu. Mais notre moral est parfait. Je me dresse sur mes ergots, il n'y a pas d'autre terme. En mon âme et conscience, je crois qu'Hitler est au bout de sa chance. On s'attend à un débarquement pour le week-end. C'est le dernier rendez-vous d'Hitler avec le destin. Après cette date, les astres seront contre lui. Je me fais l'effet d'un docteur aux prises avec un cas difficile. Mais j'aime cela. Je suis si occupé que mon cher Journal n'est plus qu'un livre de rendez-vous.

JOURNAL   *13 juillet 1940.*

Les Allemands essayent de nous faire croire qu'ils vont débarquer cette nuit. La lune dans son dernier quartier est superbe, le temps est beau. Sans aucune inquiétude, je vais me coucher.

H. N. à V. S. W.   *14 juillet 1940.*
                                    Ministère de l'Information.

J'ai dîné avec Rober Senhouse [1] au Reform. Après quoi nous avons écouté Winston. Quand il eut terminé, j'applaudis. Cet homme n'a vraiment peur de rien. Imaginez l'effet de ce discours à travers l'Empire et dans les U.S.A. Je m'imaginais une grande armée d'hommes et de femmes bien décidés, l'œil ouvert. Et je voyais les autres comme autant de cafards allant se cacher dans les trous. Quel discours ! A présent le monde peut bien crouler :

----

1. Editeur et traducteur, vieil ami de H. N.

Si fractus illabatur orbis
Impavidum ferient ruinae [1].

Dieu le bénisse; et vous bénisse. La phrase choc de Winston : « Nous serons sans pitié, nous ne demanderons pas de pitié. »

JOURNAL   *18 juillet 1940.*

Déjeuner à la Légation de Roumanie. Arthur Henderson [2] et Brendan Bracken sont là. Les travaillistes disent qu'ils espèrent qu'après la guerre Winston continuera à édifier la nouvelle société. Brendan dit que la guerre ne sera pas finie depuis une minute, que Winston voudra partir. Selon lui Winston est convaincu qu'il a tiré des affaires publiques tout le plaisir qu'il en attendait et que lorsque tout ceci sera achevé, il voudra peindre et écrire [3]. Il ajoute que depuis vingt ans qu'il connaît Winston il ne l'a jamais vu aussi en forme et que ses responsabilités semblent lui avoir donné un second souffle. Il ajoute qu'il est tout à fait décidé à ne pas

---

1. « Si le monde entier tremblait et s'effondrait autour de lui, ce désastre le laisserait impavide. »
2. Député travailliste de Kingswindford depuis 1935. Il occupait un poste à l'état-major depuis 1939, puis devait être nommé en 1942 sous-secrétaire d'Etat à la Guerre.
3. Anthony Eden (*The Reckoning*, p. 145) confirme cette appréciation : « Winston répétait qu'il était à présent un vieil homme (en septembre 1940 il allait avoir soixante-cinq ans) et qu'il ne voulait pas répéter l'erreur de Lloyd George en demeurant au pouvoir après la guerre. »

devenir une figure légendaire et qu'il professe que le Premier ministre n'est rien d'autre qu'un président du Conseil de Cabinet. Nous discutons des élections générales considérant que les Communes ne représentent plus le moins du monde le pays. S'il y avait des élections, nous pourrions bien enfin être débarrassés de quelques vieux birbes.

JOURNAL   *20 juillet 1940.*

Je pense que selon toute vraisemblance, Hitler va essayer de nous envahir dans les jours qui viennent. Il a six mille appareils prêts à décoller [1]. Que tout ceci est curieux ! Nous savons que nous avons à faire front à un débarquement terrifiant. Nous sommes à demi persuadés que les chances sont presque toutes contre nous. Pourtant il y a dans l'air une sorte d'exaltation. Si Hitler ajournait son assaut et allait en tâter en Afrique et en Méditerranée, notre moral pourrait faiblir. Mais nous sommes vraiment fiers d'être de tous les peuples celui qui ne cédera pas. La réaction au discours d'Hitler d'hier [2] a été bonne. Pourtant, je sais bien que nous risquons de souffrir horriblement. Ce qu'il y a d'étrange aussi, c'est que dans ces instants d'angoisse, il n'y ait aucune haine contre Hitler, ni contre les Allemands. L'opinion s'en tient indirectement à des critiques contre les vieux de la vieille et l'on rouspète parce que la territoriale n'est pas mieux équipée. Tout ceci représente un danger, car en fait il s'agit d'une forme de

---

1. En réalité, il avait seulement deux mille six cent soixante-dix chasseurs et bombardiers sur le front de l'Ouest.

2. Discours prononcé au Reichstag, au cours duquel il laissa entendre qu'il était prêt à entrer en discussion avec la Grande-Bretagne.

dérobade ou de pacifisme. Nous avons en vérité grand-
peur d'Hitler et reculons devant cette résistance dyna-
mique qui ne peut s'incarner que dans une haine toute
simple. Il y a cent trente ans, toute cette haine s'était
amassée sur la tête de Bonaparte. Aujourd'hui, nous
hésitons à en faire autant. Si nous sommes envahis,
peut-être nous fâcherons-nous.

JOURNAL   *11 août 1940.*

Un adorable matin, clair mais assez frais. Cependant,
je me baigne. Un grand héron s'envole au-dessus du
lac. Dans le jardin flamboient les jaunes, les oranges,
les rouges. C'est une réussite. Viti qui est si avisée, si
calme, pose la question qu'on n'ose poser et qui est
dans tous les esprits : « Par quel moyen espérer gagner ? »

Tout donne à penser que dans peu de jours nous serons attaqués de tous côtés. Les Italiens pénétreront en
Somalie, au Kenya, au Soudan tout comme en Egypte.
Les Japonais nous attaqueront en Extrême-Orient. Et
l'Allemagne, tout en menaçant notre pays, peut envoyer
des armées en Espagne, au Portugal, au Maroc, à Dakar.
Puis viendront les grands bombardements et une intense
propagande en faveur de la paix, à la fois ici et aux
Etats-Unis. On prétendra que Churchill, par son obstination, impose au monde d'affreuses souffrances et
que, si nous voulions seulement reconnaître qu'Hitler a
dès à présent unifié l'Europe, la paix et la prospérité
seraient de retour. Nous deviendrons alors la race la
plus haïe sur la terre.

Je mets mon espoir dans le côté mécanique du système nazi. Si nous pouvons enrayer la machine, bloquer

ne fût-ce qu'un tout petit rouage, alors le désenchantement inné chez les Allemands commencera à jouer. Car
de même qu'ici les gens trouvent leur réconfort dans
cette idée que tout va trop mal pour être vrai, de même
les Allemands eux peuvent être déconcertés en pensant
que tout est trop beau pour être vrai. Si nous pouvons
tenir cet hiver, prouver qu'ils ne réussissent pas à nous
faire baisser pavillon ni par des bombardements ni par
le blocus, si nous obtenons des U.S.A. qu'ils nous
fournissent un matériel de guerre moderne et si nous
pouvons tenter quelque action contre l'Italie, alors en
automne, quand la famine se répandra réellement en
Allemagne, ils penseront peut-être à la paix.

Cependant je crains que la menace du débarquement
n'ait créé durant ces dernières semaines dans la haute
administration quelque chose qui ressemble à de la
panique. L'état-major a été si affolé par l'effondrement
intérieur de la France qu'il a obligé le Cabinet à prendre
des mesures de panique. L'internement mal organisé et
tout à fait inhumain de tous les étrangers a fait partie de
cette panique de dix jours. D'autre part, il y eut les
poursuites engagées contre les défaitistes. Et enfin, il y
eut les instructions que nous reçûmes de monter une
campagne contre les faux bruits et de renforcer les
rigueurs de la censure. Le débarquement ne venant pas,
ces mesures furent modifiées et le poids de l'indignation générale est retombé sur le ministère de l'Information, sur Duff Cooper plus particulièrement. Ce n'est
pas une page très brillante de notre histoire pourtant
mouvementée.

Je suis arrivé à la conclusion que mon profil est celui
d'une personnalité de tout premier ordre, malheureusement le dessin est un peu brouillé.

Le 13 août, Goering donna l'ordre à la Luftwaffe de déclencher son offensive aérienne contre la Grande-Bretagne. Les attaques contre les villes de la côte et contre la navigation s'étant multipliées dans le courant de juillet et au début d'août, on ne comprit pas tout de suite que la guerre était entrée dans une phase nouvelle. Tout d'abord, il parut que ces raids n'étaient rien d'autre que l'extension de cette campagne vers l'intérieur du pays. Jusqu'alors Harold Nicolson n'avait jamais été témoin d'un combat mais, durant les mois d'août et de septembre, V. Sackville West et lui-même assistèrent de leur jardin à une grande partie de la bataille d'Angleterre, dont le centre se situait au-dessus du bocage de Kent. Sissinghurst, on le sait, se trouve au centre de ce bocage. La propriété se trouvait aussi en plein sur la ligne prévue pour la marche des armées allemandes se dirigeant de la côte vers Londres. En effet, l'amiral Raeder avait persuadé Hitler que les débarquements devraient se limiter à la bande côtière entre Folkestone et Bognor.

La décision d'Hitler dépendait en premier lieu de l'issue de la bataille aérienne mais, même s'il l'avait emporté, la traversée de la Manche, compte tenu de l'écrasante supériorité navale britannique, aurait été une entreprise très risquée et sur terre l'armée britannique était déjà plus forte que celle que les Allemands eurent à affronter quatre ans plus tard en Normandie. L'erreur que commit Goering fut de ralentir ses attaques contre les aéroports du Sud-Est et sur les centres de contrôle, au moment précis où la R.A.F. commençait à trouver le fardeau intolérable, ceci pour passer au

*bombardement de jour et de nuit sur Londres, grâce à
quoi il espérait briser le moral des civils. Les attaques
commencèrent vraiment le 7 septembre et depuis lors
jusqu'au 3 novembre Londres fut bombardé tous les
soirs. Les Allemands firent avec leurs chasseurs un
suprême effort le 15 septembre. Ce jour-là la R.A.F.
maintint sa moyenne de deux contre un, abattant cinquante-six appareils allemands, n'en perdant que vingt-
six. Deux jours plus tard Hitler ajournait* sine die *toute
tentative de débarquement.*

H. N. à V. S. W. *13 août 1940.*
Ministère de l'Information.

J'ai eu hier un long entretien avec Duff. Il croit que
le débarquement va avoir lieu, car il ne voit pas comment Hitler peut s'en tirer autrement. Mais s'il n'intervient pas dans les deux prochaines semaines, il sera
probablement trop tard. Hitler a besoin d'un très beau
temps. Cependant nous ne parvenons pas à comprendre
pourquoi il perd sur nos côtes tant d'appareils. Durant
les trois derniers jours, il en a perdu sûrement deux
cents, et bien qu'il puisse remplacer les appareils, il ne
peut remplacer deux cents pilotes. De toute manière,
cela commence à chauffer et j'en suis heureux.

JOURNAL *15 août 1940.*

Je vais voir un spectacle de Leslie Henson. Le théâtre
est comble et tout le monde d'excellente humeur arbore
un air triomphant. Il faut reconnaître que la supériorité
dont nos hommes font preuve tient du miracle. Duff me

disait aujourd'hui que la seule explication est que les Allemands manquent d'entraînement. Cela n'a rien à voir avec le courage ou l'efficacité allemande. Bien qu'inférieurs, leurs appareils ne sont pas véritablement en cause. C'est peut-être que, dans leur désir d'économiser l'essence, ils ne donnent pas à leurs hommes un entraînement suffisant. Notre triomphe aujourd'hui était magnifique.

JOURNAL   *20 août 1940.*

Winston fait son discours aux Communes. Il traite admirablement la question de la Somalie [1] et celle du Blocus. Chez lui, nulle trace de vantardise. Parlant de la R.A.F., il déclare « que jamais au cours de l'Histoire, tant d'hommes ont tout dû à si peu d'hommes ». Ce fut un discours modéré, bien équilibré. Il n'essaya pas de susciter l'enthousiasme, mais seulement de tracer une ligne de conduite. Assez curieusement, il fit allusion à une attaque possible des Russes sur l'Allemagne et parla de notre « union à venir avec les Etats-Unis », et il termina par une jolie péroraison sur la coopération anglo-américaine, d'une éloquence majestueuse comme les flots du Mississippi.

JOURNAL   *26 août 1940.*

Quelle belle matinée ! Ils sont venus hier sur Londres, et nous sommes allés sur Berlin. Je travaille à mon émission pour la radio. A midi, j'entends des avions et

----

1. Le 15 août la garnison anglaise sous la pression de forces italiennes bien supérieures en nombre dut évacuer la Somalie britannique.

tout de suite le hurlement des sirènes. Les gens se sont parfaitement accoutumés à ces interruptions. Je découvre qu'on s'applique à une sorte de mise en sommeil de l'imagination. Je ne parviens pas à penser que ce bourdonnement dans le ciel signifie la mort à chaque instant pour un si grand nombre de gens. Cela paraît si incroyable, tandis que je suis assis là, devant ma fenêtre, contemplant les fuchsias et les zinnias, des papillons d'or se poursuivant l'un l'autre, que dans quelques secondes je pourrai voir par-dessus les arbres d'autres papillons décrivant des cercles dans les airs, avides de s'anéantir les uns les autres. On vit dans l'instant présent. Le passé est trop triste et l'avenir désespéré.

Je rentre à Londres. Après dîner, je vais à pied jusqu'au Temple. C'est une curieuse expérience. Londres est aussi sombre que le théâtre de Vicence lorsqu'on a tout éteint. De vagues formes architecturales. Il fait chaud et les étoiles parsèment le ciel, semblables à des grains de riz. Puis les projecteurs s'allument, surmontés d'un halo cotonneux. Dans la banlieue, les canons grondent, tirent. Au centre, il n'y a pas de canons. Seul le grondement des avions, qui peuvent être des ennemis ou les nôtres. Quelques pas précipités, isolés, le long du Strand. Un petit homme nerveux me rattrape et entame une conversation. Je le déconcerte en lui offrant une cigarette et en prenant tout mon temps pour l'allumer. Sa main tremble. Pas la mienne.

Quand j'arrive chez moi, j'éteins les lampes et m'assieds à la fenêtre. Le bourdonnement des avions se fait encore entendre et par moments, au loin, un coup sourd. Je rallume et écris ces lignes, mais j'entends d'autres avions et je dois tout éteindre et écouter dans la nuit. Je n'éprouve pas le moindre sentiment de crainte. Est-ce du fatalisme, est-ce autre chose ? C'est très beau.

J'attends, j'écoute. On entend encore du bruit, les projecteurs s'éteignent et voici le signal de fin d'alerte. Je ferme mes volets, allume et termine ces notes. Les cloches de Londres sonnent minuit. Je vais me coucher.

JOURNAL   *7 septembre 1940.*

A Tonbridge, où nous changeons de train, je vois deux prisonniers allemands. De tout jeunes et frêles garçons de seize ans, enchaînés l'un à l'autre par des menottes et gardés par trois soldats baïonnette au canon. Ils traînent les pieds tristement, l'un sans ses bottes marche sur d'épaisses chaussettes grises. L'un d'eux paraît très abattu et sombre ; l'autre sourit à moitié, l'air supérieur, comme s'il pensait : « Mon Führer vous fera payer tout cela ! » Sur le quai les gens sont extraordinairement discrets. Ils leur jettent juste un coup d'œil et détournent la tête, se refusant à les considérer comme des bêtes curieuses.

Les sirènes hurlent et nous montons dans le train pour Staplehurst. A Sissinghurst nous prenons le thé et regardons les Allemands déferler, vague après vague. On se bat là au-dessus de nos têtes et nous entendons un ou deux avions s'écraser au sol. Semblables à de grands moustiques, ils étincellent au-dessus de nous. A 6 heures, tout paraît fini, mais il y a une autre alerte à 8 heures qui dure encore à l'heure présente, à 5 heures du matin, mais je vais me coucher [1].

---

1. C'était la première grande attaque sur Londres, de jour. Comme elle coïncida avec le rassemblement de péniches de débarquement dans les ports français de la Manche et que la lune et la marée étaient favorables, les chefs d'état-major anglais pensèrent que le débarquement était imminent et le signal d'alerte « Cromwell » fut lancé à 8 heures, cette nuit-là, par la direction des forces de l'Intérieur.

JOURNAL *12 septembre 1940.*

Les dégâts faits cette nuit sont moins terrifiants que ceux des quatre nuits précédentes. Le barrage effectué par nos canons anti-aériens a rendu courage aux gens, bien que dans l'East End nombreux sont ceux qui ont les nerfs à vif.

Je déjeune au Savoy avec la ravissante Erika Mann [1]. Knickerbocker [2] se précipite sur moi, écumant de rage. Il dit qu'il a écrit la meilleure histoire du monde et que les censeurs la retiennent. Il s'agit de la bombe à retardement au pied de la cathédrale St. Paul qui à chaque instant peut faire explosion et détruire le chef-d'œuvre de Sir Christopher Wren. « Ne puis-je faire partager mon angoisse au peuple américain ? Pourquoi n'est-il pas non plus permis de parler de la destruction de Bond Street et de Burhington Arcade, si chers à tant d'Américains ? » Je quitte Erika et me précipite pour arranger les choses. Cyril Radcliffe [3] me vient en aide. La raison pour laquelle l'histoire de St. Paul a été stoppée est qu'on ne doit pas parler de bombe à retardement. La raison pour laquelle on a stoppé celle de Bond Street est que Knickerbocker avait écrit : « Cette rue que l'on peut comparer à la 5e Avenue et à la rue de la Paix. » La censure pense que la mention de ces deux rues pourrait

---

1. Fille de Thomas Mann, le romancier allemand, et épouse de W. H. Auden.

2. H. C. Knickerbocker, journaliste américain.

3. Avocat. Plus tard 1er vicomte Radcliffe. Depuis le début des hostilités, il était au ministère de l'Information, et en devint le directeur général de 1941 à 1945.

désigner à l'ennemi des objectifs intéressants ! Cyril fait tout passer.

Michel Saint-Denis [1] me rend visite. Les émigrés français sont à couteaux tirés. Les uns après les autres, ils viennent me voir pour me dire des horreurs sur leurs compagnons. Je dîne au Reform avec Guy Burgess et déguste une grouse, la mieux préparée que j'aie mangée de ma vie. A 9 h 15, le bombardement reprend. Je retourne à pied au ministère à travers la ville déserte. Je n'ai pas de casque et je ne suis pas rassuré. Quand cela chauffe, je me glisse à l'abri d'un porche. Sous l'un d'eux, je me heurte à une prostituée : « J'ai bu, dit-elle, j'ai tellement peur. Je vous en prie, ne me quittez pas. » Pauvre fille.

JOURNAL   *13 septembre 1940.*

De nombreux navires et chalands sont réunis sur la côte française et il est clair comme le jour qu'à chaque minute le gouvernement attend un débarquement. A 11 heures du matin, un raid aérien s'annonce. Je monte et poursuis mon travail. A 12 h 15, dans le couloir je rencontre Walter Mockton. Il chuchote : « Ils ont bombardé en piqué Buckingham Palace et l'ont touché trois fois. Le roi est sauf [2]. » Le raid continue jusqu'à 2 h 30. Ils ont envoyé des bombes à retardement sur St. James Park et toute la partie du Foreign Office qui donne de ce

---

1. Auteur dramatique, acteur et producteur. Chef de la Section française à la B.B.C. de 1940 à 1944.

2. Deux bombes tombèrent dans la cour rectangulaire de Buckingham Palace à trente mètres de la pièce où le roi s'entretenait avec son secrétaire privé. La même attaque endommagea la chapelle du palais. Le roi fut commotionné.

côté a été évacuée. Il n'y a plus de train pour le Kent et je dois renoncer à me rendre à la maison. A 3 h 45, commence un autre raid. Des bombes tombent près de nous, dans Howland Street, sans que l'alerte ait été donnée. Nous descendons dans la tranchée. Je remonte ensuite au sixième étage et contemple la ville. Il y a un radieux arc-en-ciel au-dessus de la Cité, s'appuyant sur St. Paul qui resplendit dans le soleil couchant. De nouveau à 9 h 15, les sirènes hurlent. C'est une nuit merveilleuse, la lune est pleine. Alors je retourne au ministère de l'Information et commence à taper ces lignes tandis que les canons tonnent.

JOURNAL   *15 septembre 1940.*
                                              Sissinghurst.

Morne matinée. Tout près de nous le raid habituel. Après le déjeuner, il y a un combat des plus violents au-dessus de nos têtes. Deux avions descendent près du village de Sissinghurst et un troisième, en flammes, s'écrase non loin de Frittenden. Nous apercevons un parachute descendant lentement, sous lequel l'homme oscille tel un pendule. Nous avons fait quatre prisonniers allemands. La gare de Staplehurst a été rasée par un Spitfire qui s'est écrasé sur le toit. Un autre Spitfire est tombé dans le parc de Victor Cazalet, à cent mètres à peine de Swift [1]. Nous avons des nouvelles dans l'après-midi. On annonce cent quatre-vingt-cinq avions ennemis abattus. Nous n'en avons perdu que trente [2]. Ils ont bombardé Buckingham Palace une nouvelle fois.

1. A 1,5 km de Sissinghurst.
2. Les chiffres véritables étaient cinquante-six allemands et vingt-six anglais.

On nous dit que c'est Goering qui dirige cette campagne [1]. Si c'est vrai, il est encore plus bête que je ne le pensais. Il y a eu cette nuit un autre raid. La pauvre Vita s'inquiète de me voir partir demain. Comme le disait ce soir Priestley [2], Londres est sur la ligne de feu. Dieu merci, ils ont retiré la bombe à retardement qui était sous St. Paul.

Pendant les derniers mois de 1940 le bombardement sur Londres se fit de plus en plus violent. Les aviateurs allemands qui avaient survécu à la bataille aérienne à laquelle V. Sackville West avait assisté depuis son jardin s'en prirent à Harold Nicolson qui se trouvait à Londres – c'est du moins ce qu'elle s'imaginait (car jour et nuit, elle se rongeait d'inquiétude à son sujet). Physiquement il réagit avec un courage qui le surprit lui-même. Lorsque le Blitz se faisait véritablement infernal, il dormait dans son bureau au ministère de l'Information, un immense bâtiment de béton en forme de tour qui fut touché au moins à six reprises et tint bon. Chaque matin, à travers les rues jonchées de décombres, il allait à pied jusqu'à King's Bench Walk pour prendre son breakfast. Ses soirées étaient vides, son journal n'eut pas à en souffrir. La vie sociale à Londres était presque morte et il lui fallait quelque chose pour détourner son esprit de ces perpétuels bombardements. Pendant cinquante-sept nuits à la file, une

---

1. C'était vrai : il avait pris lui-même le commandement le 7 septembre.

2. J. B. Priestley faisait à cette époque des émissions qui étaient aussi populaires que les interventions de Churchill lui-même.

*moyenne de deux cents bombardiers allemands survola
Londres. Churchill écrivit : « A cette époque nous
n'imaginions rien d'autre que la destruction totale de
la capitale. » Puis Goering dirigea le poids de ses
attaques sur les villes de province (une des premières et
la pire eut lieu à Coventry, le 14 novembre) juste au
moment où les Londoniens semblaient à bout de forces.
Ce ne fut que l'année suivante qu'une défense efficace
contre les raids nocturnes fut mise en place. Elle
s'articulait sur des batteries anti-aériennes munies de
radars et des chasseurs de nuit.*

*Harold Nicolson était tenu au courant des répercus-
sions matérielles et morales de ces bombardements, car
il représentait son ministère à la Commission de défense civile du Cabinet. En même temps, il se préoccu-
pait des conséquences du point de vue de la propagande des événements à l'étranger – échec de De
Gaulle à Dakar, relations entre les puissances de l'Axe
et Vichy, invasion de la Grèce par Mussolini, réactions
américaines aux attaques sur Londres et à nos représailles sur Berlin, augmentation des pertes de la marine
marchande britannique dans l'Atlantique et (cadeau
d'étrennes pour les Anglais) l'offensive Wavell contre
l'armée italienne dans le désert. Il fut encore plus
occupé que durant la bataille d'Angleterre. Il passa au
ministère la plupart de ses week-ends, et même le jour
de Noël. Il assistait sans en manquer une aux séances
des Communes et prit la parole à des réunions aux
quatre coins du pays. La dernière semaine de décembre
il entreprit durant quinze jours une inspection des
centres régionaux du ministère.*

JOURNAL   *17 septembre 1940.*

Je me rends aux Communes. Winston nous annonce que les bombardements vont s'intensifier et que les Allemands pourraient tenter de débarquer cinq cent mille hommes [1]. Je dois dire qu'il n'essaie pas de nous dorer la pilule.

J'ai un entretien avec Clem Davies, puis avec Evan Wallace [2]. Chacun s'inquiète de la réaction dans l'East End ; les gens sont assez amers. On raconte même que le roi et la reine ont été hués l'autre jour lorsqu'ils ont visité la zone sinistrée. Clem dit que si seulement les Allemands avaient eu le bon esprit de ne pas bombarder à l'ouest du pont de Londres, il aurait pu y avoir une révolution. Mais ils ont aussi détruit Bond Street et Park Lane et ont ainsi équilibré la balance.

En son for intérieur, chacun se demande : « Hitler a infligé d'énormes pertes matérielles et morales à la capitale avec quelques avions lancés de nuit. Pour peu que l'envie lui en prenne, il enverra des avions sur Londres vingt-quatre heures sur vingt-quatre. Pourrons-nous tenir le coup ? »

JOURNAL   *18 septembre 1940.*

Commission de défense civile au Cabinet. Le secrétaire à l'Intérieur [3] nous dit que durant les deux derniè-

---

1. Ce discours fut prononcé en séance secrète.
2. Député conservateur de Hornsey depuis 1924. Ancien ministre des Transports et à cette époque Premier commissaire régional pour la Défense civile à Londres.
3. Sir John Anderson, plus tard vicomte Waverley.

res nuits les Allemands ont parachuté des mines. Ces engins de mort ont une portée de cinq cents mètres. Nous en avons récupéré un et l'avons envoyé à Portsmouth afin de l'étudier. Miss Horsburgh [1] me dit que l'évacuation et les secours s'améliorent. Mais les habitants de l'East End refusent à présent d'être envoyés dans le West End, surtout près de Buckingham Palace. Il reste encore sous le Southern Railway trente-deux bombes qui n'ont pas explosé. Bevin [2] insiste pour la création de cantines populaires, pour la distribution de casques « en fer-blanc », pour que les industriels fassent preuve d'un peu d'initiative pour éviter la perte des heures de travail.

Tandis que j'écris ces lignes (il est 20 h 10) le grondement d'un premier canon annonce le bombardement qui continuera toute la nuit, je le sais.

JOURNAL   *19 septembre 1940.*

Nous nous refusons tous à envisager le fait qu'à moins d'inventer un remède contre les bombardements de nuit, Londres va souffrir longtemps encore et que le moral de notre peuple risque de s'effondrer. Déjà les communistes poussent les gens dans les abris à signer une pétition à soumettre à Churchill en faveur de la paix. On ne peut espérer de la population d'une grande ville qu'elle reste assise dans des abris, nuit après nuit, semaine après semaine sans perdre courage. Pour l'instant les représailles constituent la seule solution que je puis apercevoir ; et nous sommes tout à la fois

---

1. Secrétaire parlementaire du ministère de la Santé (1939-1945).
2. Ernest Bevin était ministre du Travail depuis qu'au mois de mai Churchill avait formé son gouvernement de coalition.

incapables et peu désireux de les exercer. Si nous nous
tirons de là, ce sera grâce à notre optimisme. Peu nombreux sont ceux qui croient que cette épreuve puisse
durer éternellement. Ils espèrent que « quelque chose va
se produire ». Et par Dieu, ça ne m'étonnerait pas. Je
pense que nous gagnerons par la force de cet orgueil
qu'on ne peut abattre.

J'ai sommeil et je retourne dans mon bureau. J'éteins
les lumières et écoute le bombardement. Il est continuel
et, de l'autre côté, l'arrière de la façade du musée [1] est
continuellement illuminé par des éclairs. Il y a des
nuages bas, légers, mais au-dessus d'eux le grondement
persistant des avions allemands et parfois l'éclatement
d'une bombe. Nuit après nuit, nuit après nuit, le bombardement de Londres se poursuit. Comme à la Con-
ciergerie, chaque matin on se réjouit de voir réapparaî-
tre ses amis. Je ne suis pas nerveux et pourtant j'ai
conscience que lorsque dans les rues vides j'entends
une voiture, je me raidis de peur que ce ne soit une
bombe qui tourbillonne vers l'endroit où je suis. Inté-
rieurement, la résistance nerveuse de chacun doit être à
bout. Maintenant, il se produit une accalmie. Le bruit
des canons s'évanouit à l'horizon comme une tempête
fuyant vers le sud. Mais dans un quart d'heure, ils
seront de retour. Nous ne perdons jamais de vue que le
moment est historique. Mais cela ressemble à une chute
en montagne. On sait que c'est la mort, inévitable, mais
on pense surtout se retenir à quelque saillie de rocher.
Je suis tendu, malheureux, mais je n'éprouve pas la
moindre peur.

On se sent si fier.

---

1. Le British Museum.

JOURNAL *24 septembre 1940.*

Je découvre en moi une certaine tendance à la claustrophobie. Je ne crains pas de sauter en l'air. Ce dont j'ai peur, c'est d'être enseveli sous d'énormes masses de décombres, d'entendre l'eau couler lentement, de sentir le gaz glisser jusqu'à moi, d'écouter les faibles cris de mes frères condamnés à une mort lente et hideuse. Tandis que je rédige ce journal, les canons tonnent. On écrit cette phrase, pourtant elle ne veut rien dire. Il y a le tir lointain des batteries hors de la ville. Il y a le boum-boum plus rapproché des canons de Regent's Park. Il y a encore le ronronnement des avions et la note aiguë, impertinente, de quelques batteries plus proches. FF... ooop! Ils tirent. Et puis à moyenne distance, il y a le bruit de fusée de l'artillerie lourde dans Hyde Park. On se prend à les aimer ces canons de Londres, ces bêtes rageuses. Et quand ils se taisent, au-dessus d'eux on entend le bruit incessant, irritant, comme la fraise du dentiste, des avions allemands. Ils semblent toujours là, on dirait qu'ils se livrent à une ronde interminable, toujours prêts à lâcher trois bombes, s'enflammant et puis... broum-broum-broum quelque part. Est-ce Bond Street ou Lincoln's Inn Field? Les immeubles victoriens ou géorgiens s'effondrent-ils sous ces coups? Je ne ressens ni peur, ni colère. Grondement, mugissement. C'est avec cet accompagnement que chaque nuit désormais j'écris ce journal.

JOURNAL *25 septembre 1940.*

La nuit a été mauvaise. Quand je quitte mon bureau pour aller à King's Bench Walk, je vois deux blessés enveloppés de pansements que l'on hisse dans une ambulance. Le soleil est brillant, mais froid et le ciel sans nuages, avec les barrages de ballons étincelants comme de l'argent et minuscules. Mais plus près du sol s'étend un linceul de fumée et on sent dans l'air une odeur d'incendie. Je traverse Lincoln's Inn et je suis arrêté par deux pompiers. Partout des flaques d'eau, de la suie, du papier calciné. Le hall de Middle Temple a eu son toit traversé par une bombe et le verre dépoli a été soufflé dans Lamb Court. Une aile s'est écroulée dans Elm Court et une autre dans Crown Office Row.

Mrs Groves [1] a essayé de passer la nuit dans le métro. Mais quand elle y est arrivée, elle a découvert qu'il était envahi par les « étrangers » : « Des Grecs, monsieur, c'étaient des Grecs d'après leur aspect, et ils s'étaient installés avec des matelas et toutes sortes de choses de ce genre. Les étrangers, je n'ai jamais pu m'y faire. Mon père, qui a fait le coup de feu aux Indes, m'a mise en garde contre eux depuis que je suis toute petite. » Elle me dit aussi que St. Clement Danes a été touché « de manière effroyable ». « Le clocher s'est-il abattu, demandai-je ? – Je ne l'ai pas remarqué, monsieur. Je ne regarde jamais en l'air. »

Je retourne au ministère. Nous avons des nouvelles de De Gaulle. C'est complètement raté et nous avons retiré nos troupes [2]. Tout cela est bien lamentable. Il y a

---

1. La gouvernante de H. N. à King's Bench Walk.
2. Il s'agit du raid sur Dakar, qui échoua. Une importante escadre franco-anglaise, commandée par de Gaulle lui-même, arriva devant Dakar le 23 septembre ; son but était de gagner à la cause gaulliste la garnison française. Le plan avait été éventé et Vichy renforça Dakar avant l'arrivée de de Gaulle. Son ultimatum fut rejeté et après une bataille de trois jours le Cabinet de guerre décida, avec l'accord des responsables, de renoncer à une expédition aussi coûteuse et susceptible d'entraîner une guerre avec la France.

eu beaucoup de pertes des deux côtés. Cela ruinera le prestige de De Gaulle et affectera celui de Winston. En France et en Amérique l'effet en sera déplorable. Je suis très déprimé. Pourquoi ne réussissons-nous jamais ? C'est pire que la Norvège. Ce dont nous avons besoin, c'est d'un joli petit triomphe quelque part.

Je ne fais pas sentir au ministère tout le poids qui s'attache à ma fonction, cela me donne à penser que je ne pèse peut-être pas très lourd. Dans cet emploi, je manque d'autorité ; ce n'est pas dû à la mauvaise volonté des autres, mais à mon propre manque de force et d'élan. Je suis trop accommodant.

JOURNAL   *29 septembre 1940.*
                                          Sissinghurst.

Je lis *Vanity Fair* et écris un article pour *The Round Table*. Les bribes de *Vanity Fair* dont je peux découvrir la trace dans ma propre vie sont maintenant bien mortes. Vita et moi nous demandons comment la vanité humaine, qui au XIXe siècle s'exprimait par le snobisme, s'exprimera au XXe. Ce n'est pas qu'on mourût d'amour pour les pairs et les baronnets, mais il s'agissait de prouver qu'on entretenait avec les classes dirigeantes des liens étroits. Le besoin de s'identifier à l'élite se retrouvera toujours chez les hommes qui ont un rôle à jouer dans la société. Mais où trouver l'élite ? En Russie, en Allemagne aujourd'hui grandit toute une classe de « membres du parti » et d'enfants de membres du parti, qui sera aussi fermée que le Debrett. La vieille aristocratie sera regardée de haut, comme elle le fut après la guerre des Deux-Roses, mais de même que surgirent alors les Cecil et leurs semblables, de même une nouvelle classe surgira. Elle s'emparera des privilèges et en fera bénéficier ses enfants. A vrai dire, il est impossible d'offrir à tous la même égalité de chances. A quoi bon se casser la tête ? La seule chose à faire est d'aller se coucher. Je gagne mon lit. Mais ce genre de problèmes ne cessera jamais de me fasciner.

JOURNAL   *8 octobre 1940.*

Je rentre après avoir vu Julian Huxley [1] au zoo. Il doit veiller à ce que ses animaux ne s'enfuient pas. Lourde responsabilité. Il m'affirme que les carnivores ne courent aucun danger ; cependant un jour que son enclos avait été bombardé, un zèbre s'est échappé et s'en alla gambader du côté de Camden Town. Pendant que nous dînions, un raid se produisit. Ce n'était pas peu de chose et la maison en trembla. Pendant ce temps, nous discutions des buts de guerre. Il pense que l'avenir du monde dépend de l'organisation des ressources économiques et du contrôle par les U.S.A. et nous-mêmes des matières premières. Le raid devient très violent et à 8 h 30, il m'offre de me reconduire. Il y a un clair de lune divin et les projecteurs balaient un ciel pommelé et semblent effleurer la surface paisible de la lune. Les obus tracent dans le ciel un sillage de feu. Une fusée éclairante sous un clair parachute dérive lentement au-dessus de la ville. Tandis que courageusement il me reconduit au ministère, nous entendons tout autour de nous de fortes explosions.

---

1. Homme de science et écrivain. Il fut secrétaire de la Société de zoologie (1935-1942).

JOURNAL   *15 octobre 1940.*

La nuit dernière fut la plus affreuse que nous ayons connue depuis le 7 septembre. Il y a une réunion de la Commission de défense civile au Cabinet de guerre. Herbert Morrison [1] préside. Nous apprenons que les deux seules gares qui puissent encore acheminer le courrier du matin sont Paddington et King's Cross. Les autres sont hors de service. Les Allemands ont envoyé des chasseurs-bombardiers par groupes de trois et ils sont descendus assez bas. Les gens ne sont pas du tout satisfaits des méthodes que nous employons pour lutter contre cette nouvelle forme de guerre et nous-mêmes nous pensons qu'il n'y a pas de quoi rire. Morrison dit : « Personne ne nous défend de former des vœux pieux. » Dans l'East End on dit que si l'efficacité de nos barrages est si discrète, c'est parce que nous sommes à court d'obus.

Je me rends au Parlement pour écouter Duff Cooper répondre à quelques questions. Il règne dans les couloirs une certaine inquiétude, et l'on pense que le public ayant supporté le choc des premiers bombardements s'inquiète maintenant de cette seconde phase. On redoute particulièrement les mines magnétiques [2] que jettent les Allemands et qui causent des ravages affreux. Hier, une d'elles a été lancée sur St. James Park et a atteint à la fois St. James Palace et le Foreign Office.

Je rentre au ministère, puis je vais au Beefsteak, qui a

1. Herbert Morrison avait succédé à Sir John Anderson comme secrétaire à l'Intérieur au début d'octobre et il conserva ce poste jusqu'à la fin de la guerre.
2. Ce n'étaient pas des mines magnétiques, mais des mines marines lâchées par parachute.

été très touché. Je trouve Harold Macmillan, contemplant tristement les ruines de Leicester Square. Il me dit qu'il était au Carlton Club la nuit dernière quand la bombe est tombée. Il prenait, en compagnie de David Margesson, un verre de sherry avant de dîner. Ils entendirent le sifflement d'une bombe et instinctivement se jettèrent au sol. Il y eut un grand craquement, le lustre s'éteignit et toute la pièce s'emplit de l'odeur de cordite et de la poussière des gravats. Les lampes sur les tables demeurèrent allumées, clignotant tristement au travers de l'épais brouillard qui descendait sur toutes choses, couvrant leurs cheveux et leurs sourcils d'une épaisse poussière. A travers cette brume, ils aperçurent la silhouette de Quintin Hogg conduisant à travers les ruines le vieil Hailsham [1], tel Enée et Anchise. A ce moment il y avait au club quelque cent vingt personnes et pas une ne fut blessée. Ils l'ont échappé belle.

JOURNAL   *17 octobre 1940.*

King's Bench Walk est encore intact et Mrs Groves est là, décidée comme d'habitude à assurer que rien n'a changé. Autrefois je ne laissais pas d'être agacé par l'amour des cockneys pour tout ce qui est familier, sentant leur esprit fermé à toute expérience nouvelle. A présent leur attachement aveugle au rocher de nos traditions me remplit de fierté.

En compagnie de Harry Crookshand [2] et de Charles Waterhouse [3], je vais au fumoir. Winston est à la table

---

1. Le Premier vicomte Hailsham (1873-1950), Lord Chancelier (1928-1929 et 1935-1938). Quintin Hogg était son fils.
2. Secrétaire du Trésor (1939-1943).
3. Député conservateur de South Leicester depuis 1924.

voisine. Il est assis, sirotant un verre de porto et saluant tous ceux qui entrent : « Comment allez-vous ? » demande-t-il gaiement au député le plus insignifiant. Ce n'est pas de la pose. Simplement pour quelques instants, il aime oublier qu'il est Premier ministre et retrouver ses aises au fumoir. Sa présence donne à tous courage et gaieté. Les gens s'assemblent sans aucune gêne autour de sa table. On lui pose des questions. Robert Cary [1] parle longuement du public qui exige des représailles sans restriction sur l'Allemagne. Winston avale une bonne gorgée de son porto, regardant Cary par-dessus le bord de son verre : « Mon bon monsieur, dit-il, la guerre est l'affaire des militaires, non celle des civils. Vous et d'autres avec vous désirez peut-être que l'on tue femmes et enfants. Notre dessein, et chaque jour nous le remplissons, consiste à détruire les objectifs militaires allemands. Je comprends parfaitement votre point de vue. Mais ma devise est : "Les affaires avant le plaisir." [2] » Nous quittâmes la pièce, tous emplis de cette pensée : « Voilà un homme ! »

JOURNAL   *26 octobre 1940.*

Venant de Leicester, mon train est retardé par les raids aériens et j'arrive très tard au bureau. On me montre les derniers télégrammes. Ils vous glacent le sang. Un message de Sam Hoare [3] au Premier ministre.

---

1. Député conservateur de Eccles depuis 1935.
2. Cependant Churchill dans ses *Mémoires* devait écrire en parlant de cette époque : « Le fait que les Allemands aient rejeté toute intention de limiter la guerre aérienne aux objectifs militaires souleva la question de représailles. J'étais en faveur de représailles, mais je me heurtai à certaines objections morales. »
3. Ambassadeur britannique à Madrid.

Il tient ses informations de source sûre, laquelle source, je le crois bien, est l'ambassadeur de France. Les Allemands ont offert la paix à Pétain aux conditions suivantes : 1. Il rend l'Alsace-Lorraine à l'Allemagne ; 2. Il cède à l'Italie le département des Alpes-Maritimes ; 3. Il autorise l'Allemagne à conserver les ports de la Manche ainsi qu'un corridor jusqu'à l'Espagne, et ce pendant la période des hostilités ; 4. La moitié de la Tunisie et de l'Algérie est cédée à l'Italie ; 5. Le Maroc est donné à l'Espagne ; 6. Les colonies françaises d'Afrique seront gouvernées par une Commission germano-italo-française ; 7. Toutes les bases et aérodromes français en Afrique et sur la Méditerranée seront mis à la disposition de l'Allemagne et de l'Italie ; 8. La France assurera la « sauvegarde » du flanc italien en Egypte, en Syrie et en Algérie ; 9. La flotte française en Méditerranée est mise à la disposition de nos ennemis. Si la France n'accepte pas ces conditions, Hitler « l'affamera ». Si elle les accepte, ses prisonniers seront alors renvoyés dans leurs foyers et les Français recevront du ravitaillement [1].

Ces stipulations nous ont remplis de colère et d'inquiétude. Nous avons déjà pris certaines mesures. Le roi a télégraphié directement à Pétain, le priant de ne pas accepter des conditions aussi honteuses. Nous avons fait parvenir une note à Weygand. Et surtout, Roosevelt a fait parvenir à Pétain une mise en garde. Sans mâcher ses mots, il le prévient que s'il commet

---

1. La rencontre d'Hitler et du maréchal Pétain avait eu lieu à Montoire, près de Tours, le 24 octobre. Le texte complet de l'accord n'a pas été encore publié, mais il est douteux qu'un tel ultimatum ait été posé à Pétain ou qu'on soit entré dans de semblables détails. Mais la situation n'en était pas meilleure pour autant. Pétain donna son accord à la déclaration d'Hitler aux termes de laquelle « les puissances de l'Axe et la France avaient un intérêt commun à voir la défaite de l'Angleterre consommée aussi vite que possible ».

pareille énormité, il détruira le respect que depuis cent cinquante ans l'Amérique éprouve pour la France et empêchera l'Amérique d'envoyer une aide quelconque à son pays [1]. Le pauvre vieux Pétain peut démissionner. Weygand peut nous rejoindre. Mais Laval et Baudouin [2] seront là pour obéir aux ordres des Allemands. Que dira le peuple français ?

Je redoute à présent que nous ne recevions une offre de paix d'Hitler dont il nous serait difficile d'expliquer le rejet à notre peuple. Avant d'aller me coucher, j'en parle avec Charles Peake [3]. Il partage mon inquiétude sur la situation en France. Halifax s'est rendu au Chequers, pour en parler avec Winston. Charles me montre un pathétique petit projet de conditions de paix griffonné par Halifax. Il n'y est question que de Dieu.

JOURNAL   *28 octobre 1940.*

Je roule vers Londres en compagnie de Sam [4]. Ce matin à 3 heures, les Italiens ont adressé un ultimatum à la Grèce [5]. Metaxas l'a rejeté et la guerre va s'ensuivre. Le bruit court qu'Athènes a été bombardée à l'aube.

---

1. Le message du président à Pétain insistait sur le fait que si la flotte française était autorisée à se placer sous contrôle allemand, cela constituerait un reniement de la parole donnée au gouvernement des Etats-Unis.

2. Paul Baudouin, ministre des Affaires étrangères du gouvernement Pétain. Le 28 octobre, il fut remplacé par Pierre Laval.

3. Chef du Service d'information du Foreign Office et principal conseiller de presse au ministère de l'Information.

4. Francis Saint Aubyn, beau-frère de H. N. Il devait recevoir la pairie de Saint Levan le 10 novembre 1940.

5. Mussolini, sans qu'Hitler ait été d'accord ou même prévenu, alors que ce même jour ils s'étaient rencontrés à Florence, attaqua la Grèce, à travers l'Albanie.

Je déjeune avec Guy Burgess et Isaiah Berlin [1] de retour de Washington. Il y a une telle tension dans l'air que le travail quotidien perd tout intérêt...

JOURNAL   *29 octobre 1940.*

Je m'entretiens avec Charles Peake des conditions allemandes à la France. Si nous n'intervenons avec adresse et sans perdre un instant, Laval fera ingurgiter ces conditions cuillerée après cuillerée au peuple français. Notre devoir est de lui dire immédiatement ce qui l'attend, sans oublier les Alpes-Maritimes à l'Italie et l'Indochine au Japon. Nous allons voir Duff : « C'est le moment ou jamais, lui dis-je, d'une indiscrétion calculée. » Il comprend tout de suite et dit qu'il va en parler au Cabinet dans la demi-heure. Il s'exécute. Nous avons l'autorisation d'organiser une fuite, à condition que cela ne compromette pas l'ambassadeur de France à Madrid. Aussi obtenons-nous de Reuter qu'il en change les termes et qu'il donne l'impression que l'information émane de Stockholm et de Zurich. La nouvelle passe sur les téléscripteurs à 6 heures du soir. Excellent travail.

Je dîne au Dorchester avec entre autres Diana (Cooper). Je parle à mes amis des conditions allemandes puisque maintenant elles sont connues. Ils n'en croient pas un mot. Ils disent que c'est un « ballon d'essai des Allemands ». Je rentre dans un taxi que j'ai eu la bonne fortune de trouver. La nuit est calme, illuminée d'étoiles et au loin les canons tirent.

---

1. Il était avec Harold Nicolson à Oxford.

JOURNAL   *5 novembre 1940.*

Au Parlement questions et réponses. Puis le Premier ministre fait une déclaration. Il est grave. Comme il ne l'avait jamais encore fait, il expose aux Communes le sérieux de nos pertes en tonnage et notre dangereuse faiblesse au Proche-Orient. Cela porte. En présentant le mauvais côté des choses, il nous subjugue par son efficacité à faire face au pire. Il frotte la paume de ses mains, les doigts écartés, de haut en bas sur ses revers, cherchant ses mots, choisissant avec précision ses termes, donnant presque l'impression d'un calme chirurgical. Si Chamberlain avait eu recours à des expressions aussi dénuées d'optimisme, on aurait eu une impression de manque de confiance, de désespoir. Churchill peut les employer et tous nous pensons : « Nous pouvons compter sur lui. Béni soit le Ciel. » Jamais je ne l'avais admiré davantage. Là-dessus, lourdement il va s'affaler dans le fumoir et lit attentivement l'*Evening News*. Comme si ce journal était son unique source d'informations.

JOURNAL   *6 novembre 1940.*

Je m'arrête à la station de métro et achète un exemplaire encore humide du *Daily Express* : « Roosevelt en tête » annonce-t-il. J'arrive à K. B. W. à temps pour écouter les nouvelles de 8 heures et tout de suite : « Roosevelt est élu. » Plus tard nos journaux nous apprendront que non seulement il est élu, mais qu'il a eu une énorme majorité et qu'il a aussi le Congrès pour l'épauler [1].

Que c'est curieux ! J'essaie d'être tout à fait franc avec moi-même et avec ce Journal. Pourtant ma joie devant la victoire de Roosevelt montre combien, au tréfonds de moi-même, Wilkie m'inquiétait. Si on m'avait interrogé, j'aurais dit qu'il n'y aurait pas, si Wilkie l'emportait, de problèmes pour nous puisqu'il nous avait promis son aide [2]. Il est vrai que le changement d'administration aurait amené une certaine confusion. D'autre part, avec l'aide de Wilkie, nous aurions eu de notre côté le puissant Big Business, et ce n'est pas peu. Et pourtant mon cœur saute comme une jeune truite lorsque j'apprends que Roosevelt a remporté un tel triomphe, ce qui prouve qu'en moi-même je désirais sa victoire. La semaine dernière, les Allemands, les Italiens et les porte-parole en France occupée ont déclaré nettement qu'ils considéreraient la défaite de Roosevelt comme un succès pour eux. Cela aurait signifié que les U.S.A. estimaient impossible notre éventuelle victoire. Ainsi l'effet moral de cette vague de fond sera très grand. C'est la meilleure des choses qui nous soient arrivées depuis le début de la guerre. Louons le Seigneur !

---

1. Le président Roosevelt fut élu pour la troisième fois avec une majorité de cinq millions de voix. Il l'emportait dans trente-huit Etats et Wendell Wilkie dans dix.

2. Durant sa campagne électorale, Wilkie avait dit : « Tous nous estimons qu'il faut venir en aide au peuple britannique dans sa lutte héroïque. Nous devons mettre à sa disposition les produits de notre industrie. »

H. N. à V. S. W.   *8 novembre 1940.*
                              Ministère de l'Information.

J'ai été très occupé la nuit dernière après mon dîner à
l'Etoile : Halifax avait très aimablement apprécié mon
papier sur les buts de guerre et me demandait d'y apporter quelques améliorations, aussi je me suis mis à grif-
fonner comme si je me retrouvais au Foreign Office
après vingt ans. Puis je me suis couché, me suis pelo-
tonné sur mon matelas de caoutchouc et me suis endormi très vite. Splassh ! Crack ! Tinkle ! Tinkle ! Je
n'étais plus dans mon lit, mais sur le plancher. Charles
Peake fit irruption : « Tout va bien, Harold ? – Oui, lui
répondis-je. – Nous avons reçu un coup en plein ; ils n'y
sont pas allés de main morte. » Je me levai alors, enfilai
mon pantalon, mon duffle-coat. Le couloir était plein
d'un brouillard de poussière rouge. Des gardes de la
défense passive, casqués d'acier, couraient dans tous les
sens. Le croirez-vous ? La Luftwaffe nous a frappés en
plein sur le pif.

Pas un seul blessé. Je fis une tournée d'inspection
dans les abris. Je ramenai un ou deux des plus pâles
d'entre mes administrés dans mon bureau et leur donnai
du sherry dont Miss Niggemann toujours attentionnée
m'avait fourni une bouteille. Ensuite je retournai dormir et n'ouvris pas l'œil avant que mon réveil sonnât à
7 h 30. Une bombe a touché notre mur de soutènement.
Elle a traversé un étage et explosé à l'étage inférieur.
Elle a ravagé la bibliothèque [1]. Nos fenêtres donnant sur

---

1. Le ministère de l'Information s'était installé à Senate House,
Malet Street, qui fait partie de l'université de Londres.

la cour ont été réduites en miettes. La cour est pleine de décombres. Pas une égratignure. On s'est bien amusé, moi surtout. Ce n'est pas de la pose. J'étais dans un grand état d'exaltation. C'est étrange. Dans de semblables circonstances, je n'ai pas de nerfs. Je ressemble à ces gens qui s'enfoncent des poignards dans le corps.

Je pense que nous avons réussi à éviter de perdre cette guerre. Mais quand je me demande comment au nom du ciel nous allons faire pour la gagner, mon esprit défaille.

Demain, je me rends à Manchester.

JOURNAL   *10 novembre 1940.*

J'ai découvert trois choses à Manchester : 1. Ils ont beaucoup plus peur des raids aériens que nous, à Londres, et devant leur nervosité on se surprend à adopter l'attitude d'un vieux briscard ; 2. Ils sont à court d'allumettes ; 3. Il n'y a pas de bénédictine. Le blocus d'Hitler commence à se faire sentir en province.

Neville Chamberlain est mort la nuit dernière [1].

JOURNAL   *13 novembre 1940.*

Les Communes se réunissent dans ce qu'on appelle l'« annexe », mais en réalité, c'est à Church House [2]. Je me heurte à Brendan Bracken qui me dit : « Extraordinaire, cette affaire d'Italie, n'est-ce pas ? » Je pense qu'il parle de leurs revers en Grèce et dis : « Oui ! »

---

1. A Highfield Park, près de Reading. Il avait soixante et onze ans.
2. Précaution prise contre une soudaine attaque aérienne des Communes en plein jour.

Mais j'ai l'impression qu'il y a autre chose et quand j'arrive au ministère, je demande s'il y a quelques nouvelles d'Italie. Ils répondent : « Avez-vous vu le communiqué ? » Je ne l'ai pas vu. A l'en croire nous avons coulé à Tarente [1] la moitié de la flotte italienne. Vraiment, les Grecs ne peuvent pas dire que nous avons tardé à voler à leur aide.

JOURNAL   *20 novembre 1940.*

Nous nous rendons au bureau du Premier ministre ; il s'agit du discours du Trône. Tandis que les chefs d'état-major sortent après une conférence, nous nous tenons dans les couloirs. Puis nous entrons en troupe. Il y a du xérès. Le Premier ministre lit le texte (« L'usage, zozote le Premier ministre, veut que l'on reste debout quand on lit le discours du roi »). Ensuite nous avons droit à une sorte de réception. Du coin de l'œil, je vois Winston qui oblique lourdement vers moi, je me sens intimidé. « Vous avez donné des conférences en Ecosse ? – Oui. – Ça c'est bien passé ? » Et ainsi de suite. Il paraît en meilleure santé qu'il ne l'a jamais été. Le côté blême et bouffi de ses joues a disparu. Ses traits se sont raffermis et resserrés. Mais dans son regard, il y a quelque chose de curieux. Les paupières ne sont pas lasses le moins du monde et elles ne portent ni poches ni cernes. Mais les yeux eux-mêmes sont glauques, attentifs, coléreux, agressifs, tragiques comme ceux d'un visionnaire. D'une certaine manière, ce sont les yeux d'un homme qui a trop de soucis et qui est inca-

---

1. Le 11 novembre, trois cuirassés italiens, dont le très moderne *Littorio*, furent coulés par les avions lance-torpilles de l'*Illustrious*. Tarente était la principale base située dans le talon de la botte.

pable de fixer son attention sur des objets d'importance
mineure, tels que moi. Mais d'un autre côté, ce sont les
yeux d'un homme qui se trouve aux prises avec une
dramatique épreuve et qui reflètent à la fois la pre-
science, la truculence, la résolution et un grand désespoir.

H. N. à V. S. W.   *20 novembre 1940.*
                           Ministère de l'Information.

Ma journée débute à la Commission de défense civile
du Cabinet. Nous avons un rapport d'Herbert Morrison
sur Coventry [1]. Ce qui m'a amusé c'est le récit lar-
moyant de Morrison sur la visite du roi. Il a parlé du roi
comme Goebbels aurait pu parler d'Hitler. Je reconnais
que le roi remplit parfaitement son devoir. Mais pourquoi Morrison en parle-t-il comme d'un phénomène ?
Que ces travaillistes sont donc bizarres !

JOURNAL   *22 novembre 1940.*

En compagnie de Ronald Tree [2] je me rends à Leicester qui a été violemment bombardé. Peu de victimes et
les gens paraissent plus amusés qu'effrayés. Ronnie me
demande de l'accompagner à Ditchley [3]. Ditchley est un

---

1. Le raid du 14 novembre sur Coventry fut effectué par cinq cents
avions allemands qui lâchèrent six cents tonnes d'explosifs à haute
puissance et des milliers de bombes incendiaires. Il y eut quatre cents
victimes.
2. Député conservateur de Harborough (1933-1945). Secrétaire parlementaire privé de Duff Cooper en 1940.
3. Sa propriété près d'Oxford.

des nombreux endroits où Winston a coutume d'aller passer le week-end. C'est toute une affaire. D'abord arrivent deux détectives qui fouillent la maison de la cave au grenier ; puis débarquent le valet et la femme de chambre, avec de nombreux bagages ; puis trente-cinq soldats et des officiers surviennent pour assurer durant la nuit la garde du grand homme ; puis deux sténographes avec des masses de documents ; puis le professeur Lindermann [1], Brendan Bracken et le secrétaire particulier de service ; et enfin Winston et Clemmie (Churchill).

Winston règle son dimanche comme du papier à musique. Il reste couché jusqu'au déjeuner, travaillant, dictant sans interruption et buvant quantité d'eau minérale. Après le déjeuner, il travaille encore jusqu'à 4 h 30, puis fait une petite promenade et ensuite le thé. Il travaille à nouveau jusqu'à 6 h 30, puis va s'allonger avec une bouillotte d'eau chaude jusqu'à 8 heures. Ensuite dîner très détendu et au lit.

H. N. à V. S. W.   *26 novembre 1940.*

Nous avons été au calme la nuit dernière, car le brouillard couvrait les aérodromes d'Artois et de Picardie. Mais à 3 heures ce matin, je fus éveillé par l'United Press qui de New York me demandait s'il était exact que Lord Lothian eût demandé deux cuirassés au président Roosevelt. « Je ne suis pas bien réveillé, hurlai-je par-dessus six mille kilomètres. – Mais je croyais que vous étiez secrétaire au ministère de

---

1. Plus tard Lord Cherwell. Conseiller scientifique du Premier ministre.

l'Information ? » Damnation ! Quel embrouillamini ! Je repris mon sang-froid. Je fus poli, si poli, si froid, si endormi.

Les Grecs ont débarqué un détachement au nord de Santi Quaranta afin de faire sauter les ponts. Je pense que c'est un commando-suicide. Mais il va inspirer aux Italiens une frousse épouvantable. Le plus curieux, c'est que les avions italiens n'ont pas donné signe de vie depuis deux jours. Je m'attends à chaque instant à un sort funeste pour les Grecs. Mais ils ont emporté une jolie victoire et désorganisé les plans de l'Axe à un moment crucial [1]. Si j'étais grec, comme je serais fier.

JOURNAL   *3 décembre 1940.*

Je préviens Halifax que notre papier sur les buts de guerre doit, lorsqu'il sera approuvé, nous être rendu au moins une semaine avant d'être publié. Il nous faut préparer l'opinion à le recevoir. Je lui dis aussi qu'on n'y parle pas assez de la reconstruction. Nous devons dire que nous acceptons le socialisme. Il ne paraît pas penser qu'en dernier ressort le document verra le jour et cela me déprime.

On parle beaucoup ensuite de Kennedy [2] et de sa perfidie à notre égard et à l'égard de Roosevelt. En général on s'accorde à penser qu'il peut nous faire du mal pour l'instant, mais que cela n'ira pas très loin.

---

1. La première attaque italienne en Grèce avait été repoussée par des contre-attaques grecques qui prirent le 22 novembre Goritza, en Albanie. A la fin de l'année, les Italiens étaient rejetés tout le long du front à cinquante kilomètres en deçà de la frontière albanaise.

2. L'ambassadeur des U.S.A. à Londres (1937-1941).

Comme j'ai vu juste en mettant les gens en garde contre lui. Je fus le premier à agir ainsi.

JOURNAL   *5 décembre 1940.*

Vague de défaitisme. Si je n'étais pas aussi occupé et aussi heureux, j'en serais affecté. Ce qu'il y a de curieux, c'est que les gens ne croient pas en la victoire de Tarente[1] et le succès des Grecs est considéré en partie par certains comme une nouvelle affaire finlandaise et norvégienne et en partie réfuté par d'autres qui sous-entendent que les Grecs peuvent bien repousser les Italiens hors d'Albanie, mais que les Italiens nous repoussent hors de Somalie.

JOURNAL   *12 décembre 1940.*

Déjeuner au Garrick avec Guy Burgess. A mon retour, Geoffrey Neville[2] bondit sur moi et m'apprend que nous avons fait vingt mille prisonniers à Sidi Barrani[3]. C'est une grande victoire. Ronnie Tree survient et dit que Lord Lothian est mort. Cela nous frappe au cœur. Je dis au revoir à Pick qui nous quitte, quelque peu amer. Walter Mockton le remplace.

Charles Peake a dîné avec Anthony Eden et il a eu les tout derniers renseignements sur l'Afrique. Nous avons

1. Des photographies des cuirassés italiens coulés avaient été publiées, mais leurs silhouettes sous l'eau avaient été très mal reproduites dans les journaux.
2. Porte-parole du War Office au ministère de l'Information.
3. Wavell avait attaqué le 9 décembre les Italiens dans le désert de Libye. Le 15 décembre toutes les troupes ennemies avaient été chassées d'Egypte.

nettoyé Sidi Barrani et pris beaucoup de butin. Les
tanks italiens battent en retraite vers Sollum [1], notre
marine les bombarde sans arrêt. Nous les serrons de
près. Notre division blindée est perdue dans le désert et
Anthony redoute qu'elle ne rattrape les Italiens à Sollum ; il en résultera une mêlée, nos colonnes risquent
d'être bombardées par nos propres navires. C'est quand
même une grande victoire. Anthony dit : « J'avais
entrevu la prise de Sidi Barrani. Puis, j'ai commencé à
espérer la prise de Sollum. Maintenant, je commence à
entrevoir la conquête de la Libye. » Cela peut paraître
exagéré, mais la défaite italienne tourne à la déroute.
Nous avons capturé un général italien. Il reconnaît
qu'« il s'attendait à quelque chose, mais à rien de semblable ». Quelle aventure !

JOURNAL   *25 décembre 1940.*

Le Noël le plus lugubre que j'ai passé. Je me suis levé tôt, j'ai trouvé un peu de travail sur mon bureau. J'ai
terminé la lecture du mémorandum qu'on m'avait apporté sur les organisations locales. J'ai eu un entretien
avec Hall sur la réorganisation de notre propagande
auprès des minorités nationales aux U.S.A. Je déjeune
seul chez Antoine et lis un recueil des discours de
guerre de Pitt. J'écoute le roi à la radio. Je trouve Raymond (Mortimer) au bar du Ritz où je rencontre Puffin
Asquith [2] et Terence Rattigan [3]. Ensuite avec Raymond,

---

1. Sur la frontière libano-égyptienne.
2. Anthony Asquith, producteur de film et metteur en scène.
3. Auteur de *French Without Tears* (1936) et autres pièces. Il avait
vingt-neuf ans.

dîner agréable chez Prunier. Puis je rentre au ministère, où il y a une réception dans le hall, suivie d'un film.

Pauvre vieux Londres qui commence à ressembler à un vrai souillon. Paris est si jeune, si gai, il peut se permettre d'encaisser des coups. Mais Londres est une vieille femme de ménage et quand ses dents commenceront à tomber, elle n'aura pas bonne mine.

1941

Voyage d'H. N. en Angleterre et en Ecosse – Déjeuner avec de Gaulle – « Finalement nous l'emporterons » – Wendell Wilkie – Les puissances de l'Axe envahissent les Balkans – Discussions avec les Français libres – Les troupes britanniques en Grèce – Attitude de Duff Cooper vis-à-vis des journalistes – Rencontre avec Maiski – Suicide de Virginia Woolf – Attaque allemande en Libye et en Grèce – Batailles de Grèce et de Crète – La Chambre des Communes détruite – H. N. déjeune avec Churchill – L'affaire Rudolf Hess – Le *Bismarck* est coulé – Hitler attaque la Russie – Propagande anglaise aux Etats-Unis – H. N. perd son poste au ministère de l'Information et est nommé gouverneur de la B.B.C. – Sentiment de faillite – Stephen Spender et la démocratie – H. N. en compagnie de A. P. Herbert patrouille sur la Tamise – Une soirée à Cambridge – Nouvelle offensive en Libye – Pearl Harbour – H. N. s'entretient avec de Gaulle – Perte du *Prince de Galles* – « Ce fut une triste et horrible année. »

Après avoir battu les chasseurs allemands et survécu aux bombardements, l'Angleterre s'accrocha à l'espoir que d'une manière ou d'une autre, à un moment ou à un autre, l'économie allemande s'effondrerait et que la Russie ou l'Amérique entreraient en guerre à ses côtés. Exception faite du Commonwealth et de la Grèce nous n'avions pas d'alliés. La France de Vichy s'était pratiquement déclarée notre ennemie et de Gaulle ne pouvait guère se vanter sauf en Afrique équatoriale d'avoir rallié beaucoup de monde dans les territoires français d'outre-mer. La menace de débarquement était encore réelle pour les Anglais, car on ne savait pas alors qu'au début d'octobre Hitler avait dit à l'état-major qu'il pouvait relever certaines troupes stationnées sur les côtes de la Manche « pour être employées sur d'autres fronts » et que depuis cette époque sa pensée était tout entière occupée par le plan « Barberousse », l'invasion de la Russie, qui devait débuter le 15 mai.

Sur mer et sous les eaux de l'Atlantique nous livrions une bataille défensive contre les Allemands, et sur terre, dans le nord-est de l'Afrique, une bataille offensive contre les Italiens. Cette dernière fut un véritable succès. Les troupes du désert du général Wavell prirent le 5 janvier Bardia, le 22 Tobrouk et le 6 février Ben-

ghazi, avancèrent jusqu'à El Agheila à la frontière de la Tripolitaine, ayant en deux mois progressé de 750 kilomètres et balayé dix divisions italiennes en ne perdant que trente-huit hommes. En même temps le Soudan fut repris aux Italiens, la Somalie italienne investie, la Somalie britannique reconquise et l'Erythrée envahie. Un mouvement patriotique fut encouragé en Abyssinie, reçut des armes et une mission militaire britannique.

Ces victoires libérèrent des troupes qu'on put employer ailleurs. Les Balkans constituaient le principal danger. La Roumanie était devenue un satellite de l'Allemagne et Hitler massait une armée sur sa frontière avec la Bulgarie dont il attendait l'effondrement sans trop de difficultés. La Bulgarie céda le 28 février et Salonique se trouva presque à portée de feu des canons allemands. La Grande-Bretagne réagit violemment. Depuis le début de la guerre italo-grecque, nous avions apporté à la Grèce le soutien de quelques escadrilles de la R.A.F. A présent, nous lui offrions des troupes. Eden partit en avion pour Le Caire et Athènes vers la mi-février afin de mettre le projet au point. Notre but n'était pas seulement d'honorer la promesse faite avant la guerre d'aider la Grèce, mais de persuader la Yougoslavie et la Turquie que si seulement ces trois pays acceptaient de coopérer avec l'Angleterre, l'invasion allemande dans les Balkans et vers les détroits pourrait être mise en échec. Cette combinaison ne manquerait pas d'impressionner les Russes, qui considéraient la mainmise allemande sur le Sud-Est européen avec autant d'appréhension que nous-mêmes. Autre avantage : une avance vers le sud des Yougoslaves en Albanie prendrait à revers l'armée italienne face à la Grèce. Le résultat dépendait de l'attitude des gou-

*vernements yougoslave et turc. Le premier serait-il,
comme la Bulgarie, poussé par la crainte au point de
signer un pacte avec l'Axe ? Le second préférerait-il la
neutralité à une guerre défensive ?*

*Pendant les deux premiers mois de 1941, Harold Ni-
colson apprit peu de choses sur l'évolution de cette
haute stratégie. Un nuage impénétrable en entourait le
développement. Le ministère de l'Information, qui vu du
dehors apparaissait comme un centre nerveux, se bor-
nait à commenter les nouvelles plutôt qu'à en donner.
Harold Nicolson s'occupait plus particulièrement de ce
qui concernait le moral de la population civile à cette
heure où les villes de province supportaient le poids des
attaques allemandes, et aussi des rapports de l'Angleterre avec les pays neutres ou vaincus. Au début de janvier, il poursuivit son voyage dans les services du ministère en dehors de Londres. Ce fut dans sa circonscription
de Leicester qu'il apprit par son secrétaire qu'une
bombe avait ravagé son appartement du Temple.*

H. N. à V. S. W.   *7 janvier 1941.
                    Queen's Hotel – Leeds.*

Nous avons fait un horrible voyage. Le pays que nous
avons traversé (depuis Manchester) est affreux. De
grandes landes se déroulant sous un ciel gris, pas une
haie, pas une clôture pour les mettre en valeur, un interminable couvre-pied gris et sale. Çà et là, tout le long
des vallées, de noires usines vomissant de la fumée.
Mon Dieu, comme je regrette que l'homme ait jamais
inventé la machine ! Je suis de tout cœur avec les bri-
seurs de machines de Nottingham. Ils avaient vu juste.

J'ai dîné avec Billy Harlech [1], le commissaire régional. Il a passé la journée avec la reine qui visitait Sheffield. Il raconte que lorsque la voiture s'arrêta, la reine sauta dans la neige, alla droit vers la foule et prit la parole. Pendant une ou deux minutes, ils se contentèrent de la regarder bouche bée. Puis tous se mirent à parler à la fois : « Hé ! Votre Majesté ! Par ici ! » Elle a l'art de donner à chaque être le sentiment que c'est à lui et à lui seul qu'elle s'adresse. Je crois que cela tient à ses yeux qu'elle ouvre tout grands et pose droit sur l'interlocuteur. Billy Harlech dit que ces visites font un bien inimaginable.

JOURNAL   *20 janvier 1941.*

Je déjeune au Savoy avec le général de Gaulle. Attlee et Dalton sont là. De Gaulle paraît moins rébarbatif sans chapeau, car on voit ses cheveux fraîchement coupés, son regard fatigué, pas toujours bienveillant. Son attitude tendue est celle d'un homme en train de s'alourdir, conscient du fait que seul un contrôle perpétuel de ses muscles lui permettra de garder sa prestance. Je ne l'aime pas. Il accuse mon ministère d'être « pétainiste ». Je lui réponds : « Mais non, monsieur le général. – Enfin, pétainisant. – Nous travaillons, dis-je, pour la France entière. – La France entière, crie-t-il, c'est la France libre. C'est moi ! » Moi je veux bien. Je reconnais qu'il a à son actif un beau geste à la Boulanger. Aussi bien le fantôme du général Boulanger ne cesse de me hanter. De Gaulle commence par couvrir Pétain

---

1. Lord Harlech, commissaire de la Défense civile pour la région du Nord-Est. Il avait été secrétaire d'Etat aux Colonies de 1936 à 1938 et en 1941 il devint haut commissaire en Afrique du Sud.

d'opprobre, disant qu'une fois de plus il s'est vendu à Laval, disant que Weygand, le jour où il reçut une bombe, au front, se conduisit comme un pleutre. Osusky [1] dit que l'opinion française s'imagine que, au fond de leur cœur, de Gaulle et Pétain ne font qu'un : « C'est une erreur », répond-il sèchement. Je ne me sens pas encouragé.

Pour changer de sujet, je raconte que j'ai reçu une lettre de la France occupée et que j'ai été surpris que la censure l'ait laissée passer. De Gaulle dit qu'il a reçu une grande lettre d'une tendance des plus gaullistes, l'expéditeur avait écrit en en-tête : « Je suis persuadé que la censure la retiendra. » Au-dessous, à l'encre violette, ces mots : « *La censure approuve totalement.* » Nous parlons de Darlan. Il dit que Darlan aime ses navires comme un propriétaire d'écurie de courses aime ses chevaux. Peu lui importe qu'ils courent à Longchamp ou à Epsom. Ce qui importe c'est qu'ils fassent une belle course et qu'ils la gagnent. « Mais il manque d'estomac. » S'il avait été un homme fort, il aurait soit engagé sa flotte à nos côtés contre les Italiens, soit combattu aux côtés des Allemands. Agissant comme il l'a fait, il a sauvé ses chevaux de courses, et ils deviendront vieux, vieux, vieux.

Je rentre pour le discours d'inauguration de Roosevelt. Je suis encore assez jeune pour être stupéfait d'entendre dans ma chambre, comme si l'orateur était là, une voix venue de Washington. C'est un bon discours. Il rappelle les grands combats qu'a livrés l'Amérique en faveur de la liberté. Il rappelle que Washington est le père de l'idée américaine, que Lincoln l'a sauvée

---

1. Ambassadeur de Tchécoslovaquie à Paris, avant la défaite française.

de la désintégration et qu'aujourd'hui, ils doivent la protéger contre toute menace venue de l'étranger : « Nous ne battrons pas en retraite, conclut-il, nous ne nous contenterons pas de nous croiser les bras. » J'ai beaucoup apprécié cette dernière partie.

Discussion sur le protocole extrêmement élaboré du débarquement de Halifax, lequel arrive demain à Baltimore à bord du *George V* [1]. Combien je regrette de n'être pas avec lui ! Mais je ne puis supporter l'idée de quitter Londres et l'Angleterre à l'heure présente. Le patriotisme, qui avait constitué pour nous une sorte de sentiment de famille, m'apparaît à présent comme une flamme éclairant la nuit. J'ai pu dans les années passées faire preuve d'arrogance lorsqu'il s'agissait de l'Empire britannique ; aujourd'hui, je me sens humblement fier du peuple anglais.

JOURNAL   *22 janvier 1941.*

Winston se refuse à faire une déclaration sur les buts de guerre. Si nous nous fixons des buts bien définis, a-t-il dit au Cabinet, nous aurons les mains liées. Si nous nous en tenons à de vagues principes, nous décevrons tout le monde. Ainsi le travail de toutes ces semaines est réduit à rien [2]. Winston prend la parole au cours du

---

1. Lord Halifax avait été nommé ambassadeur à Washington et avait été remplacé comme secrétaire au Foreign Office par Anthony Eden. Churchill, dans un de ses gestes typiquement spectaculaires, avait envoyé Halifax en Amérique sur le plus récent cuirassé britannique, le *George V*.

2. Le rapport sur les buts de guerre préconisant une Fédération européenne et l'application de réformes sociales avait été élaboré par H. N. en collaboration avec Halifax. Son désappointement de le voir rejeté était bien naturel car ce fut sa plus importante contribution à la politique et la seule pendant la période qu'il passa au ministère de l'Information.

débat sur la main-d'œuvre. Il est dans une forme extraordinaire. Autoritaire, raisonnable, conciliant, spirituel. Dans son discours il emploie la phrase *primus inter pares*. Les travaillistes crient : « Traduisez ! » Sans un moment d'hésitation Winston poursuit : « Bien entendu, je vais traduire – puis il s'arrête et se tourne vers la droite : Pour les quelques vieux Etoniens qui pourraient se trouver ici. »

Je rentre et travaille dur. James Pope-Hennessy dîne avec moi chez Boulestin. J'apprécie sa finesse d'esprit, son enjouement.

JOURNAL *23 janvier 1941.*

Nous avons pris Tobrouk. Je me rends à Cambridge afin de rencontrer Sir Will Spens, doyen et commissaire régional. Il pense qu'il serait dangereux de se faire des illusions sur le moral dans le public. Il a l'impression que les gens manquent d'imagination et ne sont aucunement conscients des épreuves effrayantes qui les attendent. Il reconnaît qu'ils font preuve d'un certain sens des proportions en ce qui concerne les victoires en Libye, mais il n'est pas certain qu'ils réalisent à quel point sera violent le coup porté par les Allemands pour nous mettre définitivement à terre.

JOURNAL *26 janvier 1941.*

Nous n'avons pas encore pris Derna, mais nous avons envahi la Somalie italienne. Les Italiens assistent à l'effondrement de leur Empire. Nous avons percé sur un large front en Erythrée et nous sommes à portée de canon de Massaoua. Mais tout cela n'est que bagatelles. Nous savons que la grande attaque est imminente. Nous savons que dans une semaine ou deux, dans un jour ou deux, nous allons être exposés à la plus terrible des épreuves que nous ayons jamais eue à affronter. Les Allemands ont évité de nous attaquer en force durant les dix derniers jours, car ils n'avaient pas envie de gaspiller des avions et de l'essence par ce mauvais temps. Mais quand les conditions atmosphériques le permettront, ils fondront sur nous avec une force qu'ils n'ont jamais encore utilisée. La plupart de nos villes seront détruites.

Je suis assis là, dans mon bureau familier, entouré de mes livres et de mes tableaux, et une fois de plus la pensée me vient que peut-être je ne les reverrai jamais. Les Allemands peuvent lancer leurs parachutistes derrière Sissinghurst et la bataille peut très bien avoir lieu sur nos cadavres. Eh bien ! qu'ils essayent !

JOURNAL   *1ᵉʳ février 1941.*

Wendell Wilkie [1] est arrivé. Il est stupéfait par notre attitude. Par exemple, il traversait hier en voiture Trafalgar Square quand les sirènes retentirent. Il crut que ce n'était qu'une répétition. Mais quand on lui dit que c'était vraiment un raid (plus de vingt-cinq avions nous survolaient) il demeura stupéfait de voir le trafic se poursuivre normalement et surtout, près de la colonne Nelson, des gens continuant à lancer des graines aux

---

1. Le candidat républicain aux récentes élections présidentielles. Roosevelt avait envoyé son rival malheureux muni d'une lettre d'introduction particulière auprès de Churchill.

pigeons. Je reconnais qu'il faut avoir vu l'indifférence dont les Londoniens font preuve à l'égard des raids pour y croire. Tandis que ces chères vieilles dames nourrissaient leurs pigeons, les canons de la Défense anti-aérienne tonnaient au-dessus de leurs têtes.

JOURNAL *4 février 1941.*

Je me rends au Dorchester où Rebecca West donne un dîner en l'honneur de Wendell Wilkie. Je suis assis près de lui. Il n'est pas fatigué, mais tout cela l'ennuie. Il fait du charme, mais de ses doigts tambourine sur la table. Nous montons dans son appartement et il se prépare à être interviewé. Son temps a été bien rempli. Il a été en avion jusqu'à Dublin voir De Valera et repart ce soir, toujours par avion, pour l'Amérique. Il dit que deux choses l'ont surtout frappé : 1. La cohésion du pays. Il est stupéfait de voir que le Big Business soit aussi décidé à gagner que le reste du pays. Il sait fort bien que cela signifie la ruine pour ces gens-là, mais Montagu Norman [1] lui-même lui a répondu : « La ruine ? Allez au diable ! Ce qu'il nous faut c'est gagner ! » ; 2. La conduite des affaires : il avait très bien vu qu'en période normale Winston aurait pu être un Premier ministre « désastreux », mais qu'à l'heure présente, non seulement il est magnifique, mais que les travaillistes comme un seul homme reconnaissent sa supériorité. Je peux me rendre compte que ce qui l'a le plus secoué c'est le patriotisme des hommes d'affaires.

Nous l'interrogeons sur son entretien avec De Valera. Il est très franc. De Valera a sorti une carte montrant

---

1. Gouverneur de la Banque d'Angleterre (1920-1944).

combien les Anglais menaçaient encore son pays par cette monstrueuse occupation de l'Irlande du Nord. Wilkie lui avait fait remarquer que là n'était pas la question et n'a pas hésité à parler des bases [1]. L'Irlande, en définitive, agissait à l'encontre de la cause de la liberté et l'opinion américaine ne parlerait pas en sa faveur. De Valera fut touché par cet argument et essaya de biaiser, accusant le gouvernement britannique d'étroitesse d'esprit. Wilkie lui dit : « Nous savons tous que ce n'est pas ce qui compte. Voulez-vous ou non que les Anglais gagnent ? – Oui, répondit De Valera. – Pourtant vous leur rendez les choses bien plus difficiles ! » Si bien que finalement cet Espagnol rusé et têtu fut obligé de dire qu'il craignait que s'il louait les bases Dublin ne risquât d'être bombardée. Wilkie (qui avait été à Coventry et à Birmingham) ne cacha pas son mépris : « L'opinion américaine, répéta-t-il, ne sera pas à vos côtés. » De Valera marqua le coup. On demanda à Wilkie si nous avions commis des erreurs de propagande. Il répondit : « Pas une gaffe, pas une fausse manœuvre. » Ce qui me fit plaisir. C'est un homme très attachant.

JOURNAL   *6 février 1941.*

Les Allemands se sont définitivement infiltrés en Bulgarie et les Turcs meurent de peur. La pression sur

---

1. L'Irlande avait proclamé sa neutralité alors même que le gouvernement britannique n'avait pas encore reconnu sa qualité d'Etat souverain. Les ports de l'Irlande du Sud furent, en vertu de cette « neutralité », refusés à la Grande-Bretagne et il s'ensuivit que le champ d'action de nos destroyers d'escorte fut réduit. A ce moment précis des négociations ultra-secrètes étaient en cours entre les gouvernements britannique et américain pour organiser des convois communs à travers l'Atlantique et cette mesure compensa en partie le désavantage de notre exclusion des ports irlandais.

le gouvernement de Vichy s'accentue. Les Allemands prétendent délivrer Pétain des mauvais conseillers qui l'entourent. Darlan est retourné à Paris. La situation est assez troublante.

JOURNAL   *14 février 1941.*

Cher Londres ! Si grand, si naïf, si laid et si fort ! Tu as été meurtri, maltraité, tes vêtements ne sont plus que loques. Pourtant, nous qui jamais n'avions su que nous t'aimions (qui te considérions un peu comme un vieux serviteur attentif à notre confort, à notre bien-être et pourtant un peu timbré) nous avons tout à coup senti palpiter un sentiment commun fait de respect et d'amour. Nous savons ce qui t'attend. Et nos regards glissent le long de ton corps profané, sachant que demain la jambe peut avoir disparu et que demain le bras peut être arraché. Pourtant au milieu de toutes ces ruines déplorées, redoutées, une faible lueur de fierté : « Londres tiendra. » Je crois que ce qui gagnera cette guerre, c'est l'énergie insufflée par l'orgueil britannique. Les Allemands ne savent faire preuve que d'agressivité. C'est un sentiment qui ne dure pas. Notre orgueil est éternel, obscur, sombre. Il procède de l'infini.

JOURNAL   *27 février 1941.*

J'assiste au déjeuner de l'Association parlementaire franco-anglaise en l'honneur de De Gaulle et de Muselier [1]. Je suis assis vis-à-vis de De Gaulle et nous par-

---

1. Le mois précédent, l'amiral Muselier, commandant la marine des

lons beaucoup. Il me déplaît moins qu'à notre première rencontre. Il a un regard fatigué, pensif, mais des yeux non dépourvus de bonté ; ses mains sont bizarrement efféminées (pas des mains de femme, mais efféminées, sans veines ni muscles). Il couvre d'injures le journal *France* [1] dont il dit : « Il n'est pas *avec moi*. » Il doit partir bientôt pour l'Afrique.

Pendant le mois de mars, presque en même temps, eurent lieu une attaque allemande dans le désert de Libye et une autre en Yougoslavie et en Grèce. La première fut lancée par le général Rommel le 2 avril vers la position britannique d'El Agheila, la seconde, quatre jours plus tard, venant du centre de la péninsule balkanique.

La stratégie britannique avait consisté à tenir la frontière tripolitaine avec des unités légères cantonnées à Benghazi, faisant écran au mouvement de nos troupes vers la Grèce, mouvement qui s'amorça le 5 mars ; et à poursuivre notre effort politique en vue de créer un groupe sud-balkanique comprenant la Yougoslavie, la Grèce et la Turquie. Trois raisons firent échouer cette manœuvre. Premièrement Wavell avait sous-estimé la rapidité avec laquelle Rommel (qui avait seulement commencé le débarquement de l'Afrika Korps à Tripoli fin février) pourrait masser ses meurtrières divisions d'assaut à l'extrémité de ses interminables lignes de communications. Quand il attaqua, les défenses précai-

---

Forces françaises libres, avait été accusé d'avoir révélé le plan d'attaque sur Dakar. Des preuves fabriquées de toutes pièces avaient été produites et il avait été jeté en prison. Il fut relaxé une fois la machination découverte.

1. Le journal *France* publié par le ministère de l'Information.

res d'El Agheila furent aussitôt balayées et Benghazi tomba le 6 avril. Deuxièmement et en dépit des efforts d'Eden à Ankara, les Turcs optèrent poliment pour la neutralité, déclarant que si la Turquie était directement attaquée, elle se défendrait de toutes ses forces, mais qu'ils ne désiraient pas la bagarre. Troisièmement, et chose plus grave, le gouvernement yougoslave, poussé par le prince Paul, adhéra le 25 mars à l'Axe. Deux jours plus tard, à Belgrade, un coup d'Etat obligea le prince à abdiquer, mais les Anglais se réjouirent trop vite. Le nouveau gouvernement, qui avait comme figure de proue le jeune roi Pierre, fit preuve d'une hésitation croissante à se joindre aux Alliés. Hitler, lui, n'hésita pas. Rendu furieux de l'affaire de Belgrade, il donna des ordres pour une invasion improvisée de la Yougoslavie, calculée pour coïncider avec l'attaque qu'il préparait dans le nord de la Grèce. Belgrade fut rasée par des raids aériens du 6 au 8 avril. Il y eut dix-sept mille victimes.

JOURNAL   *1ᵉʳ mars 1941.*

Les ministres bulgares sont allés à Vienne hier et ont signé leur adhésion à l'Axe. Pendant ce temps les forces motorisées allemandes entraient à grand bruit dans Sofia. Tout ceci est désastreux pour la Yougoslavie et la Grèce et aura ici un effet très déprimant. Les gens ne se soucient guère de savoir le nombre de kilomètres carrés que nous occupons en Erythrée alors que l'Allemagne se glisse de plus en plus près de notre artère jugulaire. Nous savons que dans quelques semaines nous aurons à affronter de terribles épreuves.

JOURNAL   *2 mars 1941.*

Viti me demande par quel moyen nous sortirons vainqueurs de cette guerre. Hitler aura très vite l'Europe entière sous sa coupe et que ferons-nous pour l'en chasser? Nous devrons faire appel à toutes nos forces pour résister à l'effroyable attaque aérienne et sous-marine qui risque de fondre sur nous. Comment dans ces conditions convaincre le peuple que nous possédons les éléments de la victoire? Le seul espoir, c'est de voir l'Amérique et la Russie se ranger à nos côtés. Je pense que nous sommes capables de résister aux pires épreuves. Mais nous serons si épuisés par cette résistance qu'Hitler sera à même de nous offrir une paix honorable et il sera difficile de la repousser. J'ai la sensation peu réconfortante qu'au moment où les choses deviendront vraiment très graves, il pourra se créer dans ce pays un mouvement qui fera peser tout le poids du désastre sur « les foudres de guerre » et qui remplacera Churchill par Sam Hoare ou quelque autre pacifiste. Ce sera la fin de l'Angleterre. S'il nous était seulement possible de faire briller aux yeux du peuple une lueur au bout du tunnel, nous pourrions espérer le voir supporter n'importe quelle épreuve. Mais le malheur c'est qu'il n'y a pas d'autre lueur que celle de la foi. Moi, je l'ai. Je sens jusque dans la moelle de mes os que nous finirons par gagner. Mais je suis déprimé quand je me rends compte combien il est difficile de faire partager cette foi car, autant que je puis le voir, elle n'est basée ni sur la raison, ni sur le calcul.

Nous nous attendons, dans la semaine qui vient, à de graves événements.

JOURNAL *4 mars 1941.*

Je dîne avec Louis Spears dans son appartement au dernier étage du Ritz. Il y a Mary Spears et aussi Ned Grigg et M. et Mme Dejean [1]. Ce dernier rentre du Maroc et en rapporte des informations troublantes. Peu à peu les Allemands s'infiltrent là-bas et à moins que nous n'agissions dans les quelques mois qui viennent, il craint que le pays ne tombe en leur pouvoir, comme la Roumanie et la Bulgarie. Ce fut une grave erreur de notre part de n'avoir pas poursuivi notre marche sur Tripoli après la prise de Benghazi, car une frontière commune aurait eu un effet galvanisant sur les Français d'Afrique. En réalité, il croit que le but principal de l'avance allemande dans les Balkans était d'empêcher Wavell de s'emparer de Tripoli. Il pense que nous sommes mal informés et trop optimistes en ce qui concerne l'Empire français. Nous paraissons croire que Pétain est décidé à s'en tenir aux clauses de l'armistice et à ne pas céder un pouce de terrain, que Weygand est véritablement notre ami et décidé à défendre l'Empire contre les Allemands ; et que Darlan est en réalité un chic type qui n'a jamais pensé une seconde à employer la flotte contre ses alliés de la veille. Tout cela n'est qu'illusion. En réalité Pétain est tombé dans un état de coma sénile. Darlan est un ambitieux et à l'heure présente il tient tous les postes clés. Il s'imagine qu'il peut sauver les restes en discutant avec l'Allemagne, en

---

1. Maurice Dejean avait été le chef du Cabinet de Paul Reynaud au moment de l'effondrement de la France. Il se rallia à de Gaulle et fut chargé des Affaires étrangères au Comité national de De Gaulle, qui fut formé en septembre 1941.

s'appuyant sur la flotte, mais il serait parfaitement
capable (si les Allemands étaient décidés à payer le
prix) de la leur vendre. Dejean estime que notre propagande devrait s'attacher à détruire la légende Pétain.
C'est une suggestion troublante, venant d'un homme si
intelligent et si bien informé.

Il nous raconte la véritable histoire d'Hélène de Portes [1]. Il reconnaît qu'elle est « inénarrable et inavoua-
ble ». Mais après tout, il y était et il savait tout. Il dit
qu'elle pensait réellement que Reynaud deviendrait le
dictateur de la France et qu'elle tirerait les ficelles en
coulisses. Elle était violemment anglophobe, car elle
pensait que nos idées démocratiques s'opposeraient à la
réalisation de ce projet. La portée de son influence et de
son intervention n'a pas été exagérée. Elle ne se conten-
tait pas de décider de la politique à suivre, mais encore
elle avait entouré Reynaud d'agents de la Cinquième
Colonne et d'espions. C'est ainsi, qu'à un moment décisif, Roland de Margerie et lui-même avaient réussi à
convaincre Reynaud d'envoyer la flotte et ce qui restait
de troupes en Afrique du Nord. Tous les plans étaient
dressés. Mais ce fut Mme de Portes qui le fit changer
d'avis et désigner Baudouin comme ministre des Affaires étrangères.

Nous nous demandons comment cette femme peu
soignée, avec ses fourrures mitées, a réussi à avoir une
influence sur le destin d'une grande nation. Il dit que
Reynaud souffrait d'un complexe d'infériorité dû à sa
petite taille et qu'elle lui donnait la sensation d'être
élancé, beau, puissant. « Si Reynaud avait eu huit centi-

---

1. La comtesse de Portes, femme d'une intelligence et d'un esprit de
décision remarquables, était l'égérie de Paul Reynaud. Elle mourut dans
un accident de la route fin juin 1940.

mètres de plus, la face du monde aurait été changée. »
Spears et lui parlent de la *débandade* finale. Ces courses
furtives dans la nuit, de château en château, pour découvrir qu'il n'y avait de téléphone que dans l'office et que
la France ne pouvait communiquer avec son Premier
ministre. Mme de Portes était toujours présente et éloi-
gnait de Reynaud quiconque pourrait, pensait-elle,
l'inciter à résister. Elle avait coutume de s'écrier : « C'est
moi qui suis la maîtresse ici. » Et elle avait raison, Seigneur ! Puis la scène finale dans la petite voiture. Reynaud conduisait. Les bagages étaient empilés à l'arrière.
Il avait toujours été un mauvais conducteur et il entra
dans un arbre. Une valise frappa à la nuque Mme de
Portes, qui fut tuée sur le coup. Reynaud fut blessé par
le volant et perdit conscience. Quand à l'hôpital il
revint à lui, on lui annonça que Mme de Portes était
morte : « Elle était la France » s'écria-t-il. Dejean pense
qu'il en était persuadé. La fausse Marianne.

JOURNAL   *6 mars 1941.*

Réunion dans la salle de travail. Le général Tripp
donne lecture d'un communiqué de l'Amirauté sur le
raid accompli sur les îles Lofoten [1]. Une bien jolie
histoire, mais si mal exposée que l'effet est complètement raté. Ce communiqué établit que l'un de nos
objectifs essentiels était de détruire des stocks d'huile
de foie de morue, en raison de leur richesse en vitami-
nes. Nous disons que nous ne le publierons pas, à moins

---

1. Raid couronné de succès et exécuté par les commandos britanniques sur les îles Lofoten situées au nord de la Norvège. De nombreux
convois furent anéantis et deux cents Allemands faits prisonniers.

que l'on n'enlève ce passage. Tripp se contente de grimacer en ricanant. C'est vraiment un vieux jeton.

Plus tard en salle de travail, nous apprîmes avec soulagement que l'Amirauté avait supprimé l'huile de foie de morue. Le grand problème est de savoir ce que nous allons faire de nos dix quislings faits prisonniers. Les Allemands disent : « Seul un pays qui a coulé aussi bas que l'Angleterre peut se lancer dans une aventure aussi don quichottesque. » Leurs dix navires ont coulé encore plus bas.

JOURNAL   *7 mars 1941.*

Le Cabinet s'est réuni à deux reprises. Je crois comprendre qu'à la première réunion, l'intention générale était de laisser tomber la Grèce. Ce qui aurait produit une impression désastreuse ici et dans le monde entier. A la seconde réunion, il semble que des projets plus audacieux aient été avancés. Pourtant nous savons que tout débarquement en Grèce continentale est sans espoir. Avons-nous le droit de courir ce risque ? Une de nos préoccupations essentielles est le mouillage par avion de mines aériennes dans le canal de Suez. Ce qui risque de nous causer de sérieux ennuis. A vrai dire, nous sommes tous un peu découragés ce soir. Je dîne au restaurant grec [1]. Jamais plus je n'aurai le courage d'y remettre les pieds.

---

1. *The White Tower*, dans Percy Street.

H. N. à V. S. W.   *10 mars 1941.*
Ministère de l'Information.

J'ai déjeuné avec quelques collaborateurs de De Gaulle. En face de moi est assis un petit homme à qui je demande brillamment : « Connaissez-vous Dejean, un homme qui vient de rentrer du Maroc ? – C'est moi, Dejean. » me répond-il. J'en rougis jusqu'à la racine des cheveux qui présentement est fort loin sur mon front. Décidément, j'ai perdu tout espoir de reconnaître quelqu'un.

H. N. à V. S. W.   *17 mars 1941.*
Ministère de l'Information.

J'ai déjeuné avec James (Pope-Hennessy) et il m'a emmené voir les dégâts autour de St. Paul. C'est incroyable. Une superficie aussi grande que Trafalgar Square a été rasée. Je pense que quel qu'en soit le prix il nous faudra la respecter, comme un monument commémoratif à la gloire des citoyens de Londres. Ils le méritent et puis cette perspective sur St. Paul est si magnifique que Wren aurait vendu son âme pour la réaliser. Imaginez St. Paul là où actuellement se trouve la National Gallery. Il en coûtera quarante millions de livres rien que pour le terrain, mais ça en vaut la peine.

Bien que nous ayons tous le sentiment que cela se terminera par une catastrophe, notre débarquement en Grèce a eu un effet magique sur les Yougoslaves. Je ne pense pas que cet effet durera. Enfin le geste est là et il fallait le faire. Nous serons peut-être jetés à la mer par

les Allemands, mais nous leur aurons donné du fil à
retordre.

JOURNAL   *20 mars 1941.*

On discute dans la salle de travail pour savoir si nous
censurerons la nouvelle de notre débarquement en
Grèce. Nous faisons remarquer que ce silence pourrait
nuire à notre crédit. Néanmoins Wavell et Eden insis-
tent pour que nous gardions le silence. Comme toujours, la presse s'est admirablement comportée sur
l'ensemble du front.

Ce qui nous trouble, ce sont les atermoiements des
Allemands. Est-il vraiment possible qu'ils envisagent
d'attaquer la Russie et de s'emparer des puits de pétrole ?

JOURNAL   *21 mars 1941.*

Déjeuner pour les rédacteurs en chef. Je suis assis
entre Cudlipp [1] et Frank Owen [2]. Ils sont tout à fait
charmants. Quel homme curieux que Duff ! Au cours de
la conversation, il ne cesse de s'en rapporter à moi :
« Qu'en pensez-vous Harold ? » « Vous êtes plus compé-
tent que moi sur ce point, Harold, êtes-vous d'accord ? »
Et pourtant quand nous sommes au ministère, il ne me
demande jamais mon avis.

Ce qu'il y a de sûr, c'est qu'il parle très bien. Il débute en leur disant que la grande affaire c'est de ne pas
se mettre les Etats-Unis à dos. L'accord sur les bases

1. Percy Cudlipp, rédacteur en chef du *Daily Herald* depuis 1940.
2. Rédacteur en chef de l'*Evening Standard* (1938-1941).

doit être signé mardi [1] et les gens n'aimeront pas cela car l'accord implique l'abandon d'une partie de notre souveraineté. Quand nous avons proposé nos bases contre des destroyers, nous imaginions, selon le mot de Churchill, que nous échangions « un bouquet de fleurs contre un gâteau ». Mais pas du tout. Les Américains ont fait une affaire.

Duff dit que la loi Prêt-Bail [2] est sans doute le facteur décisif de la guerre ; il est persuadé qu'avant peu l'Amérique sera dans le coup. Il parle ensuite de l'envoi de troupes en Grèce, expliquant que pour ce faire nous avons dû abandonner le projet beaucoup plus attrayant et plus intéressant de nous emparer de Tripoli. Nous avons envoyé environ quatre-vingt mille hommes, vingt mille d'entre eux seulement sont arrivés. Nous aurons, pense-t-il, des coups durs à encaisser, mais tous reconnaissent qu'il n'y avait rien d'autre à faire. Les Yougoslaves sont en train de pencher du côté de l'Axe. L'effet en Turquie serait désastreux.

H. N. à V. S. W.   *27 mars 1941.*
                          Ministère de l'Information.

Les nouvelles sont bonnes aujourd'hui. Ce matin, deux choses : 1. Un télégramme venant de Belgrade m'apprend que Subotic [3] a envoyé à son gouvernement

---

1. Cet accord avec les Etats-Unis mettait à la disposition de la marine américaine des bases dans l'Atlantique ouest et au Royaume-Uni, le but étant de faciliter les convois.

2. Cette loi avait été votée le 11 mars. Grâce à elle les Etats-Unis donnaient à la Grande-Bretagne la possibilité d'obtenir des fournitures à crédit.

3. Ministre de Yougoslavie à Londres.

un rapport sur notre attitude ; 2. Une heure plus tard j'apprends que Simovic [1] a jeté en prison le gouvernement yougoslave ; 3. Et une heure plus tard je déjeune avec Subotic. Vous admettrez qu'il y a là un curieux enchaînement de circonstances.

En arrivant, je trouvais mon vieil ami Tilea [2] déjà là. Il me souffle : « Soyez prudent, ils ne sont pas contents ! » Je ne dis pas un mot.

Alors survient l'ambassadeur de Turquie qui lève son verre de xérès : « Je bois à la santé de Sa Majesté le roi Pierre II et à l'alliance balkanique. » Les Subotic sont verts.

Les Yougoslaves essaient sans doute de gagner du temps, prétendant que leur politique extérieure demeurera inchangée. Mais à vrai dire, ils sont de notre côté ; Dieu protège les Italiens en Albanie. Les Allemands envahiront sans doute les régions du Nord, mais leur entreprise dans les Balkans n'ira pas sans risque. C'est une réussite et je salue Ronnie Campbell [3]. Mais en dernier ressort, n'oublions pas que nous devons tout aux Grecs. C'est leur résistance qui a empêché l'armée yougoslave de capituler devant l'Axe. Je me sens désolé pour le prince Paul. Il avait sacrifié tout ce qu'il aimait, tous ses principes dans l'espoir de sauver son pays et maintenant le bruit court qu'il a été abattu [4]. J'essaierai d'obtenir de la presse qu'on ne le maltraite pas trop.

Enfin tard dans la soirée, la nouvelle de la prise de

---

1. Dans les premières heures de ce jour, le général Simovic monta un coup d'Etat à Belgrade, éliminant le prince Paul et le remplaçant par un gouvernement pro-allié ayant à sa tête le roi Pierre.

2. V. V. Tilea, ancien ministre de Roumanie à Londres et depuis juillet 1940 chef du Mouvement des Roumains libres.

3. Sir Ronald Campbell, ministre de Grande-Bretagne à Belgrade (1939-1941).

4. C'était inexact. Il put gagner la Grèce en compagnie de sa famille.

Keren [1]. Peut-être est-ce faux. Mais si cette nouvelle est exacte cela signifie que nous avons conquis tout l'Empire italien, exception faite de Tripoli. Et si maintenant ils ont les Yougoslaves sur le dos, ils sont perdus. Réellement, je pense que si l'affaire yougoslave est telle que nous le supposons, nous avons gagné la guerre. Bien sûr, les Allemands peuvent envahir la Yougoslavie et la Grèce. Cela exigera un gros effort, et signifie que pendant ces mois vitaux de 1941, alors que la totalité de leurs efforts devraient tendre à notre défaite, ils seront partagés entre divers fronts. Quel triomphe ! Tout est joué. Dimanche, je crois, vous pourrez hisser le drapeau.

JOURNAL   *29 mars 1941.*

Rab Butler est de mon avis : alors que les Allemands se trouvent confrontés avec toute une série de problèmes – l'invasion de notre pays et l'invasion des Balkans – ils pourraient bien soudain s'en prendre à la Russie. Tout le monde regarde cette idée comme fantasmagorique, mais je n'en suis pas si sûr.

JOURNAL   *31 mars 1941.*

J'ai été rendre visite à Maiski, l'ambassadeur soviétique. Assis dans son vilain bureau victorien, il ressemble à un petit gnome dans un fauteuil, se tournant les pouces, clignotant et donnant l'impression que ses pieds ne

---

1. La plus importante des forteresses italiennes en Erythrée. Elle tomba le 27 mars et l'Erythrée tout entière fut en notre pouvoir le 8 avril.

touchent pas terre. Il dit qu'il veut rester objectif. Nous
ne serons pas vaincus. Notre marine est la meilleure qui
soit et peut-être aussi notre aviation. Mais notre armée ?
Vaut-elle quelque chose, sinon pour une guerre colo-
niale ? Sera-t-elle capable de résister aux Allemands en
Grèce, ou même en Cyrénaïque ? Nous ne pouvons nous
offrir une autre Norvège. Et comment nous imaginons-
nous battre jamais les Allemands ? L'Italie, nous pouvons l'abattre. L'Allemagne jamais. Je lui réponds que
je fais confiance à mon instinct et à ma connaissance du
caractère allemand. Ils craqueront sûrement avant nous.
Il me répond que c'est possible : « Le temps nous dé-
partagera », dit-il, grimaçant malicieusement. Les
membres du Labour ne sont pas assez forts, pense-t-il.
Ils n'ont pas réussi à décider le gouvernement à traiter
avec l'U.R.S.S. « Les travaillistes ne valent pas mieux
que Chamberlain. » Je lui demande s'il entrevoit quelque chance d'une alliance Yougoslavie-Grèce-Turquie.
Il répond que la Turquie est trop prudente. Je lui demande s'il ne redoute pas une attaque contre l'U.R.S.S.
Il répond : « L'Allemagne est trop prudente. »

JOURNAL   *1er avril 1941.*

Winston assis dans le fumoir a un verre de magnésie
bismurée devant lui, et il est prêt à répondre aux questions. Les députés s'agglutinent autour de lui, assez
obséquieux : « Comme vous avez bonne mine, monsieur le Premier ministre. » C'est vrai, je ne l'ai pas vu
aussi bien depuis des années. Toute trace de bouffissure
a disparu, son visage est presque mince, la lèvre infé-
rieure avançant avec défi. Il répond : « Oui. Je me sens
bien. Je suis en bonne forme. Beaucoup mieux que je ne

l'étais l'an passé à cette époque. Nos affaires marchent.
Nous avons aujourd'hui une véritable armée. Nous
avons des blindés, ils sont excellents. Nous avons des
canons. Dans les airs notre position est plus forte, non
absolument, mais relativement. » Il parle de la bataille
des îles Ioniennes [1], ou de ce qu'on appellera ainsi. Il dit
que les Italiens sont de piètres marins et violent « les
règles élémentaires de la stratégie familières à tout
cadet de Darmouth ». Il parle assez amèrement de
Darlan. « J'aimerais briser les reins à cet homme. Exprimer sa reconnaissance à l'Allemagne qui a traîné son
pays dans la boue ! » Il me dit de retrouver dans le
Voelkischer Beobachter une déclaration sur les buts de
guerre de l'Allemagne aux termes de laquelle notre
pays serait réduit « à l'avilissement et à la misère » et
de l'afficher partout dans le pays : « Je veux qu'on la
voie sur tous les murs », dit-il. Je rentre au ministère et
répète ses paroles à Duff et à Walter Mockton.

*Au moment où Hitler se trouvait sur le point
d'attaquer la Yougoslavie et la Grèce et où Rommel
lançait son offensive dans le désert de Libye, Harold
Nicolson était préoccupé par la santé physique et morale de V. Sackville West ébranlée par la guerre. A vrai
dire ses craintes étaient quelque peu exagérées, mais le
suicide de Virginia Woolf, son amie la plus intime, lui
avait causé un très grand choc.*

---

1. La bataille du cap Matapan (28 mars). L'amiral Cunningham
coula trois croiseurs de bataille italiens et deux torpilleurs. Il n'eut
aucune perte à déplorer. En cet instant critique cette bataille permit à
l'Angleterre d'acquérir la maîtrise de la Méditerranée orientale.

V. S. W. à H. N.   *31 mars 1941.*
                                        Sissinghurst.

Je suis terriblement frappée : Virginia s'est suicidée.
La chose n'est pas dans les journaux, mais j'ai reçu des
lettres de Leonard (Woolf) et aussi de Vanessa (Bell) [1]
qui m'apprennent la nouvelle. Cela s'est passé vendredi
dernier. En rentrant à la maison, Leonard trouva un mot
disant qu'elle allait se suicider. Ils pensent qu'elle s'est
noyée, car il a trouvé sa canne flottant dans la rivière. Il
dit que pendant ces dernières semaines elle ne s'était
pas sentie très bien et qu'elle redoutait de redevenir
folle. Il dit : « Je crois que c'était le poids de la guerre
et l'achèvement de son livre, mais elle ne pouvait plus
ni se détendre ni s'alimenter. »
Je ne peux y croire. Cette intelligence merveilleuse,
cet esprit adorable. Et la dernière fois que je l'ai vue,
elle paraissait si bien et j'ai reçu d'elle, il y a à peine
quinze jours, une lettre pleine de drôlerie. Elle a dû
perdre complètement la tête, sinon elle n'aurait pu
infliger à Leonard un pareil chagrin, une telle horreur.
Vanessa qui l'a vu dit qu'il est extraordinairement
maître de lui, très calme, mais qu'il a insisté pour demeurer seul.

V. S. W. à H. N.   *8 avril 1941.*

Hier j'ai été jusqu'à Charleston voir Vanessa (Bell).
Elle n'aurait pu se montrer plus accueillante et m'a tout

---

1. Peintre et sœur aînée de Virginia Woolf. En 1907 elle avait épousé Clive Bell, le critique d'art, et mourut en 1961.

raconté. Ce qui m'a assez épouvantée, c'est qu'elle m'a dit que Leonard désirait me voir. Je suis donc allée à Monk's House. Il prenait son thé – une seule tasse sur cette table où toujours ils avaient pris le thé. La maison était pleine de fleurs et tous les objets dont se servait Virginia étaient éparpillés comme d'habitude. Il me dit : « Allons nous installer plus confortablement » et il me conduisit dans son salon. Sa tapisserie traînait sur une chaise et ses laines multicolores pendaient d'une sorte de porte-serviettes qu'elle avait fait fabriquer. Son dé sur la table. Le bloc-notes couvert de son écriture. Par la fenêtre, on peut voir la rivière.

« Leonard, je n'aime pas vous voir rester seul ici. » Il tourna vers moi le regard perçant de ses yeux bleus et répondit : « Il n'y a pas autre chose à faire. » Je compris qu'il avait raison. Mais quel courage !

Avec beaucoup de calme et de manière très détaillée, il me raconta tout. Quelques phrases étaient difficiles à supporter. Il dit : « Comme nous ne la trouvions nulle part, j'ai été jusqu'à une maison abandonnée qu'elle affectionnait, dans les Downs, et appelée Mad Misery, mais elle ne s'y trouvait pas. » Je me rappelle qu'elle m'avait parlé de Mad Misery et promis de m'y amener un jour. Ils ont dragué la rivière, mais à présent les recherches ont cessé. Comme la marée remonte la rivière, il est vraisemblable qu'elle a été entraînée jusqu'à la mer. Je l'espère. J'espère qu'ils ne la retrouveront jamais.

Elle savait nager. Je le sais parce qu'un jour elle m'a raconté que Rupert Brooke, à Cambridge, lorsqu'ils étaient tous deux très jeunes, s'était déshabillé et avait plongé nu, au clair de lune dans le lac. Elle avait pensé qu'elle devait en faire autant. Bien que fort timide, elle l'avait imité et ils avaient nagé ensemble. Mais il sem-

ble que lorsqu'elle voulut se noyer, elle portait de grandes bottes de caoutchouc (elle les mettait rarement, car
elle les détestait) qui ont dû se remplir d'eau et la faire
couler à pic. Elle a pu aussi emplir ses poches avec des
cailloux. Les bords de la rivière en sont pleins. La seule
chose qui les étonne, c'est qu'on n'ait jamais trouvé son
chapeau qui aurait dû flotter. Mais Vanessa pense qu'il
avait un élastique et qu'il est parti avec elle.

*Le désastre grec suivit l'effondrement rapide de la
Yougoslavie qui capitula le 17 avril. Au nord de la
Grèce, l'aile gauche des Alliés fut alors exposée à un
mouvement tournant par la brèche de Monastir, et en
Albanie et en Macédoine orientale, l'armée grecque fut
encerclée. Ce qui laissa les quatre divisions des forces
du Commonwealth presque seules pour faire face à une
armée allemande forte de quinze divisions dont quatre
blindées. Lentement, on se replia sur Athènes, et la
décision de principe d'évacuer le pays pour le sauver
d'une dévastation inutile fut prise le 21 avril. Le
29 avril les derniers hommes quittèrent les ports du sud
de la Grèce. Sur les cinquante-trois mille hommes des
troupes anglaises et du Commonwealth qui avaient
débarqué en Grèce, quarante et un mille furent pris en
charge par la marine et beaucoup d'entre eux dirigés
sur la Crète.*

*L'attaque aérienne de la Crète par les Allemands
commença le 20 mai et bien que la marine empêchât le
débarquement sur l'île d'un seul soldat ennemi, la
supériorité de l'aviation allemande vint peu à peu à
bout de la résistance et une nouvelle évacuation commença le 27 mai. Seize mille cinq cents hommes arrivè-*

rent sains et saufs en Egypte, mais treize mille autres
furent tués ou blessés, ou faits prisonniers. Les Alle-
mands eux aussi subirent de lourdes pertes. Leur vic-
toire avait été si chère que la division aéroportée, la
seule qu'ils possédassent, ne fut jamais en mesure de
reprendre la lutte.

   Duff Cooper étant malade, ce fut Harold Nicolson
qui pendant cette période difficile eut la charge du
ministère de l'Information. Son administration avait
des ennuis. Les autres ministères réclamaient le droit
de publier leurs propres communiqués et la B.B.C.
échappait en grande partie à l'Information qui n'avait
d'autre raison d'exister que pour coordonner la propa-
gande britannique. Ses services étaient donc constam-
ment critiqués pour les erreurs des autres. Dans ces
conditions difficiles Harold Nicolson manœuvra adroi-
tement aux Communes, mais il était déprimé par la
mauvaise foi de nombreux critiques et par l'absence de
soutien du Premier ministre pour qui l'Information
n'offrait que peu d'intérêt. On le vit bien au moment de
l'affaire Rudolf Hess. Harold Nicolson était aussi pré-
occupé par ses propres soucis d'argent. Pendant trente-
quatre jours il fit un effort pour cesser de fumer et cela
par économie.

JOURNAL   *4 avril 1941.*

   Les nouvelles de Libye sont pires que je ne le suppo-
sais. En sortant du métro, je vois un journal portant
cette manchette inquiétante : « Les troupes britanniques
évacuent Benghazi. » A la séance de travail, nous menons une enquête sérieuse sur la manière de présenter
les nouvelles. Les communiqués optimistes publiés par

Le Caire durant ces trois derniers jours n'ont nullement préparé le public à l'évacuation de Benghazi. Partout l'impression sera très mauvaise. Les gens penseront : « Nous pouvons battre les Macaronis, avec les Fritz, il n'y a rien à faire. » Le seul moyen de faire échec à cette vague de découragement serait une information sérieuse et complète. Mais nous n'avons que de maigres renseignements et Le Caire a masqué sa nudité avec les oripeaux les plus légers et les moins nécessaires, tels que : « L'ennemi a remporté une victoire sur le papier » – ou : « On peut compter sur Wavell pour choisir son terrain. » La vérité, c'est que nous avons été pris par surprise et battus à plate couture. Et nous ne voyons pas comment empêcher les Allemands de prendre Sollum. Le seul moyen de calmer l'opinion publique est de dire que tout est dû au fait que nous avons envoyé notre armée en Grèce. Mais nous n'en avons pas le droit. Nous prenons deux mesures. Nous envoyons un télégramme urgent à Anthony Eden, lui demandant l'autorisation de rendre publics les détails de notre débarquement en Grèce. Et nous décidons d'obtenir du War Office qu'il envoie au Caire un émissaire ayant la pratique de l'opinion publique pour mettre un terme à ces communiqués idiots.

Après le dîner, sous une humide lune d'avril, je trouve un taxi. Tandis que je roule vers le ministère, des morceaux de ce pauvre vieux Londres dévasté défilent à mes côtés. Je songe à nos armées en Grèce, en Libye, en Abyssinie, sous cette pâle lune. Je pense aux corps de Virginia et de Robert Byron [1] roulés par les flots. Il

---

1. Ecrivain et explorateur. Il périt noyé en 1941 dans le golfe de Gascogne sans doute. Le bâtiment à bord duquel il se trouvait faisait route vers Alexandrie et fut torpillé. Mais on ne connut jamais avec certitude la date et les circonstances exactes du naufrage.

n'y a rien de plus affreux que la guerre. Je pense aux vieilles femmes étouffant sous un amas de ciment et de briques, haletant de peur et puis rendant leur dernier souffle.

Un peu plus d'esprit, Seigneur, un peu plus d'esprit,
Sinon nous allons perdre ce beau jardin, notre dû [1].

JOURNAL   *9 avril 1941.*

Je me rends aux Communes pour entendre Winston faire sa déclaration sur l'invasion de la Grèce. On avait prévu une motion de félicitations aux forces combattantes et je me rappelle qu'il y a peu de jours Winston avait promis qu'il nous dirait : « Vous pouvez pavoiser. » Ces victoires aujourd'hui ne sont plus que cendres et poussières.

A 11 h 56, le Premier ministre fait son entrée salué par des acclamations. Il s'assied entre Greenwood et Attlee, le sourcil froncé, regardant les notes qu'il tient à la main, tirant un porte-mine d'or et griffonnant quelques mots sur le dernier feuillet. Puis il se met à parler d'une voix morne, obstinée. Comme sans y prêter attention, il lance quelques nouvelles. Nous avons pris Massaoua [2]. Ce matin à 4 heures les Allemands sont entrés dans Salonique. Cette nouvelle fait courir un frémissement de douleur sur les bancs. Il dévoile que les Etats-Unis nous ont donné leurs garde-côtes. Sa conclusion laisse entendre que sans l'aide américaine,

---

1. Meredith, *Modern Love.*
2. Le port principal de l'Erythrée, qui le 8 avril capitula. Dix mille Italiens furent faits prisonniers.

nous sommes perdus. Il se laisse aller à quelques effets d'éloquence. Il a une petite plaisanterie sur le boa constrictor et une petite plaisanterie sur les garde-côtes qui auparavant avaient été utilisés pour la prohibition. Mais de toute évidence, il sait que nous n'avons pas vu le pire. Les Communes sont tristes, moroses.

JOURNAL   *13 avril 1941.*

Il semble que les Allemands ont isolé nos forces de Tobrouk et les ont pourchassées jusqu'à Bardia. C'est très inquiétant, car pour autant que je le sache, nos forces étaient à Tobrouk et si elles sont isolées, il n'y a plus rien pour arrêter les Allemands [1]. Pour les Balkans, les nouvelles sont meilleures. Les Yougoslaves paraissent taper sur les doigts des Allemands qui avancent. Ils se sont regroupés et ont contre-attaqué. Mais le grand sujet d'inquiétude, c'est la Libye et en Libye, ça va mal. Nous ne pouvons pas avoir confiance dans l'Egypte et déjà l'Irak est perdu [2]. La Turquie ne tiendra pas en face d'une pareille situation et nous pouvons perdre l'Egypte avec tout ce que cela sous-entend.

Du point de vue de la propagande, ce que le pays voudrait bien qu'on lui dise, c'est comment nous allons faire pour gagner. Les gens en ont par-dessus la tête de s'entendre dire que notre cause est juste et que nous triompherons à la fin. Ce qu'ils veulent, ce sont des

1. C'était heureusement inexact. Il n'y avait à Tobrouk que la 9ᵉ division australienne et une autre brigade.
2. Pour un temps seulement. En mars 1941, Raschid Ali, qui collaborait avec les Allemands, fut nommé Premier ministre, mais le 19 avril une brigade britannique débarqua sans trouver d'opposition à Basra, principal port irakien sur le golfe Persique.

recettes pour battre les Allemands. Je serais bien embarrassé pour leur en donner une. Bien qu'ils n'en aient pas conscience, tout au fond d'eux-mêmes, les Anglais ont perdu leur foi en la puissance navale. La Norvège a été un sale coup, mais la Libye en est un bien pire : « Comment, disent-ils, les Allemands ont-ils pu débarquer en Libye quatre divisions ? » Il y a plusieurs explications, mais aucune ne répond véritablement à cette question : « Mais s'ils peuvent débarquer quatre divisions en Libye, comment les empêcher de s'emparer de l'Afrique et de l'Asie ? » A cette terrible question, je ne vois aucune réponse réconfortante. Au fond de moi-même bourdonne la réponse de Darlan à quelqu'un qui suggérait que finalement nous serions vainqueurs. Il demanda à son interlocuteur ce qui justifiait cette affirmation. Celui-ci parla de notre supériorité navale. Darlan répliqua : « Mais ça, c'est de la folie pure. » Les événements dans les Balkans et en Libye semblent confirmer sa théorie. Je n'ai pas le moindre doute : pour finir nous gagnerons. Mais il nous reste à apprendre les techniques nouvelles, les secrets de la guerre de mouvement et c'est seulement quand nous les aurons appris (et nous les apprendrons) que notre puissance navale se fera sentir. Pour le moment et jusqu'en juillet, j'aurai des réveils affreux.

JOURNAL   *16 avril 1941.*

Je dîne au Dorchester avec Sibyl (Colefax). Je m'en vais aussitôt que je le puis, mais j'ai un long chemin à faire pour regagner à pied le ministère. Le blitz est sérieux. Au sud, du côté de Westminster, il y a une tempête de feu, un flamboiement, rouge comme l'aube en Egypte. Au nord, un autre incendie que je vais voir de plus près. Ce qui subsiste de la flèche de l'église de Langham Place se profile sur les volutes de fumée rose. Je chemine sous les éclairs dans le bruit des canons et le bourdonnement des avions. Je trébuche sur une brique et casse mes lunettes. En boitillant j'entre au ministère où l'on m'apprend que nous avons coulé un grand convoi, entre la Sicile et Tripoli. Nous avions besoin de cette nouvelle.

Après avoir dactylographié ces lignes, je vais me coucher. Je parviens très bien à m'endormir, mais le blitz devient de plus en plus violent et la nuit crépite et craque comme la jungle africaine. Je n'ai jamais entendu une pareille variété de bruits, le sifflement des bombes qui tombent, le craquement de la défense anti-aérienne, le choc sourd des murs qui s'écroulent, les coups légers des bombes incendiaires tombant tout autour. Devant ma fenêtre, les murs du British Museum prennent une teinte rouge foncé à la lueur de l'incendie qui ravage l'université. De temps à autre tout devient d'un blanc éblouissant quand s'allume une fusée au magnésium. Puis tout redevient rouge foncé. Cela continue toute la nuit et je dors par accès [1].

JOURNAL   *21 avril 1941.*

Nous évacuons la Grèce. Les Américains le prendront mal ; une vague de défaitisme balaye le continent. Lindbergh proclame partout que notre situation est

---

1. Les raids des 16 et 17 avril sur Londres firent deux mille trois cents victimes et plus de trois mille personnes furent grièvement blessées.

désespérée. J'avoue que je repense à mon dernier entretien avec Maiski, le jour où il m'a dit : « Vous ne
pouvez vous offrir une autre Norvège. » Aujourd'hui,
nous avons une autre Norvège sur les bras et les nouvelles qui nous parviennent d'Espagne sont bien mauvaises
aussi [1]. Hitler est de toute évidence décidé à nous chasser de la Méditerrannée.

JOURNAL   *7 mai 1941.*

Commission de la défense civile dans les services
administratifs du Cabinet. Herbert Morrison s'inquiète
des répercussions qu'auront sur le moral les raids accomplis en province. Il ne cesse de souligner que les
gens ne peuvent endurer indéfiniment ces bombardements intensifs et que tôt ou tard, le moral des autres
villes s'effondrera comme s'est effondré celui de Plymouth.

Aux Communes. Lloyd George l'index levé prend la
parole. Sombre, réaliste, parlant de « noirs abîmes ».
Son thème central est que le public doit connaître la
vérité. Discours regrettable car il a mis en évidence de
la manière la plus claire que nous sommes en danger
d'être réduits à la famine et battus. Mais d'un autre
côté, mon orgueil s'exalte à la pensé que nulle part, sauf
au sein de nos chères Communes, un pareil discours
n'aurait pu être prononcé et accueilli avec calme pour
ne pas dire avec bienveillance. Critiquant le Premier
ministre, il le regardait, redressant fermement le men-
ton, plein d'agressivité, mais ses petits yeux pétillaient

---

1. Hitler projetait de s'emparer, au cours de l'été et avec la participation active de l'Espagne, de Gibraltar.

d'admiration et (je n'exagère pas le moins du monde) d'amour. Pour le Parlement ce fut une bonne journée.

Après le déjeuner, je retourne aux Communes. Au moment où je pénètre dans la salle, Winston a la parole. Sitôt qu'il ouvre la bouche, il tient son public. Il se dresse là, dans un costume noir, conventionnel, avec son énorme chaîne de montre. Il est très spirituel. Il est très franc. Par moment j'éprouve la désagréable impression qu'il est un rien trop optimiste. Par exemple, il insiste sur notre position en Egypte et dans la Méditerranée. Sans pitié, il s'en prend à Hore Belisha. La confiance est votée par 447 voix contre 3. Excellent. Comme Winston quitte la salle des séances et traverse le hall, une clameur spontanée l'accueille, reprise à l'extérieur. Il paraît ravi.

Aujourd'hui, je suis satisfait des Communes. Les députés sont quelque peu enclins au défaitisme. Mais Winston sait les remonter. Hier c'était une volière de poules mouillées, aujourd'hui tous redressent la crête comme des coqs de combat.

JOURNAL   *8 mai 1941.*

Il fait incroyablement froid. On se croirait en février. Les ballons des barrages ont retrouvé leur rigidité implacable, le nez pointé au nord-est et leurs petits ailerons traînant derrière.

Je vais aux Communes à l'heure des questions. Ils veulent que l'on publie un compte rendu intégral de nos pertes dans l'océan Atlantique. A vrai dire, nous n'avons perdu que 3 % des fournitures américaines. Mais les Allemands croient qu'ils en ont coulé quelque 40 %. Gardons-nous bien de les détromper. Je réponds dans ce sens.

Commission de Reconstruction. Nous évoquons une

baisse possible du moral. Il est vrai que personne ne parle vraiment ni de la possibilité d'une défaite, ni d'une reddition. Mais ce silence ne trahit-il pas de façon menaçante des sentiments réprimés. Je redoute que les gens ne sautent sur n'importe quelle échappatoire qui donne à leurs craintes des couleurs de respectabilité et que le groupe d'Oxford et son « réarmement moral » puisse être leur porte-voix. Il faut que nous y fassions très attention. Le moral est bon – mais c'est un peu comme le manteau du roi.

JOURNAL   *14 mai 1941.*

Je déjeune avec le Premier ministre et Mrs Churchill dans l'appartement qui a été installé pour eux au ministère des Travaux publics. Il n'est pas très grand, mais bien compris et confortable. Winston y a apporté quelques-unes de ses toiles et l'aspect général est très gai. Souriant, Winston est assis avec son horrible chaîne de montre et son horrible bague. J'essaie d'obtenir des instructions en ce qui concerne Hess [1], mais tout ce qu'il veut bien dire, c'est que nous ne devons pas en faire un héros. On nous sert du vin blanc, du porto, du cognac, des hors-d'œuvre et du mouton. Tout cela assez au compte-gouttes. Winston a été voir le film *Camarade X* [2] qui lui a vraiment beaucoup plu.

Je lui raconte que Maiski a tenté de l'empêcher de

---

1. Rudolf Hess, adjoint d'Hitler, s'envola seul le 11 mai pour l'Ecosse afin de prendre contact avec le duc d'Hamilton, qu'il avait un peu connu avant guerre. Il se proposait de convaincre les Anglais que l'Allemagne avait la certitude de la victoire et que l'Angleterre pouvait obtenir la paix en échange des anciennes colonies allemandes. Il était un peu fou. Hitler n'était pour rien dans cette aventure.

2. Film sur un imaginaire espion soviétique.

sortir. Il est ravi qu'il n'y soit pas parvenu. Il ronronne comme un chat. Nous nous demandons s'il serait adroit de décerner une décoration aux villes bombardées, comme en France, lors de la dernière guerre on décerna la Légion d'honneur à Reims et à d'autres villes. Winston pousse un grognement : « La Légion d'honneur ! Aujourd'hui ils ont le ruban et la croix en émail. Mais où est l'honneur ? Parti. Parti. Parti – et avec un grand geste de désespoir – PARTI ! »

JOURNAL   *16 mai 1941.*

Je viens de visiter les ruines de l'ancien Parlement [1]. Il est impossible de pénétrer dans le hall des Députés, ce n'est qu'un amas de poutres enchevêtrées. Aussi, je prends l'escalier qui conduit à la galerie des Dames et puis tout à coup, au détour du couloir, c'est le vide et une sorte de ruine historique s'ouvre devant moi. A droite et à gauche du hall du Président, les petits bureaux des ministres sont intacts, mais au-delà, il n'y a plus rien. Plus rien, sinon des *murs calcinés* et un enchevêtrement de poutres.

Duff est d'humeur sombre. Hier il était parvenu à persuader le Premier ministre de nous donner quelques directives sur l'attitude à adopter vis-à-vis de Rudolf Hess. Puis Winston a déclaré : « Il faut réfléchir. Revenez à minuit et nous en reparlerons. » Mais quand il revint, il trouva là Max Beaverbrook [2] et Max persuada

---

1. Le Parlement avait été bombardé la nuit du 10 mai et la salle des Communes complètement détruite.
2. Lord Beaverbrook avait été ministre de la Production aérienne jusqu'au 1er mai, puis il fut nommé ministre d'Etat avec un siège au Cabinet de guerre.

Winston de ne faire aucune déclaration. Voilà qui est mauvais, on croira que nous cachons quelque chose et c'est nous qui allons être blâmés. La réalité est que nous ne pouvons pas tirer le maximum de propagande de cet incident à la fois chez nous et à l'étranger. J'ai l'impression que dans tout ceci se fait sentir un manque d'autorité centrale effrayant. Là-dessus, Max a eu aujourd'hui un déjeuner pour les rédacteurs en chef et les correspondants au Parlement. Il leur raconte que Hess est venu pour expliquer au duc de Hamilton que nous sommes battus et que nous ferions mieux de traiter. Ce qui n'arrange rien.

JOURNAL   *21 mai 1941.*

Ce qui se passe en Crète [1] n'est pas clair du tout. Winston considère que c'est vraiment une bataille capitale : « Personne, dit-il, n'en réchappera, ni ami ni ennemi. » Mais les Allemands transportent sans cesse des troupes par avion et nous sommes dans l'impossibilité de débarquer des troupes par la mer. Cependant, nous devrions entrer dans Bagdad [2] d'une minute à l'autre et le duc d'Aoste et cinq généraux se sont rendus [3].

---

1. Les Néo-Zélandais avaient perdu l'aéroport de Maleme et les transports de troupes allemands continuèrent à atterrir toute la journée.

2. En réalité Bagdad ne fut prise par les forces britanniques que le 30 mai, Raschid Ali s'étant enfui en Iran, et l'Irak tout entier tomba aux mains des Anglais.

3. Le duc d'Aoste fit sa reddition avec ce qui restait de l'armée italienne d'Afrique et mourut en captivité à Nairobi en 1942.

JOURNAL   *17 mai 1941.*

Winston communique aux Communes les dernières nouvelles. Il dit qu'en Crète, la situation n'est pas bonne. Il poursuit en parlant de notre position en Libye et en Irak. Il mentionne nos pertes navales durant la campagne de Crète. Je crois que c'est mieux ainsi. Puis il aborde le chapitre de la bataille du Danemark [1]. Il s'en tire admirablement. Il retrace toute la scène depuis le moment où nous avons appris que le *Bismarck* et le *Prinz Eugen* cinglaient à l'ouest en direction de nos convois, jusqu'au moment où nous nous heurtâmes à eux et où le *Hood* fut coulé. Après avoir salué la perte de ces hommes, il parla de la poursuite qui s'ensuivit. Le *Prinz Eugen* disparut, mais le *Bismarck* fut serré de près et bombardé. Les bombes ralentirent sa fuite : de toute évidence il cherchait à gagner un port français. Des mesures d'urgence furent prises pour l'arrêter, mais le temps tournant, la visibilité diminua. Le *Bismarck* changea soudainement de cap et réussit à disparaître. Les Communes tout entières s'attendaient à cette minute à ce que Winston nous déclarât que le cuirassé s'était échappé. Il y eut un soupir de désespoir. Le lendemain matin, à l'aube (continua Winston), nous réussîmes à rétablir le contact. Il dit comment les avions de la marine lancèrent alors des torpilles sur le bâtiment, détruisant son gouvernail et l'obligeant à décrire d'immenses cercles sur l'Océan. De tous côtés notre flotte arriva pour l'anéantir. L'esprit sportif est si inné aux Communes que tous nous avons commencé à

---

1. Le 21 mai commença la poursuite du *Bismarck*, le plus puissant cuirassé du monde. Le 24 il coula le *Hood*. Le reste de cette histoire est donné ci-dessus.

craindre pour le *Bismarck*. Le Premier ministre expliqua que nos bâtiments avaient pris contact; qu'ils avaient ouvert le feu, que les obus n'avaient donné aucun résultat et que le seul espoir était de lancer des torpilles : « Tandis que je parle, dit-il, l'affaire se poursuit. » Puis il aborda le sujet du service militaire en Irlande du Nord et laissa les Communes avec une sensation de *coïtus interruptus*. Hugh O'Neill se leva pour protester contre la déclaration sur son Ulster natal, puis Griffiths, pompeux comme toujours, intervint : « Monsieur le Président, je sollicite de votre... » Tandis qu'il prononçait ces mots, je vois, dans la galerie des Officiels, un des secrétaires faire un geste brusque et tendre à Brendan Bracken un petit feuillet plié. Il le prend et le passe à Winston. Immédiatement celui-ci se dressa et interrompant Griffiths : « Monsieur le Président, je demande votre indulgence, je viens de recevoir à l'instant la nouvelle que le *Bismarck* est coulé. » Applaudissements sauvages, auxquels je ne joins pas les miens.

JOURNAL   *4 juin 1941.*

Je suis assez amusé et légèrement choqué par ma propre attitude à l'égard de mon porte-monnaie. Je me suis toujours complu à imaginer que je ne me souciais pas de l'argent. J'ai fait parade de mon indépendance financière vis-à-vis de ma femme. Eh bien, maintenant, tout cela a craqué et il semble que j'en sois réduit à quatre cents livres par an, sans aucun moyen de gagner davantage [1]. Je

---

1. Son salaire de secrétaire d'Etat s'élevait à quinze cents livres et l'impôt sur le revenu était de 10 shillings par livre. Mais le revenu de V. S. W. s'ajoutait au sien dans l'évaluation des surtaxes. Il avait dû renoncer à tous ses articles dans les journaux.

m'aperçois que ce qui me reste apparaîtrait aux classes ouvrières comme un bon huit livres par semaine. Pour moi, c'est une catastrophe. Cependant, j'ai écrit à Ben, lui demandant de me prêter cinq cents livres.

Ceci prouve comment, en ce siècle de progrès, les gens qui essayent de s'adapter aux nouveautés du système risquent d'y laisser des plumes. Ainsi ayant plus ou moins bien compris que le vieux monde édouardien, avec ses sels de bains et ses ortolans, était condamné à disparaître, je me suis entraîné depuis l'âge de vingt-deux ans à mépriser (donc à ne pas désirer) une forme de civilisation dont je prévoyais qu'elle ne durerait pas. Je me souciais comme d'une guigne de voir tomber en ruine et disparaître Derbyhouse et Staffordhouse et Chatsworth. J'avais réussi à assumer une sorte d'élégance, nouvelle et non moins pleine de complaisance, qui m'avait paru devoir durer aussi longtemps que moi. Elle consistait en résidences relativement modestes à la campagne et à Londres, en une agréable combinaison de Café Royal, de Blomsbury, une garçonnière au Temple, le Travellers Club, le jardin de Sissinghurst, quelques voyages à l'étranger, l'acquisition de quelques livres et de quelques tableaux et le plaisir sans arrière-pensée de la table et des vins. Tout cela nous apparaissait très bohème et bien plus moderne et modeste que Polesdenlacey et Londonderryhouse.

Et voici que la vague de l'austérité volontaire vient battre à nos pieds. A nous la vie de Prisunic. Je me sens si pauvre. Je déteste la destruction de l'élégance. La grisaille de Berlin et de Moscou va ramper dans nos adorables rues de Londres [1].

---

1. Ce tableau de son appauvrissement est attendrissant mais fantastique. Sissinghurst ne lui coûtait rien et son train de vie, qu'il décrit comme modeste, ne changea ni à cette époque, ni après la guerre.

Nous avons pris Mossoul [1]. Mais le public que la Crète a plongé dans un abîme de tristesse réagit peu à ces victoires, pensant que probablement nous serons une fois de plus repoussés. On a surnommé le BEF le « Back Every Fortnight [2] ».

Big Ben ne marche pas : un ouvrier a laissé un marteau à l'intérieur. Guillaume II est mort [3]. Les journaux lui consacrent peu de lignes. Si Hitler meurt en 1962, en parlera-t-on davantage ?

H.N. à V.S.W.   *5 juin 1941.*
                                        Ministère de l'Information.

Duff est rentré [4]. Il n'a pas encore très bonne mine. Je l'emmène voir un film sur le Congrès de Nuremberg de 1938. Je ne crois pas qu'il se soit beaucoup amusé. Tout cela est devenu si dramatiquement réel. Tous ces groupes de jeunesses hitlériennes sont les hommes qui arrivent en masse sur la Crète. Cette bataille, j'en ai peur, a porté un sérieux coup à notre moral. Les gens disent : « Si nous avons là-bas trente mille hommes, sans compter la marine, les canons, les blindés, comment diantre les Allemands peuvent-ils s'en emparer en surgissant du ciel ? » Je reconnais que ce bond de trois cent vingt kilomètres est terrifiant. Il n'y a rien d'étonnant à ce que les gens disent que s'ils peuvent s'emparer de la Crète à plus de trois cents kilomètres de leurs bases,

---

1. C'était la dernière base allemande en Irak.
2. « Qui plie bagage deux fois par mois. »
3. En Hollande, à Doorn. Il avait quatre-vingt-deux ans.
4. Il avait été malade et avait passé un mois dans sa résidence de Bognor.

qu'adviendra-t-il de la Grande-Bretagne ? Toute notre stratégie est à revoir.

JOURNAL   *10 juin 1941.*

Duff nous dit que le Premier ministre a l'impression que l'angoisse existante est surtout limitée aux Communes et que l'ensemble de la nation ne la partage pas. Nous répondons que tout cela est faux et que le pays est profondément anxieux et traumatisé.

Nos gens au Moyen-Orient n'ont pas le moindre sens de la publicité. Ceux de l'Amirauté sont encore pires. Nous déplorons que pas une seule photographie n'ait été faite au moment où le *Bismarck* a coulé. Tripp répond que le photographe officiel se trouvait à bord du *Suffolk* et que le *Suffolk* était trop loin. Nous rétorquons ; « Mais pourquoi un de nos appareils de reconnaissance n'a-t-il pas survolé le bâtiment et pris des photos ? » Il nous répond : « Voyons, comprenez, vous devez le comprendre, m'en croire sur parole, un Anglais n'aimera jamais prendre un instantané d'un beau navire en train de sombrer ! » A-t-il raison ? J'ai été abasourdi par cette réponse. Peut-être qu'il voit juste. Je revois Arthur Balfour, lorsque Brockdorff-Rantzau refusa de se lever quand il lui tendit le traité [1] : « Est-il resté assis ? » demanda plus tard quelqu'un à Balfour : « Je ne l'ai pas remarqué. Je ne dévisage pas un gentleman en plein désarroi. »

---

1. Le comte Ulrich von Brockdorff-Rantzau, ministre des Affaires étrangères d'Allemagne (1918-1919), était le chef de la délégation allemande à Versailles. Balfour était alors secrétaire au Foreign Office.

JOURNAL   *17 juin 1941.*

Le temps est merveilleux et nous sommes troublés parce que les Allemands n'ont tenté aucune attaque sérieuse. Peut-être parce qu'ils sont en train de se masser sur le front de l'Est afin d'intimider l'U.R.S.S. Peut-être parce que toutes leurs forces aériennes seront utilisées pour une attaque massive de notre front en Egypte. Et peut-être encore parce qu'ils sont en train d'équiper leurs appareils de quelques nouveaux perfectionnements, du genre cisailles [1]. De toute manière cela laisse présager du vilain.

JOURNAL   *18 juin 1941.*

Nous avons une brève réunion à la Commission du travail et décidons de demander des instructions sur ce qu'il conviendra de dire si l'U.R.S.S. entre en guerre contre l'Allemagne. Je pense que cela est tout à fait improbable, mais si cela se produit, nous devons être prêts à considérer l'U.R.S.S. comme une alliée. Le dimanche, faudra-t-il jouer *l'Internationale*? J'envoie une note à la Commission politique.

En salle de réunions. Les nouvelles ne sont pas très bonnes non plus. Notre offensive vers Sollum a été repoussée. Nous avons subi de lourdes pertes et avons battu en retraite [2]. Ce qui nous consterne, c'est que les

---

1. Afin de couper les câbles d'acier des barrages de ballons.
2. C'était l'opération « Battleaxe », une contre-attaque britannique qui avait pour but de rejeter Rommel à l'ouest de Tobrouk. Elle débuta le 15 juin. La brigade de la Garde conquit le fort de Capuzzo, en face de

gens du Moyen-Orient ne savent pas rédiger leurs
communiqués : « Nos troupes, ayant accompli leur
mission, se sont lentement repliées sur leurs bases. »
C'est ridicule. Nous protestons hautement.

*Harold Nicolson estimait une attaque allemande
contre l'U.R.S.S. comme « des plus improbables » et
pourtant elle avait été envisagée par Hitler dès juillet
1940 et pendant les premiers mois de 1941 il avait
porté vers l'est certaines divisions stationnées sur les
côtes de la Manche. L'offensive avait été fixée au
15 mai, mais les opérations dans les Balkans la retar-
dèrent de cinq semaines et l'attaque eut lieu le 22 juin.
En dépit des mises en garde venues de Grande-
Bretagne et des Etats-Unis, Staline se refusa à croire à
l'imminence de la dénonciation par Hitler du pacte de
non-agression et bien que l'armée soviétique fût mobilisée, elle se trouva prise au dépourvu et une grande
partie de son aviation fut anéantie au sol dès le premier
jour des opérations. En trois semaines les divisions
blindées allemandes s'enfoncèrent en territoire russe de
plus de sept cents kilomètres et prirent Smolensk. Certains experts, l'état-major général britannique y compris, estimaient que les Soviétiques ne pourraient vraisemblablement tenir que quelques semaines. Churchill
précisa immédiatement les intentions de la Grande-
Bretagne : elle apporterait une aide pleine et entière à
l'Union soviétique. « Le péril qui menace la Russie est
aussi notre péril », déclara-t-il, et bien qu'il ne retirât*

Sollum, mais nous fûmes débordés par les blindés allemands et repoussés sur nos premières positions le 17 juin.

*pas un mot de ce qu'il avait dit souvent sur le commu-
nisme, il promit d'aider les Russes autant qu'il se pourrait. Mais de quelle façon? Bien que Staline, dès le
début de l'affaire, l'eût réclamé, un débarquement
massif sur les côtes de France était hors de question.
Les attaques aériennes britanniques sur l'Allemagne et
sur les bases allemandes en France se multiplièrent
mais contribuèrent peu à relâcher la pression exercée
sur le front de l'Est. On promit d'acheminer vers les
ports du nord de la Russie du matériel de guerre, mais
cette promesse ne put devenir une réalité avant plusieurs mois. Le geste important fut un geste politique :
la Grande-Bretagne et l'U.R.S.S. signèrent un pacte
aux termes duquel elles s'engageaient à mener la
guerre de concert et à ne pas signer de paix séparée.*

*L'attaque allemande en Union soviétique amena un
relâchement de la pression exercée contre la Grande-
Bretagne. Les bombardements aériens diminuèrent de
façon sensible. Au Moyen-Orient, il y eut des deux côtés
un arrêt des opérations durant lequel l'un et l'autre
parti banda ses forces en vue de l'offensive d'automne.
Le général Wavell avait perdu la confiance du Premier
ministre. Le général Auchinleck le remplaça au commandement en chef.*

*Pendant ce temps, la crise du ministère de l'Infor-
mation tournait à la lutte entre Duff Cooper et les
autres ministres pour le contrôle de la propagande et
de l'information. La « mini-guerre » ou la « bataille de
Blomsbury » se termina par un compromis qui ne sa-
tisfit personne. Durant quelques semaines, le ministère
poursuivit la lutte, ayant la responsabilité de la diffu-
sion et de l'interprétation des nouvelles, mais aucun
pouvoir véritable pour accomplir cette tâche. Un changement de ministre apparut imminent. Le coup tomba le*

18 juillet. Duff Cooper fut expédié à Singapour pour représenter le Premier ministre et Harold Nicolson fut prié d'abandonner la direction du secrétariat d'Etat en faveur d'un député travailliste. En guise de consolation on lui offrait un poste de gouverneur de la B.B.C. Dans ses Mémoires *Duff Cooper écrivit : « J'ai quitté le ministère avec un soupir de soulagement. » Harold Nicolson ne pouvait en dire autant. Il fut profondément traumatisé et désolé. La sécheresse de la lettre du Premier ministre le blessa. Il eut le sentiment d'avoir été chassé. Ce qui était faux. Tout simplement il fut victime de l'impopularité générale de son ministère et de la conquête par le parti travailliste de certaines positions clés.*

JOURNAL   *22 juin 1941.*

Une matinée merveilleuse pleine de la senteur des roses, du foin coupé, des seringas. Nous prenons le breakfast en plein air. Vita vient me dire que la radio à 7 heures vient d'annoncer que l'Allemagne est entrée en Russie. Goebbels a déclaré que la patience d'Hitler était épuisée et que la frontière avait été franchie en Pologne et en Roumanie.

Bien des gens en Angleterre vont être enchantés. Je ne suis pas aussi optimiste. Cela fera mauvais effet en Amérique, où beaucoup de gens influents n'aimeront pas se voir les alliés du bolchevisme. Cela fera mauvais effet ici sur les conservateurs et les catholiques. Et si, comme c'est vraisemblable, Hitler bat la Russie en trois semaines, alors la route du pétrole s'ouvrira devant lui et aussi celle de la Perse et de l'Inde.

Bunny et Lindsay (Drummond) viennent nous voir,

puis V. et moi demeurons seuls dans la surprenante beauté de notre jardin. A 9 heures, Winston parle à la radio. Il dit qu'il se range aux côtés des Russes qui défendent leur patrie. Il ne cache pas qu'il se peut que la Russie soit vaincue rapidement, mais nous ayant promis l'effondrement imminent de l'Inde et de la Chine et pendant qu'il y était de l'Europe, de l'Asie et de l'Afrique, il nous laisse, d'une manière ou d'une autre, l'impression que nous sommes tout à fait assurés de gagner la guerre. Un chef-d'œuvre. Vita et moi sortons dans le jardin pour couper un peu d'herbe. Il fait très chaud ce soir. Chaque fleur exhale son parfum. Beaucoup de gens seront heureux à la pensée que nous avons un nouvel allié. Je ne partage pas tout à fait ce sentiment. Non que j'aie la plus légère prévention contre le communisme en Russie, mais je sens ces gens si incompétents et si préoccupés d'eux-mêmes que je crains que la moindre poussée ne les mette à bas.

JOURNAL   *24 juin 1941.*

Je vais à pied jusqu'au Beefsteak avec Ned Grigg [1]. Il dit que 80 % des experts du War Office pensent que la Russie sera mise hors de combat en dix jours. Cette nouvelle ne leur fait pas du tout plaisir, car elle va apporter à Hitler de nouveaux triomphes et le laisser libre de se retourner et de jeter contre nous toutes ses forces.

---

1. Edward Grigg, plus tard Lord Altrincham, sous-secrétaire d'Etat à la Guerre (1940-1942).

JOURNAL   *30 juin 1941.*

En arrivant au ministère, je trouve tout le monde en proie à la consternation. Molotov a donné à Cripps [1] l'impression que les Russes ont été tellement surpris (car ils s'attendaient à ce qu'on leur demande la bourse plutôt que la vie) que dès le début le nombre des pertes fut élevé. Le War Office s'est basé là-dessus pour souligner la « gravité de la situation ». Mais j'ai tendance à croire que le point de vue du War Office est affecté par des préjugés politiques et par le fait que Staline a fait exécuter nombre de ses généraux. Je ne suis qu'un profane et si j'ai l'impression que les Allemands, dans la région de Minsk, ont percé la ligne Staline, ils sont tenus en échec en d'autres endroits, ne disposant pas de routes comme en France. Je ne suis pas le moins du monde désespéré. Ce ne serait pas la première fois que Moscou est prise.

A la séance de travail, nous mettons sur pied un plan pour soutenir le moral du public pour le cas où l'U.R.S.S. s'effondrerait.

JOURNAL   *18 juillet 1941.*

Nous avons une entrevue avec Gerald Campbell [2] pour discuter de la propagande à faire en Amérique au

---

1. Sir Stafford Cripps, ambassadeur d'Angleterre à Moscou (1940-1942).
2. Sir Gerald Campbell, directeur général des services d'informations britanniques à New York (1941-1942).

cas d'une victoire complète de l'Allemagne sur l'U.R.S.S. Ce que l'on craint, c'est qu'Hitler ne décide la Russie à signer une sorte de paix séparée : il se proclamerait alors le maître tout à fait invincible de l'Europe ; et aussi qu'il n'entreprenne une grande campagne de paix, s'affirmant comme le champion de l'antibolchevisme et nous offrant les conditions les plus flatteuses ; et qu'ensuite il n'expose aux Etats-Unis que nous avons refusé une paix honorable. Nous estimons que le plus sage est de le devancer en mettant en garde l'Amérique contre cette offensive de paix ; en l'assurant que la Grande-Bretagne ne laissera jamais tomber l'Amérique et ne trahira pas non plus la cause commune ; et en faisant tout ce qui est en notre pouvoir pour substituer le croquemitaine brun au croquemitaine rouge.

Après le déjeuner, de retour au ministère, je reçois un message du secrétaire privé du Premier ministre m'informant que celui-ci désire me voir à 5 h 30 au n° 10. J'en parle avec Duff. Il m'apprend qu'il va être nommé chancelier du duché de Lancastre et doit partir en mission de coordination pour Singapour. Le Premier ministre a fait allusion à mon cas et dit que le parti travailliste souhaite ma place pour un de ses membres. Duff pense que si on m'offre quelque chose d'aussi intéressant, je dois l'accepter, mais que si c'est moins bien, je dois refuser et retourner à mes travaux d'écrivain. Un autre message m'informe que l'entrevue est annulée et que je recevrai une communication sous « une autre forme ».

Elle se présente à 5 h 55 sous l'aspect d'une boîte noire venant de Downing Streeet Je demande à Sammy Hood de l'ouvrir et à l'intérieur je trouve la lettre attachée ci-jointe [1]. Je pense que la lettre aurait pu être formulée de façon plus courtoise. Si j'en avais les moyens, je n'accepterais pas un poste de gouverneur à la B.B.C. Mais Duff et Walter (Mockton) me poussent tous deux à accepter. Je comprends que cela sonne le glas de toutes les ambitions politiques que j'ai pu caresser. Je suis blessé, triste, désolé. Le secrétaire du Premier ministre me téléphone, il veut une réponse immédiate, puis-je l'envoyer par taxi ? Eh bien ! je l'envoie.

JOURNAL   *19 juillet 1941.*

Je m'éveille avec la sensation que quelque chose d'affreux s'est produit, et me rappelle alors que j'ai été chassé du gouvernement. Je vais au ministère et commence à récupérer mes objets personnels. Puis j'assiste à la séance de travail, sans doute pour la dernière fois. Dans le couloir, je rencontre Gerald Campbell qui me

---

1. C'était une lettre du Premier ministre :
18 juillet 1941   *10, Downing Street.*

Mon cher Harold Nicolson,

Les changements à l'intérieur du ministère de l'Information m'obligent à vous demander de mettre à ma disposition votre poste de secrétaire d'Etat.

Je vous serai très obligé de bien vouloir apporter votre aide au public en tant que membre du Bureau des gouverneurs de la B.B.C., où, j'en suis sûr, vous accomplirez un travail très efficace. Ceci n'entraînera pas la perte de votre siège aux Communes, ni l'abandon de vos indemnités de député. Je me propose de régler votre situation sur le plan administratif en mettant à profit les dispositions du décret de 1941.

Sincèrement vôtre,

Winston Churchill.

dit : « J'apprends que vous avez été "entortué" [1]. » Tout le monde m'exprime ses regrets [2]. Je prends un verre d'adieux au bar de la presse, en compagnie d'Osbert Lancaster, et je déjeune au Travellers avec Robin Maugham. On ne saurait se montrer plus délicat que lui.

Malgré tout, je suis plus perturbé que je pensais l'être. C'est surtout, je crois, un sentiment de faillite. Je comprends parfaitement que si les chefs du Labour ont insisté pour avoir mon poste, c'est une bonne raison pour qu'ils l'aient obtenu. Mais si j'avais eu plus de pouvoir et d'efficacité, on m'aurait offert le poste de Rab Butler au Foreign Office [3], ce qui m'aurait enchanté. Mais je retourne sur les bancs, loin des allées du pouvoir, après avoir eu ma chance et n'avoir pas su en tirer parti. Depuis que je suis entré aux Communes j'ai été considéré comme ayant-de-l'avenir. Maintenant je serai considéré comme ayant-eu-de-l'avenir. Jusqu'à l'heure présente, toujours j'avais été bercé par l'espoir d'écrire un bon livre ou d'atteindre une position politique de premier plan. Je sais à présent que jamais je n'écrirai de livre meilleur que ceux que j'ai déjà écrits, et ma carrière politique touche à sa fin. Avec les années, je deviendrai simplement plus chauve, plus gras et plus sourd. Voilà qui est douloureux. La réussite tard venue dans la vie vient contrebalancer la perte de votre jeunesse ; j'ai eu à la fois jeunesse et réussite ; à présent

---

1. H. N. fut remplacé à son poste par Ernest Thurtle, député travailliste de Soreditch, qui le conserva jusqu'à la fin de la guerre. Duff Cooper eut Brendan Bracken comme successeur.

2. « Je pense que l'on n'a pas été très chic avec vous, lui écrivit Duff Cooper, et je ne suis pas le seul de cet avis. »

3. Rab Butler, depuis 1938 sous-secrétaire d'Etat aux Affaires étrangères, fut nommé à cette époque ministre de l'Education et remplacé par Richard Law.

je connais la vieillesse et l'échec [1]. Et par-dessus le marché, je dois quitter le ministère où j'ai fait du bon travail et où je me suis fait des amis.

Un blanc pour marquer la fin de mes ambitions. *Omnium consensu capax imperii nisi imperasset* [2].

Après la perte de son poste, pendant quelques mois, le journal d'Harold Nicolson apparaît comme fragmentaire et témoigne de son découragement, comme si on avait coupé le contact. Son désappointement ne fut nullement adouci par la remarque de son successeur Mr Thurtle qui dit que les gouverneurs de la B.B.C. ne participaient pas véritablement au combat. Ce qui plus tard fut démenti devant le Parlement par Brendan Bracken, mais il est vrai que les responsabilités du Bureau étaient peu de chose comparativement à celles du ministère, et s'il n'y avait eu l'amitié et le soutien que lui apporta Violet Bonham Carter, il aurait trouvé que son nouveau travail n'était que passe-temps. Bien sûr, il demeurait membre du Parlement et accédait aux informations secrètes à peine moins aisément qu'auparavant. Il put reprendre ses articles hebdomadaires pour le Spectator, *mais, gouverneur de la B.B.C., il n'avait pas le droit de parler à la radio. Une fois par semaine, il était de piquet d'incendie au palais de Westminster et il put passer de longs moments à Sissing-hurst, où V. Sackville West terminait son nouveau ro-man* Grand Canyon.

---

1. H. N. avait alors cinquante-quatre ans.
2. Tacite, de l'empereur Galba : « S'il n'avait pas commandé, personne n'aurait douté qu'il pût commander. »

Début août, Churchill rencontra le président Roose-
velt à Placentia Bay, à Terre-Neuve. Là, ils rédigèrent
la déclaration commune sur les buts de guerre, connue
par la suite sous le nom de charte de l'Atlantique, qui
en quelque sorte donnait pour mission aux Etats-Unis
d'anéantir les nazis. Le même mois et en accord avec
les Soviétiques, les forces britanniques occupèrent
l'Iran. Leur but était d'expulser de ce pays les agents
allemands et d'assurer un accès permanent à travers le
golfe Persique aux convois vers la Russie.

L'invasion allemande, qui avait si bien commencé,
fut en butte à la fin de l'automne à de si grandes diffi-
cultés, que la légende de l'invincibilité de l'armée
allemande fut enfin anéantie. Hitler conquit une bonne
partie de l'Ukraine, allant jusqu'à Rostov-sur-le-Don,
mais il fut arrêté aux portes de Leningrad et sa princi-
pale attaque dirigée sur Moscou fut repoussée dans les
faubourgs. Le 6 décembre, la veille de Pearl Harbor, le
général Joukov contre-attaqua avec cent divisions
fraîches dont les Allemands n'avaient même pas soup-
çonné l'existence. Ces derniers, mal équipés en vête-
ments d'hiver, furent démoralisés par la volonté farou-
che des troupes soviétiques de continuer le combat
cependant qu'eux-mêmes étaient encerclés et harcelés
par les partisans à l'arrière. L'armée de l'air soviéti-
que et le Commissariat à l'armement opérèrent de
spectaculaires redressements. Ce ne fut que grâce à sa
volonté de fer qu'Hitler empêcha la désintégration
totale de ses armées, au milieu des neiges.

En Afrique du Nord, sous le commandement du géné-
ral Auchinleck, les Britanniques lancèrent le 18 novem-
bre leur attaque préparée de longue main. Le but de
l'opération « Croisade » était de chasser de Libye
Rommel et d'encourager les Français de Tunisie,

d'Algérie et du Maroc à établir tout le long de la côte
sud de la Méditerranée un front commun avec les Al-
liés. Cette bataille qui dura neuf jours débuta par des
combats de blindés tout autour de Sidi Rezegh, amena
la délivrance de Tobrouk et la retraite en bon ordre des
forces allemandes et italiennes. Rarement, une impor-
tante bataille connut pareilles fluctuations et le journal
reflète l'angoisse qu'elle faisait naître en Angleterre.

JOURNAL   *25 juillet 1941.*

Après avoir été de piquet d'incendie toute la nuit aux
Communes, je sors à 5 heures du matin et me promène
dans le Temple. C'est une merveilleuse matinée. La
rivière, grossie, palpite doucement sous un frisson de
satin rose. Les ballons montent lentement au-dessus de
Londres – têtards maladroits, tout d'abord, puis, lorsqu'ils prennent de la hauteur, semblables à de petits
poissons d'argent miroitant au soleil.

JOURNAL   *28 juillet 1941.*

Truth publie un article violent m'accusant d'avoir
« les manières affectées d'un Français de *salon* » et de
manquer de virilité, affirmant que je dois abandonner la
vie publique et m'enfouir dans mes livres. Il n'a peut-
être pas tort. Mais j'ai été si heureux dans la vie publique. Jamais je ne pourrais me contenter d'être un simple observateur.

JOURNAL *29 juillet 1941.*

Je m'éloigne à pied du St. James en compagnie de Momchiloff, l'ancien ministre de Bulgarie. C'est le diplomate le mieux informé de tout Londres. Je lui dis que je n'ai pas compris la raison qui a poussé Hitler à attaquer la Russie. Il me répond qu'il l'a fait pour : *a)* diviser l'opinion en Europe occupée et en Amérique ; *b)* pour empêcher son armée de sécher sur pied ; *c)* pour faire disparaître la menace de l'Est tandis qu'il se préparait à s'occuper de nous ; *d)* pour encourager le Japon ; *e)* pour s'emparer des puits de pétrole d'Iran et du Caucase.

« Mais, monsieur le ministre, dis-je (car je fais très attention à ces sortes de choses, ayant moi-même eu beaucoup de plaisir hier de m'entendre ainsi nommé par Dejean – les ministres qui ne le sont plus apprécient le titre), ils ont gaspillé d'immenses quantités de pétrole... (En deuxième vitesse, intervient-il ; les routes de Russie nécessitent la deuxième, ce qui signifie qu'on consomme plus d'essence...) tandis qu'ils se sont eux-mêmes privés de leur approvisionnement principal à Ploesti et à Bakou. – Oui, répond-il, mais ils escomptaient la destruction de l'armée de l'air soviétique et d'immédiats soulèvements antisoviétiques en Ukraine et dans le Caucase. – Ils ont donc commis une faute, dis-je. – Pas encore. » A ce moment arrive Kenneth Clark et le ministre s'esquive.

Winston prononce aux Communes aujourd'hui un grand discours soigneusement étudié sur notre production industrielle. Cela n'a pas très bien marché. Un vent de critique flottait dans la salle. J'ai un entretien avec

Brendan Bracken. Je crois bien qu'il met tout le monde
à la porte du ministère.

JOURNAL   *13 août 1941.*

Je dîne au Dorchester avec Camrose. A. V. Alexander[1] et Oliver Stanley[2] assistent à ce dîner. L'hôte
d'honneur est Dorothy Thompson[3]. Alexander est enchanté de la situation de notre marine et nous apprend
que durant ces quatre dernières semaines les pertes ont
été peu importantes. C'est un personnage énergique et
intéressant. Je vois bien que notre situation en Extrême-
Orient l'inquiète. Demain nous aurons une déclaration
sur la rencontre Churchill-Roosevelt[4]. Alexander met
en garde Camrose. Vraisemblablement il ne sortira pas
grand-chose de cet entretien.

Dorothy Thompson nous dit combien il est difficile
de cimenter l'opinion américaine au point qu'elle soit
prête à entrer en guerre à nos côtés. Selon elle, nous ne
devons jamais perdre de vue le fait que l'Amérique est
composée de millions de gens qui ont quitté l'Europe
parce qu'ils la haïssaient et qu'il y a là-bas des millions
d'Italiens et d'Allemands dont le cœur va à leur mère
patrie. Bien que ces sentiments divisent l'Amérique, ils
éprouvent aussi un grand désir de demeurer unis. Ce
que nous ne comprenons pas très bien ici, c'est la véritable terreur des Américains à l'idée d'être déchirés. Ils
redoutent toujours de n'être plus une nation et c'est ce

1. Premier lord de l'Amirauté (1940-1945).
2. Secrétaire d'Etat à la Guerre, en 1940, puis aux Colonies (1942-
1945).
3. La célèbre journaliste américaine qui avait alors quarante-sept ans.
4. Leur rencontre à Terre-Neuve avait pris fin le jour précédent.

que Roosevelt a très bien compris et qu'il a mis à profit avec un tel génie.

JOURNAL *17 août 1941.*

J'écris mon article pour *Spectator*. Dans l'après-midi nous travaillons à notre allée de tilleuls. Il pleut à seaux, c'est inquiétant et nous craignons pour les récoltes.

Il semble que dans le sud de l'U.R.S.S. les armées russes ont été isolées : les Allemands vont les obliger à repasser le Dnieper. Cependant Roosevelt a donné un compte rendu des plus optimistes de sa rencontre avec Churchill. Les huit points [1] n'ont fait aucun effet mais la chose est intéressante.

Dans l'après-midi, Stephen Spender et sa femme viennent nous rendre visite. Il estime que l'homme ou la femme de la rue ne veulent ni du « fascisme », ni du « socialisme », mais ce qu'ils souhaitent c'est une « démocratie », si nous pouvons du moins insuffler quelque réalité à ce mot. Il est de mon avis : après la guerre, il y aura une réaction contre tout contrôle gouvernemental et un désir de retourner au libéralisme. Il dit qu'en Angleterre, l'homme de la rue ne pense pas que cette guerre est la sienne, mais qu'elle est la guerre de Mr Churchill. Il met en parallèle avec les nôtres les sentiments des Espagnols durant la guerre civile, où chaque paysan se sentait porté par la foi, l'excitation, l'espoir. De façon curieuse, l'invasion de la Russie a ému même les plus farouches antibolcheviks. Ils disent : « A présent, nous savons enfin que nous combattons aux côtés d'un peuple qui croit vraiment en quelque chose. Ils peuvent se tromper. Mais ils y croient. »

---

1. De la charte de l'Atlantique.

JOURNAL   *9 septembre 1941.*

Rentrée des Communes. Le Premier ministre fait un compte rendu détaillé, optimiste. Il se dresse là, massif, vêtu de noir, frottant son veston de ses paumes, commençant par se frapper la poitrine, puis se massant le ventre et finissant sous le nombril. Il ne se permet aucune envolée oratoire, mais cite quelques lignes de Kipling sur les dragueurs de mines et cela l'émeut à tel point qu'il suffoque et ne peut poursuivre. Son discours porte bien et le léger courant anti-Churchill qui avait commencé à se manifester est endigué.

H. N. à V. S. W.   *11 septembre 1941.*
                                 4, King's Bench Walk – EC4.

Je ne vous ai pas raconté mon excursion en bateau. Je cherchai ma route à pas assez précautionneux dans Westminster et grimpai à bord du patrouilleur *Water-Gipsy*. C'est une grande barque à moteur de forme allongée qui comporte trois cabines et une chambre des machines. Seuls A. P. Herbert et Ed, le mécanicien, étaient à bord. Nous levâmes l'ancre et nous en fûmes sous les ponts obscurs. Notre travail consistait en l'inspection de plusieurs postes le long de la Tamise, chargés de guetter le parachutage de mines. Herbert connaît la rivière sur le bout du doigt et avec une facilité déconcertante découvre chaque poste : « Poste 31, crie-t-il. – Oui, monsieur. – Rien à signaler ? », et puis nous filons vers un autre point obscur, parmi les quais et les entrepôts. Il faisait presque chaud et dans leur mouvement rapide les nuages voilaient par instant la lune. Les bords de la rivière se détachaient en sombre sur les eaux phosphorescentes. La tour de Londres se dressait toute blanche. Greenwich aussi. On ne pouvait se rendre compte des dégâts, car toutes les grues semblaient intactes et se dressaient sur les quais dans la nuit. Le black-out était total et on ne voyait pas une seule lumière. Herbert était d'excellente humeur. Il parla de la rivière qu'il connaît mieux que personne et de l'escalier de Old Wapping, de la manière dont Dickens a si bien compris la Tamise et ses tourbillons. Nous arrivâmes à Woolwich, nous nous amarrâmes à une péniche et allâmes prendre des beignets de poisson arrosés de café. Enfin retour entre les rives sombres de la grande rivière.

JOURNAL   *9 octobre 1941.*

Les nouvelles de Russie nous plongent dans une profonde inquiétude. On se demande si Moscou ne va pas tomber et si le front ne va pas être rompu. Hitler déclarera alors que la guerre en U.R.S.S. est terminée, et se dirigera vers le sud-est. Chez nous, il y aura un mouvement de colère parce que nous n'aurons pas battu le fer pendant qu'il était chaud et Winston portera le poids de l'aventure. Cependant j'ai une confiance totale en l'avenir : les mesures stratégiques sont bonnes ; l'administration et la tactique laissent davantage à désirer.

JOURNAL   *16 octobre 1941.*

Je vais à Cambridge. Je laisse mes bagages à Trinity et lis le livre de Rohan Butler sur les origines du national-socialisme. Notre réunion se tient au Guidhall et la salle est comble. L'amiral Muselier prend la parole, puis Tissier [1], moi enfin. Nous avons reçu le meilleur accueil. De toute évidence à Cambridge, en tout cas, on est solidement francophile.

La soirée est merveilleuse et le doyen et Mrs Trevelyan m'entraînent dans une promenade sous les tilleuls et dans le jardin des Fellows qui est au-delà. George Trevelyan me raconte que Gladstone avait dit à son père qu'ils devaient remercier le ciel pour avoir vécu cet âge d'or du libéralisme : « Les autres générations auront moins de chance, mon cher Trevelyan. » Mais qui aurait pu imaginer qu'une génération dût souffrir ce que nous souffrons ? Tandis que je vais à pied du Guidhall à Trinity, les pancartes des marchands de journaux annoncent : « Les Russes admettent une trouée près de Moscou. » Le soleil est si doux sous les tilleuls qu'il semble incroyable que de telles horreurs se déroulent en ce moment dans les neiges.

Je dîne dans le hall. Plus tard nous prenons du madère dans la salle de réunions. Une soirée des plus agréables, qui moralement et intellectuellement m'a fait grand bien.

JOURNAL   *22 octobre 1941.*

Je vais à l'ambassade de l'U.R.S.S. voir Maiski. Il me dit que si pour l'instant la situation est meilleure, on estime cependant que les Allemands bandent leurs forces pour fondre bientôt sur Moscou [2]. Il évalue les

---

1. Le colonel Tissier, qui faisait partie de l'état-major personnel de De Gaulle.
2. Les Allemands étaient alors à 45 km de Moscou et tentaient un

pertes allemandes, tant blessés que tués, à quelque trois millions. Notre impuissance à leur venir en aide le rend soucieux. Nous avons envoyé trente-six avions et des pilotes. Une misère. En juillet, Staline avait écrit à Churchill lui demandant de faire une diversion en France. En septembre, il écrivit à nouveau, déclarant que si nous n'attirions pas à nous quelques divisions allemandes, l'U.R.S.S. se trouverait en mauvaise posture. Il nous supplia de lui envoyer vingt-cinq ou trente divisions, soit à Mourmansk soit dans le Caucase. Nous avons refusé. A présent, nous reconsidérons notre refus. Il dit qu'Eden est le meilleur de toute la bande et qu'il a vraiment compris que notre sort est lié à celui de l'U.R.S.S. Beaverbrook partage aussi ce point de vue. Churchill, bien que sympathisant et dénué de préjugés réactionnaires, est hanté par l'idée que la guerre va durer au moins six ou sept ans. En toute honnêteté Maiski ne pense pas que ni les Soviétiques, ni les Anglais, ni les autres peuples conquis puissent durer aussi longtemps. C'est maintenant qu'il nous faut prendre des risques.

Je pars, assez déprimé et appréciant Maiski plus que jamais.

JOURNAL   *28 octobre 1941.*

La nuit dernière Roosevelt a fait une déclaration. Il s'est engagé au nom des Etats-Unis à livrer du matériel aux Anglais dans leurs ports, ses bateaux ayant leur

---

effort suprême pour s'en emparer. Cependant la pluie rendait très difficile tout mouvement, et déjà le 6 octobre la première neige avait fait son apparition.

propre escorte. Quel progrès ! « Nous savons bien, dit-il, qui a commencé. » Une date historique à n'en pas douter. C'est probablement le grand tournant.

JOURNAL   *19 novembre 1941.*

Toute la journée l'absence de nouvelles sur l'offensive de Libye [1] m'a inquiété. Les Italiens se plaignent de bombardements intensifs. Puis dans l'après-midi, l'état-major du Moyen-Orient a publié un court communiqué affirmant « qu'en dépit d'une forte pluie, nos opérations offensives se poursuivent ». Rien de bien précis, mais cela peut donner à penser que le mauvais temps a gâché l'effet de surprise et que tout peut être remis en question. Pendant ce temps les Allemands ont pris Kertch et poussent en direction du Caucase.

Nouveaux changements dans l'armée. Allan Brooke [2] devient chef d'état-major général, Paget [3], commandant en chef en métropole, et Montgomery [4] obtient la responsabilité du Sud-Est. Jack Macnamara me dit que Montgomery s'imagine qu'il lui incombera un jour de mettre à la porte les hommes politiques.

---

1. « Croisade », attaque britannique dirigée à la frontière égyptienne vers Tobrouk, qui avait débuté le matin précédent sous une pluie diluvienne. Jusqu'alors tout allait bien. La surprise avait été totale sur le plan tactique et nos blindés gagnaient du terrain en direction de Sidi Rezegh.

2. Il était commandant en chef des forces métropolitaines depuis 1940 et il allait demeurer à son nouveau poste jusqu'en 1946.

3. Sir Bernard Paget avait été commandant en chef des forces du Sud-Est depuis janvier 1941 et chef d'état-major général des forces métropolitaines en 1940.

4. Le général Montgomery avait commandé la 3e division du corps expéditionnaire. Après la chute de la France, il avait eu la responsabilité du 5e et du 12e corps en Angleterre.

JOURNAL   *20 novembre 1941.*

Les journaux, la B.B.C. elle-même, font montre d'optimisme à l'égard de notre offensive en Libye. Cela me trouble, car si les choses tournent mal (et cela peut bien arriver) l'opinion publique sera vilainement secouée. Aujourd'hui aux Communes, Winston, tout en nous mettant en garde contre une jubilation prématurée et faisant nettement comprendre que le combat véritable n'était pas encore engagé, a commis l'erreur de déclarer que pour la première fois nous nous mesurions à égalité avec les Allemands [1]. Je redoute ces propos aventurés. Cependant, dans son ordre du jour aux troupes, il dit que cette bataille peut s'affirmer aussi importante que Blenheim ou Waterloo. A une heure de l'après-midi, en termes presque hystériques, la radio annonce notre avance. Au bureau de la B.B.C., je soulève la question et nous descendons d'un ton les communiqués.

Je vais aux Communes où je suis de piquet d'incendie. Je dors très mal sur ma paillasse. Cela sent le renfermé, je me gratte. Les autres occupants du dortoir sont Wright, le maître d'hôtel, et un homme qui s'occupe des chaudières.

JOURNAL   *26 novembre 1941.*

Dans l'obscurité je rentre à pied avec Derrick Gunston [2]. Les nouvelles sur la bataille de Libye ne le

---

1. A vrai dire, sur terre, sur mer et dans les airs, nous leur étions de beaucoup supérieurs.
2. Sous-secrétaire d'Etat adjoint à la Guerre depuis 1940.

satisfont pas du tout, et le mieux qu'il puisse en dire c'est qu'il n'y a pas de raison, même à l'heure présente, pour que nous n'arrivions pas à l'emporter [1]. Quelle humiliation si notre effort échoue devant ce qui pour les Allemands n'est qu'une simple escarmouche par comparaison avec Moscou !

Nous avons devant nous une semaine très sombre. Moscou pourrait bien tomber. Le Japon pourrait bien entrer en guerre contre nous. La France pourrait bien se joindre à l'Axe. Nous pouvons être battus en Libye. J'ai peur que tout cela n'ait une répercussion fâcheuse sur le prestige de Winston. Je regrette amèrement qu'il se soit montré si imprudent.

JOURNAL   *1er décembre 1941.*

Je dîne avec Eric Allden [2] avant d'aller voir Burckhardt [3]. Hitler a dit de lui que c'était *ein Mann von Format*. Il avait raison. Je prends soin de ne pas lui poser de questions embarrassantes, car il n'est pas très élégant d'inciter les neutres à dire ce qu'ils savent. Cependant, il laisse filtrer quelques informations : en Allemagne, la nourriture n'est pas aussi bonne qu'à Londres, mais elle est meilleure qu'en France et même

---

1. Ce jour-là, après un dur combat de blindés, les Néo-Zélandais reprirent Sidi Rezegh et entrèrent en contact avec la garnison de Tobrouk qui avait tenté une sortie pour se joindre à eux. Mais le 25 novembre, le général Cunningham, commandant en chef de la VIIIe armée, fut relevé de son commandement par le général Auchinleck.

2. Du service des relations extérieures de la Croix-Rouge britannique.

3. Le docteur Carl Burckhardt, de nationalité suisse. Haut commissaire à la S.D.N. à Dantzig au moment de l'attaque allemande en Pologne.

qu'en Suisse ; nous avons causé de graves dégâts à Cologne et à Hambourg, ce qui est regrettable, car ces deux villes étaient probritanniques ; il se trouvait à Vichy au moment où l'on apprit la perte du *Bismarck* et dans un café les gens grimpèrent sur les chaises et applaudirent ; Pétain lui avait dit : « Si seulement les Anglais pouvaient connaître le fond de ma pensée. » Il dit que les Italiens sont tous à prendre en pitié. Il dit que le seul regret de sa vie est qu'Hitler l'ait loué publiquement.

On dirait qu'après deux jours critiques la bataille de Libye se présente mieux, mais Rommel a fait avancer quelques-uns de ses blindés sur notre flanc est. Je remarque que lorsque nous nous trouvons sur les deux flancs de l'ennemi, nous disons que l'ennemi est « encerclé », mais quand l'ennemi est sur nos deux flancs, on nous apprend que nous avons « enfoncé » un coin, entre ses deux armées.

Le 7 décembre, un dimanche, les Japonais attaquèrent la flotte américaine à Pearl Harbor et coulèrent quatre de leurs plus beaux cuirassés. « Folie », dira Churchill plus tard. Il se mit à réfléchir : « Ainsi nous avons gagné la guerre. Le destin d'Hitler est scellé. Il ne s'agit plus que de concentrer toutes ses forces au bon endroit. » Pour la seconde fois en cinq mois, il traversa l'Atlantique afin de s'entretenir avec son nouvel allié. Ils se mirent d'accord sur leurs objectifs stratégiques – l'Allemagne était le principal ennemi et devait être mise hors de combat en premier lieu. On décida tout d'abord de débarquer en Afrique du Nord, courant 1942. L'invasion du continent européen pour-rait s'effectuer un an plus tard. La principale inquié-tude de Churchill était que Roosevelt considérât les Etats-Unis comme neutres dans le conflit européen tandis qu'il poursuivrait la lutte contre le Japon, mais cette inquiétude fut dissipée par Hitler lui-même qui, le 11 décembre, déclara la guerre à l'Amérique. Sur le mur du salon de Sissinghurst, un planisphère remplaça la carte de l'Europe et du Proche-Orient.

La nouvelle guerre débuta mal pour l'Angleterre : le 10 décembre, elle perdit le Prince de Galles *et le* Repulse *coulés par des torpilles aériennes japonaises. Hong Kong fut pris le jour de Noël et les Japonais commencèrent leur descente à travers la Malaisie en direction de Singapour. Devant de tels désastres, le public anglais perdit presque tout intérêt pour la pro-gression d'Auchinleck en Libye et pour la situation difficile des armées allemandes devant Moscou et Le-ningrad, laissant de côté le fait essentiel : l'Amérique était entrée en guerre à nos côtés. Six mois plus tôt, Hitler n'avait pour s'opposer à lui que la Grande-Bretagne, à demi impuissante; à présent il lui fallait affronter la Grande Alliance.*

JOURNAL   *7 décembre 1941.*

Après le dîner nous écoutons les nouvelles de 9 heures. Les Japonais ont bombardé Pearl Harbor. Je ne peux le croire. Puis nous prenons les informations allemandes, les informations françaises et avons un peu plus de détails. Roosevelt a décrété la mobilisation des forces américaines et donné ordre aux marins d'ouvrir leurs plis cachetés.

Ces nouvelles me confondent. Après tout, Roosevelt négociait encore avec Kurusu [1] et il avait adressé une lettre personnelle à l'empereur. Alors que se déroulaient ces négociations, les Japonais lancèrent une attaque aérienne terrifiante à onze mille kilomètres du Japon. Je tente de trouver une explication : *a)* c'est peut-être faux ; *b)* les extrémistes japonais ont pu craindre que l'empereur ne réponde aux ouvertures de Roosevelt et auront voulu lui forcer la main ; *c)* ils peuvent avoir espéré qu'avec une pareille attaque-éclair, ils anéantiraient d'un seul coup toute la flotte américaine. Jusqu'à présent nous ne savons rien du résultat de ce bombardement ; *d)* Hitler peut avoir espéré ramener par la terreur les Américains à la neutralité et détourner tout leur matériel de guerre sur les côtes du Pacifique [2]. Pourtant, quelle que soit la vérité, tout cela paraît aussi fou que l'attaque de l'U.R.S.S. par Hitler. Je demeure stupéfait.

En Allemagne, l'effet sera désastreux. On ne dira pas : « Nous avons un nouvel allié. » On dira (ou plutôt on pensera) le cœur empli d'angoisse : « Nous nous sommes mis à dos l'ennemi le plus puissant du monde. » Et le sens de la destinée deviendra pour eux le sens de la fatalité.

JOURNAL   *8 décembre 1941.*

Les Communes ont été convoquées tout spécialement. Les épaules rondes, Winston entre avec une

---

1. Saburo Kurusu, envoyé spécial du Japon aux Etats-Unis.
2. De toutes ces suppositions, *b)* est celle qui était la plus proche de la vérité. Pour Hitler, Pearl Harbor fut une surprise totale.

expression de détermination farouche sur le visage. Les Communes, qui avaient espéré qu'il jubilerait de l'entrée en guerre des Etats-Unis, sont un peu déconcertées. Il fait un exposé terne et précis tant est grand son sens de l'opportunité. Il commet une erreur en lisant le message qu'il a adressé au Premier ministre du Siam. Les Siamois sont sur le point de capituler et il n'est pas raisonnable d'attendre d'eux autre chose.

JOURNAL   *9 décembre 1941.*

Je déjeune à l'hôtel Connaught avec de Gaulle. Je ne sais vraiment pas si je l'aime. Son arrogance, ses tendances fascistes m'agacent. Mais son regard rappelle celui d'un beau chien de chasse. Lorsque j'essaye de défendre Weygand, il me prend à partie. Il me dit que du point de vue stratégique ce fut un mauvais allié. Il me demande ce que j'entends lorsque je dis que les Français en Angleterre devraient « mettre un terme à leurs querelles ». Il aurait voulu que je dise que les Français devraient tous rejoindre de Gaulle. Pour l'instant, je n'y suis pas décidé. Je dis que j'ai été mécontent d'entendre un Français m'apprendre que de Gaulle était entouré de Juifs et de francs-maçons et un autre qu'il était entouré de jésuites et de cagoulards. Il n'apprécie pas du tout et son aide de camp rougit. Mais je crois que j'ai bien fait.

De Gaulle pense que les Allemands devront abandonner l'espoir de pousser plus loin en Russie et qu'ils ne réussiront pas à prendre Moscou. Que leur reste-t-il? Il leur faut sans perdre de temps frapper un grand coup. Ils ne peuvent confiner toutes leurs divisions à l'ouest dans l'inaction. C'est pourquoi on se battra en Méditerranée et nous devons nous attendre à ce que toutes les forces de l'Allemagne soient jetées sur les Dardanelles et sur Gibraltar.

Je pars avec Van Kleffen [1]. D'après lui, les Américains ont été véritablement pris au dépourvu et leurs pertes sont sérieuses. Mais il reconnaît aussi que le facteur politique est en fin de compte plus important que le facteur militaire. Il pense que nous souffrirons tous pendant six mois de l'intervention japonaise. Après quoi, il s'avérera que c'est un avantage plutôt qu'un désastre. Les Japonais, quels gens stupides, ont envoyé des avions sur San Francisco. Comme si on pouvait effrayer le peuple américain !

JOURNAL   *10 décembre 1941.*

Jour funeste. En traversant Oxford Circus, je vois une affiche : « *Le Prince de Galles* et le *Repuise* coulés. » Toute la place chavire, je perds le souffle. J'ai un malaise. Aussi vite que je le puis, je vais jusqu'au Beefsteak où je prends un verre de sherry pour me remettre. Quand un malheur arrive, toujours nous piquons sur le Beefsteak pour nous donner du courage les uns aux autres.

Bien entendu les Communes sont désespérées par les nouvelles d'Extrême-Orient. Nous ne connaissons pas encore l'étendue des pertes américaines à Pearl Harbor, mais nous savons que de nombreux bâtiments ne peuvent prendre la mer et que leur base d'hydravions est détruite. Sans doute vont-ils perdre aussi Guam, Midway, Wake et peut-être les Philippines. Mais tout

---

1. Ministre des Affaires étrangères de Hollande (1939-1946).

cela s'efface devant le fait que grâce à la disparition de deux de nos plus grands bâtiments les Japonais ont la maîtrise des mers de Chine et peuvent transporter des armées nombreuses jusqu'en Malaisie, où déjà ils se sont emparés d'un aérodrome dans le Nord. Rangoon et Singapour sont menacés, ajoutant à cette situation de danger imminent le sentiment déprimant que la maîtrise des mers est à la merci de la maîtrise des airs.

JOURNAL   *11 décembre 1941.*

Les Communes sont déprimées. J'ai l'impression que nos nerfs ne sont pas aussi solides qu'ils l'étaient en juillet 1940 et que nous sommes fatigués de nous faire battre. Nous affrontons encore avec courage et confiance le combat décisif, mais pour les choses de moindre importance, nous sommes devenus susceptibles et irritables.

L'Allemagne et l'Italie ont déclaré la guerre aux Etats-Unis. La B.B.C. nous donne des extraits des discours d'Hitler au Reichstag et de Mussolini au palais de Venise. Une admirable performance. Mais le facteur essentiel de cette déclaration (qui aurait dû nous emplir d'un espoir frémissant et faire lever une vague de joie) est raté. Nous y portons peu d'intérêt. La perte du *Prince de Galles* nous laisse hébétés.

H. N. à V. S. .W.   *11 décembre 1941.*
                                 4, King's Bench Walk - EC4.

Ce matin Winston fut très sombre et a déclaré que nous devions nous attendre à « subir des coups très

rudes ». C'est quand il fait de semblables discours que
je le préfère. Je suis plein de confiance. Avec l'Amérique, il n'est pas question que nous soyons battus.
Mais c'est étrange : cet événement capital a été annoncé
et accueilli ici sans aucune jubilation. Si cela était arrivé un an plus tôt, nous aurions été fous de joie.

J'ai parié avec de Gaulle que l'Allemagne déclarerait
la guerre aux Etats-Unis. « Jamais de la vie, dit-il. –
Voulez-vous parier ? demandai-je. Il me répondit : Non,
car vous pourriez avoir raison. »

Sur Londres pas un seul drapeau américain. Quels
drôles de gens que les Anglais !

JOURNAL   *16 décembre 1941.*

Je dîne avec Juliette Duff. Moura Budberg et André
Labarthe [1] sont invités. Ce dernier me raconte que des
gens qui se sont échappés de France viennent le voir,
car c'est sa voix qu'ils entendent à la radio et qu'ils
aiment. C'est un homme passionné, brillant et je ne
peux m'empêcher de penser qu'il représente la France
beaucoup mieux que de Gaulle. Il est si content du
succès de sa revue [2]. Il est difficile à des gens tels que
moi (qui aime passionnément la France) de savoir quoi
faire. Le fossé entre de Gaulle et les intellectuels paraît
si large. Les gens de Carlton Garden [3] me sont antipa-
thiques. Pourtant il n'y en a que pour de Gaulle.

---

1. Il s'était séparé de De Gaulle, mais continuait à servir la France à
Londres avec ses émissions et son journal *la France libre*.
2. *La France libre*. La baronne Budberg était sa collaboratrice.
3. Le quartier général de De Gaulle à Londres.

H. N. à V. S. W.   *17 décembre 1941.*

Les histoires que Labarthe raconte sur ceux qui viennent de France nous font frémir. Il parle aussi du courage des gens qui sont restés là-bas. Tel Maurice Chevalier[1] qui fait salle comble à Paris et que les Allemands ne peuvent prendre en défaut. Dans son répertoire, il a une chanson sans paroles, rien que jeux de physionomie et des gestes exprimant son horreur des Allemands, et comme il ne les mentionne pas, ne dit pas un mot, la Kommandantur ne peut rien. Au moment où il quitte la scène, il croise les bras, caresse sa manche en criant : « Bravo les copains ! » La salle éclate en applaudissements. Vous saisissez : « Les copains d'au-delà de la Manche[2]. »

J'aime ces histoires. Labarthe me raconte qu'un jeune Breton venu le voir lui a dit que les tombes de nos aviateurs là-bas disparaissent sous les fleurs : « Et je vous assure, monsieur, ce ne sont pas des fleurs artificielles. » Que c'est émouvant !

JOURNAL   *17 décembre 1941.*

La Malaisie inquiète beaucoup les Communes et l'on craint la chute de Singapour. Les tories paraissent furieux contre Winston et en fait sont d'une humeur de chien. Tous les tories convenables sont soit mobilisés, soit au service de la Nation et la lie empeste.

---

1. Il avait cinquante-trois ans à cette époque.
2. V. S. W. répondit : « Je n'ai pas compris tout de suite, mais à présent, j'ai saisi. »

JOURNAL *19 décembre 1941.*

Je vais à Leicester. Je trouve mes électeurs tous assez déprimés. La perte du *Prince de Galle* a pris une importance hors de proportion. Ils ferment les yeux sur les victoires russes, la progression en Libye et l'entrée en guerre de l'Amérique. Ils sont obnubilés par le fait que deux de nos plus grands cuirassés ont été coulés en quelques secondes par ces macaques et que l'Amérique et nous avons de ce fait perdu la maîtrise du Pacifique. Je tente de leur remonter le moral.

JOURNAL *25 décembre 1941.*

Vita m'offre des livres et un réveil destiné à me tirer du sommeil. Mais il s'arrête tout de suite. Toute la journée, je reste dans la maison, l'âme pleine d'amertume. Nous nous sommes rendus à Hong Kong et l'ennemi s'est rendu à Benghazi. Hong Kong sera un coup dur pour notre orgueil. Il semble aussi que les Américains devront évacuer les Philippines.

JOURNAL *28 décembre 1941.*

Je me sens beaucoup mieux. J'écris pour *Spectator* un article sur la manière de tenir un journal : je pose comme règle qu'il faut l'écrire en pensant à son arrière-petit-fils. Je crois que c'est une bonne méthode. Les journaux intimes et qui ne sont qu'intimes deviennent vite égocentriques et morbides. Il faut avoir une audience éloignée, pas trop éloignée cependant.

Les Russes continuent à grignoter les lignes allemandes. En Libye, nous avons « opéré un nettoyage », mais
ce qui s'est passé n'est pas très clair. Le public semble
avoir perdu tout intérêt pour la Libye.

JOURNAL   *31 décembre 1941.*

Nous veillons tard pour écouter la radio et entendre
Maiski, Wellington Koo [1] et John Winant échanger des
politesses. Ensuite un service presbytérien, interrompu
en plein milieu. Big Ben sonne et 1941 se termine. Je ne
jetterai pas avec plaisir un regard sur cette année. Je
n'en dirai pas plus. Ce fut une triste, une horrible année.

---

1. Ambassadeur de Chine à Londres (1941-1946).

1942

Réunion du National Labour – De Gaulle parle de
Darlan – Vote de confiance à Churchill – Perte de Singapour – Remarque de Churchill sur le moral dans
l'armée – Le *Scharnhorst* s'enfuit et remonte la Manche
– Promesses de Churchill vis-à-vis de l'Autriche –
Maiski parle de la reddition de Singapour – Conférence
d'H. N. à Dublin – Son entrevue avec De Valera – Accusé de défaitisme, il fait une déclaration personnelle aux
Communes – « Tout notre Empire d'Extrême-Orient
s'est évanoui en fumée » – Trygue Lie – Harry Hopkins
– Emprise de Churchill sur les Communes – Dissensions chez les Français libres – Ed Murrow et les sentiments antibritanniques en Amérique – « La victoire est
pour le printemps 1944 au plus tard » – Vote de censure
refusé – Retraite sur El Alamein – Réception en
l'honneur de De Gaulle – Les Allemands devant Stalingrad – Lord Ismay sur Churchill – La bataille d'El Alamein – H. N. déjeune avec Churchill – Débarquements
en Afrique du Nord – Ben et Nigel partent outre-mer –
L'affaire Darlan – Extermination des Juifs polonais –
Les Français libres et Darlan.

1942

« L'ANNÉE DU REDRESSEMENT, JE L'ESPÈRE [1] »

Les deux premiers mois de l'année amenèrent une succession de désastres. En Extrême-Orient, le Japon atteignit presque tous ses objectifs stratégiques; Singapour tomba; Rommel balaya les Anglais hors de la Cyrénaïque; dans l'Atlantique les pertes atteignirent leur point culminant; une grave tension politique se fit sentir dans nos relations avec l'U.R.S.S., l'Australie et la France libre; et à l'intérieur la politique de Churchill fut mise en question. La portée de ces différents événements sur Harold Nicolson fut tout aussi grande que chez ses compatriotes, pourtant il conservait une confiance totale dans le génie de Churchill et en la victoire finale. Mais il commençait à se demander si la jeune génération, dont dépendait la victoire, trouverait en elle la force de la gagner. Pour la première fois, le mot couardise *apparut dans ce journal.*

En 1942, les objectifs des Alliés étaient de rétablir leur suprématie navale en Extrême-Orient, de mettre sur un pied de guerre la production américaine d'armements, de faire suivre les premières victoires d'Auchinleck dans le désert de Libye par une invasion de la Tripolitaine et, plus tard dans l'année, de débarquer des forces anglo-américaines en Afrique du Nord et d'interdire à l'ennemi tout le sud de la Méditerranée. La campagne de Russie qui absorbait le gros des ar-

---

1. Sous-titre qu'H. N. a dactylographié à la date du 1ᵉʳ janvier.

mées allemandes offrit aux Alliés un répit qu'ils mirent
à profit pour bâtir leurs plans.

Le premier échec fut la reconquête par Rommel de
presque tout le terrain conquis depuis novembre. Début
janvier, la VIIIᵉ armée avait poussé jusqu'à El Agheila
à la frontière de la Tripolitaine et Auchinleck avait
l'intention de reprendre l'offensive en février. Il esti-
mait inconcevable que Rommel pût de son côté tenter
une offensive après une si longue et si coûteuse retraite.
Cependant, avec des forces inférieures, l'Afrika Korps
repoussa les divisions britanniques par une attaque
lancée le 21 janvier, reprit Benghazi le 29 et poussa
jusqu'à Gazala et Tobrouk, où Rommel s'arrêta un
moment, préparant une nouvelle attaque pour le mois
de mai. Ce fut une immense, une humiliante défaite
pour les armées britanniques, mais ses conséquences
furent encore pires que ne le supposaient les Commu-
nes, car Churchill naturellement ne leur avait jamais
soufflé mot de la stratégie envisagée : pousser jusqu'à
Tripoli et même au-delà. La perte en Méditerranée de
trois des plus gros cuirassés et de l'Arc Royal fut aussi
tenue secrète. Maintenant Rommel pouvait être ravi-
taillé pratiquement sans difficultés.

En Extrême-Orient, les défaites des Alliés étaient en-
core plus lourdes. Les Japonais pourchassèrent les
forces britanniques à travers toute la Malaisie, tant et
si bien qu'au 31 janvier, nous ne conservions plus que
l'île de Singapour à la pointe. Cette forteresse était
considérée comme le bastion essentiel de notre position
en Extrême-Orient. Cédant aux demandes pressantes de
l'Australie, on avait beaucoup renforcé ses défenses.
Néanmoins, elle fut investie le 8 février et capitula le
15. Soixante mille hommes furent faits prisonniers.
Churchill déclara que c'était « le plus effroyable désas-

tre et la pire des capitulations de l'histoire de l'Angleterre ».

Son prestige en fut ébranlé, mais non sa confiance. Au cours d'un débat qui dura trois jours, du 27 au 29 janvier, il regagna son emprise sur les Communes, demandant un vote de confiance qui lui fut accordé par 464 voix contre 1. Peu après, Singapour tomba, mais le 12 février, un choc beaucoup plus violent vint ébranler le moral britannique : la fuite de deux croiseurs de bataille allemands, le Scharnhorst *et le* Gneisenau, *à travers la Manche, sous le feu de de la R.A.F. Sir Stafford Cripps, que beaucoup considéraient alors comme le seul substitut à Churchill, fut rappelé de Moscou et nommé chef de la Majorité parlementaire ; Oliver Lyttelton, rappelé du Caire, se retrouva ministre de la Production ; et Beaverbrook, Kingsley Wood et Greenwood furent exclus du Cabinet de guerre.*

JOURNAL   *1ᵉʳ janvier 1942*

Un journaliste de Stockholm, Mr Auren, vient me voir. Il me demande comment j'explique cet amour britannique pour l'autocritique. Je réponds qu'en partie cela tient à notre orgueil et en partie à notre amour de l'air frais. Il me dit qu'à l'étranger cela nuit à notre propagande. De notre point de vue la chose en vaut la peine, lui dis-je, car cela maintient en bonne santé l'opinion publique. S'il nous était impossible de couvrir d'insultes nos institutions et nos hommes publics, nous n'aurions plus qu'à disparaître. En outre, c'est une bonne politique à long terme, même du point de vue de la propagande. Il affirme que tous les Suédois savent qu'à la fin, ils entreront dans la danse. Je m'abstiens de lui dire qu'à ses yeux sans doute la fin approche quand on sait qui va gagner.

JOURNAL   *14 janvier 1942.*

Réunion au Comité exécutif du National Labour. Kenneth Lindsay [1] dit que nous devons nous appliquer à formuler une politique à long terme – à définir un nouveau style de relations entre l'Etat et les individus, entre l'Etat et l'industrie. Frank Markham [2] dit que bien au contraire il faut nous appliquer à gagner la guerre. Pour ce faire, il est nécessaire de nous débarrasser de Churchill qui jamais ne saura la gagner. D'autres disent que Winston n'est ni un organisateur, ni un bon psychologue. Sa confiance en Beaverbrook est lamentable. Ce dernier ne s'intéresse qu'au sensationnel, au spectaculaire : par exemple, il a produit un grande quantité de blindés, mais cela au détriment des pièces de rechange et le résultat c'est qu'en Libye la plupart de nos tanks sont hors de combat. Kenneth Lindsay dit qu'aux Communes, Shinwell est le seul prêt à se dresser contre Winston et que Cripps est le seul qui puisse faire un Premier ministre acceptable. Stephen Kinghall soutient que l'erreur de Winston est d'être à la fois Premier ministre et ministre de la Défense, que dans une de ces fonctions, il néglige la production et que dans l'autre ses idées sur la stratégie ne sont pas claires. Tous pensent qu'il faut le renverser et pourtant tous reconnaissent : *a)* qu'on serait bien embarrassé pour lui trouver

---

1. Député du National Labour représentant Kilmarnock Burghs (1933-1945).
2. Député national pour South Nottingham (1935-1945).

un successeur et *b)* que sa chute ébranlerait fortement le moral du pays.

Tout cela me dégoûte, car ils ne pensent qu'en termes de politique et de politique de clocher, et n'ont pas la moindre idée de l'effort de volonté qu'implique l'exercice du pouvoir. Winston est la personnification de la volonté de la Nation.

JOURNAL   *24 janvier 1942.*

J'arrive un peu en retard aux Communes et je ne suis pas témoin de l'accueil fait à Winston [1]. Certains disent qu'il fut des plus chaleureux ; d'autres, qu'on pouvait y déceler une certaine réserve. Je demande à Randolph Churchill [2] ce qu'il en pense. Il répond : « Rien de semblable à la réception qu'on fît à Chamberlain lors de son retour de Munich. » Il m'apprend que Rommel est sur le point de recevoir des renforts, mais que la moitié seulement parviendra à destination. Il ne croit pas que les Allemands essaieront de s'emparer de Malte, car cela leur coûterait trop cher. Ils pourraient bien attaquer la Turquie. A présent, pour eux, le pétrole est de première nécessité.

JOURNAL   *21 janvier 1942.*

Je déjeune avec Camrose, afin de rencontrer de Gaulle, Trenchard, le président de Rolls Royce et Law-

---

1. Le 15 janvier, Churchill était rentré par avion des Bermudes.
2. Député conservateur de Preston (1940-1945), attaché à l'état-major d'Auchinleck, il était alors en permission.

son [1]. De Gaulle à présent parvient à se faire très bien comprendre en anglais. Pour une fois, il semble humain et parle sans détours. Il dit que jamais la France ne retrouvera son âme si elle n'est pas présente au combat final à nos côtés. Il ne pense pas que Darlan, ni aucun autre, osera utiliser la flotte française, sauf pour se défendre. Je lui demande : « Mais si elle escortait des troupes en route pour la Libye en échange de ravitaillement ? » Il me répond : « Ça serait différent ! » De toute façon, c'est la première fois que j'ai pu m'entendre avec lui. Il est farouche et autoritaire, comme Kitchener. Il a d'étranges mains, presque celles d'un lycéen.

JOURNAL   *26 janvier 1942.*

Je suis vraiment très inquiet au sujet de la Libye. On dirait que nous sommes en train de nous faire battre à plate couture. Pourquoi ne pouvons-nous jamais remporter une victoire ? En Australie l'effet sera déplorable : « Vous prenez nos hommes, quand ici nous sommes en danger et vous gâchez tout ! »

JOURNAL   *27 janvier 1942.*

Aux Communes. Pendant une heure et demie Winston justifie sa demande d'un vote de confiance. Vraiment on sent que le vent de l'opposition mollit phrase après phrase et au moment où il termine, il est évident

---

1. Le général F. Lawson, plus tard lord Burnham, alors directeur général du *Daily Telegraph*

qu'il n'y a plus d'opposition du tout – seulement un certain malaise. Il prévoit que nous aurons à affronter de nouveaux déboires en Extrême-Orient et reconnaît que la bataille de Libye ne tourne pas non plus à notre avantage [1]. Quand il comprend qu'il a derrière lui les Communes tout entières, il lui est difficile de cacher combien il est content de son discours ; en fait cela fait partie de son charme stupéfiant. Il enfonce les mains dans les poches de son pantalon et tourne son bedon tantôt à droite, tantôt à gauche, ravi d'exercer une pareille emprise.

Herbert Williams [2] et Henderson Stewart [3] attaquent le gouvernement. Mais les Communes ne les suivent pas. Winston l'a emporté dans ce tout premier round et les rounds à venir seront longs et mornes. Seigneur, mon amitié et mon admiration pour Winston me submergent comme une vague.

JOURNAL   *29 janvier 1942.*

Troisième jour du débat sur le vote de confiance. Winston prend la parole une nouvelle fois. Il se montre très affable et très sûr de lui. Aucun sarcasme contre ceux qui l'ont critiqué. Il les félicite de la qualité de leurs discours. Parvenu à la conclusion, il abandonne le ton bonhomme et devient empathique. Il se penche sur

1. L'attaque de Rommel le 21 janvier avait provoqué une rapide retraite des Anglais à El Agheila et Benghazi devait tomber deux jours plus tard.

2. Sir Herbert Williams, député conservateur depuis 1924 pour Reading et South Croydon.

3. James Henderson, député national libéral d'East Fife, depuis 1933.

sa boîte et tape dessus : « Ce qui nous reste, c'est l'action. Je ne présente pas d'excuses. Je ne demande pas de pardon. Je ne fais pas de promesses. Je n'ai jamais caché le danger et les malheurs qui pèsent sur nos têtes. Mais en même temps, je proclame que ma confiance n'a jamais été plus entière qu'à l'heure présente : nous résoudrons ce conflit d'une façon satisfaisante pour l'intérêt de notre pays et pour l'avenir du monde. J'ai dit. » Alors ce geste de bas en haut, paumes offertes comme pour recevoir les stigmates. « Maintenant que chacun agisse selon ce qu'il estime être son devoir, selon son cœur et sa conscience. » Applaudissements bruyants et tous nous nous mettons en file indienne dans le couloir étroit et étouffant.

Le compte des votes prend du temps et finalement il donne 464 voix contre 1. Un tonnerre d'applaudissements. Winston se lève, nous aussi et nous l'acclamons. Il se retourne et s'incline un peu gauchement. Puis il rejoint Mrs Winston et bras dessus, bras dessous, rayonnant, il se fraie un chemin parmi la foule qui emplit le couloir central.

Je passe devant le téléscripteur qui imperturbablement cliquette. Il nous apprend que les Allemands annoncent qu'ils sont entrés à Benghazi et que les Japonais annoncent qu'ils ne sont plus qu'à vingt-neuf kilomètres de Singapour. De véritables désastres. En même temps nous apprenons la nouvelle de la perte du *Barham* [1]. Un triste jour pour un vote de confiance.

---

1. Le cuirassé *Barham* avait été torpillé au mois de décembre en Méditerranée. Il y avait cinq cents victimes. Mais on n'avait pas encore annoncé que le 18 décembre le *Queen Elizabeth* et le *Valiant* avaient été coulés dans le port d'Alexandrie.

JOURNAL   *4 février 1942.*

Les nouvelles sont franchement mauvaises. Nous sommes chassés de Malaisie et ne tenons plus que par un fil à Singapour. Rommel attaque en Libye et nous a repoussés au-delà de Derna. Comme les Allemands semblent en même temps avoir stabilisé leurs positions en Russie, ils peuvent à bref délai s'attaquer au Moyen-Orient à partir du territoire turc. Nous ne pouvons absolument pas prévoir combien de temps durera la guerre, mais je ne vois aucune chance pour qu'il y ait un renversement de la situation avant 1944 et que se sera-t-il produit d'ici là?

JOURNAL   *11 février 1942.*

Séance secrète sur le trafic maritime. Notre effort stratégique tout entier est entravé par le manque de tonnage et la situation n'est pas des meilleures. Même dans ce journal je ne puis dévoiler ce qui s'est passé au cours d'une séance secrète.

Les Communes n'ont pas envie de rire. Nancy Astor se précipite sur moi et me dit qu'il faut que je joigne mes efforts aux siens pour amener Winston à abandonner le ministère de la Défense et à ne pas gaspiller tout son temps à la stratégie. Sinon, prétend-elle, il va sauter. Je reconnais qu'aucune autre administration n'aurait pu survivre à une telle série de désastres. Les gens peuvent admettre Singapour [1], comme étant la consé-

---

1. L'attaque de Singapour par les Japonais avait commencé le 8 février.

quence de Pearl Harbor et de la perte de l'Indochine. Mais la Libye (où les choses vont encore plus mal que nous ne l'avions redouté), cela on ne peut l'admettre et si Tobrouk tombe, il y aura d'aigres critiques. Le bruit court que nos troupes ne se battent pas courageusement. Il est vrai qu'en Malaisie une division indienne a été prise de panique, mais il est quelque peu troublant de constater que là-bas les Australiens aient eu si peu de pertes.

JOURNAL   *12 février 1942.*

Ce ne sont pas seulement les mauvaises nouvelles sur Singapour et la Libye qui me remplissent de tristesse, mais une conversation avec Violet (Bonham Carter). Hier elle a été voir Winston et pour la première fois depuis le début de leur vieille amitié, elle l'a trouvé déprimé. Il grognait après les critiques, malheureux que Cripps ne consente pas à accepter un poste [1], tourmenté par le manque d'hommes qu'il pourrait prier de se joindre au Gouvernement. Mais elle avait senti, sous toutes ces raisons, la crainte mortelle que nos soldats ne fussent pas aussi bons soldats que leurs pères l'avaient été : « En 1915, dit Winston, nos hommes se battaient encore quand ils n'avaient plus qu'un seul obus, alors qu'ils se trouvaient sous un effroyable tir d'artillerie. Aujourd'hui, ils ne tiennent pas devant un bombardement en piqué. Nous avons tant d'hommes à Singapour, tant d'hommes – ils auraient dû faire mieux. » Il en va

---

1. Churchill lui avait proposé d'être ministre du Ravitaillement, mais Cripps refusa parce qu'on ne lui offrait pas en même temps un poste au Cabinet de guerre.

de même évidemment pour la Libye. Nos hommes ne
peuvent souffrir le feu. Et pourtant ce sont nos hommes
qui équipent les navires marchands, ce sont nos hommes qui ont gagné la bataille d'Angleterre. Il y a quelque chose de profondément faussé dans le moral de
notre armée.

JOURNAL   *15 février 1942.*

Dans la soirée, Winston Churchill prend la parole. Il
nous annonce que Singapour est tombé. Il est morne.
Malencontreusement il invoque l'unité nationale, re-
pousse la critique d'une façon qui fait penser à Neville
Chamberlain. En outre, et quoiqu'il ne fasse pas de
phrases, il ne peut s'exprimer en termes simples ni
éviter de chercher la cadence. Je ne crois pas que ce
discours aura fait beaucoup de bien et je me sens très
déprimé et angoissé.

JOUR   *16 février 1942.*

Je m'aperçois que les gens sont plus désespérés de la
fuite du *Scharnhorst* et du *Gneisenau* qu'ils ne l'ont été
de la perte de Singapour. Ils ne peuvent supporter la
pensée que les Allemands nous ont filé sous le nez.
Demain aux Communes, Winston aura à faire face à
une situation vraiment mauvaise.

Je redoute un effondrement dans l'opinion publique
qui priverait Winston de son auréole. Son discours
d'hier soir à la radio n'a pas plu. Le pays est trop nerveux, trop irritable, pour être trompé avec de jolies
phrases. Et pourtant qu'aurait-il pu dire ?

H. N. à V. S. W.   *17 février 1942.*
                                4, King's Benck Walk – EC4.

Dans l'après-midi Winston a fait une déclaration.
Pour commencer, tout alla bien, mais quand on a posé
les questions, il est devenu irritable et même imprudent,
Il a parlé de « colère et de panique », ce qui rendit les
gens furieux et j'en ai peur, le mot sera diffusé par nos
ennemis à travers le monde. Ce qu'il faut regretter dans
tout cela c'est que son dossier était bon et que s'il avait
gardé son sang-froid et présenté en bon ordre ses arguments [1] tout aurait pu très bien se passer. Il n'était pas
au mieux de sa forme.

J'ai eu une entrevue avec Anthony (Eden) et il a
vraiment fait du bon travail en Grèce. Je repars récon-
forté et heureux.

JOURNAL   *18 février 1942.*

Je me heurte à l'archiduc Robert [2] alors qu'il fait
l'éloge du discours prononcé par Churchill aujourd'hui
en remerciement d'une cantine que les Autrichiens
libres lui ont offerte. Dans ce discours, il s'est formel-
lement engagé à restaurer l'indépendance autrichienne.
Ce qui met en évidence le problème du chef unique.
Pendant des mois, voire pendant des années, nous avons
essayé d'obtenir l'autorisation de développer ce thème
dans nos émissions en direction de l'Autriche. Mais

---

1. Telle la création d'une commission sur la disparition des deux
croiseurs de bataille allemands.
2. Le second fils de Charles, ex-empereur d'Autriche-Hongrie.

Winston, qui jamais n'a aimé la propagande sous quelque forme que ce soit, demeurait impénétrable, ce qui nous empêchait d'aboutir. Maintenant, simplement parce qu'il avait quelques mots de remerciements à dire, il prononce des phrases qui auraient été pour nous inappréciables il y a deux ans.

JOUR   *24 février 1942.*

Quand on relit tous les discours prononcés au cours du débat on y discerne l'appréhension que notre armée ne se batte pas très bien. Comment se fait-il que nous ayons été chassés de Malaisie par deux divisions japonaises seulement ? Comment se fait-il que nos pertes soient si faibles et le nombre de prisonniers si élevé ? De toutes nos pensées, c'est bien la plus troublante.

Dans la soirée, je vais chez Pratts retrouver Harold Macmillan et les autres. Nous discutons ce point très franchement. Les gens de gauche disent qu'il faut créer une « armée révolutionnaire » et que notre « armée de caste » ne saura jamais combattre. Les gens de droite disent qu'il faut en revenir au vieux système de discipline. Macmillan dit que nous n'avons ni le temps ni l'envergure nécessaire pour créer une armée révolutionnaire et que nous devons retourner aux méthodes disciplinaires. Nous sommes assis entre deux chaises, affirme-t-il.

JOURNAL   *27 février 1942.*

Je donne une causerie sur Winston au programme pour l'Empire. Je ne puis supporter la pensée de voir cette héroïque statue minée à la base par ces tout petits bonshommes. La nuit dernière, j'étais endormi depuis un moment et faisais un rêve douloureux, pénible. Je sentis alors la main de Vita sur mon épaule. « C'est vous, demandai-je ? – Non, répondit l'apparition, je suis la Défaite. » Je m'éveillai misérable et ne pus me rendormir

La perte de Singapour a été pour nous un coup terrible. Il ne s'agit pas seulement de l'aggravation de la situation dans l'océan Indien ni de la menace qui pèse sur nos communications au Moyen-Orient. C'est la peur de nous voir combattre sans conviction des gens décidés à tout. C'est même plus que cela. Nous, les intellectuels, nous avons le sentiment que dans les années passées nous avons tourné en dérision le principe de force sur lequel notre empire a été bâti. Nous avons sapé la confiance en notre recette de gouvernement. En 1780 les intellectuels avaient agi de même.

Le 8 mars les Japonais occupèrent Rangoon et entreprirent d'investir le reste de la Birmanie d'où les Britanniques s'étaient retirés en direction du nord-est de l'Inde. A la fin du mois, les Japonais étaient maîtres du Siam, de la Malaisie, de Hong Kong et de presque la totalité des Indes néerlandaises. Leur succès remplit de consternation l'Australie et les Indes. Sans fausse pudeur, les Australiens appelèrent les Américains à l'aide. Aux Indes, le Congrès réclama l'indépendance immédiate, pensant ainsi rendre moins probable l'invasion par les Japonais d'un pays délivré de la tutelle britannique. Sir Stafford Cripps, envoyé en mission à Delhi fin mars, ne réussit pas à persuader les hommes du Congrès que dans leur propre intérêt il valait mieux que la question de l'indépendance fût repoussée jusqu'à la fin de la guerre. L'avance japonaise, cependant, fut stoppée à la bataille de la mer de Corail (8 mai) et à la bataille de Midway (4 juin) à la suite desquelles la marine des Etats-Unis reconquit la maîtrise du Pacifique occidental.

En Russie, Hitler avait l'intention de s'emparer de Leningrad et de créer une brèche dans le front sud, en direction du Caucase, laissant le secteur de Moscou dans un calme relatif. Leningrad tint, mais les Allemands s'enfoncèrent profondément en direction de Stalingrad et du cours inférieur du Don. Staline envoya Molotov à Londres et à Washington au mois de mai plaider pour la création d'un second front, mais Churchill répondit avec fermeté que la chose ne serait pas possible avant 1943. Le seul secours que nous puissions leur apporter immédiatement était l'acheminement de convois de matériel de guerre à travers l'Arctique et le bombardement des villes allemandes. Les premiers raids massifs depuis les îles Britanniques furent lancés fin mai sur Lübeck et Cologne.

Churchill avait désespérément besoin d'une victoire pour renforcer sa position en Angleterre et pour contrebalancer l'efficacité au combat de l'armée soviétique et de la marine américaine. Au lieu d'une victoire, il dut affronter une ultime retraite en Cyrénaïque, qui trouva son aboutissement le 20 juin lors de la chute de Tobrouk : trente-trois mille Anglais capitulèrent devant un ennemi inférieur en nombre. Le général Ritchie fut remplacé au commandement de la VIIIᵉ armée par le général Auchinleck lui-même, mais la retraite se poursuivit jusque sur la ligne d'El Alamein, et Alexandrie et

Malte se trouvèrent toutes deux dans une situation critique.

La nouvelle de la chute de Tobrouk parvint à Churchill alors qu'il se trouvait à Washington pour la seconde fois. Il rentra pour affronter aux Communes un vote de défiance les 1ᵉʳ et 2 juillet. Bien qu'il dût l'emporter par 476 voix contre 25, et 40 abstentions, son autorité fut grandement ébranlée.

De tous ces événements, le journal d'Harold Nicolson nous apporte la preuve que ce furent la menace japonaise, la retraite de Libye et la baisse du prestige de Churchill qui l'affectèrent le plus profondément. La campagne de Russie, la bataille de l'Atlantique, l'offensive des bombardiers et les convois sur l'Arctique ne sont mentionnés qu'incidemment. Sa principale contribution à l'effort de guerre pendant cette période consista en un voyage à Dublin, mais quelques paroles malheureuses le firent taxer publiquement de défaitisme, accusation qu'il récusa dans une déclaration aux Communes. Pendant ses heures de loisirs, il travaillait quelques heures par semaine dans une usine d'appareillage léger de Londres et commença à écrire le Désir de plaire, *histoire de son aïeul Hamilton Rowan et des unionistes.*

JOURNAL   *13 mars 1942.*

J'ai été rendre visite à Maiski. La situation militaire paraît le satisfaire et il dit que les Soviétiques disposent d'armées fraîches pour l'offensive de printemps. Il ajoute qu'ils ont maintenant pris la mesure des forces allemandes et que la surprise ne jouera plus. Les fournitures de matériel sont devenues satisfaisantes et il est reconnaissant à Beaverbrook d'avoir essayé avec tant d'obstination de tenir parole. Mais il me demande ce qui est arrivé à l'armée britannique. Pourquoi a-t-elle capitulé si aisément à Singapour? C'est vraiment fâcheux. Il pense que la faute en est aux officiers supérieurs et que la promotion des jeunes dans notre armée est trop lente. Il me dit que De Valera est très étroit d'esprit et, à son avis, plutôt borné.

JOURNAL   *17 mars 1942.*
                                                              Dublin.

Fête de Saint-Patrick. John Betjeman [1] me téléphone pour me dire que mon discours a été bien reçu. Cependant l'*Irish Times* et l'*Independent* m'inquiètent. Ils ont conservé toutes mes phrases sur les risques que nous courons, mais ils ont fait sauter tout ce qui concerne mon patriotisme et mon désir de vaincre. Si ces comptes rendus tronqués de mon discours arrivent jusqu'à Londres, j'aurai des ennuis [2].

---

1. Romancier et poète. Il était alors attaché de presse à Dublin.
2. Lorsqu'il s'était levé pour prendre la parole dans cette discussion, H. N. avait tout d'abord répondu à William qui s'était attaqué à la Grande-Bretagne. Il avait prononcé à l'improviste les phrases suivantes : « L'impérialisme est mort et, je le souhaite avec ferveur, enterré. Si vous vous représentez le Lion britannique comme une bête féroce, la gueule et les griffes ensanglantées, cherchant qui dévorer, vous donnez une idée complètement déformée de nos buts de guerre. Il serait beaucoup plus avisé de représenter le Lion britannique sous les traits d'un animal dodu, prenant de l'âge, content de lui, un peu mangé aux mites, dont si souvent durant ces vingt dernières années on a tiré la queue, qu'il ne conserve que quelques crins, mais un animal qui pour l'instant est sur le qui-vive et frémissant de colère. Nous avons subi de graves défaites et dans l'avenir nous connaîtrons d'autres désastres, mais si ces défaites, si ces désastres ont à coup sûr diminué notre vanité et notre complaisance vis-à-vis de nous-mêmes, ils ont accru notre fierté. » Puis il reprit le texte qu'il avait préparé, parla du patriotisme britannique. Les journaux irlandais titrèrent : « La Grande-Bretagne, un lion mangé aux mites. »

JOURNAL   *18 mars 1942.*
                                              Dublin.

Je vais voir De Valera à son bureau. Dans son salon
d'attente, on voit une statue de Lincoln et une copie de
la Déclaration d'indépendance des Etats-Unis. Son
bureau est mal dessiné, avec de grandes et froides fenêtres et aux murs deux énormes plaques commémorati-
ves – en mémoire je suppose de Griffith et de Michael
Collins. Par terre un épais tapis irlandais. Une pendule
sonne chaque quart d'heure bruyamment. Sur son bureau un téléphone qui de temps à autre bourdonne ; il
répond en gaélique.

Je ne me le représentais pas ainsi. Je m'attendais à
trouver un homme mince, blême avec d'énormes lunettes rondes et noires, la bouche fine, de grandes rides
allant de son nez aux coins des lèvres et des cheveux
noirs et raides comme ceux d'un Espagnol [1]. Mais il
n'est pas mince et paraît pâle plutôt que blême, pas du
tout farouche, derrière ses lunettes cerclées d'acier
luisent de pâles yeux bienveillants, ses cheveux sont
doux, plutôt châtains, et sur son visage pas de grandes
rides. Un teint brouillé, des bajoues et des traces de
bouffissure. Une voix ferme, agréable, avec un doux
accent irlandais. Un sourire merveilleux, qui ne découvre pas les dents, mais éclaire ses yeux et son visage
très rapidement, comme une ampoule électrique mal
vissée qui s'allume et s'éteint. Ce n'est pourtant pas un
sourire faux. C'est un sourire heureux.

Sa conversation est sans intérêt. C'est plutôt un mo-

---

1. Eamon De Valera était né à New York en 1882 d'un père espagnol et d'une mère irlandaise. Il était le chef du gouvernement de l'Eire
et ministre des Affaires extérieures depuis décembre 1937.

nologue. Il me pose des questions sur l'état des esprits en Angleterre et compatit aux difficultés que rencontre Churchill pour maintenir le moral de la population sans pour autant faire miroiter des perspectives trop optimistes. « Je sais que c'est difficile – je ne le sais que trop bien. » Il me parle de la « partition », mais de façon stéréotypée, et je n'ai pas l'impression qu'il y mette beaucoup de flamme. Il déplore la présence des troupes américaines (en Irlande du Nord) « car ils ne nous comprennent pas aussi bien que les Tommies ». Il parle de la France avec amitié et redoute qu'au printemps les Allemands n'écrasent l'U.R.S.S. Il pense que si nous, les Anglais, nous sommes vainqueurs, l'Amérique ne continuera pas la guerre dans l'Atlantique et signera un compromis avec l'Allemagne et le Japon. Il est indigné que Churchill ne fournisse pas d'armes à l'Irlande. Je lui réponds que cela tient à la pénurie dont nous souffrons. De ses doigts blafards, il frappe sur la table : « Non, il y a autre chose. » J'ai peur qu'il n'ait raison. Puis il s'attaque à la presse. Je lui dis qu'il ne reçoit que les coupures de presse déplaisantes, mais que dans l'ensemble notre presse parle de l'Irlande en termes plutôt favorables. Je lui raconte qu'avant d'être nommé gouverneur de la B.B.C., j'avais l'impression que les journaux, dans l'ensemble, étaient bien disposés en faveur de cette institution. Mais à présent que je vois les coupures de presse, j'ai l'impression que chaque journal consacre des colonnes et des colonnes à de malséantes attaques contre la B.B.C. Ce qui l'amuse et le faible éclair de son sourire brille sur son visage couleur de porridge.

Comme tous les grands esprits, il est très simple. Il ne donne pas l'impression d'être un homme fort et l'on ne trouve sur son visage nulle trace de ce qu'il a souffert. Il me rappelle assez Lothian dans ses dernières années. Une profonde spiritualité se cache sous ce masque et imprime à ses traits une apparence de calme.

JOURNAL   *20 mars 1942.*
                                            Londres.

En première page du *Daily Telegraph* je vois un article intitulé : « Mr Harold Nicolson. » Et je lis que Liddall [1], député de Lincoln, a déposé une motion demandant que je sois « exclu » de la B.B.C. pour avoir prononcé en Irlande un discours « de tendance défaitiste ». Ce qui veut dire que l'article de l'*Independent* a été réimprimé ici. Je ne connais pas Liddall, mais il a été un ardent supporter de Chamberlain au moment de Munich et probablement a-t-il nourri une vieille rancune contre moi. Soudain tout le plaisir et tout le succès de mon voyage en Irlande sont effacés et je me trouve très déprimé. On ne dissipe jamais complètement de pareilles accusations.

JOURNAL   *26 mars 1942.*

Je fais une « déclaration personnelle » sur la motion déposée par Liddall [2]. Les Communes sont de mon côté. Maintenant tout est fini et ma réputation intacte.

_____

1. Walter (plus tard Sir Walter) Liddall, homme d'affaires et conservateur influent dans la politique du Lincolnshire, député de Lincoln (1931-1945).
2. H. N. déclara que Liddall avait établi sa motion sur la foi des journaux irlandais, qu'il aurait dû savoir qu'ils étaient tendancieux. Liddall retira sa motion, « l'honorable député ayant déclaré qu'il avait été imparfaitement cité ».

Winston prend la parole à l'Association des conservateurs. Il qualifie la perte de Singapour de « désastre le plus épouvantable que l'armée britannique ait jamais subi ». Il est aussi très sombre sur l'issue de la bataille de l'Atlantique.

A vrai dire, nous traversons une fort mauvaise passe et les Soviétiques eux non plus ne semblent pas s'en tirer très bien.

JOURNAL   *30 mars 1942.*

La radio publie l'accord passé avec les Indes : « D'après l'article six, il est convenu que les Etats et Provinces... » Je suis furieux de ce que le Cabinet n'ait pas écouté voici un an Leo Amery et n'ait pas, à cette époque, donné aux Indes le statut de dominion. Maintenant nous le lui donnons sous la menace japonaise [1]. Tout notre Empire d'Extrême-Orient s'effondre. On peut dire que l'Australie nous a quittés. Pauvre petite Angleterre. Mais je ne m'en ferais pas autant si nous nous étions bien battus.

JOURNAL   *10 avril 1942.*

Je déjeune avec Kingley Martin [2]. Il pense que nous perdrons la guerre si nous n'instituons pas immédiatement le socialisme [3]. Le mauvais moral de l'armée le

---

1. Les Anglais proposaient de donner aux Indes l'indépendance après la fin de la guerre.
2. Rédacteur en chef de *Newstatesman and Nation* depuis 1931.
3. H. N. et ses interlocuteurs semblent employer le mot « socialisme » dans le sens « programme de réformes sociales » (N.D.T.).

tracasse. Cette affaire de Singapour tourne en rond dans les esprits, horriblement obsédante. D'autre part, les Américains se sont rendus à Bataan [1], mais après une si héroïque résistance qu'elle nous couvre de honte.

JOURNAL   *14 avril 1942.*

Je déjeune avec les membres du Gouvernement norvégien. Je suis assis près du docteur Lie [2]. Notre incapacité à agir le rend assez amer et son corps grassouillet tressaille de colère. Roger Keyes est là et raconte qu'au moment de la première invasion, nous aurions pu prendre aisément Trondheim [3] et comment nous avions canné. Il se montre assez amer vis-à-vis de Churchill, qui, pense-t-il, a perdu tout courage et tout goût de prendre des risques. Bien entendu, il est énervé et de mauvaise humeur, mais j'ai peur qu'il n'y ait quelque vérité dans ce qu'il dit.

JOURNAL   *15 avril 1942.*

Dans la grande salle de réunions, Harry Hopkins [4] tient une petite conférence en notre honneur. Il est très adroit et fait bonne impression. Il laisse entendre que

---

1. La capitulation du général Wainwright dans la péninsule de Bataan, le 9 avril, marque la fin de la longue et héroïque défense des Philippines.
2. Trygue Lie, ministre des Affaires étrangères de Norvège et secrétaire général des Nations unies (1946 à 1953).
3. Au contraire de la Norvège. Keyes avait proposé de diriger lui-même l'attaque. Voir plus haut.
4. Envoyé personnel de Roosevelt à Londres, ayant pour mission d'étudier la possibilité d'établir un second front.

nous serions fous d'envoyer promener Winston, car c'est le seul homme qui comprenne Roosevelt. Il a parfaitement su s'y prendre. Il parle des relations anglo-américaines et dit qu'aux Etats-Unis beaucoup de gens prétendent que nous avons la frousse et n'osons pas affronter l'ennemi. Il est vrai que partout où nous sommes intervenus nous avons été battus. Quelqu'un lui demande si l'Amérique peut nous donner des conseils en matière de propagande. Il s'en tire très bien : « Nous sommes les pires propagandistes du monde et vous venez tout de suite après. Pourquoi ne pas demander conseil à quelqu'un de mieux éclairé ? »

JOURNAL   *22 avril 1942.*

Oliver Lyttelton [1] et Casey [2] s'adressent à une grande réunion des députés. Lyttelton dit que lorsqu'il arriva au Moyen-Orient, il trouva Wavell découragé de se voir déplacé après huit campagnes. Il lui apportait un message personnel de Winston : « Ne vous en faites pas. Aussi loin que vous alliez la guerre vous trouvera toujours. » Il dit que la légende de Rommel chez nous est assez fausse. Il se bat bien, c'est un bon tacticien, mais sa stratégie n'est pas fameuse. Jamais il n'aurait dû grouper toutes ses forces dans la région de Tobrouk sans avoir assuré ses défenses en profondeur. Il dit que sur le front de Libye tout dépend d'un rien [3]. Il n'y a

---

1. Ancien ministre d'Etat pour le Moyen-Orient ; il faisait partie du Cabinet de guerre.

2. R. G. Casey, plus tard lord Casey, remplaça le 18 mars Lyttelton au Moyen-Orient. Auparavant il avait été ministre d'Australie à Washington.

3. A ce moment-là, il y avait une accalmie car Rommel se préparait à

que quelques bases qui peuvent être utilisées et une fois
que vous les dépassez, le problème des transports
commence à jouer contre vous. Il est vrai que les blindés allemands sont bien supérieurs aux nôtres, mais il
n'est pas encore prouvé que l'adoption par notre état-
major de « croiseurs » (tanks légers) ne soit pas plus
payante que leur préférence pour les cuirassés. Il se
montre optimiste en ce qui concerne la possibilité de
défendre la frontière égyptienne. Il parle de la Syrie et
du Liban et fait allusion à l'éventualité, d'ailleurs probable, d'une offensive allemande dans cette région. Il
dit que les Turcs sauront se battre. Il fait une très bonne
impression.

Hier Malcolm MacDonald a déjeuné avec Winston. Il
dit que ce dernier ne se fait aucune illusion sur le déclin
de sa popularité : « Je suis comme le pilote d'un bombardier. Nuit après nuit, je sors, sachant qu'une nuit je
ne rentrerai pas », dit-il. A vrai dire Malcolm est assez
éprouvé par la dégringolade de la popularité de Winston. Il y a un an, il l'aurait cotée à 108, mais aujourd'hui à son avis, elle est descendue à 65. Il admet
qu'un succès peut la rétablir. Mais le vieil enthousiasme
est mort à tout jamais. Combien répugnantes sont la vie
publique et l'ingratitude de la foule !

JOURNAL   *23 avril 1942.*

Séance secrète aux Communes. Il ne m'est pas permis, même dans ce journal, d'en révéler tous les détails.
Je peux tout au moins en donner le sens général. Cripps

---

renouveler son attaque en mai. Auchinleck lui aussi préparait une
offensive, mais l'attention du public se portait sur Malte qui croulait
sous les bombes.

de retour des Indes est accueilli par des acclamations plus fortes que celles qui saluèrent Winston. Quand ce dernier se lève (après que tous les étrangers ont été repérés et priés de sortir) il prend son air paysan, lourd, têtu. Il parle de Singapour, où le comportement de notre grande armée « ne semble pas avoir été en harmonie avec l'esprit passé et présent de nos forces ». Il nous parle de la situation de la marine dans l'océan Indien et de la manière dont nos bâtiments furent perdus [1]. Il nous parle du Moyen-Orient et de ce qui s'est passé à Alexandrie [2]. Il nous parle des dangers du présent, en dresse la liste, insiste longuement sur ces lourdes pertes qui nous ont été infligées loin dans l'Atlantique. C'est une grande et impitoyable énumération de nos mésaventures et de nos désastres. Et tandis qu'il les dévoile l'un après l'autre, peu à peu un sentiment se fait jour au sein des Communes archicombles : « Aucun homme, pensent les députés au fond de leur cœur, ne pourrait se faire le héraut de telles catastrophes et sortir de là avec un capital de confiance non diminué, mais accru. Aucun homme sauf lui. » Il a cette dimension psychologique du spécialiste consulté en dernier ressort qui déclare qu'il y a des symptômes de tuberculose, que tout peut aller très mal, mais que le résultat du traitement est certain. Et tandis que s'éveille ce sentiment, un autre l'accompagne, la honte d'avoir douté de lui. Sans faire de phrases, il termine en donnant un compte rendu de notre production aéronautique, compte rendu des plus encourageants. Les Communes lui font une immense ovation et le débat qui suit fait long feu.

---

1. Le *Prince de Galles* et le *Repulse*.
2. Le *Queen Elizabeth* et le *Valiant* furent coulés par des hommes-torpilles italiens, le 18 décembre, dans le port d'Alexandrie.

Je vais à un défilé donné pour la fête de Saint-George par le *Daily Express* à Albert Hall. Winston est dans la loge royale. Il fait le signe de la victoire à un public qui ne le gâte pas trop de ses applaudissements.

H. N. à V. S. W.   *29 avril 1942.*
                                    4, King's Bench Walk – EC4.

Afin de rencontrer Muselier [1], j'ai déjeuné avec Victor Cazalet. Muselier nous raconta toute cette sordide affaire. Il était en civil et paraissait misérable. Il n'a rien mangé, mais nous a lu, l'un après l'autre, les télégrammes qu'il avait échangés avec de Gaulle quand il était à Saint-Pierre-et-Miquelon. Il n'y a pas de doute : on l'a abominablement traité.

H. N. à V. S. W.   *30 avril 1942.*
                                    4, King's Bench Walk – EC4.

J'ai déjeuné avec André Labarthe. Il est plus brillant que jamais et je pense qu'il est difficile de ne pas être d'accord avec lui. Il dit : « Vous reconnaissez en de Gaulle un être menteur, déloyal et déséquilibré. Pourtant vous persistez à le considérer comme le représentant de la France. *Mais non, mais non, la France c'est autre chose.* » C'est un problème vraiment délicat. J'aimerais admirer de Gaulle et ne puis m'y résoudre.

---

1. L'amiral Muselier s'était emparé au nom de la France libre des îles de Saint-Pierre et Miquelon ; lors de son retour, un différend s'était élevé entre lui et de Gaulle et il avait été relevé de son commandement de la marine de la France libre. Le gouvernement britannique avait essayé de lui sauver la mise, mais de Gaulle avait fermement déclaré que cette question ressortissait entièrement à la France libre.

JOURNAL   *11 mai 1942.*

J'ai un long entretien avec Ed Murrow de retour après un séjour de trois mois aux Etats-Unis. Il dit qu'il y règne un très fort courant antibritannique. Je lui en demande la raison. En partie, répond-il, à cause d'un solide noyau d'anglophobes (Irlandais, Italiens, Allemands et isolationnistes); en partie en raison du désappointement soulevé par une guerre sans victoire; en partie en raison de notre comportement désastreux à Singapour; et en partie à cause de cette tendance qu'ont tous les pays en guerre à accuser leurs alliés de ne rien faire. En outre, il pense que nous avons expédié là-bas l'envoyé qui ne convenait pas. Halifax, bien qu'il ait conquis l'estime et la confiance de l'administration, n'est pas populaire auprès du public. Le problème est surtout un problème de mise en scène. Pourquoi n'avoir pas fait mousser Dobbie [1] et Malte tout comme les Américains ont créé la légende Bataan-MacArthur? Je lui réponds que l'idée de nous faire mousser nous hérisse et il réplique que les Américains considèrent notre attitude comme un signe de faiblesse, ou d'orgueil mal placé. C'est en fait un élément essentiel de la *superbia Britannorum.*

JOURNAL   *3 juin 1942.*

Je ne puis absolument pas comprendre l'optimisme dont les gens sérieux font preuve en ce moment. A

---

1. Général Sir William Dobbie, gouverneur de Malte (1940-1942). L'interminable épreuve avait eu raison de ses nerfs et fin avril lord Gort fut nommé à sa place.

Kharkov, les Soviétiques ont perdu trois armées. En Libye, nous n'avons pas très bien réussi. La situation navale est affreuse. Le Japon est sur le point de provoquer l'effondrement de la Chine. Nos relations avec l'Amérique sont plutôt tendues. Mais la vague de désespoir qui est en train de se gonfler en Allemagne ne peut être due seulement aux attaques de bombardiers par mille à la fois que nous lui infligeons actuellement. Ce doit être la crainte grandissante de ne pouvoir remporter une seule victoire décisive et qu'après avoir assumé tant de responsabilités (pour dire les choses en termes modérés) ils n'ont plus le droit d'être battus.

Aujourd'hui Tilea m'a raconté une histoire qui m'a fait rire. Il y a trois ans, il soulignait devant Rob Hudson [1] tous les périls qui selon toute vraisemblance allaient s'abattre sur nos têtes. Rob répliqua : « Oui, vous voyez juste sans doute et tout cela pourrait bien arriver. Mais vous oubliez que Dieu est anglais. »

JOURNAL   *5 juin 1942.*

Je dîne à All Souls. Il ne s'y trouve que trois professeurs. Nous prenons ensuite notre café dans la cour du collège tandis que le soleil disparaît paisiblement derrière St. Mary et la Bodleian. Je contemple avec amour ces vieux bâtiments, me demandant s'ils ne serviront pas de cible à l'un de ces « Baedeker raids » et si je les reverrai jamais. Nous allons à pied jusqu'à Balliol où je fais un exposé sur les relations franco-britanniques. De Gaulle a envoyé deux officiers et un membre de son

---

1. R. S. Hudson (plus tard lord Hudson), ministre de l'Agriculture (1940-1945).

service de Relations extérieures pour me surveiller. Cela m'amuse. Il y a beaucoup de monde et le discours passe bien. Après quoi il y a une réception et, dans la nuit adorablement tiède, je retourne au Randolph. Cher Oxford !

JOURNAL   *9 juin 1942.*

J'ai rendez-vous au Club avec Muselier. Il souhaite être réintégré, de quelque manière que ce soit. Il dit que si le Gouvernement britannique poursuit, sans aucune modification, l'application de l'accord Churchill-de Gaulle, qui permet à ce groupe fasciste d'assumer les fonctions du Gouvernement français, nous allons tout droit vers une guerre civile en France. Il laisse entendre que lui, Comert, Labarthe et Cambon constituent en fait l'opposition à de Gaulle. Il pense qu'ils ont l'appui d'intellectuels, Maritain, Bernanos et d'autres ; cependant ils se tiendront tranquilles « encore un bon moment ». Il est difficile de distinguer le vrai du faux dans les bruits qui courent sur la France libre. Il n'y a aucun doute, les mouvements de De Gaulle sont maladroits et il est difficile de lui faire confiance. Mais les autres valent-ils mieux ?

La lutte connaît une légère accalmie. Les Allemands ont attaqué Sébastopol et sont peut-être sur le point de lancer une offensive sur Leningrad. En Libye, pour la neuvième fois, ils ont attaqué Bir-Hakeim, sans aucun résultat et la croix de Lorraine flotte toujours sur la colline [1].

---

1. La défense acharnée de Bir-Hakeim, point d'appui sud de Ritchie dans la défense de la ligne de Gazala, fit grand honneur aux Forces françaises libres. La capitulation eut lieu le 11 juin.

JOURNAL   *11 juin 1942.*

A la B.B.C. réunion du Conseil. Il s'agit de savoir si les ministres du culte doivent prendre la parole au micro pour prêcher le pardon à nos ennemis. Je dis que je préfère encore cela que de les entendre affirmer que le bombardement de Cologne fut un acte hautement chrétien. Je souhaite que pasteurs et curés gardent bouche cousue sur la guerre. Ils n'ont rien à voir là-dedans.

JOURNAL   *21 juin 1942.*

A 6 heures, nous apprenons que l'ennemi prétend que Tobrouk s'est rendu « avec vingt-cinq mille hommes et plusieurs généraux [1] ». Dans cette soirée exquise, la nouvelle s'abat sur nous comme un coup de tonnerre.

Souvent je me demande si mon petit-fils lisant ce journal après bien des années ne sera pas agacé par mes perpétuels « déjeuné à tel endroit, dîné à tel autre endroit » et ne se demandera pas comment en ce début d'été 1942 je prévoyais l'avenir.

Je pense que nous empêcherons les Allemands d'arriver jusqu'au canal de Suez. Je pense que les Russes peuvent perdre le Caucase et que l'Allemagne peut attaquer la Turquie. Je pense qu'il est possible que l'U.R.S.S. signe une paix séparée. Dans ce cas, toutes les forces allemandes se tourneront vers nous et nous

---

1. En réalité, nous avions perdu ce jour-là trente-trois mille soldats faits prisonniers. Rommel avait commencé son attaque le 20 à 6 h 30 du matin. Douze heures plus tard, il était dans la place. La forteresse se rendit le 21 à 7 h 45 du matin.

pourrions être envahis. D'un autre côté, je ne pense pas qu'Hitler puisse s'offrir le luxe de perdre autant d'hommes qu'il en a perdus l'an passé. Je pense que nous pouvons le prévenir en débarquant sur le continent avant l'automne. Je pense que nous aurons à traverser une crise très grave en ce qui concerne notre ravitaillement, mais qu'à la fin de l'an prochain la situation sera améliorée. Je crois que d'ici quelques mois nous aurons conquis la maîtrise de l'air avec tout ce que cela implique. Je crois qu'il est peu probable que nous soyons battus cette année et qu'en 1943 notre supériorité commencera à se faire sentir. Je crois que le Japon peut abattre la Chine et attaquer les Indes après la mousson. Je crois que le découragement gagnera les Allemands s'ils ne remportent aucun succès décisif avant la fin de l'année. Je crois que nous serons victorieux et que nous aurons la paix, au plus tard au printemps 1944.

Et en ce qui concerne les problèmes intérieurs ? Je crois que l'Europe connaîtra des troubles graves et qu'il est possible qu'il y ait ici une révolution. Nous pouvons même nous trouver en république et les classes dirigeantes risquent d'être quelque peu persécutées. Mais cela s'apaisera et nous trouverons une position intermédiaire entre les extrêmes du pendule – un socialisme modifié qui devra compter avec l'Amérique, un peu atténué, un peu affaibli. Mais nous existerons encore et avec notre indépendance et notre honneur intacts. Voilà ce que je pense.

JOURNAL   *22 juin 1942.*

Le *Chicago Sun* me téléphone pour me demander si je crois que la chute de Tobrouk conduira à une crise politique grave. Cette éventualité n'est pas selon moi à rejeter, mais je préfère me taire. S'il existait un remplaçant à Churchill, celui-ci aurait du mal à s'en remettre.

JOURNAL   *25 juin 1942.*

Comment le public prendrait-il la perte de Malte ? Je ne le puis imaginer.

On pense qu'à tous les points de vue, nous avons raisonné comme s'il s'agissait de la dernière guerre et n'avons pas compris le caractère foudroyant de celle-ci. Allemands et Japonais nous ont toujours battus d'une longueur. Il y a aussi l'impression que notre production a été freinée par toutes sortes de préjugés moyenâgeux [1]. La marine s'est cramponnée trop longtemps à ses cuirassés. L'Air Force même était contre les bombardiers en piqué, car elle se doutait bien qu'ils seraient confiés à l'armée de terre. Beaverbrook a été hypnotisé par la fabrication massive de blindés et ne s'est pas demandé une minute si c'étaient de bons blindés.

Cependant une nouvelle division cuirassée vient justement d'arriver en Egypte [2]. Puisse-t-il en aller tout autrement qu'à Singapour, où les divisions parvinrent juste à temps pour la capitulation !

---

1. Il ne faut tout de même pas oublier que l'un des buts essentiels du voyage de Churchill à Washington était d'entretenir Roosevelt de la marche des travaux accomplis en Grande-Bretagne pour fabriquer la bombe atomique.
2. La 8ᵉ division blindée allait débarquer.

JOURNAL   *2 juillet 1942.*

Second jour du débat de censure. Aneurin Bevan ouvre le bal. Il est brillant, danse d'un pied sur l'autre, et pointe un index accusateur.

La mine sombre, avec un air de mauvais augure, Winston est assis. Parfois sur son visage passe l'éclair d'un sourire. Les mains dans les poches de son pantalon, il se lève lourdement. Il s'embarque dans un long discours d'où il ressort que nous avions plus d'hommes, plus de blindés, et plus de canons que Rommel ; aussi ne parvient-il pas à comprendre pourquoi nous avons été si vilainement battus. Il ne fait aucune déclaration sur la tournure que prennent les événements en Egypte [1]. Quand il termine, une heure et demie plus tard, il est tout à fait guilleret. Il obtient la confiance avec 476 voix à 25, sans compter une grande ovation quand tout est terminé. Mais il se dégage du débat un sentiment d'insatisfaction, d'inquiétude et je ne pense pas que les choses en resteront là. Tout ce qu'il peut faire, c'est ramener Wavell et en faire le chef d'état-major général. Je suis vraiment désolé pour lui. Toutes les armes qu'il tente d'utiliser se brisent entre ses mains.

Je me dépêche d'aller assister au Conseil de la B.B.C. Violet (Bonham Carter) se pose toutes sortes de questions sur nos tanks. Jo Grimont [2], qui est de la partie, dit

---

1. Le jour qui précéda l'ouverture du débat, la VIIIe armée avait pris position à El Alamein, à 96 km d'Alexandrie, et le 1er juillet Rommel commença sa tentative pour percer le front.

2. Jo Grimont, futur chef du parti libéral, était alors âgé de vingt-huit ans.

qu'en 1940 tout le monde savait que nos machines ne valaient rien et qu'elles étaient surclassées par celles de l'ennemi.

JOURNAL   *4 juillet 1942.*

Les Allemands n'ont pas encore enfoncé nos positions d'El Alamein [1]. Ce qui nous donne du temps pour amener des renforts.

Pour la première fois une escadrille américaine s'est jointe aux nôtres afin d'effectuer un raid sur la France occupée. C'est le début d'une grande offensive aérienne qui se poursuivra sans discontinuer.

JOURNAL   *5 juillet 1942.*

Cinquième jour de la bataille d'El Aleyman [2]. Nous tenons encore. Six cents Allemands se sont rendus, ne pouvant supporter le feu plus longtemps. Peut-être étaient-ils à court d'eau. L'aiguille de la balance oscille, mais chaque jour est un jour de gagné.

---

1. C'est la première fois qu'H. N. parle dans son journal d'El Alamein. Il orthographie ce nom de plusieurs manières dans les quatre jours qui suivent.

2. Il ne s'agissait pas bien entendu de la bataille historique d'El Alamein, qui fut livrée en octobre. C'était la première défense méthodique de ce front par Auchinleck. Les tentatives de Rommel pour percer jusqu'à Alexandrie épuisèrent ses troupes et, le 4 juillet, le général allemand suspendit l'assaut afin de regrouper ses forces et de reconstituer ses approvisionnements.

JOURNAL *7 juillet 1942.*

Je déjeune avec Brendan Bracken et Walter (Elliot). La presse américaine les inquiète. Elle nous couvre de ridicule à cause de notre déconfiture à Tobrouk. Nos journaux, eux, n'avaient pas eu un mot de trop au moment de Pearl Harbor. Il faut nous montrer patients.

Tout le monde est très discret sur la situation à El Alamayn, bien qu'on admette que d'une manière ou d'une autre, tout sera dit dans les quarante-huit heures qui viennent. On se trouve à la veille d'une grande victoire, qu'elle soit pour Rommel ou qu'elle soit pour nous.

Pendant tout l'été et au début de l'automne, les Allemands poursuivirent leur offensive au sud de l'U.R.S.S., s'efforçant d'une part de se frayer un chemin en direction de Maikop et des puits de pétrole de Bakou, dans cette vaste région comprise entre la mer Noire, la mer Caspienne et le Caucase; et d'autre part tentant de traverser la Volga à Stalingrad. Ils furent stoppés au bord même du succès. Maikop tomba le 9 août, mais Bakou et Stalingrad leur échappèrent. Hitler avait à ce moment atteint la limite de ses conquêtes et, à partir du mois de novembre, il ne fut plus jamais que sur la défensive.

Au Moyen-Orient, le processus fut le même. Rommel dirigea encore deux attaques sur El Alamein, la première entre le 15 et le 20 juillet, la seconde entre le 31 août et le 5 septembre (bataille de Alam Halfa). Ces attaques échouèrent toutes deux. Cependant bien

qu'Auchinleck fût parvenu à stabiliser le front, Chur-
chill ne lui faisait plus confiance pour préparer une
contre-attaque et le 8 août il le relevait de son com-
mandement. Alexander fut nommé commandant en chef
au Moyen-Orient et Montgomery à la VIIIe armée.

Bien entendu, on ne s'aperçut pas tout de suite que la
guerre avait atteint le point critique. Pendant cette
période Churchill s'imposa comme chef de guerre et
mit sur pied avec ses deux principaux alliés la stratégie
générale des opérations. En juillet, venant des Etats-
Unis, les généraux Marshall et Harry Hopkins débar-
quèrent en Angleterre. On décida qu'en fin de compte
la France ne connaîtrait aucune invasion importante en
1942, mais que, par contre, en novembre, les Forces
anglo-américaines occuperaient l'Afrique du Nord
française. Il s'agissait de prendre Rommel à revers et
de reconquérir le contrôle des routes maritimes en
Méditerranée en vue d'une invasion de l'Europe par le
sud. Vers le milieu d'août, Churchill, passant par Le
Caire et Téhéran, gagna Moscou par avion afin de faire
part de ces décisions à Staline. Le 19 août, alors qu'il
était à l'étranger, les Canadiens accomplirent leur raid
sur Dieppe. Il coûta cher.

L'avance japonaise dans le Pacifique fut aussi tenue
en échec. En débarquant le 7 août aux îles Salomon, les
Américains commencèrent leur contre-offensive pour
reprendre tout ce qu'ils avaient perdu depuis Pearl
Harbor.

Harold Nicolson continua ses Marginal Comments
hebdomadaires pour Spectator *et termina* le Désir de
plaire *en moins de six mois, écrivant un chapitre tous*
les deux jours, durant les vacances parlementaires qui
avaient commencé début août. La B.B.C. lui prenait
aussi beaucoup de son temps.

JOURNAL   *8 juillet 1942.*

Je vais à mon usine de munitions [1] et me montre plus
lamentable que jamais. Je lime trop un objet et pas
assez l'autre. Mes courroies se sont embrouillées cinq
fois. J'ai découvert un truc pour les ajuster et éviter les
reproches incessants mais non acerbes de mon
« contremaître ». Mais quand je m'en vais à 9 heures, je
suis couvert d'huile et d'humiliation.

JOURNAL   *15 juillet 1942.*

Les Allemands sont aux portes de Voronej et de
Rostov. Si les Russes s'effondrent, ils diront et, avec
eux, les amis qu'ils ont ici, que c'est la faute de Churchill qui leur a refusé un second front. J'ai bien peur
que la situation de Churchill ne puisse survivre à une
défaite soviétique. Pendant ce temps, à El Alamein, le
calme continue à régner.

Notre Comité parlementaire franco-anglais reçoit le
général de Gaulle. Il fait un discours incisif et n'esquive
aucune difficulté. Il dit que si la « France combattante »
doit être quelque chose de plus qu'un détachement de
l'armée britannique, il faut et il suffit qu'elle exerce le
pouvoir politique. A ma grande surprise, il est accueilli
avec beaucoup de chaleur, plus que personne ne l'a
jamais été. La salle est bondée et à la fin de forts applaudissements se font entendre tandis que l'on entonne

---

1. On avait conseillé aux députés de participer quelques heures par
semaine à la production de guerre ; il y avait aussi le piquet d'incendie à
Westminster.

la Marseillaise. Après quoi il y a une petite réception et un vin d'honneur. De Gaulle a l'air très content de lui et il y a de quoi.

JOURNAL   *22 juillet 1942.*

J'ai été souper avec Victor (Cazalet) et Sibyl (Colefax) et rencontré Desmond Morton [1] et un Américain nommé Michie. Nous discutons de la campagne menée par Beaverbrook en faveur d'un second front. Il ne recule pas devant l'idée de débarquer cent mille hommes même s'ils n'avaient pas un fusil. Du point de vue militaire cela ne tient pas debout. Le Gouvernement se trouve dans une situation difficile. Si en désespoir de cause, il crée un second front, ce sera un autre Dunkerque. S'il ne le fait pas, les gens comprendront que nous n'avons aucune chance de commencer vraiment à nous battre avant 1945. Il ne peut dire que notre second front sera créé en Moyen-Orient et en Méditerranée avec l'idée de s'en prendre au point le plus faible, l'Italie [2].

Pendant ce temps, les Allemands sont tout près de Rostov et les Soviétiques pourraient se trouver coupés de leurs puits de pétrole ; leur moral en souffrirait. Ils font bonne figure à Voronej, mais nous ne savons pas (et personne ne le sait) de quelles réserves dispose Timochenko [3]. Les Russes ne nous disent absolument rien. La bataille de Libye a repris et Auchinleck [4] sem-

---

1. Collaborateur intime du Premier ministre (1940-1946).
2. A cette époque les Américains poussaient à ce qu'on débarquât dans le Cotentin six divisions britanniques, mais Churchill les persuada d'abandonner ce projet.
3. S. K. Timochenko, maréchal de l'U.R.S.S., commandant des armées soviétiques sur les fronts du sud-ouest et du sud.
4. Le but de cette attaque était de diviser en deux les forces de

ble avoir pris ses dispositions pour frapper un grand coup. Les gens disent que si nous ne gagnons pas cette fois-ci, nous ne gagnerons jamais.

JOURNAL   *26 juillet 1942.*

Je poursuis mon livre [1]. Les Allemands ont presque pris Rostov et poussent en direction de Stalingrad. Ils enfoncent un coin à El Alamein. Je travaille et j'arrache les mauvaises herbes.

JOURNAL   *3 août 1942.*

Les Allemands poussent en direction du Caucase. Il se peut qu'ils arrivent jusqu'à la mer Caspienne. Cependant, ils concentrent leurs forces en Egypte plus vite que nous ne pourrons jamais le faire. Nous nous trouvons vraiment dans de mauvais draps.

JOURNAL   *7 août 1942.*

Je dîne chez Pratt et découvre Pug Ismay [2] assis à côté de moi. Il est en veine de confidences et me parle de la situation en Libye. Il avait espéré qu'Auchinleck ferait une trouée : « Il n'a pas réussi à percer la cara-

---

Rommel, puis de venir à bout de son aile gauche. L'attaque initiale progressa rapidement, mais à la suite d'une contre-attaque allemande, la VIIIe armée perdit cent tanks et le 27 se retira sur ses positions de départ d'El Alamein.

1. *Le Désir de plaire.*
2. Le général Ismay, chef d'état-major du Premier ministre (1940-1946).

pace, dit-il, mais je pense qu'il peut y arriver. S'il y parvient, en route pour Benghazi. Mais que ces Allemands sont donc étonnants ! »

Il me parle de Winston : « C'est une force de la nature. Quand les choses vont bien, il est bien ; quand les choses empirent, il est superbe ; mais quand cela va couçi-couça, c'est "l'enfer sur la terre". » Il dit que Winston éprouve la plus profonde vénération pour la Chambre des Communes. Un jour Pug l'avait trouvé en proie au désespoir à l'idée d'avoir à préparer un discours : « Mais pourquoi ne leur dites-vous pas d'aller au diable ? » Winston bondit et déclara : « Il ne faut pas parler ainsi : je suis le serviteur des Communes. »

Pug se montre très amer à l'égard de ceux qui se font les avocats d'un second front. Il craint qu'un homme moins ferme que Winston ne cède devant la clameur populaire. Il est furieux contre les responsables qui ne comprennent pas qu'il est impossible de former avec les Russes un commandement unique puisque les Russes ne nous disent rien – mais absolument rien. Puis l'air las, il part travailler encore quatre heures et moi je vais me coucher.

JOURNAL   *18 août 1942.*

Un jour d'été merveilleux. Je me baigne. J'écris mon épilogue. Je finis de tailler la haie. Après le thé, je termine mon livre. Je l'appelle *le Désir de plaire* [1].

La radio nous annonce que Claude Auchinleck est remplacé par Alexander et que Montgomery a le commandement de la VIIIe armée.

---

1. Publié en mai 1943 par Constable.

JOURNAL   *19 août 1942.*

Encore un beau jour. Tandis que je descends vers le lac, j'entends, venant du sud, le grondement des canons. Nous avons lancé un grand raid sur Dieppe.

H. N. à V. S. W.   *9 septembre 1942.*
                            4, King's Bench Walk – EC4.

Winston hier a été splendide. Il a manié l'*understatement* [1] avec une virtuosité que je ne lui avais jamais connue. Les gens avaient l'intention de prendre la parole à propos des mutations dans le haut-commandement d'Egypte, à propos du raid sur Dieppe, à propos du second front... Mais il leur a coupé l'herbe sous le pied. Ils ont déchiré leurs notes et sont restés assis.

JOURNAL   *29 septembre 1942.*

Aneurin Bevan m'offre un verre. Il dit en gémissant que nous perdrons la guerre si Churchill demeure au pouvoir. Il est difficile de lui répondre. Je reconnais qu'en ce qui concerne la stratégie et les approvisionnements, des erreurs ont été commises, mais comment les éviter ? Pour moi Winston est toujours le dieu de la Guerre

---

1. Figure de réthorique chère aux Anglais et qui consiste à donner aux événements particulièrement dramatiques une apparence trompeusement insignifiante (N.D.T.).

JOURNAL   *5 octobre 1942.*

Je prends la parole à l'Oxford Union. Je commente les discours d'Hitler et de Goering, faisant ressortir qu'ils s'expriment en termes de défensive plutôt qu'en termes d'offensive. Ils piétinent encore devant Stalingrad et n'ont que peu avancé dans le Caucase. La clé de la situation se trouve en Méditerranée.

JOURNAL   *8 octobre 1942.*

Les nouvelles se font rares. Stalingrad tient toujours. Les Allemands ont un peu avancé en direction de Grozny [1]. Nous avons chassé les Japonais de Port-Moresby, en Nouvelle-Guinée. Les Allemands accusent un de nos commandos d'avoir enchaîné des prisonniers allemands au cours d'un raid sur Serq. En manière de représailles, ils ont enchaîné tous les soldats anglais faits prisonniers à Dieppe.

Lettre de Bessborough [2] contenant les messages officiels qu'il a échangés avec Cassin [3] établissant les relations à venir entre l'Institut français et le Conseil national du général de Gaulle au 4, Carlton Gardens. Lettre

---

1. Les Allemands ne parvinrent jamais à s'emparer des puits de pétrole de Grozny, au pied des contreforts nord du Caucase, Hitler ayant ramené, pour participer à l'offensive contre Stalingrad, des troupes qui se trouvaient sur ce front.

2. Neuvième comte de Bessborough, gouverneur général du Canada (1931-1935).

3. Le professeur René Cassin, chargé d'Affaires diplomatiques de De Gaulle, responsable de la Justice et de l'Education au Comité national des Forces françaises libres.

de Palewski [1] contenant des notes sur Vallin [2], notes prouvant que ce n'est pas un fasciste.

M. Roy, du Cabinet civil de De Gaulle, m'attend dans le couloir. Il me dit que de Gaulle souhaite entretenir avec moi des relations plus étroites : il aimerait que nous nous rencontrions régulièrement. Je sais que de Gaulle et le Premier ministre se sont brouillés à mort à propos de la Syrie et de la Libye et pour le moment ne se parlent plus ; je lui réponds : « J'espère que le général connaît ma situation. Je n'ai aucune influence sur Mr Churchill et de toute façon, il ne me serait pas possible d'agir sans en référer au Foreign Office – Mais il vous est sûrement possible, dit-il, d'avoir des relations suivies avec Palewski, le chef de Cabinet, et de nous donner des conseils d'ordre général. – Palewski est un de mes vieux amis, et je serai toujours ravi de le rencontrer. »

Je vais prendre un café et Gladwyn Jebb me rejoint. Il me dit que la mésentente entre Winston et de Gaulle est « très sérieuse », que les relations sont pratiquement rompues entre eux et que les choses iront « sûrement en empirant ».

JOURNAL   *13 octobre 1942.*

Je dîne avec Tilea. L'autre convive est Jan Wizelaki, responsable des Affaires étrangères de Pologne. Le changement de ton des discours d'Hitler les a tous deux fort impressionnés. Pour eux, il est évident que désormais les Allemands ont compris qu'ils ne pouvaient plus gagner la guerre et qu'ils veulent se persuader

---

1. Gaston Palewski, directeur du Cabinet de De Gaulle.
2. Charles Vallin, l'un des chefs de la Résistance, qui arrivait de la France occupée.

qu'ils ne peuvent pas la perdre. Si en Afrique notre campagne tourne bien, nous pouvons gagner la guerre l'hiver prochain. Sinon, elle durera au moins jusqu'en 1943. Je trouve cette manière de raisonner trop optimiste. Wizelaki, qui a passé des mois sur les chiffres avec l'état-major, estime les pertes russes (les pertes irréparables) entre 6 500 000 et 7 500 000 hommes. Quant aux Allemands, de quelque manière que l'on calcule, ils ont déjà perdu plus d'hommes qu'au cours de la Première Guerre mondiale.

JOURNAL   *14 octobre 1942.*

Dans la soirée je vais chercher Jack Macnamara et nous rendons visite à John Sparrow. Jack pense que le potentiel humain dans la R.A.F. est on ne peut plus mal utilisé et qu'il va falloir passer tout le monde au crible. Il a déjeuné hier avec Winston à Downing Street *en famille*. Il est horrifié par les bavardages de Winston en présence des domestiques. Il a parlé de tout. Pour finir, il est tombé d'accord avec Jack à propos de la R.A.F. Jack estime que Winston n'éprouve guère d'affection à l'égard des soldats. Il a été des plus choqués : *a)* par ses bavardages ; *b)* par ses manières égocentriques et dictatoriales ; *c)* par l'immense quantité de porto et de brandy qu'il a absorbée.

JOURNAL   *22 octobre 1942.*

Charles Peake me dit qu'après de longues négociations, on était enfin parvenu à un accord avec Dejean, commissaire aux Affaires étrangères de De Gaulle, sur la Syrie. Samedi, les pièces étaient prêtes, mais le lundi on avait appris par les journaux que Dejean avait été saqué et remplacé par Pleven. « Le général, me dit Charles, n'a aucune idée des règles les plus élémentaires de la négociation. Je suis au désespoir. » Je ne crois pas que son différend avec le Premier ministre soit jamais réglé et j'ai l'impression que de Gaulle, ne servant plus à rien, se survit à lui-même.

JOURNAL   *24 octobre 1942.*

A El Alamein une nouvelle offensive est en cours.

Entre le 4 et le 22 novembre 1942, la face de la guerre changea du tout au tout. Le 4 novembre Montgomery remporta la victoire d'El Alamein. Le 8 novembre, les Forces américaines et britanniques débarquèrent en Afrique du Nord. Le 22 novembre, à Stalingrad, les Russes refermèrent leur tenaille sur la VIe armée allemande.

A cette époque, on eut du mal à comprendre que de ces trois événements extraordinaires, le dernier était le plus lourd de conséquences. La défense de Stalingrad par les Soviétiques avait soulevé autant d'étonnement que d'admiration. Et après que trois groupes d'armées eurent surgi du néant, du moins le crut-on, pour effectuer une trouée dans les lignes allemandes au nord et au sud de la ville le 19 novembre, le fait que trois jours plus tard elles encerclèrent les vingt-deux divisions de Paulus n'est même pas mentionné dans le journal d'Harold Nicolson. Non plus d'ailleurs que la grande contre-attaque lancée par Manstein pour délivrer Stalingrad, qui s'avança à moins de cinquante kilomètres de la ville et dut s'arrêter le 22 décembre. Pas plus d'ailleurs que la retraite au milieu de décembre – de crainte d'être pris au piège dans le Caucase – d'un groupe d'armées tout entier. Stalingrad ne tomba pas avant la fin janvier 1943, mais son sort avait déjà été réglé durant les mois précédents et toute l'armée allemande du front de Russie commença lentement à battre en retraite vers son point de départ.

Les événements en Méditerranée éclipsaient ceux de l'U.R.S.S. Le 23 octobre, à 10 heures du matin, commença à El Alamein une bataille qui fit rage pendant douze jours, où chacun jeta toutes ses forces dans la balance. Les positions allemandes ne pouvant être tournées, Montgomery fit confiance à sa supériorité en hommes et en matériel pour venir à bout, par un pilonnage incessant des différents points du front, de la résistance allemande et italienne. Il disposait d'un peu plus de mille tanks dont près de la moitié était de fabrication américaine améliorée. Rommel n'en avait que cinq cent trente. Quand la trouée fut faite, le 4 novembre, rien ne put stopper les divisions blindées britanniques. Les points d'ancrage, aux noms maintenant si familiers – Mersa Matruh, Tobrouk, Benghazi, El Agheila –, furent pris d'un seul élan. A El Alamein Rommel perdit 59 000 hommes, tués, blessés ou prisonniers, et ne réussit à dégager ceux qui restaient que grâce à une retraite précipitée, en dépit des ordres donnés par Hitler. Le 13 décembre, la VIIᵉ armée franchit la frontière, pénétra en Tripolitaine et le jour de Noël, elle s'arrêta à Syrte.

Le 8 novembre, à l'aube, sous le commandement du

général Eisenhower, les Forces alliées débarquèrent au Maroc, à Casablanca, et en Algérie, à Alger et à Oran. Trois jours plus tard, ces trois villes étaient prises après un baroud d'honneur des Français partisans de Vichy. La Ire armée britannique fit route en toute hâte vers la Tunisie, dans l'espoir de s'emparer de Tunis et de Bizerte avant que les Allemands n'aient pu réagir. Nous arrivâmes trop tard. Dès le 9 novembre, Hitler avait commencé à débarquer des troupes sur les aéroports tunisiens et les Britanniques, arrivés à une vingtaine de kilomètres de Tunis, furent repoussés vers leurs lignes d'hiver à Medjez el-Bab. La liaison entre la Ire armée venant de l'est et la VIIIe armée avançant à l'ouest fut retardée jusqu'au mois d'avril.

L'invasion alliée jeta le trouble parmi les hommes politiques français en Afrique du Nord. Les Américains avaient eu l'intention de placer les territoires français libérés sous le contrôle du général Giraud, mais celui-ci ne réussit pas à emporter l'adhésion attendue. Ce fut l'amiral Darlan, ce vieil ennemi de l'Angleterre, cet avocat de Vichy et de la collaboration, qui fit figure d'homme du jour. Il se trouvait par hasard à Alger au moment du débarquement, au chevet de son fils malade. Sa première idée fut de résister, mais lorsque Hitler, le 11 novembre, occupa le sud de la France, Darlan pensa qu'il pouvait retourner sa veste. Au Maroc et en Algérie (pas tout de suite en Tunisie), on obéit à son ordre de cessez-le-feu. Avec l'approbation du président Roosevelt et avec celle de Churchill (qui n'y voulait voir qu'une mesure d'urgence), Eisenhower fit de Darlan le chef politique de l'Afrique du Nord, tandis que Giraud était nommé commandant en chef des Forces françaises. En Grande-Bretagne, ce marché avec Darlan, avec un traître, souleva une tempête de protestations, même *après que Roosevelt eut expliqué qu'il ne s'agissait là que d'un « expédient provisoire » destiné à épargner aux Alliés et aux Français un carnage inutile. Harold Nicolson décrivit toute l'affaire comme « un épisode déplaisant, mais des plus profitables ». Il porta immédiatement ses fruits. Toute l'Afrique occidentale française, Dakar comprise, se rallia le 23 novembre, tandis qu'à Toulon la flotte française se sabordait pour ne pas tomber aux mains des Allemands. Le 10 décembre au cours d'une séance secrète du Parlement, Churchill démontra aux Communes qu'Eisenhower n'avait pas d'autre choix. La veille de Noël l'assassinat de Darlan par un jeune Français royaliste tira les Alliés de cet imbroglio. Darlan avait donné tout ce qu'on attendait de lui. Giraud lui succéda. Restait le problème des relations entre Giraud et de Gaulle, car ce dernier avait été laissé dans l'ignorance des intentions des Alliés. En effet, les Américains ne pouvaient pas le souffrir, on craignait des fuites et aussi que de Gaulle ne revendiquât sa qualité de chef de tous les Français libres, où qu'ils se trouvassent.*

Les deux fils d'Harold Nicolson quittèrent la mère patrie pour servir outre-mer. Le 26 octobre, Ben partit pour Le Caire, via Lagos, en qualité de spécialiste des photographies aériennes et trois semaines plus tard Nigel prit la mer avec la Ire armée. Officier de renseignement du 3e bataillon des grenadiers de la Garde, il arriva le 10 décembre sur le front tunisien à Medjez el-Bab. Presque tout de suite, il prit part à l'action contre les Allemands. Chaque dimanche, sans y manquer une seule fois, de Sissinghurst, Harold Nicolson leur écrivait une lettre commune, envoyant l'original à Ben et le double à Nigel. La première lettre porte la date du 25 octobre 1942 ; la dernière, celle du 4 juin 1945.

Chacune comptait trois mille mots. Elles s'inspiraient de son journal, mais étaient beaucoup plus détaillées et rigoureusement censurées. Pendant cette période qui couvre deux ans et demi, Harold Nicolson écrivit donc trois comptes rendus différents de sa vie : son journal, ses lettres quotidiennes à V. Sackville West et ses lettres à ses fils. Ces dernières et les réponses qui leur furent données ont toutes été conservées.

H. N. à B. N. [1]   *25 octobre 1942.*
                                           Sissinghurst.

Je n'ai pas de nouvelles, puisque je t'ai quitté voici trois heures et quarante-cinq minutes. C'était vraiment horrible ce piétinement sur le quai, ce claquement des portières. J'aurais pu tout aussi bien être écrasé par un autobus. Ne nous attendrissons pas. Nous nous sommes aimés, nous nous sommes compris et nous avons accompli et bien accompli chacun un travail intéressant. Rien ne peut nous l'enlever et bien qu'en cet instant mon cœur saigne, je sais que je ne suis pas malheureux ; le malheur ne vient jamais que de frustrations, de malentendus ou d'élans réprimés.

Ce problème de la séparation n'a jamais vraiment été compris. Pour moi, il me paraît inconcevable que je puisse encore prendre une cigarette dans le paquet que j'avais déjà la nuit dernière au Club et que j'ai acheté alors que tu achetais un stylo. La boîte ira à la corbeille dans quelques heures et le stylo ira au gré du vent et ce ne sont pas les larmes qui le ramèneront. C'est inconce-

---

1. Les trois premières lettres de cette série sont adressées à Ben, Nigel se trouvant encore en Angleterre. Ben alla par mer jusqu'à Lagos, puis survola l'Afrique en direction de Khartoum.

vable que le présent puisse tout à coup (un dimanche matin à 8 h 13) devenir le passé, qu'à l'intimité de King's Bench Walk puisse succéder l'anonymat d'une cabine et que les voix que vous connaissez se fondent avec des voix inconnues. Cette question n'a jamais cessé de me hanter.

Dieu te bénisse, mon cher Ben, et qu'il te garde de la souffrance et de la peur.

JOURNAL   *2 novembre 1942.*

Palewski m'apprend que Winston a envoyé un message à de Gaulle pour le féliciter de la bravoure des Forces françaises en Égypte [1]. Leur brigade a subi d'effroyables pertes. Mais bien que lente dans son déroulement et sanglante, l'affaire se présente bien. Palewski dit que l'agressivité de De Gaulle provient de ce que son génie militaire n'est pas utilisé, qu'il est « gros de la victoire » et qu'il s'irrite en pensant qu'il pourrait gagner la guerre en quelques mois alors que nous ne le mettons jamais dans la confidence [2].

JOURNAL   *4 novembre 1942.*

Ce matin, j'ouvre la radio à 11 h 30. Récital de piano. Il se termine quelques minutes avant midi et le speaker annonce : « Que nos auditeurs ne quittent pas l'écoute ;

---

1. La brigade de Français libres tenait la gauche du front britannique dans la bataille d'El Alamein qui touchait alors à son paroxysme.

2. Cette réflexion de Palewski se retrouve sous une autre forme dans la lettre d'H. N. à V. S. W. de ce jour : « Le lait de la victoire gonfle les mamelles de De Gaulle, mais Winston ne permet pas qu'on aille le traire. »

à midi, nous allons donner les nouvelles les meilleures depuis des années.» Il a dit vrai. Un communiqué d'Alexander. En Egypte, les Allemands sont en pleine déroute. Nous avons réussi à faire 9 000 prisonniers et poursuivons « leurs colonnes en pleine débandade ». C'est une grande victoire. Jusqu'à quel point serons-nous capables de l'exploiter? Nous avons réduit de moitié leurs forces blindées, anéanti leurs forces aériennes. Tout est possible à présent. J'étire paresseusement mes bras comme on le fait après une nuit d'angoisse, car la menace qui pesait sur Alexandrie a maintenant disparu et ce n'est, en aucune façon, la fin de l'histoire [1].

V. S. W. à H. N.   *5 novembre 1942.*
                                                  Sissinghurst.

J'ai été si émue par les nouvelles que je n'ai pu m'empêcher de vous téléphoner. Vous aussi vous paraissiez excité. Je vous envie de déjeuner demain avec Winston. O, mon aimé, j'espère qu'à présent nous ne connaîtrons plus d'aussi affreux revers. J'aimerais pouvoir comprendre pourquoi Rommel n'était pas là-bas [2].

JOURNAL   *6 novembre 1942.*

J'entrai dans Downing Street. Barbelés, police. J'exhibai mon laissez-passer bleu. Au moment où

---

1. H. N. connaissait déjà le secret (qu'il ne pouvait confier à son journal) de l'approche des flottes de guerre alliées des côtes d'Afrique du Nord.
2. Il y était. Le lendemain du jour où commença la bataille, il rentra d'Autriche où il était soigné dans un sanatorium pour une affection hépatique et dans la soirée du 25 il prit le commandement à El Alamein.

j'arrivai, le Cabinet de guerre venait de se séparer.
Portal bondit dans sa voiture de la R.A.F. J'atteignais la
porte quand Dudley Pound [1] sortit : « Quelles nouvelles ? » lui demandai-je. « Bonnes, sur toute la ligne »
me répondit-il en me prenant par le bras. « Enfin, nous
sommes venus à bout de toute la mélasse que vous
autres aviez accumulée à Genève. » J'entre au n° 10.
Attlee est là, me fait un petit signe. Eden marche dans
le couloir d'un pas pressé : « Eh bien, Harold, ça commence à prendre tournure. » Je descends au sous-sol, où
vivent les Churchill depuis que les étages supérieurs ont
été endommagés [2]. Ils en ont fait quelque chose de
charmant, du chintz, des fleurs, de jolis meubles et
d'excellentes toiles de peintres français, pas seulement
des modernes, mais encore Ingres et David.

Je trouve là Lady Kitty Lambton [3], Lady Furness [4] et
Clemmie Churchill. Nous prenons du xérès. Arrivent
Eddy Marsh [5], ensuite Martin [6], le secrétaire particulier,
un jeune homme distingué : Winchester, New College
et les Finances. Il nous dit de ne pas attendre Winston
qui sera en retard. Nous allons déjeuner : crambé, civet
de lièvre et tarte aux cerises. Pas très fameux. Au bout

1. Le premier Lord de la mer. Il avait pris part, avec Harold Nicolson, à la Conférence de la paix en 1919.

2. Une bombe était tombée à cinquante mètres du n° 10 le
14 octobre 1940.

3. Veuve de Sir William Lambton, major général mort en 1936, née
Lady Katherine de Vere-Somerset, fille du dixième duc de Saint Al-
bans.

4. Thelma, Lady Furness, qui présenta le duc de Windsor à
Mrs Simpson.

5. Sir Edward Marsh, écrivain et collectionneur, secrétaire particulier de Winston Churchill (1917-1922 et 1924-1929).

6. John (aujourd'hui Sir John) Martin, premier secrétaire privé de
Winston Churchill, 1941-1945. *Curriculum vitae* : Edinburgh Academy,
Corpus Christi College, Oxford et service des Dominions.

de quelques minutes, Winston entre. Il porte le survê-
tement bleu de la Royal Air Force et tient une lettre à la
main. Il embrasse Kitty Lambton : « Quel bonheur de
vous voir ici, Kitty ! Il faut que vous me parliez de la
France. » Il est présenté à Lady Furness : « Bonjour
Eddy – Good morning, Harold. » Il s'incline à moitié et
sourit, appuyant sur la première syllabe de « morning ».
Il tend la lettre à Clemmie. C'est une longue lettre du
roi, écrite de sa propre main et disant combien lui et la
reine ont, en ces jours de gloire, pensé à Winston. De
toute évidence, il est ravi. Il marmonne : « D'un bout à
l'autre de sa propre main [1] ! »

Kitty Lambton et Lady Furness viennent juste de fuir
le midi de la France. Lady Kitty est une amie d'enfance
de Winston et elle lui parle avec une familiarité gaie, à
peine un peu forcée. Amenée par Lady Kitty, Lady
Furness est assez nerveuse. Je suis assis entre elle et
Mrs Winston. Winston s'entretient avec Lady Kitty et
j'ai du mal à parler à Lady Furness, tant elle est glacée
par ce personnage écrasant qui est à sa droite. Winston
ne sait pas vous mettre à l'aise. Clemmie n'est pas non
plus d'un grand secours. Winston cesse de parler avec
Lady Kitty, son regard étrange fait le tour de la table.
Ses yeux sont glauques et morts. Quand il vous regarde
de cette manière, il n'y a aucune trace ni d'intérêt ni
d'intelligence dans ses yeux. Il y a une légère expression de surprise, comme s'il demandait : « Que diable
cet homme est-il venu faire ici ? » Il y a une légère
teinte de coléreuse indignation : « Quel toupet de venir
déjeuner ici ! » Il y a un masque d'ennui et un autre
masque ou un voile d'obstination, comme s'il se disait :

---

1. Cette lettre est donnée dans *King George VI, His Life and Reign*
(MacMillan, 1958), p. 553, de Sir John Weeler Bennett.

« Ces gens m'ennuient et je me refuse à être poli » et avec tout cela, il y a un voile d'entêtement, peut-être un autre voile de méditation profonde. C'est très déconcertant. Puis soudain, il cesse de penser à autre chose, les brumes se dissipent et le soleil réapparaît. Ses yeux alors se plissent dans un sourire, ou étincellent de colère. Par moments, ils paraissent tragiques. Pourtant ces humeurs différentes, ces phases ne s'entremêlent pas : elles glissent lentement, obscurément comme des tritons dans un aquarium mal éclairé.

Lady Kitty le taquine. Il dit que *Malbrough-s'en-va-t'en-guerre* se rapporte non à son fameux ancêtre, mais à quelque Sarrazin appelé Ma'Barak qui combattit les Croisés. Elle lui dit que le sang des Churchill ne lui a rien apporté, mais que c'est celui des Jerome [1] qui lui a donné son génie, tout comme à Shane Leslie [2] et à Clare Sheridan [3]. « Je suis fier, très fier de mon sang américain, rétorque-t-il, mais ne me comparez pas à Shane. »

Il se tourne vers moi et me remercie pour mon article sur « l'éloquence churchillienne [4] ». Je lui dis que j'espère avoir vu juste en disant qu'il n'était pas un orateur-né. « Vous avez parfaitement raison, marmotte-t-il. Pas né le moins du monde – seulement du labeur, un dur labeur. » Ensuite il nous parle de la bataille. Tout d'abord des deux premiers combats d'Alamein : « Je refuse, dit-il, de nommer cet endroit El Alamein. Comme ces ânes qui disent Le Havre. Un homme bien

1. La mère de Winston Churchill était Jennie Jerome, fille de Leonard Jerome, de New York.

2. La romancière. Sa mère était Leonie Jerome, sœur de Jennie.

3. Sculpteur, peintre et romancière. Fille de Clara, l'aînée des sœurs Jerome.

4. Un récent *Marginal Comment* dans *Spectator*.

élevé doit dire Havre [1]. Cette troisième bataille ne doit pas être appelée Alamein. On doit la nommer la "bataille d'Egypte". Harold, occupez-vous immédiatement de cela. Dites à vos subordonnés de l'appeler désormais bataille d'Egypte. » Il nous raconte tout au long comment il décida de relever Auchinleck de son commandement et comment il lui fit part de la nouvelle. « Ce fut une chose affreuse. Il l'a pris en gentleman. Mais ce fut une chose affreuse. Il est difficile de relever un mauvais général au moment le plus important d'une campagne, mais c'est atroce d'en relever un bon. Nous emploierons encore Auchinleck. Nous ne pouvons nous permettre d'écarter un tel homme de la ligne de feu. » Il reconnaît qu'il aurait aimé avoir Gott [2] à la VIIIe armée : « J'ai vu cette armée. C'était une armée brisée, en déroute, une lamentable armée. J'ai plaint ces hommes de tout mon cœur. J'ai pris ma décision. J'ai télégraphié au Cabinet. Puis je me suis déshabillé et je me suis fait rouler par les vagues. Jamais je n'avais pris un bain tel que celui-là. Et quand je regagnai Le Caire, à l'Ambassade j'appris que cette même nuit Gott était mort. J'ai envoyé chercher Montgomery. On me dit qu'il y avait eu plus d'un différend entre lui et Auchinleck, mais à présent les dés étaient jetés, et après tout, moi, j'avais sur les bras ma querelle avec Jo (Staline). »

Il parle de la bataille. Il pense que l'ennemi est perdu. Il pense que Rommel avait eu raison d'abandonner les Italiens [3] : « Du point de vue militaire, c'était la seule

---

1. En rapportant cette histoire, après la guerre, H. N. rapporte que Churchill prononçait le mot Havre comme s'il rimait avec Carver.
2. L'avion du lieutenant général E. H. E. Gott avait été abattu dans le désert le 7 août.
3. Les comptes rendus nous montrent que ce propos est assez injuste

chose à faire ; mais nos services de propagande ne l'ont pas manqué. » Il s'anime tout en parlant : « L'ennemi, dit-il, était accroché à la position d'Alamein comme une huître à son rocher. Nous l'avons décroché (et en même temps, il fait le geste de détacher avec un couteau une huître du roc), nous l'avons détaché complètement. Et que devient une huître qui quitte son rocher ? Elle meurt misérablement. La soif – une soif douloureuse, inexorable. Je n'aimerais pas que nos armées puissent souffrir ce que l'Afrika Korps va souffrir en ces jours. » Il ne croit pas que Rommel puisse tenir longtemps devant Halfaya ou ailleurs : « Les jours qui viennent le prouveront. Il va encore y avoir de la casse. Beaucoup de casse. Et en des endroits auxquels personne presque ne pense [1]. »

Brendan Bracken arrive à ce moment et Winston le prie de prendre des mesures pour que toutes les cloches d'Angleterre sonnent dimanche [2]. Nous voyant réticents : « Pas du tout, dit Winston, pas du tout. Nous ne célébrons pas la victoire finale. La guerre durera encore longtemps. Quand nous aurons battu l'Allemagne, il nous faudra encore deux ans pour battre le Japon. Ce qui n'est pas une mauvaise chose. Cela nous unira, l'Amérique et nous, pendant que nous établirons la paix en Europe. Si je suis encore de ce monde, je lancerai tout ce que nous avons dans le Pacifique. »

Lady Kitty l'interrompt pour se plaindre de la B.B.C.

---

pour Rommel. Celui-ci s'enfuit vers l'ouest avec 25 000 Italiens et seulement 10 000 Allemands. Des milliers d'autres Italiens, en tout état de cause, s'étaient déjà rendus le premier jour de la bataille.

1. Bien entendu c'était une allusion à l'invasion de l'Afrique du Nord qui allait avoir lieu deux jours plus tard.

2. Les cloches sonnèrent non le dimanche 8 novembre, mais le dimanche 15, lorsque la victoire en Afrique du Nord fut assurée.

Avec une grimace, il l'invite à s'adresser à moi :
« C'est la B.B.C. en personne, Kitty. Envoyez vos
flèches. » Mais tout ce qu'elle dit, c'est que nous avons
tort de parler d'une recrudescence de la délinquance
juvénile et des maladies vénériennes. A l'étranger, cela
fait mauvaise impression. Winston la contredit : « Mais
pas du tout. Nous parlons pour nous. Nous n'avons pas
à dépendre de ce que disent les autres. » Je lui demande
si l'on a vraiment le droit de dire qu'après l'effondrement français, la B.B.C. a représenté le seul espoir :
« Bien sûr, dit-elle. – Vous autres, vous avez fait du bon
travail, très bon même », assure Winston.

Nous sortons. Il monte avec nous au rez-de-chaussée
et ouvre la porte de la salle de Réunions du Cabinet. Au
fond on aperçoit les colonnes corinthiennes : « Vous
apprendrez bientôt d'autres nouvelles. Il va y avoir de
la casse. Notez bien ce que je vous dis. » Et il disparaît
avec un sourire féroce.

H. N. à V. S. W.   *9 novembre 1942.*
                                 4, King's Bench Walk – EC4.

La première allusion à une invasion américaine imminente de l'Afrique du Nord me fut donnée par Fred
Kuh, le correspondant de l'United Press, que je rencon-
trai à l'ambassade soviétique. Cependant je n'avais
jamais imaginé qu'elle aurait lieu sur une échelle aussi
large et qu'elle irait aussi loin. Quand hier, en me le-
vant, j'ouvris la radio et entendis que les Alliés avaient
débarqué à Alger, je retins mon souffle. Cela signifie
peut-être la prise de Tunis ; cela nous met à cent vingt
kilomètres de la Sicile, et ferme la Méditerranée occidentale. Les Italiens doivent être dans tous leurs états.

Ils ne peuvent être très satisfaits de leurs alliés. Les Allemands les ont *plantés* là et ont emmenés tous les véhicules. Six divisions italiennes (toute l'armée italienne en un mot) ont été coupées de leurs bases et devront capituler. Depuis Sedan on n'a pas connu semblable désastre. D'autre part, je crois comprendre qu'il ne restait presque plus de blindés à Rommel [1] et il est assez douteux qu'il puisse même ainsi franchir le col d'Halfaya.

Je me suis fait du souci à propos de De Gaulle, car on ne lui avait parlé de rien. On m'a dit que tout d'abord, il s'était senti « profondément mortifié ». Mais son humeur a changé. Il fut prié à déjeuner par Winston. Il quitta Downing Street tout sourire et ensuite accepta de souhaiter, par radio, bienvenue à Giraud.

Quels dons de stratégie, quel sens de l'opportunité ! Je jalouse Winston au Guidhall. Je jalouse Winston aux Communes. Mais qu'il a mérité son destin.

JOURNAL   *11 novembre 1942.*

Walter (Elliot), Rob (Bernays) et moi allons à pied aux Communes. Nous sommes gais comme des écoliers. Winston est salué par des acclamations prolongées. Il s'embarque dans un long compte rendu de la préparation des opérations. Ensuite il passe à la bataille d'Egypte. Il nous annonce que les cloches sonneront. Il dit que nous avons perdu 13 600 hommes, que l'ennemi en a perdu 59 000, 34 000 Allemands et 25 000 Italiens. Ce qui me surprend. On nous avait dit que six divisions italiennes au moins avaient été coupées de leurs bases.

---

1. Après la bataille, il ne lui en restait plus qu'une soixantaine.

Puis il termine en disant que de grands événements vont se dérouler dans les prochains jours.

Dans l'après-midi arrive la nouvelle que l'Afrique du Nord française tout entière, sous les ordres de Darlan, a capitulé. C'est stupéfiant. Mais nous ne savons pas encore : *a)* ce qu'il est advenu de Rommel ; *b)* ce que va faire la flotte française ; *c)* quelle est la véritable situation de Darlan ; *d)* ce que Pétain et Weygand sont en train de préparer.

H. N. à B. N. et N. N.   *16 novembre 1942*
                                                    Sissinghurst.

Nous avons fêté le second anniversaire de la création de la France libre par un grand dîner au Claridge. André Labarthe recevait. Il a fait un bref discours, tendu, nerveux sur « les amis éternels ». Brendan Bracken a fait un discours amusant, un discours d'écolier à propos de tout et de rien. C'est un homme subtil, charmant, plein de cœur, mais il est tellement décidé à ne pas paraître un intellectuel et à garder le contact avec le peuple qu'il choisit de parler sur un mode de cordialité banale qui est au-dessous de son intelligence. Le discours de Duff Cooper a été bien différent. Avec une émotion non feinte, il a dit combien les Anglais qui croyaient en la France avaient souffert pendant toutes ces années ; comme il fut difficile de justifier Vichy ; comment notre foi en la France avait été sauvée par quelques hommes de cœur ; et combien nous sentions encore que la France était le foyer de « la sagesse, de l'esprit et de la gloire ».

Mais bien entendu, sur tout cela plane l'ombre de l'affaire Darlan. Persuadé que je suis que cette lettre sera lue par Ribbentrop, je m'abstiens de dire nettement ce que je pense de cette incroyable erreur diplomatique. Je ne vois pas comment on peut garder quelque crédit quand on annonce au monde qu'on s'est servi d'un tricheur pour duper ceux qui vous suivent et qu'on s'en débarrassera sans perdre un instant quand le tour sera joué. Mon vieux groupe du temps de Munich (quelque peu désintégré, en raison des hautes responsabilités qui ont échu à quelques-uns de ses membres les plus importants) s'est retrouvé uni devant cet acte regrettable. Et nous avons été heureux de constater que notre indignation était entièrement partagée par nos chefs.

JOURNAL   *19 novembre 1942.*

Je découvre que, depuis nos victoires, une réaction se dessine. Les gens commencent à dire : *a)* que nous n'aurions pas dû sonner les cloches ; *b)* qu'en Méditerranée, nos pertes navales sont effrayantes ; *c)* que nous aurions dû aller droit sur Tunis et non sur Alger ; *d)* que les Allemands sont en train d'organiser une armée formidable, à Bizerte, et qu'ils vont occuper Gabès et Sfax ; *e)* que Rommel a sauvé la plus grande partie de ses forces, se retournera contre nous et nous écrasera à El Agheila. De tels propos pessimistes me font bondir.

JOURNAL   *25 novembre 1942.*

Je dîne avec Camrose. Il y a aussi Winant. Il parle très librement de l'affaire Darlan. Il dit qu'Eisenhower avait pensé que les forces françaises et la population civile obéiraient à Giraud. Il était l'atout des Américains. A leur grande horreur, ils s'aperçurent que les Français n'en feraient rien. Darlan se trouvait sur place par hasard (par hasard ?), alors, ils comprirent qu'il pourrait faire l'affaire. On gagnait un temps précieux, on épargnait cinquante mille vies humaines. Que sait de De Gaulle, là-bas dans l'Ohio, une mère de famille ? Connaît-elle seulement le nom de Darlan ? Tout ce qu'elle sait, c'est que ce serait affreux si son fils perdait la vie en combattant les Français. La chose en valait la peine. Je fais valoir qu'il est très difficile de l'expliquer au public. Winant est un merveilleux avocat du diable. Il m'a presque convaincu.

JOURNAL   *26 novembre 1942.*

Anthony (Eden) est harcelé de questions sur Darlan, sur de Gaulle. Il est très adroit. Il s'arrange pour faire comprendre qu'il n'était pas d'accord avec la décision d'Eisenhower donnant pleins pouvoirs à Darlan, mais il supplie les Communes de faire preuve de discrétion. Sur ce point, je suis d'accord. Pour ma part, je trouve affreuse cette promotion de Darlan et je ne désire pas que nous abandonnions de Gaulle. Il vaut mieux faire le silence sur cet épisode désagréable, mais très profitable.

JOURNAL   *27 novembre 1942.*
                                 Oxford.

Je vais à Wadham où demeure Maurice Bowra [1]. A 10 h 45, j'écoute les nouvelles. On dit que la flotte

---

1. Sir Maurice Bowra, doyen du Wadham College, à Oxford, depuis 1938 ; vice-chancelier de l'université d'Oxford (1951-1954).

française tout entière s'est sabordée et que de nombreux commandants ont coulé avec leur bâtiment [1]. Ainsi Hitler est frustré dans son espoir de mettre la main sur la flotte française et tout l'honneur de la France s'en trouve rehaussé. J'en suis très heureux.

JOURNAL   *9 décembre 1942.*

Au Comité, nous avons une réunion avec plusieurs délégués juifs qui nous parlent de l'extermination des leurs par les nazis. Ils ont vidé le ghetto de Varsovie, ils ont, dans des wagons à bestiaux, déporté et envoyé mourir en Russie les deux tiers de sa population [2]. Il est horrible de penser que nous avons atteint le comble de l'horreur et que ce maelström gigantesque nous concerne à peine. Ils mettent de la chaux et du chlore dans les wagons à bestiaux. Le lendemain matin, ils enterrent les corps. Ils se montrent particulièrement cruels avec les enfants. J'ai l'impression que les députés, mes collègues, ne se demandent pas tant : « Que pouvons-nous faire de pareilles gens ? » que : « Que pourrons-nous faire avec de pareilles gens après la guerre ? »

---

1. Soixante-treize bâtiments de guerre coulèrent à Toulon à l'approche des Allemands.
2. A la fin de l'automne 1940 les SS avaient rassemblé environ 400 000 Juifs et les avaient séparés du reste de Varsovie par un énorme mur. Ces hommes étaient atrocement entassés et à court de nourriture. Au printemps 1943, seuls 60 000 survivaient. Ils se soulevèrent et prirent les armes en avril-mai 1943, et tous ceux qui ne furent pas tués pendant l'insurrection moururent dans les chambres à gaz.

JOURNAL *10 décembre 1942.*

Séance secrète sur l'Afrique du Nord et Darlan. Winston ouvre la séance et parle pendant une heure ; jamais je ne l'ai senti plus ferme, plus ouvert, plus convaincant. Il dit de Pétain (qu'il prononce « Peatayne ») que c'est « un vieux défaitiste ». Il nous convainc : *a)* que nous n'avons jamais été consultés sur l'affaire Darlan ; *b)* que lorsque la chose s'est produite, tout de suite il a réalisé les difficultés qu'elle soulèverait et en conséquence a mis Roosevelt en garde ; *c)* que ce n'est qu'une mesure temporaire. Je ne puis en dire davantage.

Je prends la parole et je prononce, j'ose le dire, un bon discours. Après quoi, je bois un verre au fumoir en compagnie d'Anthony (Eden). Il dit qu'Eisenhower sait parfaitement que Darlan souhaite l'élimination des gaullistes mais qu'il ne le tolérera pas. Béthouart [1], par exemple, a reçu un bon commandement. Il dit que les Américains dans toute cette affaire se conduisent comme des enfants et qu'il ne leur est jamais venu à l'idée d'aller surveiller la frontière du Maroc espagnol. Mais je suis persuadé qu'à l'avenir nous ne nous trouverons plus exposés à pareilles situations.

Je suis enchanté par ce débat. Il montre les problèmes que pose une séance secrète. Winston n'aurait pas réussi à nous convaincre, comme il a pu le faire, s'il n'avait pu citer télégrammes et documents qu'il est tout à fait impossible de divulguer. Mais une déclaration publique doit être faite et le sera.

---

1. Le général Béthouart au moment de l'invasion du Maroc était commandant divisionnaire des Forces françaises à Casablanca. Ayant combattu à Narvik, il était très anti-allemand et fut l'un des quelques officiers français prêts à accepter Giraud comme commandant en chef.

JOURNAL   *17 décembre 1942.*

Eden lit une déclaration sur les persécutions anti-sémites, et, pour notre honte et à notre plus grande stupéfaction, un député du parti travailliste [1] (qui avait été profondément ému par le discours de Jimmy Rothschild) suggère que nous nous levions tous en signe de deuil... Le président déclare : « Il faut que cet acte soit spontané » et tout le monde, président et journalistes compris, se lève. C'est assez émouvant.

H. B. à B. N. et N. N.   *20 décembre 1942.*
                                            Sissinghurst.

Montgomery nous affirme qu'il a « coupé en deux les Panzerdivisionen de Rommel ». Cela ne semble pas exact. A Londres on s'inquiète des vantardises de Montgomery. Et on n'apprécie pas ses communiqués en termes de chasse à courre. Ceux qui l'admirent font valoir que Nelson et Baden-Powell étaient tout aussi peu modestes et plutôt experts dans l'art de se faire valoir.

Les militaires sont arrivés à Sissinghurst. Il s'agit d'un état-major d'une brigade blindée en manœuvre, conduite par un jeune officier du nom de Rubinstein. Me rappelant comment voici trois jours je m'étais levé pour rendre hommage aux Juifs martyrs de Pologne, je fus très poli avec le capitaine Rubinstein. Ses parents, paraît-il, vivent à Leicester. Il nous prévient que son général de brigade, cinq officiers, un cuisinier et des ordonnances arriveront pour le thé et désirent passer la nuit ici. Nous lui faisons visiter la brasserie, le four à

---

1. W. S. Cluse, député de South Islington depuis 1935.

houblon, la chambre de Nigel, la chambre de Ben et la soupente qui est derrière. Il déclare que ce sera parfait et part informer son état-major qu'une charmante réception leur est préparée.

C'est à cet instant que Mummy se rappelle que les oignons sont entreposés sur le plancher de la soupente. Il y en a deux à trois mille. Elle prétend que l'armée a toujours volé les oignons et que coûte que coûte nous devons les faire disparaître avant leur arrivée. Je fais valoir que nous n'aurons qu'un général de brigade et ses officiers et que : *a)* ils ne désireront pas voler plus de trois oignons par tête ; et *b)* que ces oignons ne nous feront guère défaut même s'ils les volent. Elle dit qu'avec les officiers de nos jours, on ne sait jamais, tant d'entre eux sortent des rangs. Aussi, nous avons pris trois sacs et deux pelles, et tout l'après-midi jusqu'au crépuscule nous avons transporté des oignons au Prieuré et les avons répandus sur le plancher de la chambre de Pat. Nous en terminions avec le dernier oignon, quand le général est arrivé. C'était un homme charmant, fort bien élevé et ressemblant si peu à un voleur d'oignons que Mummy l'a tout de suite invité à dîner.

H. N. à B. N. et N. N.   *22 décembre 1942.*
                                      Sissinghurst.

J'ai été déjeuner au Ritz avec le général de Gaulle. Ce fut un déjeuner très cérémonieux. Le général siégeait au centre, ayant à sa droite le secrétaire d'Etat à l'Air [1] et à sa gauche le sous-secrétaire d'Etat au Foreign Office [2]. En face de lui son commissaire aux Relations extérieures,

---

1. Sir Archibald Sinclair.
2. Sir Orme Sargent.

M. Pleven, qui avait à sa droite le député de West Leicester et à sa gauche Sir Walter Layton, propriétaire du
News Chronicle. Les interstices étaient comblés par
l'amiral Valin [1], Gaston Palewski et les aides de camp.
Palewski est un des hommes les plus bavards que je connaisse ; il est capable de parler avec autant d'aisance d'un
service à dessert en Weedgwood que de la personne d'Al-
bertine. Mais en présence de De Gaulle, un grand silence
tombe sur la France combattante. Pleven me parle à mi-
voix. Il y a une chose qui m'inquiète : j'étais resté sous
l'impression qu'en ce qui concerne l'affaire Darlan, notre
casier judiciaire était vierge. C'est ce que je dis. Il poussa
un gémissement étouffé. « Et Cunningham (soupira-t-il),
votre amiral lui-même... Vous devriez savoir mieux que
moi. » Je dis que je ne savais rien. « Il a signé... » sur ce
mot, sa voix se fit plus basse qu'un soupir et devint un
souffle incompréhensible : « Un quoi ? demandai-je. –
Papier », soupira-t-il. Tout ceci me confirme dans la pensée que la guerre est une affaire trop sérieuse pour être
confiée à des généraux, encore moins à des amiraux.

JOURNAL   *26 décembre 1942.*

Darlan a été assassiné par un jeune Français, né de
mère italienne [2]. Giraud déclare qu'il espère que de
Gaulle se joindra à lui.

---

1. Probable confusion de Harold Nicolson : le général Valin était
dans l'aviation.
2. Le 24 décembre dans l'après-midi Darlan fut tué d'un coup de feu
à la porte de son bureau d'Alger. Le meurtrier, un jeune homme de
vingt ans, Bonnier de La Chapelle, faisait partie d'un complot pour
placer à Alger le comte de Paris à la tête d'un gouvernement anti-
Vichy. Par ordre de Giraud, l'assassin passa en cour martiale et fut
exécuté le 26 décembre.

JOURNAL   *31 décembre 1942.*

Que reste-t-il qui nous inquiète? : *a)* l'action des sous-marins. C'est vraiment très grave. Elle pourrait nous faire perdre la guerre; *b)* la médiocrité de notre armée. L'élite de nos officiers et de nos hommes a été drainée par la R.A.F. et les commandos. Ce qui reste est vraiment médiocre. Avec de bonnes troupes, nous aurions pu arriver sans coup férir à Tunis. Dans l'état actuel des choses...

Je suis de piquet d'incendie aux Communes. Songeur, assez mélancolique, je m'assieds dans la salle des Cartes. J'entends Big Ben sonner le glas de l'année qui s'achève. Dans le lointain, l'écho d'Auld Lang Syne, chanté avec un accent américain. Puis dans mon dortoir les ronflements qui retrouvent leur rythme.

TABLE

Eden en opposition à une politique d'apaisement – V. Sackville West et sa haine des grandes réceptions – Une année malheureuse, la prochaine sera pire.

« Diplomatie » – Hitler envahit la Tchécoslovaquie – « Guerre inévitable après la moisson » – Churchill et les Russes – Grigore Gafenco – Réponse de Churchill à l'ambassadeur Kennedy – H. G. Wells et la faillite de l'« homosapiens » – Réputation déclinante de Chamberlain – H. N. apprend à Plymouth la signature du pacte germano-soviétique – Réunion d'urgence du Parlement – La réputation d'Hitler – Préparatifs de guerre – Le 1ᵉʳ septembre Hitler envahit la Pologne – Retard à honorer les engagements de l'Angleterre à venir en aide à la Pologne – Déclaration de guerre par Chamberlain – Première alerte aérienne.

Second jour de la guerre – H. N. redoute par avance une défaite – On évacue les enfants – L'U.R.S.S. déclare la guerre à la Pologne – Défaitisme de Lloyd George – Churchill éclipse Chamberlain – Une visite à la ligne Maginot – Entretiens avec Reynaud et Daladier – L'U.R.S.S. envahit la Finlande – Bataille du Rio de la Plata – C. E. M. Joad à Sissinghurst.

« La guerre détruira tout ce que nous aimons » – Inquiétude dans le groupe Eden sur l'effort de guerre britannique – L'affaire de l'Altmark – Série de conférences faites par H. N. en France – Hitler envahit la Norvège et le Danemark – « J'ai rarement vu Churchill moins à son avantage » – Duff Cooper et l'opinion américaine – De la moralité du bombardement des villes allemandes – Entretien avec Halifax – On envisage de faire de Lloyd George le Premier ministre – Le grand débat du 7 et 8 mai aux Communes – Chamberlain tombe et Churchill devient Premier ministre – La Hollande, la Belgique et la France envahies par les Allemands – H. N. entre au Gouvernement – Sedan et Dunkerque – Le moral à Leicester – L'Italie entre en guerre – Grand discours de Churchill – La chute de la France – « Il est à peu près sûr que les Américains entreront en guerre au mois de novembre » – Mers el-Kébir – H. N. rédige un papier sur les buts de la guerre – Menace d'une invasion allemande – La bataille d'Angleterre – Début du Blitz sur Londres – Moral

de la foule sous les bombardements – L'affaire de Dakar – Discussion au zoo avec Huxley – Churchill et les raids de représailles – Rumeurs d'une offre de paix faite par Hitler à Pétain – Admiration d'H. N. pour Churchill – Roosevelt est réélu – Mort de Neville Chamberlain – Churchill à Ditchley – Dans le désert offensive de la VIIIe armée.

Voyage d'H. N. en Angleterre et en Ecosse – Déjeuner avec de Gaulle – « Finalement nous l'emporterons » – Wendell Wilkie – Les puissances de l'Axe envahissent les Balkans – Discussions avec les Français libres – Les troupes britanniques en Grèce – Attitude de Duff Cooper vis-à-vis des journalistes – Rencontre avec Maiski – Suicide de Virginia Woolf – Attaque allemande en Libye et en Grèce – Batailles de Grèce et de Crète – La Chambre des Communes détruite – H. N. déjeune avec Churchill – L'affaire Rudolf Hess – Le Bismarck est coulé – Hitler attaque la Russie – Propagande anglaise aux Etats-Unis – H. N. perd son poste au ministère de l'Information et est nommé gouverneur de la B.B.C. – Sentiment de faillite – Stephen Spender et la démocratie – H. N. en compagnie de A. P. Herbert patrouille sur la Tamise – Une soirée à Cambridge – Nouvelle offensive en Libye – Pearl Harbour – H. N. s'entretient avec de Gaulle – Perte du Prince de Galles – « Ce fut une triste et horrible année. ».

Réunion du National Labour – De Gaulle parle de Darlan – Vote de confiance à Churchill – Perte de Singapour – Remarque de Churchill sur le moral dans l'armée – Le Scharnhorst s'enfuit et remonte la Manche – Promesses de Churchill vis-à-vis de l'Autriche – Maiski parle de la reddition de Singapour – Conférence d'H. N. à Dublin – Son entrevue avec De Valera – Accusé de défaitisme, il fait une déclaration personnelle aux Communes – « Tout notre Empire d'Extrême-Orient s'est évanoui en fumée » – Trygue Lie – Harry Hopkins – Emprise de Churchill sur les Communes – Dissensions chez les Français libres – Ed Murrow et les sentiments antibritanniques en Amérique – « La victoire est pour le printemps 1944 au plus tard » – Vote de censure refusé – Retraite sur El Alamein – Réception en l'honneur de De Gaulle – Les Allemands devant Stalingrad – Lord Ismay sur Churchill – La bataille d'El Alamein – H. N. déjeune avec Churchill – Débarquements en Afrique du Nord – Ben et Nigel partent outre-mer – L'affaire Darlan – Extermination des Juifs polonais – Les Français libres et Darlan.

Dans la collection Les Cahiers Rouges

(Dernières parutions)

Cet ouvrage a été imprimé par

Mesnil-sur-l'Estrée

*pour le compte des Éditions Grasset
en octobre 2009*

Imprimé en France
Dépôt légal : octobre 2009
N° d'édition : 15917 – N° d'impression : 97035